21世纪经济学类管理学类专业主干课程系列教材

品牌管理

（第3版修订本）

主编　张明立　任淑霞

清华大学出版社
北京交通大学出版社
·北京·

内容简介

本书系统地介绍了品牌管理的基本理论，并引用了许多品牌管理方面的案例，包括品牌管理概述、品牌内涵、品牌设计、品牌定位、品牌特征、品牌文化、品牌传播、品牌体验、品牌战略、品牌忠诚、品牌关系、品牌资产、品牌危机管理、网络品牌、全球品牌。本书体系完整、逻辑性强，涵盖了品牌管理过程中涉及主要理论和方法。

本书可作为高等院校经济管理类专业的教材，也可供企业管理人员参考。

本书封面贴有清华大学出版社防伪标签，无标签者不得销售。
版权所有，侵权必究。侵权举报电话：010-62782989　13501256678　13801310933

图书在版编目（CIP）数据

品牌管理/张明立，任淑霞主编．—3版．—北京：北京交通大学出版社：清华大学出版社，2018.8（2020.8重印）
21世纪经济学类管理学类专业主干课程系列教材
ISBN 978-7-5121-3687-8

Ⅰ．①品… Ⅱ．①张… ②任… Ⅲ．①品牌-企业管理-高等学校-教材 Ⅳ．①F273.2

中国版本图书馆CIP数据核字（2018）第184150号

品牌管理（第3版修订本）
PINPAI GUANLI

策划编辑：郭东青		责任编辑：郭东青		
出版发行：清华大学出版社		邮编：100084	电话：010-62776969	
北京交通大学出版社		邮编：100044	电话：010-51686414	
印　刷　者：北京时代华都印刷有限公司				
经　　　销：全国新华书店				
开　　　本：185mm×260mm　　印张：23.25　　字数：596千字				
版　　　次：2018年8月第3版　2019年1月第1次修订　2020年8月第5次印刷				
书　　　号：ISBN 978-7-5121-3687-8/F·1800				
印　　　数：9 501~12 500册　　定价：59.00元				

本书如有质量问题，请向北京交通大学出版社质监组反映。对您的意见和批评，我们表示欢迎和感谢。
投诉电话：010-51686043，51686008；传真：010-62225406；E-mail：press@bjtu.edu.cn。

第3版前言

　　品牌管理自从20世纪80年代美国宝洁公司付诸实践并取得巨大成功以来，品牌在企业管理中的重要作用和神奇日益彰显，品牌从营销理论体系中脱颖而出。过去的品牌仅仅是消费者辨识和区分产品的一个名称和标识，现在的品牌，特别是著名的品牌承载着越来越多的内涵，如消费者的信任、企业的承诺和责任、消费者倾注的情感、企业乃至国家的文化，等等。品牌承载着企业的一切，是企业的灵魂和象征，是与消费者联系的纽带。这些年来，品牌管理的相关理论和实践得到了迅猛的发展。我们身边出现了数不清的品牌，其中一些是国内或世界的著名品牌。消费者关注品牌，品牌已溶入消费者的生活中。

　　现在，国家已开始大力推动企业品牌建设，提出实施国家品牌计划。越来越多的企业管理者已意识到，品牌是企业最有价值的无形资产。品牌的塑造是一个长期的过程，需要企业持续的投入，精心的培育和呵护，也需要国家营造良好的法制环境。品牌在企业发展中的作用是巨大的，目前世界上许多非常有价值的品牌都是从最初不知名的小品牌逐步发展起来的，伴随着我国社会主义市场经济的发展，我国也已出现了许多著名品牌，这些品牌正为企业创造着巨大的财富。品牌代表着企业的竞争能力，拥有著名品牌的数量体现了一个国家的经济实力。

　　本书的目的是希望为高等院校管理类专业的学生提供一本系统的介绍品牌管理理论知识的教材，以帮助他们在学校专业课程的学习期间打下品牌管理方面的专业知识基础。同时为企业从事相关管理工作的人士和对品牌有兴趣的读者提供一本介绍品牌管理方面的书籍，帮助其了解和掌握品牌管理的基本原理和方法，丰富他们品牌管理的理论知识。

　　由于品牌管理理论研究的日益深入，品牌管理理论的内容非常丰富。本书力争尽可能多地容纳品牌管理的主要理论内容和最新的学术成果，并且使全书内容体系有较强的逻辑性。本书第1版和第2版分别自2010年5月和2014年1月出版以来，受到了广大读者的欢迎，国内许多高等院校将本书选为品牌管理课程教材，本书第3版在保留第2版完整的理论体系的基础上，对原有内容进行了修改，另外对本书每章中部分案例和案例分析作了更新，每章都给出了思考题。还随书提供了PPT课件，供教学中参考使用。本书的内容体系设计以品牌管理过程为主线，共分为15章，第1、第2章介绍了品牌的一些基本知识；第3、第4、第5章阐述了品牌管理者如何设计和定位自己的品牌，包括品牌有形和无形要素的设计、如何确定品牌特征和进行定位；第6、第7、第8章探讨了品牌管理者如何建立品牌与消费者之间的联系，包括品牌文化的塑造，如何制定品牌传播策略和品牌体验的设计；第9章探讨了企业在品牌管理中的一些有关品牌发展中的战略选择问题，包括企业如何制定品牌延伸和多品牌战略；第10、第11、第12、第13章介绍了企业如何对品牌进行管理，包括品牌忠诚的建立和测量，品牌关系的形成，品牌资产的评价和经营，品牌危机的管理；第14、第15章介绍了在全球化背景和网络环境下企业如何制定品牌的发展策略。

本书由张明立、任淑霞担任主编，参加本书编写工作的人员有黄劲松、王伟、许月恒、唐塞丽、王柯霁、魏然、陈蕾、张砚、王宇、刘宇茜、牛涛、郭凌云、罗暖、张所鹏、齐丹。在本书编写过程中参考了一些同类著作和教材，在此向其作者表示感谢。由于时间紧及作者学识有限，书中难免有一些不足和不妥之处，敬请读者批评指正。

编者

2018 年 8 月

第2版前言

长期以来,品牌仅仅是作为在营销组合中产品策略中的一个要素,品牌管理自从20世纪80年代美国宝洁公司付诸实践并取得巨大成功以来,品牌在企业管理中的重要作用和神奇日益彰显,品牌从营销理论体系中脱颖而出。过去的品牌仅仅是消费者辨识和区分产品的一个名称和标识,现在的品牌,特别是著名的品牌承载着越来越多的内涵,如消费者的信任、企业的承诺和责任、消费者倾注的情感、企业乃至国家的文化,等等。品牌承载着企业的一切,是企业的灵魂和象征,与消费者联系的纽带。这些年来,品牌管理的相关理论和实践得到了迅猛的发展。我们身边出现了数不清的品牌,其中的一些是国内或世界的著名品牌。消费者关注着品牌,品牌已溶入消费者的生活中。

现在,越来越多的企业管理者已意识到,品牌是企业最有价值的无形资产,品牌的建立是一个长期的过程,需要企业持续的投入,精心的培育和呵护。品牌在企业发展中的作用是巨大的,目前世界上许多非常有价值的品牌都是从最初不知名的小品牌逐步发展起来的,伴随着我国市场经济的发展,国内也已出现了许多著名品牌,这些品牌正为企业创造着巨大的财富。品牌代表着企业的竞争能力,拥有著名品牌的数量体现了一个国家的经济实力。

本书的目的是希望为高等院校管理类专业的学生提供一本系统的介绍品牌管理理论知识的教材,以帮助他们在学校专业课程的学习期间打下品牌管理方面的专业知识背景。同时为企业从事相关管理工作的人士和对品牌有兴趣的读者提供一本介绍品牌管理方面的书籍,帮助其了解和掌握品牌管理的基本原理和方法,丰富他们的品牌管理的理论知识。

由于品牌管理理论研究的日益深入,品牌管理的理论内容非常丰富。本书力争尽可能多地容纳品牌管理的主要理论内容和最新的学术成果,并且使全书内容体系有较强的逻辑性。本书第1版自2010年5月出版以来,受到了广大读者的欢迎,国内许多高等院校将本书选为品牌管理课程教材,本书第2版在保留第1版完整的理论体系的基础上,对原有内容进行了丰富,增加了品牌关系一章,另外,对本书每章中部分小的阅读案例和综合案例做了更新,每章都给出了复习思考题。本书还制作了PPT课件,供教学中参考使用。本书的内容体系设计以品牌管理过程为主线,共分为15章,第1、第2章介绍了品牌的一些基本的知识;第3、第4、第5章阐述了品牌管理者如何设计和定位自己的品牌,包括品牌有形和无形要素的设计、如何确定品牌特征和进行定位;第6、第7、第8章探讨了品牌管理者如何建立品牌与消费者之间的联系,包括品牌文化的塑造,如何制定品牌传播策略和品牌体验的设计;第9章探讨了企业在品牌管理中的一些有关品牌发展中的战略选择问题,包括企业如何制定品牌延伸和多品牌战略;第10、第11、第12、第13章介绍了企业如何对品牌进行管理,包括品牌忠诚的建立和测量,品牌关系的形成,品牌资产的评价和经营,品牌危机的管理;第14、第15章介绍了在全球化背景和网络环境下企业如何制定品牌的发展策略。

本书由张明立、任淑霞担任主编,参加本书编写工作的人员有黄劲松、王伟、许月恒、唐塞丽、王柯霁、魏然、陈蕾、刘文华、郭凌云、张所鹏、齐丹、万振华。在本书编写过程中参考了一些同类著作和教材，在此向其作者表示感谢。由于时间紧及作者学识有限，书中难免有一些不足和不妥之处，敬请读者批评指正。

编者

2013 年 11 月

前　　言

长期以来，品牌仅仅是作为在营销组合中产品策略的一个要素，品牌管理自从20世纪80年代美国宝洁公司付诸实践并取得巨大成功以来，品牌在企业管理中的重要作用和神奇日益彰显，品牌从营销理论体系中脱颖而出。过去的品牌仅仅是消费者辨识和区分产品的一个名称和标识，现在的品牌，特别是著名的品牌承载着越来越多的内涵，如消费者的信任、企业的承诺和责任、消费者倾注的情感、企业乃至国家的文化，等等。品牌承载着企业的一切，是企业的灵魂和象征，是与消费者联系的纽带。这些年来，品牌管理的相关理论和实践得到了迅猛的发展。我们身边出现了数不清的品牌，其中一些是国内或世界的著名品牌。消费者关注着品牌，品牌已溶入消费者的生活中。

现在，越来越多的企业管理者已意识到，品牌是企业最有价值的无形资产，品牌的建立是一个长期的过程，需要企业持续的投入，精心的培育和呵护。品牌在企业发展中的作用是巨大的，目前世界上许多非常有价值的品牌都是从最初不知名的小品牌逐步发展起来的，伴随着我国市场经济的发展，国内也已出现了许多著名品牌，这些品牌正为企业创造着巨大的财富。品牌代表着企业的竞争能力，拥有著名品牌的数量体现了一个国家的经济实力。

本书的目的是为高等院校经济管理类专业的学生提供一本系统地介绍品牌管理理论知识的教材，以帮助他们在学校专业课程的学习期间打下品牌管理方面的专业基础。同时为企业从事相关管理工作的人士和对品牌有兴趣的读者提供一本介绍品牌管理方面的书籍，帮助其了解和掌握品牌管理的基本原理和方法，丰富他们品牌管理的理论知识。

由于品牌管理理论研究的日益深入，品牌管理的理论内容非常丰富。本书力争尽可能多地容纳品牌管理的主要理论内容和最新的学术成果，并且使全书内容体系有较强的逻辑性。另外，本书每章中增加了一些小的阅读案例和一个综合案例，以便读者加深对理论知识的理解，每章都给出了复习思考题。本书还制作了PPT课件，供教学中参考使用。可以与本书责任编辑联系，邮箱764070006@qq.com。

本书的内容体系设计以品牌管理过程为主线，共分为15章，第1、第2章介绍了品牌的一些基本知识；第3、第4、第5章阐述了品牌管理者如何设计和定位自己的品牌，包括品牌有形和无形要素的设计、如何确定品牌特征和进行定位；第6、第7、第8章探讨了品牌管理者如何建立品牌与消费者之间的联系，包括品牌文化的塑造，如何制定品牌传播策略和品牌体验的设计；第9章探讨了企业有关品牌发展中的战略选择问题，包括企业如何制定品牌延伸和多品牌战略；第10、第11、第12章介绍了企业如何对品牌进行管理，包括品牌忠诚的建立和测量，品牌资产的评价和经营，品牌危机的管理；第13、第14章介绍了在全球化背景和网络环境下企业如何制定品牌的发展策略。

本书由张明立、冯宁担任主编，参加本书编写工作的人员有许月恒、唐塞丽、任淑霞、王伟、魏然、陈蕾、孔庆民、叶建华、冯熙等。在本书编写过程中参考了同类著作和教材，在此向其作者表示感谢。由于时间仓促及作者学识有限,书中难免有一些不足和不妥之处,敬请读者批评指正。

编者

2010 年 4 月

目 录

第1章　品牌管理概述 1
1.1　品牌的含义 2
1.1.1　品牌的定义 2
1.1.2　品牌的特征 4
1.1.3　品牌的作用 6
1.1.4　品牌与产品 9
1.1.5　品牌与商标、名牌 11
1.1.6　品牌实例 13
1.2　品牌的分类 14
1.2.1　根据品牌的市场地位分类 14
1.2.2　根据品牌的影响力分类 14
1.2.3　根据品牌化的对象分类 15
1.2.4　根据品牌之间的关联分类 16
1.3　品牌发展的历史 17
1.3.1　国外品牌发展的历史 17
1.3.2　我国品牌的发展历程 19
1.4　品牌管理的意义 21
1.4.1　品牌管理的内涵 22
1.4.2　品牌管理的内容 22
1.4.3　品牌管理的意义 23
1.5　品牌管理的过程 24
1.5.1　品牌管理现状 24
1.5.2　品牌管理的误区和挑战 25
1.5.3　品牌管理的过程 26
本章小结 28
关键概念 29
案例分析 29
思考题 30

第2章　品牌内涵 33
2.1　品牌产品属性 34
2.1.1　品牌的归属 34
2.1.2　品牌产品的属性 35
2.2　品牌外在属性 37
2.2.1　品牌认知 38
2.2.2　品牌形象 40
2.3　品牌内在属性 48
2.3.1　品牌功能属性 48
2.3.2　品牌利益属性 49
2.3.3　品牌价值属性 50
2.3.4　品牌文化属性 51
本章小结 52
关键概念 52
案例分析 53
思考题 54

第3章　品牌设计 57
33.1　品牌识别 58
3.1.1　品牌识别的内涵 58
3.1.2　品牌识别模型 59
3.1.3　对两种品牌识别模型的评价 61
3.2　品牌设计的含义与指导原则 62
3.2.1　品牌设计的含义 62
3.2.2　品牌设计的指导原则 62
3.3　品牌无形要素设计 63
3.3.1　品牌理念 63
3.3.2　品牌核心价值 64
3.3.3　品牌个性 67
3.4　品牌有形要素设计 68
3.4.1　品牌名称 68
3.4.2　品牌标识 71
3.4.3　品牌形象代表 73
3.4.4　品牌口号和品牌音乐 76
3.4.5　品牌包装 79

本章小结 81
关键概念 81
案例分析 82
思考题 83

第4章　品牌定位 85

44.1　品牌定位的内涵 86
　　4.1.1　品牌定位理论 86
　　4.1.2　品牌定位的概念 87
　　4.1.3　品牌定位的要素 88
4.2　品牌定位的意义与原则 89
　　4.2.1　品牌定位的意义 90
　　4.2.2　品牌定位的原则 91
4.3　品牌定位过程 92
　　4.3.1　市场调研 92
　　4.3.2　市场细分 93
　　4.3.3　确定目标市场 94
　　4.3.4　描述目标市场特征 95
　　4.3.5　确定品牌定位核心理念 96
　　4.3.6　品牌传播与巩固 96
4.4　品牌定位策略 97
本章小结 104
关键概念 104
案例分析 104
思考题 106

第5章　品牌特征 107

5.1　品牌特征的内涵 108
　　5.1.1　品牌特征的含义及其层次 108
　　5.1.2　品牌特征的意义 109
5.2　品牌特征塑造的要点及实施步骤 112
　　5.2.1　品牌特征塑造的要点 112
　　5.2.2　品牌特征管理策略 113
　　5.2.3　品牌特征塑造的实施步骤 115
5.3　品牌个性化策略 118
　　5.3.1　品牌个性的含义 118
　　5.3.2　品牌个性的稳定性 118
　　5.3.3　品牌个性的价值 120

　　5.3.4　品牌个性的结构 121
　　5.3.5　品牌个性的维度 122
　　5.3.6　品牌个性的来源与驱动因素 125
　　5.3.7　品牌个性的三个角色模型 126
　　5.3.8　品牌个性的塑造 127
本章小结 128
关键概念 129
案例分析 129
思考题 131

第6章　品牌文化 133

6.1　品牌文化的内涵 134
　　6.1.1　品牌文化的含义 134
　　6.1.2　品牌文化的特征 135
　　6.1.3　品牌文化的意义 136
　　6.1.4　品牌文化的功能 139
6.2　品牌文化的构成 140
　　6.2.1　品牌精神文化 141
　　6.2.2　品牌行为文化 143
　　6.2.3　品牌物质文化 144
6.3　品牌文化的价值 144
6.4　品牌文化的塑造 146
　　6.4.1　品牌文化塑造的误区 146
　　6.4.2　品牌文化塑造的步骤 147
　　6.4.3　品牌文化塑造的趋势 150
本章小结 151
关键概念 151
案例分析 151
思考题 152

第7章　品牌传播 153

7.1　品牌传播概述 154
　　7.1.1　品牌传播概念 154
　　7.1.2　品牌资讯的类型 155
　　7.1.3　品牌传播的特点 159
　　7.1.4　品牌传播的意义 160
7.2　品牌传播媒体 161
　　7.2.1　品牌传播媒体的主要类型 161

7.2.2 品牌传播媒体计划 167
7.3 品牌口碑传播 170
 7.3.1 口碑传播的定义 171
 7.3.2 口碑传播的作用 171
 7.3.3 口碑传播的类型 173
 7.3.4 口碑传播的设计 175
 7.3.5 负面口碑传播的消除 176
本章小结 177
关键概念 178
案例分析 178
思考题 180

第8章 品牌体验 181
8.1 品牌体验概述 182
 8.1.1 品牌体验的含义 182
 8.1.2 品牌体验的特点 184
 8.1.3 品牌体验的作用 185
8.2 品牌接触点 186
 8.2.1 品牌接触点的定义 186
 8.2.2 品牌接触点的类型 187
 8.2.3 品牌接触点的设计步骤 188
8.3 品牌体验设计 189
 8.3.1 品牌体验的类型 189
 8.3.2 品牌体验的决定因素 193
 8.3.3 品牌体验设计 196
8.4 品牌体验实施 199
8.5 品牌体验效果评估 200
 8.5.1 品牌体验矩阵 200
 8.5.2 顾客体验计分卡 201
 8.5.3 顾客接触线 203
 8.5.4 得失问询工具 204
本章小结 206
关键概念 206
案例分析 206
思考题 208

第9章 品牌战略 209
9.1 品牌战略的含义及意义 210

 9.1.1 品牌战略的背景与内涵 210
 9.1.2 品牌战略的特征 210
 9.1.3 品牌战略的内容 211
 9.1.4 品牌战略的关键 212
 9.1.5 品牌战略的意义 213
9.2 品牌延伸战略 214
 9.2.1 品牌延伸的背景 214
 9.2.2 品牌延伸的内涵与类型 215
 9.2.3 品牌延伸的优势与劣势 217
 9.2.4 品牌延伸的条件与影响因素 219
 9.2.5 品牌延伸战略的实施 224
9.3 多品牌战略 225
 9.3.1 多品牌战略的定义和类型 ..225
 9.3.2 多品牌战略的影响因素 226
 9.3.3 多品牌战略的优势与劣势 ..227
 9.3.4 多品牌战略的使用条件 227
 9.3.5 实施多品牌战略应注意
    的几个问题 228
本章小结 229
关键概念 229
案例分析 230
思考题 232

第10章 品牌忠诚 233
10.1 品牌忠诚的内涵 234
 10.1.1 品牌忠诚的定义 234
 10.1.2 品牌忠诚分类 236
 10.1.3 品牌忠诚作用 237
 10.1.4 品牌忠诚的影响因素 238
10.2 品牌忠诚度测量 239
 10.2.1 品牌忠诚度测量原理 239
 10.2.2 品牌忠诚度测量指标 241
 10.2.3 品牌忠诚度测量步骤 241
 10.2.4 品牌忠诚测量的原则与
     注意事项 242
10.3 品牌忠诚的战略价值 243
 10.3.1 品牌忠诚对消费者的
     战略价值 243

10.3.2 品牌忠诚对企业的战略价值 244
10.4 品牌忠诚策略 246
 10.4.1 保持消费者品牌忠诚的策略 .. 247
 10.4.2 提高消费者品牌忠诚的策略 .. 247
本章小结 249
关键概念 249
案例分析 249
思考题 250

第 11 章 品牌关系 251
11.1 品牌关系概述 252
 11.1.1 品牌关系的含义 252
 11.1.2 品牌关系的特点 252
 11.1.3 品牌关系的发展过程 253
 11.1.4 品牌关系的类型 253
 11.1.5 品牌关系的结构 254
11.2 品牌关系质量 256
 11.2.1 品牌关系质量的内涵 256
 11.2.2 品牌关系质量的构成 256
11.3 品牌关系利益 257
 11.3.1 品牌关系利益的含义 257
 11.3.2 品牌关系利益的构成 257
11.4 品牌社区 258
 11.4.1 品牌社区的含义 258
 11.4.2 品牌社区的特点 259
 11.4.3 品牌社区的演进 260
 11.4.4 品牌社区的意义 262
 11.4.5 品牌社区的建设与管理 262
本章小结 264
关键概念 264
案例分析 264
思考题 265

第 12 章 品牌资产 267
12.1 品牌资产的含义 268
12.2 品牌资产的创建 269
 12.2.1 选择品牌元素 269
 12.2.2 确定品牌接触点 271

 12.2.3 整合营销传播 272
 12.2.4 品牌联盟 274
12.3 品牌资产的评估 276
 12.3.1 Young & Rubicam 品牌资产评估方法 276
 12.3.2 David A. Aaker 品牌资产评估方法 278
12.4 品牌资产的经营 283
本章小结 283
关键概念 284
案例分析 284
思考题 287

第 13 章 品牌危机管理 289
13.1 品牌危机的概念 290
 13.1.1 危机的概念及重要性 290
 13.1.2 品牌危机的概念 291
13.2 品牌危机的成因 292
 13.2.1 品牌事件的发生 293
 13.2.2 品牌事件的发展 295
 13.2.3 品牌危机的形成因素 296
13.3 品牌危机的特征及类型 299
 13.3.1 品牌危机的特征 299
 13.3.2 品牌危机的类型 300
13.4 品牌危机的防范 301
 13.4.1 建立品牌危机管理组织机构 . 302
 13.4.2 制订品牌危机防范工作计划 . 302
 13.4.3 对品牌危机进行有效的控制 . 302
13.5 品牌危机的处理 303
 13.5.1 危机处理的框架 303
 13.5.2 危机处理的原则 307
 13.5.3 危机处理的方式 310
本章小结 314
关键概念 314
案例分析 314
思考题 317

第14章　网络品牌 ... 319

14.1　网络品牌的含义及特征 ... 320
- 14.1.1　网络品牌的含义 ... 320
- 14.1.2　网络品牌的三个层次 ... 320
- 14.1.3　网络品牌的组成 ... 320
- 14.1.4　网络品牌的特征 ... 320

14.2　网络品牌设计 ... 321
- 14.2.1　网络品牌的市场定位 ... 321
- 14.2.2　网络品牌的命名策略 ... 322
- 14.2.3　域名选择策略 ... 324
- 14.2.4　网络品牌的形象设计 ... 325

14.3　网络品牌传播 ... 327
- 14.3.1　网络传播的特点 ... 327
- 14.3.2　网络品牌传播应注意的问题 .. 329

14.4　网络品牌发展策略 ... 331
- 14.4.1　网络品牌的发展方式 ... 331
- 14.4.2　Web 2.0 时代的品牌策略 ... 332
- 14.4.3　在网络空间增强用户"黏性"的技巧 ... 333

本章小结 ... 334
关键概念 ... 334
案例分析 ... 334
思考题 ... 337

第15章　全球品牌 ... 339

15.1　全球品牌的含义及特征 ... 340
- 15.1.1　全球化品牌的含义 ... 340
- 15.1.2　全球化品牌的特征 ... 340

15.2　全球品牌的优势及风险 ... 341
- 15.2.1　品牌全球化的优势 ... 341
- 15.2.2　品牌全球化的风险与规避 .. 342

15.3　全球品牌的一致性 ... 343

15.4　品牌全球化策略 ... 344
- 15.4.1　全球化的品牌承诺 ... 344
- 15.4.2　全球化品牌传播 ... 345
- 15.4.3　品牌全球化发展战略 ... 347
- 15.4.4　品牌全球化的趋势及启示 .. 349

15.5　中国品牌全球化策略 ... 349
- 15.5.1　中国企业在品牌全球化中遇到的问题 ... 349
- 15.5.2　中国企业品牌的全球化内涵 ... 351
- 15.5.3　中国企业如何实现品牌全球化 ... 351

本章小结 ... 352
关键概念 ... 353
案例分析 ... 353
思考题 ... 356

第1章　品牌管理概述

学习目标

随着市场竞争的加剧，企业之间的竞争形式由产品竞争向品牌竞争转变，企业的品牌意识日益增强，并逐渐成为企业参与竞争的有效手段。通过本章的学习，旨在掌握品牌的定义与特征、品牌与产品、品牌与商标及名牌的区别，以及从不同角度对品牌进行的分类，了解中外品牌发展的历史，熟悉品牌管理的内涵与意义，了解品牌管理过程中面临的挑战和存在的误区，掌握品牌管理的过程。

在人们的日常生活中，到处都可以看到品牌的身影：零售业的老大沃尔玛、手机业巨头苹果、全球最大的芯片制造商英特尔、全球最大的操作系统提供商微软、快餐连锁巨头麦当劳、豪华品牌汽车奔驰等。凡此种种，无不使企业之间的品牌竞争展露无遗。同时，国家之间经济实力的较量也反映在品牌的竞争上。在《财富》杂志评出的2017年度"世界500强"公司排行榜上，中国上榜企业达到115家，仅次于美国的132家，反映出中国企业强大的品牌实力。

微观方面，随着市场竞争的日趋激烈，品牌竞争日益成为现代市场竞争的焦点。如美国品牌战略研究专家 Kevin L. Keller 所说："越来越多的公司和组织开始认识到，最有价值的资产之一是与各种产品和服务相联系的品牌。"美国著名品牌专家 Larry Light 也说："未来的营销是品牌的战争。拥有市场比拥有企业更重要，而拥有市场的唯一途径是拥有占据市场主导地位的品牌。"品牌的重要性不言而喻。因此，创建强有力的品牌并长期保持和强化品牌的能力成为企业参与竞争并获取竞争优势的重要手段之一。

1.1 品牌的含义

在对品牌理论进行深入讨论之前，首先需要介绍一下品牌的概念。"品牌"（Brand）一词源于古挪威语"brandr"，意为"打上烙印"，即在牛马身上烙上记号。在英语中，brand 的意思是燃烧着的木头、（古时烙在人身上的）印记、（今烙在牲口身上、以示所有权的）标记。品牌开始时是作为区别事物的标志和记号，随着经济的发展，品牌逐渐成为现代市场经济中的基本概念之一。

1.1.1 品牌的定义

关于品牌的定义，可谓是众说纷纭，至今未达成共识。前人由于所处的环境不同，对于品牌的理解或解释也不尽相同。纵览国内外品牌界对品牌概念的不同理解，可以把对品牌概念的描述归纳为以下几类。

1. 符号说

"品牌是区分标志，用以识别不同的产品供应厂商。"品牌最原始的含义是从品牌的功能角度来界定的。早在1960年，美国市场营销协会（American Marketing Association，AMA）就对品牌下过定义，认为品牌是一个"名称、专有名词、标记、符号或设计，或是上述元素的组合，用于识别一个销售商或销售商群体的商品与服务，并且使它们与其竞争者的商品与服务区分开来"。该定义普遍被营销学界接受。营销大师 Philip Kotler 认为，"品牌是一个名字、名词、符号或设计，或是它们的总和，其目的是要使自己的产品或服务有别于其他竞争者"。美国学者 Lynn B. Upshaw 认为，品牌是名称、标识和其他可展示的标记，使某种产品或服务区别于其他产品或服务。

从符号的角度理解品牌是基于品牌最原始、最直观的含义，它以朴素而现实的视角将品牌看作是标榜个性、区别于其他的特殊符号。作为符号的品牌肩负着识别和区分的主要功能。将品牌视为识别和区分的符号，是品牌应该具备的基本且必要的条件，但并不是充分和全部的条件，因此不能揭示品牌的全部内涵。

2. 资产说

"品牌是自身形象的象征，用以积累无形资产。"美国品牌学家 Alexander L. Biel 认为："品牌资产是一种超越生产、商品及所有有形资产以外的价值……品牌带来的好处是可以预期未来的收益远超过推出具有竞争力的其他品牌所需的扩充成本。"法国品牌专家 Jean-Noel Kapferer 认为，企业最有价值的财富是品牌。品牌对于公司而言代表了一份价值连城的合法的财产。这份财产能够影响消费者的行为，并且在它被购买和出售的过程中，确保它的主人以后会有源源不断的收入（Charles Bymer）。美国著名的广告代理商 BMP 执行董事费尔德·维克（P. Field Wick）也对品牌做过这样的解释：品牌是由一种保证性徽章创造的无形资产。

将品牌视为一种资产，着眼于品牌的价值功能，其侧重点在于品牌在市场营运中的作用，它主要是站在经济学、会计学的立场，从品牌的外延，如品牌资产方面进行阐述，突出品牌作为一种无形财产能给企业带来多大的财富和利润及能给社会带来什么样的文化和时尚等价值。这种主张认为品牌是一种价值，在一定程度上是脱离产品而存在的，它可以买卖，体现一种获利能力，更强调品牌对企业的增值功能。

3. 综合说

"品牌是生产、营销与时空的结合。"世界著名广告大师 David Ogilvy 认为："品牌是一种错综复杂的象征。它是品牌属性、名称、包装、价格、历史、声誉、广告风格的无形组合，品牌同时也因消费者对其使用的印象及自身的经验而有所界定。"Lynn B. Upshaw 从可视而不是隐藏于可视背后的角度谈及品牌特征时说，品牌是消费者眼中的产品或服务的全部，即人们看到的各种要素集合起来所形成的产品的表现，包括销售策略、人性化的产品个性及两者的结合等，或是全部有形或无形要素的自然参与，如品牌名称、标识、图案等。David A. Aaker 认为："品牌像人一样具有个性和情感，而且具有资产价值；品牌是产品、企业、人和社会文化象征的综合。"Philip Kotler 认为，一个品牌往往是一个更为复杂的符号标志，能表达出六个层面的含义，包括属性、利益、价值、文化、个性和使用者。

"综合说"定义将品牌置于一种更广阔的社会环境中，而且加入时间维度和空间因素，指出与品牌密不可分的环节，如历史、声誉、法律、经济、社会文化、人文心理等。如 David A. Aaker 说的："除了'品牌就是产品'外，品牌认同的基础概念还必须包括'品牌就是企业''品牌就是人''品牌就是符号'等概念，品牌实际上是由其自身通过整合诸多的信息而成的。"

4. 关系说

"品牌是与消费者建立的长久关系。"波士顿咨询公司（Boston Consulting Group，BCG）对于品牌的理解是：品牌是联系企业的主观努力与消费者客观认知的桥梁。奥美广告公司（Ogilvy & Mather）认为，"品牌是一个商品透过消费者生活中的认知、体验、信任及感情，争到一席之地后所建立的关系"。联合利华董事长 Michael Perry 认为，品牌是消费者对一个产品的感受，它代表消费者在其生活中对产品或服务的感受而产生的信任、相关性与意义的总和，它是一个以消费者为中心的概念，它的价值体现在与消费者的关系中。如 David Arnold 所说，品牌是一种类似成见的偏见。Kevin L. Keller 认为，品牌源于消费者反应的差异，如果没有差异发生，那么具有品牌名称的产品本质上仍然是一般类别意义上的产品，而反应中的差别是消费者对品牌理解的结果，虽然企业通过其营销计划和其他行为为品牌提供了支持，但最终品牌是留存在消费者头脑中的东西，品牌是一个可感知的存在，植根于现实之中，但映射着个人的习性。

将品牌视为关系强调品牌是消费者或某些权威机构认定的一种价值取向，是社会评论的结果，而不是自我加冕的。该观点的一个重要贡献就是将消费者引入品牌概念中来，它传达了企业与消费者及产品与消费者之间的沟通，强调品牌的最后实现是由消费者来决定的。事实上，"真正的品牌存在于关系利益人的想法和内心当中"（Tom Duncan & Sandra Moriarty）。

5. 互动说

产品形成于生产环节，而品牌形成于流通环节，企业塑造品牌的性格，而消费者决定品牌的命运，品牌属于生产者，但真正的拥有者是消费者。由产品品牌的这一形成机制可知，完整的品牌形成过程涵盖了生产流域、流通领域和消费领域。David A. Aaker 认为："品牌是产品、名称、人、企业与消费者之间的联结和沟通，即品牌是一个全方位的概念，牵涉消费者与品牌沟通的方方面面，并且品牌更多地被视为一种'体验'，一种消费者能亲身参与的更深层次的关系，一种与消费者进行理性和感性互动的综合。"亚马逊（Amazon）创始人及首席执行官 Jeff Bezos 也说："品牌就是指你与客户之间的关系，说到底，起作用的不是你在广告或其他的宣传中许诺了什么，而是它们反馈了什么及你又如何对此做出反应。"我国学者李光斗在《品牌竞争力》一书中说，品牌既是消费者对一个企业、产品所有期望的综合，同时又是企业向目标市场传递企业形象、企业文化、产品理念等要素的载体，而且还是企业产品品质的契约担保和履行职责的承诺。

将品牌视为互动的概念是从企业和消费者两个角度来诠释品牌。实际上，品牌作为一个动态的信息载体，涵盖了两个层面的信息：第一，品牌凝聚了企业及其产品的信息，反映了企业的研发、生产、市场推广能力及企业文化形象等状况；第二，品牌涵盖了消费者的心理感知，该感知是构成品牌形象的重要来源，即品牌是企业与消费者之间互动的整体概念。

6. 承诺说

"品牌是承诺、保证和契约。"Philip Kotler 指出，品牌是对消费者购买一组属性的承诺，这种承诺超出了产品的有形部分。宝马集团董事长 Helmut Panke 曾说："品牌是一种承诺。这种承诺必须在任何时间、任何地点、任何产品上兑现。因此，我们的产品的性能、特点，无论在哪里购买，都是一样的。"Kevin L. Keller 说，对于消费者来说，品牌标识了产品的来源，从而成为消费者与产品生产者之间的一种纽带、契约和承诺，是生产者对产品品质的保证。David A. Aaker 也说，品牌首先向公众承诺的是保持并不断改善产品的品质。波士顿咨询公司（BCG）认为，客户通过品牌理解企业的产品或服务，品牌代表了企业的产品或服务所做出的承诺、表现的价值、提供的好处及客户对这些承诺、价值和好处的主观评估。

品牌对于消费者而言，可以视为一种合同或协议，消费者对品牌的信任和忠诚来源于品牌所包含的关于产品或服务的质量、属性、价格、个性等方面的承诺，以及消费者根据检验所获得的对该承诺真实性的认可。

1.1.2 品牌的特征

关于品牌特征的描述有很多，通过总结可以发现，品牌的特征主要体现在以下几个方面。

1. 表象性

表象性是品牌最基本的特征。品牌不具有独立的实体，不占有空间，但它有物质载体。它通过一系列的物质载体来表现自己，从而使自己有形化。品牌的直接载体有图形、图案、符号、文字、声音等，间接载体有产品的价格、质量、服务、市场占有率、知名度、亲和度、美誉度等。没有物质载体，品牌就无法表现出来，更不可能达到品牌的整体传播效果。因此，企业都是通过整体的规划来设计品牌标识，以使其具有独特的个性和强烈的视觉冲击力，从而达到帮助消费者区别自己的产品的目的。例如，可口可乐的"瓶子形象"设计、麦当劳的金黄色拱形"M"图案、苹果电脑的"被咬了一口的苹果"等都具有独特的视觉效果。

2. 集合性

品牌是一种沟通代码的集合体。它是一种象征，它把各种元素如商标、符号、包装、价格、广告风格、文化内涵等集合于一身，形成完整的品牌概念。品牌以自身内涵的丰富性和元素的多样性向受众传达多样化的信息。企业把品牌作为区别于其他企业产品的标识，以引起消费者和潜在消费者对自己产品的注意。从消费者的角度来看，品牌作为综合元素和信息的载体一同存储于消费者的大脑中，从而成为他们搜寻的线索和记忆的对象。例如，苹果公司半透明的、泛着金属光泽的银灰色标识代表了时尚、活力和朝气，"被咬了一口"的缺口代表了好奇和疑问，同时，这个苹果还代表了智慧树上的果实。正是借助这一独特的品牌标识，苹果公司向消费者传达了多种信息。

3. 资产性

品牌是企业的一种无形资产。品牌所代表的意义、品质和它的个性特征具有某种价值。这种价值并不能像物质资产那样能够用实物的形式来表述，是人们看不到、摸不着的，在企业的资产负债表上难以体现出来，但它却能够使企业的资产迅速扩大，为企业创造出大量的超额利润，并且品牌可以作为商品在市场上进行交易。根据《商业周刊》/Interbrand 评出的 2016 年度全球最佳品牌 100 强，苹果品牌价值达 1 781 亿美元，连续第 4 年处于榜首，谷歌排名次之，其品牌价值为 1 333 亿美元，可口可乐公司品牌价值达 731.02 亿美元，排名第三。

4. 领导性

品牌，特别是强势品牌，能够在市场竞争中占据有利位置，留住老顾客，吸引新顾客，提高市场占有率，树立品牌形象，为企业赢得最大额度的利润。品牌一旦获得了消费者的青睐，它就在市场中占据了非常重要的地位，从而能够对消费者的价值观产生影响，引领消费潮流，传播消费文化，从而具有领导性。例如，苹果公司的 iPhone 由于其时尚的外形、高端的品质和智能特性，备受市场的青睐，从而引发了一场智能手机消费的潮流。同样，引领市场潮流的还有 CPU 生产厂商英特尔、视窗操作系统提供商微软等。

5. 双重性

品牌具有两种属性：自然属性和社会文化属性。自然属性是产品的价值，包括质量、服务等能给消费者带来的实际使用价值。这部分属性是由产品赋予的，是看得见、摸得着的。社会文化属性是消费者在自然属性之外，通过购买和使用产品而产生的社会文化层面的感受，如品位、自信等，这部分属性是由品牌文化赋予的，能给消费者带来想象的空间，是一种无法看见、摸不着的属性。例如，万宝路在人们对其社会文化属性的理解上，发展了"Marlboro"的文化含义，对该含义的一种解释是："Marlboro"是英文短语"Men always remember love because of romantic only"（爱情永记，只缘浪漫）中每个单词的第一个字母的组合，这确实给"Marlboro"的消费者平添了许多的想象。

6. 专有性

品牌属于知识产权的范畴，具有明显的排他性。企业可以通过法律、专利申请，在相关国家或有关部门采取登记注册等手段保护自己的品牌权益，防止品牌被侵权，有时又借助法律保护并以良好的产品质量和在长期经营活动中形成的信誉取得社会的公认。品牌拥有者经过法律程序的认定，享有品牌的专有权，有权要求其他企业或个人不能仿冒、伪造。这一点即品牌的排他性。例如，"  "商标就专属于耐克公司所有，未经耐克公司允许或授权，其他任何组织或个人不得擅自使用。对品牌的专有性的保护手段主要有注册商标、申请专利、授权经营等。

1.1.3 品牌的作用

品牌作为企业的一种无形资产越来越受到企业的重视。如品牌专家 Chernatory 和 Macdonald 所说，一个企业的品牌是其竞争优势的主要源泉和富有价值的战略财富，在未来，谁拥有了品牌，谁就拥有市场；谁拥有了强大的品牌，谁将成为市场的主导者。随着市场竞争变得越来越激烈，品牌在现代市场竞争中也将发挥越来越重要的作用。以下主要从消费者和企业两个角度来说明品牌的作用，如表 1-1 所示。

表 1-1 品牌的作用

视　角	作　用
对于消费者	1. 识别产品来源的功能 2. 追溯制造商责任依据的功能 3. 减少购买风险的功能 4. 降低搜寻成本的功能 5. 契约功能 6. 象征功能 7. 质量信号
对于企业	1. 区隔功能 2. 保护产品特色的功能 3. 塑造企业形象的功能 4. 降低企业成本的功能 5. 获取竞争优势的功能 6. 溢价功能

1. 品牌对消费者的作用

（1）识别产品来源的功能。为什么消费者能在众多的同质化的产品中迅速地找到自己喜爱的品牌？为什么在你忠诚的品牌出现仿造者时，你仍然能够一眼认出？这就是品牌的直观识别功能。品牌可以帮助消费者辨认出产品的制造商、产地等基本要素，从而区别于同类产品。

（2）追溯制造商责任依据的功能。假如你购买的产品出现了问题，给你造成了损失，你会怎么处理？你首先想到的是要找人来帮你解决出现的问题，并对给你造成的损失索要赔偿。那么，你会找谁来帮你解决出现的问题？你首先想到的肯定是产品制造商。由于品牌可以作为识别的标志，因此，当产品出现问题的时候，消费者就能找到生产商进行解决，从而保障了自己的权益。产品打上品牌就注定了生产者必须承担责任。生产者是责任的主体，要对产品的所有方面负责。

（3）减少购买风险的功能。假如你要买一台笔记本电脑，你首先会选择什么品牌的电脑？你肯定会首选你所知道的品牌。每个消费者都希望购买到自己称心如意的产品，同时希望得到周围人的认同或赞许。选择知名度高、信誉好的品牌，可以帮助你降低购买产品时面临的风险。消费者在消费过程中可能遇到的风险有：①功能上的风险，即产品的性能达不到消费者对它所抱有的期望；②身体上的风险，即产品对用户或其他人的身体或健康造成的危害；③财务上的风险，即产品本身并非物有所值；④社交上的风险，即产品导致消费者在众人面前难堪或尴尬；⑤心理上的风险，即产品会影响消费者的精神状况；⑥时间上的风险，即产品未能发挥其作用而导致消费者重新购买或寻找另一更满意产品所花费的时间上的机会成本。

（4）降低搜寻成本的功能。消费者在购买产品前，对品牌的比较、鉴别往往需要花费大量的时间。如果消费者知道某个品牌并对它有一定的了解，那么，在他们选择产品时就不用再做过多的思考或分析有关的信息。从品牌的角度讲，知名品牌可以减少消费者选择的过程，帮助消费者迅速找到所需要的产品，减少其在搜寻过程中所花费的时间和精力。Kevin L. Keller 从两个方面说明了品牌降低消费者搜寻产品成本的作用，一是内在方面，即消费者不必多思考；二是外在方面，即消费者无须到处搜寻。Kevin L. Keller 认为，在对品牌既有的了解的基础上（包括产品质量、属性、价格等），消费者可以对有关此品牌的一些他们可能不了解的方面做出推断，从而形成期望。

（5）契约功能。品牌与消费者之间的关系可以视为一种合同或协定。品牌对消费者而言就是一种责任，一种承诺，这是以品牌提供的价值、利益和特征为基础的。对于消费者而言，品牌就是为他们提供稳定优质的产品和服务的保障，以满足消费者的需求与欲望，消费者则用长期重复的购买和消费来回报企业，双方通过品牌形成了一种相互信任的契约关系。

（6）象征功能。品牌具有象征功能，能够实现消费者投射自我的目的。这是因为品牌能够积累独特的个性和丰富的内涵，反映不同的价值观或特质。消费者可以购买与自己的个性、气质吻合的品牌来展现自我。品牌的象征功能便于它能够完美地满足人类物质与精神的需要。例如，万宝路香烟的男子汉气概，代表了散发粗犷、豪迈、英雄气概的美国西部牛仔形象，吸引了所有喜爱、欣赏和追求这种气概的消费者；许多年轻人都喜欢耐克，原因就在于耐克"想做就做"的个性与他们自己的个性非常相似；而戴上劳力士手表的男人则向人传达了一种他是成功人士的信息。人们越来越意识到消费者是用心来感受品牌，而不仅仅是用脑来识别商品。生活就像一个舞台，人们会根据自我形象与个性来选择契合的品牌。

（7）质量信号。品牌是质量的证明。品牌是在用形象和声誉承载和宣扬其背后的质量。对于有些产品而言，消费者可凭手摸、眼观来了解它的特性，但对于更多的产品而言，消费者则需要在使用产品后才能有深刻的认识，甚至产品的某些特性即使在长时间使用后也无法把握。研究人员根据产品的属性或利益将产品分成三类，即搜寻类产品、经验类产品和信任类产品。其中，对于经验类产品，如美容服务，消费者必须在试用和使用后才能对其进行评价（如服务的质量、服务的过程等）；对于信任类产品，如保险的责任范围，消费者较少知道这些产品的属性。由于经验类和信任类产品的属性和利益很难评估和了解，于是，品牌就成了消费者判断这些产品质量的一个重要的手段。因为，在消费者的眼中，品牌是生产厂家

做出的品质承诺和保证。在一定程度上,品牌就代表了质量。比如,一提到奔驰、宝马,大家的第一反应就是品质好、质量高。

2. 品牌对企业的作用

(1) 区隔功能。由于产品供大于求及产品的同质化越来越明显,企业要想在市场竞争中凸显自己的优势,就必须通过提供具有差异化的个性的方式,与其他品牌形成明显的区隔,同时提高产品的附加价值,形成产品的独特之处。例如,海飞丝洗发水具有去屑止痒的功能,飘柔可以使头发更柔顺。这些都说明品牌之间的不同之处,从而将自己与其他品牌区隔开来。

(2) 保护产品特色的功能。品牌使企业能够对其产品的特色或独到之处进行法律保护。通过商标注册,品牌拥有者可以享受法律上的排他性权利,禁止他人非法利用。未经许可,其他公司的产品不得使用或仿冒品牌的标志、专利和外观。比如,宝马与比亚迪的商标之争。宝马汽车的标识为蓝白黑圆形车标,比亚迪汽车的车标为蓝白黑椭圆形车标,宝马汽车认为比亚迪的蓝白黑椭圆形车标与他们的蓝白黑圆形车标非常相似,容易在消费者中造成混淆,因此,宝马集团向比亚迪方面提出异议,并与比亚迪进行了长时间的交涉,以维护自己的权益。

(3) 塑造企业形象的功能。对于企业来说,品牌是一种超越企业实体和有形产品以外的资产,代表着企业的形象。在消费者的心目中,他们总是把品牌实力与企业的形象联系在一起。品牌有利于塑造企业的形象,提高企业的知名度,并使消费者、社会媒体等受众对企业产生良好的印象,从而为企业的多元化发展和品牌延伸打下坚实的基础。

(4) 降低企业成本的功能。企业可以通过顾客建立的对其品牌的偏好,有效降低新产品的市场推广成本。根据80/20法则,企业80%的收益来自于20%的高贡献度顾客,并且取得新顾客的成本要远远高于维护老顾客的成本。因此,品牌的认可度和偏好一旦建立,消费者就会对品牌产生忠诚。当消费者对某一品牌产生忠诚后,就会信赖该品牌旗下的所有产品。因为转换品牌通常存在适应风险和使用风险,因此,消费者会对其所信赖的品牌存有更多的宽容,使用后更容易达到满足,进而当企业推出新产品时,已获得消费者信赖的品牌能充分利用其品牌声望,将顾客对原品牌的认同顺利转移到新产品上,从而有效降低新产品的市场推广成本,使新产品顺利进入市场。以海尔为例,海尔以冰箱起家,然后利用海尔这一品牌进行品牌延伸,将产品种类扩展到了洗衣机、手机、电视、空调等产品,取得了良好的效果。

(5) 获取竞争优势的功能。品牌代表了一种偏见。例如,在消费者眼中,只要是"索尼"的产品就一定是精品,甚至完全没有使用经验的人也会给予很高的评价。也就是说,消费者可以在脱离产品具体属性的情况下,单独对"索尼"所代表的整体品质做出评价。竞争者可以抄袭企业产品的实体特征,但却难以模仿品牌的个性和形象。从认知心理学角度来讲,消费者对某种功能利益的联想,通常是与特定的产品品牌相联系的。如果竞争者品牌声称在该领域具备同等或更高的优势,则会引起消费者的怀疑。对于新进入者来说,如果想在消费者知晓、认同方面获得平等,势必需要更多的投入。因此,从这个意义上说,品牌实际上是企业获取竞争优势的一种有力手段。

(6) 溢价功能。品牌是一种无形资产,它本身可以作为商品被买卖,为企业带来巨大的经济效益。随着品牌的知名度、美誉度的提高,品牌本身的价值也会逐年上升。例如,前面提到,2016年,苹果的品牌价值达到了1 781亿美元,同比2015年增长了5%。而对企业来说,品牌带给企业的价值并不仅仅是产品本身的价值,更多的是品牌文化、品质等所带来的高额附加利润。同样质量的产品,名牌产品的价格要比非名牌产品高出许多,这些高出的利润就是品牌给企业带来的超额附加利润。例如，一件普通的运动鞋可能只需 120 元，如果贴上"耐克"的商标，售价可能达到 700 元以上；一台"美的"品牌的电饭煲可能只需 800 元左右，但若换上日本 OEM 的品牌，售价则上升为 1 300 元 / 台；同为国产品牌，海尔品牌的电器售价总比一般国产电器高出 15%～30%，这些都体现了品牌溢价的作用。

1.1.4 品牌与产品

品牌与产品密不可分，但二者不能等同，每一个品牌都代表了产品，但不是每一个产品都会成为品牌。因此，在考虑市场营销与品牌营销的不同时，需要弄清楚产品与品牌的区别。

1. 产品的概念

20 世纪 90 年代以来，Philip Kotler 等学者倾向于使用五个层次来表述产品的概念，认为产品（product）是指能够提供给市场的用以满足需要和欲望的任何东西，产品的概念分为五个基本层次。

（1）核心产品。核心产品是指向顾客提供的产品的基本效用或利益。从根本上说，每一种产品实质上都是为解决问题而提供的服务。因此，营销人员向顾客销售任何产品，都必须具有反映顾客核心需求的基本效用或利益。

（2）形式产品。形式产品是指核心产品借以实现的形式。由五个特征构成，即品质、式样、特征、商标及包装。即使是纯粹的服务，也具有相类似的形式上的特点。

（3）期望产品。期望产品是指购买者在购买产品时期望得到的与产品密切相关的一整套属性和条件。

（4）延伸产品。延伸产品是指顾客购买形式产品和期望产品时附带获得的各种利益的总和，包括产品说明书、保证、安装、维修、送货、技术培训等。国内外很多企业的成功，在一定程度上应归功于它们更好地认识到服务在产品整体概念中所占的重要地位。

（5）潜在产品。潜在产品是指现有产品包括所有附加产品在内的、可能发展成为未来最终产品的潜在状态的产品。

2. 产品与品牌的区别

Kevin L. Keller 认为，品牌远比产品的含义广泛，因为品牌具有不同维度，这些维度使之能区别于产品，并能满足顾客的需求。如果采用二元论来解释，可以作如下论述：产品是使用一定的技术与制造方法制成的客观存在的商品，是一种事实；与此相对的，品牌则是附加在产品之上的顾客感受与感情因素。产品与品牌的示意图如图 1-1 所示。

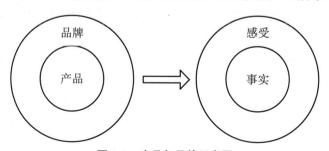

图 1-1 产品与品牌示意图

产品和品牌的概念相伴相生，品牌可以作为产品的背书，产品也可以用来塑造品牌。但二者之间的差别也普遍存在，一般来说，产品常常是有形的，有一定功能特征，有外在属性、特性和价值，能满足消费者对其功能的期望，而品牌是无形的，它不脱离产品存在，但比产品更加抽象，包含个性、特征、地位和喜爱等特征。产品重在质量与服务，而品牌重在定位与传播。具体来看，产品与品牌的区别如表1-2所示。

表1-2 产品与品牌的区别

差异点	产品	品牌
定义	能够提供给市场的以满足需要和欲望的任何东西	是销售者向购买者长期提供的一组利益和服务
主要依赖	制造商、中间商、服务商	消费者
表现	具体的（包含有形的商品、服务、人、组织、创意）	具体的，也是抽象的，综合性的
作用	是实现交换的物品	是与消费者沟通的工具
要素	五个层次即核心利益、基础产品、期望产品、附加产品、潜在产品	除了产品识别要素外，还包括其他非产品识别要素
功能和效用	对应特定的功能和效用	除了提供功能利益外，更多的是提供自我表现利益和情感利益
意义	具有功能意义	兼有象征意义
形象	实实在在	具有个性、活生生的
关注点	注重价格	注重价值，高附加值
有形/无形	有形的	无形的
模仿性	可以仿造，容易模仿	仿造侵权，独一无二
生命周期	有一定的生命周期	可以经久不衰，世代相传
可扩展性	只从事某一类型	可以扩展、兼并、延伸
可积累和传承性	随消费而逝	可以积累品牌资产
战略性	是营销策略工具	具有战略价值

（资料来源：卢泰宏，邝丹妮.整体品牌设计.广州：广东出版社，1998）

从产品到品牌，这里做一个简单的剖析。产品特点、属性和相关的效用是所有产品共有的，而情感效用是和品牌相结合的。图1-2（a）与图1-2（b）清晰地揭示了两种不同的基本品牌结构。图1-3则揭示了产品形成品牌的过程。

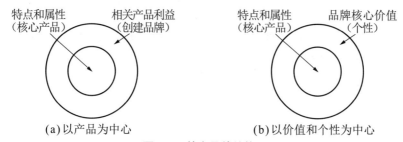

(a) 以产品为中心　　　　　(b) 以价值和个性为中心

图 1-2　基本品牌结构

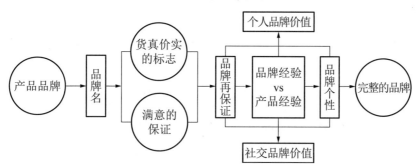

图 1-3　产品形成品牌的过程

产品与品牌的具体表现形式如表 1-3 所示。

表 1-3　产品与品牌的具体表现形式

类　别	产　品	品　牌
产　品	iPhone	Apple
服　务	旅　行	联合航空
人	电　影	斯蒂芬·斯皮尔伯格
组　织	滚石乐队唱片	The Rolling Stones
地　点	自由、娱乐	拉斯维加斯
事　件	精彩赛事	FIFA
信　息	信息资讯	时代周刊
理　念	保护野生动物	世界野生动物基金会

1.1.5　品牌与商标、名牌

在现实生活中，人们会经常提到一些与品牌有关的概念，如牌子、标识、商标、名牌等。那么，这些概念与品牌到底有什么关系呢？下面介绍品牌与商标、名牌的关系。

1. 品牌与商标

商标与品牌有着密切的联系，人们很容易将二者混淆或当作一个概念。其实品牌与商标有着很大的区别。根据世界知识产权组织（World Intellectual Property Organization，WIPO）对商标的定义，商标是指用来区别某一工业或商业企业或这种企业集团的商品的标志。而世界贸易组织《与贸易有关的知识产权协议》(简称 TRIPs 协议)第十五条第一款规定：任何能够将一企业的商品或者服务与其他企业的商品或者服务区分开的标记或者标记组合，均能构成商标。由商标的定义可知，商标是一个法律概念，是公司、产品或服务可以拿到工商管理部门申请法律保护的工具，是一种知识产权，是有形的，拥有者是企业。而品牌是一个营销和战略方面的概念，是产品或服务在消费者头脑中形成的一种烙印，是企业满足消费者需求、进行市场竞争的战略性工具，它的拥有者是消费者，是无形的。在品牌经济学理论对品牌的概念界定中，尤其强调"商标不等于品牌，商标是法律符号……品牌是利益符号，是由物质利益和情感利益构成的，因此，只能被消费者所认可。法律保护的是商标，市场接受的是品牌"。

2. 品牌与名牌

名牌，顾名思义，是指著名的品牌。它具有较高的知名度、美誉度和市场占有率等特点，因此也获得了较高的附加价值。名牌往往由某权威机构进行评定。例如，我国的名牌战略推进委员会，是专门为推进名牌战略的实施、规范我国名牌产品的评价工作，促进我国名牌产品发展壮大、增强我国产品在国内外市场的竞争力而成立的，并负责统一组织实施我国名牌产品评价、管理工作的协调推进机构。品牌与名牌的主要区别在于：名牌只代表知名度，而品牌的内涵要丰富得多；名牌一定是品牌，但品牌不一定是名牌；名牌是评选出来的，而品牌是不可评的，是企业长期用心打造出来的。

值得注意的是，目前一些学者对"名牌"一词的说法提出了异议，认为"名牌"的说法并不妥当，如中山大学的卢泰宏教授，在他看来，名牌更多强调的是品牌的知名度，从而可能会误导企业家，认为只要想尽办法出名就能成为强势品牌。秦池酒业豪掷几亿在中央电视台做广告，虽然创造了"天下谁人不识君"的效果，但最终还是因为缺乏品牌底蕴，在危机面前不堪一击而落得一败涂地。因此，品牌绝非一朝一夕形成的，它需要长期的培育和积累。

凡客诚品：凡客体的辉煌和消亡

2007年，陈年创立VANCL（凡客诚品），公司随即成为资本圈的宠儿，得到了小米雷军等一众大佬的支持。2010年，随着韩寒、王珞丹的"凡客体"营销广告横空出世，"我和你一样，我是凡客"的标题在一夜之间成为公众关注的焦点，这一年凡客卖出了3 000多万件服装，总销售额突破了20亿元，不仅成为垂直电商的老大，更以全行业排名第四的业绩，让所有人为之侧目。这是凡客诚品的巅峰之年，公司拥有超过1.3万名员工，开发了30多条产品线，涉及服装、家电、数码、百货等全领域。

2011年，凡客野心暴涨，制定了100亿的销售目标，为了用知名度和品牌打开销量，凡客挥金如土的在地铁、公交和网站上刊登广告，作为一家在网上销售服装的企业，其年度广告额媲美三大运营商，使得每件单品就将承担10元左右的广告费，这对于当时定价仅为29元、69元、99元的凡客单品而言，不可不谓"奢侈"。凡客在广告上疯狂烧钱的营销方式，使得企业在无限风光背后，风险日益积聚。年末，凡客库存达到14.45亿元，总亏损近6亿元，仅完成了30多亿的销售额。随后的几年里，凡客背负了高达十几亿元的债务和高达19亿元的库存，缩水和裁员随之而来，凡客体也最终成为过眼云烟。

2016年,凡客团队仅剩180人,依靠衬衫这一条产品线支撑着企业的运营。到2017年,创立十年的凡客,给人们留下不少叹息和期待。

(案例来源:36氪网站)

1.1.6 品牌实例

从上面的描述中,可知什么是品牌、品牌具有哪些特征以及品牌为什么重要。下面将给出一些品牌的实例,以便对现实中的品牌有一个直观的认识。表1-4列示了《商业周刊》/Interbrand评出的2016年度全球最具价值品牌100强的前20名。

表1-4 《商业周刊》/Interbrand评出的2017年度全球最具价值品牌100强前20

排名	品牌名	品牌价值	行业	国家
1	苹果	1841.54亿美元	科技	美国
2	谷歌	1417.03亿美元	科技	美国
3	微软	799.99亿美元	科技	美国
4	可口可乐	697.33亿美元	饮料	美国
5	亚马逊	647.96亿美元	零售	美国
6	三星	562.49亿美元	科技	韩国
7	丰田	502.91亿美元	汽车	日本
8	Facebook	481.88亿美元	科技	美国
9	奔驰	478.29亿美元	汽车	德国
10	IBM	468.29亿美元	商业服务	美国
11	通用电气	442.08亿美元	多元化	美国
12	麦当劳	415.33亿美元	餐饮	美国
13	宝马	415.21亿美元	汽车	德国
14	迪士尼	407.72亿美元	媒体	美国
15	英特尔	394.59亿美元	科技	美国
16	思科	319.30亿美元	科技	美国
17	甲骨文	274.66亿美元	科技	美国
18	耐克	270.21亿美元	运动用品	美国
19	路易威登	229.19亿美元	奢侈品	法国
20	本田	226.96亿美元	汽车	日本

(资料来源:http://www.china-10.com/news/495514.html)

这些品牌都是人们日常生活中经常看到或听到的著名品牌,其中既有经历上百年发展

而屹立不倒并仍然具有活力的老品牌，如可口可乐，也有伴随新经济发展而迅速崛起的新品牌，如谷歌。这些品牌在其发展的过程中一直处于各自市场的领先地位，引领着市场的发展，并且已经渗透人们生活的每一个角落，影响甚至改变了每一个人的生活。

1.2 品牌的分类

为了加深对品牌的认识，需要对品牌进行分类。按照不同的标准，品牌可以划分为不同的种类。常见的品牌分类标准有：根据品牌的市场地位分类、根据品牌的影响力分类、根据品牌化的对象分类、根据品牌之间的关联分类等。

1.2.1 根据品牌的市场地位分类

从品牌的市场地位来看，品牌可以分为领导者品牌、挑战者品牌和追随者品牌。

1. 领导者品牌

领导者品牌是指在市场中具有很高的知名度、美誉度和忠诚度及市场占有率远远高于同类产品的品牌。这类品牌在其行业中占据最大的市场份额，拥有毫无疑问的统治地位，具有较高的知名度，是消费者和竞争者共同关注的品牌。如手机行业中的苹果、软饮料行业中的可口可乐、餐饮行业中的麦当劳等。

2. 挑战者品牌

挑战者品牌是指那些相对于领导者品牌来说在行业中处于第二、第三位或位次更低的品牌。这类品牌在市场上的知名度也较高，并且具有与领导者品牌不同的品牌个性和符合消费者需要的品质和属性，消费者对其的认同度也较高，因此可向领导者品牌争取更大的市场份额，对领导者品牌形成一种挑战。如软饮料行业的百事可乐、日化行业中的高露洁等。

3. 追随者品牌

追随者品牌即紧随领导者品牌、挑战者品牌之后的品牌，它们一般尽可能地在各个细分市场中模仿领导者品牌。这类品牌在市场中的占有率一般不高，品牌知名度较低。如手机行业中的金立、家电行业中的夏新等。

1.2.2 根据品牌的影响力分类

根据品牌的影响力，品牌可以分为区域性品牌、全国性品牌、国际性品牌和全球性品牌。

1. 区域性品牌

区域性品牌是指影响力局限在某一较小的区域内的品牌。如以地区性生产和销售为特色的品牌，最常见的像啤酒、纯净水或饮食行业的一些区域性品牌，如黑龙江的哈尔滨啤酒、昆明的过桥米线、重庆的家福火锅等。这些品牌的产品往往受产品特性、地理条件及文化特性的影响，只在一定的范围内生产和销售。

2. 全国性品牌

全国性品牌是指在国内知名度较高并在全国范围内销售产品的品牌。如家电行业中的TCL、啤酒行业中的雪花、餐饮行业中的小肥羊等。全国性品牌往往是由一个区域内的市场容量已经无法支撑这一企业的发展而将产品销售拓展到全国范围内的。

3. 国际性品牌和全球性品牌

国际性品牌和全球性品牌很相似，它们都是影响力已跨出国门的品牌，但二者存在两个方面的区别。一是营销组合策略的标准化程度，一般认为全球性品牌比国际性品牌的营销组合要标准化一些。不过，大批企业采取的是"思维全球化，行动本地化"的战略，使得品牌进入各国的做法都有所调整，因此，在这方面，全球性品牌和国际性品牌的区别不大。二是国际化程度，一般来说，全球性品牌的国际影响力要高于国际性品牌。例如，微软、英特尔、麦当劳、丰田、索尼等都是全球性品牌。对于何为国际性品牌，何为全球性品牌，二者的分界线在哪里，目前学术界尚无答案。但可以从品牌的影响力上对二者进行一个简单的划分。例如，联想虽然在全球范围内销售产品，但由于它在欧美等发达国家市场上的影响力还很有限，因此只能说是国际性品牌，还算不上真正的全球性品牌。

1.2.3 根据品牌化的对象分类

如前所述，产品可以是实体商品、服务、组织、人、事件、地点、信息、理念等。因此，根据品牌化的对象，品牌可以分为产品品牌、服务品牌、组织品牌、个人品牌、事件品牌、地点品牌、信息品牌、理念品牌等。这里主要对产品品牌、服务品牌、组织品牌、个人品牌、事件品牌、地点品牌进行简单的介绍。

1. 产品品牌

产品品牌是指为有形产品所赋予的品牌。例如，可口可乐、梅赛德斯－奔驰、长虹、海尔、娃哈哈等。产品品牌是人们在现实生活中最经常看到的一类品牌，这类品牌通常与某种特定的产品联系紧密，并且只与这一产品相联系。例如，当人们提到洗发水时，首先联想到的就是海飞丝。具体来看，产品品牌又可以分为消费品品牌和工业品品牌。例如，软饮料行业的百事可乐、涂料行业的立邦等。

2. 服务品牌

服务品牌是指以服务为主要特征的品牌，如麦当劳、肯德基、联邦快递、西南航空、希尔顿酒店等。相对于有形产品，服务是无形的，并且在质量上可能会有所变化，这取决于提供服务的人。因此，在处理无形、多变的服务时，品牌化显得尤为重要。因为它有助于将抽象的服务有形化，帮助人们识别公司所提供的各种服务并赋予它们一定的意义。需要说明的是，服务通常以有形的产品为基础，并往往是与有形产品共同形成品牌的要件。因为大部分企业在提供有形产品的同时，也在提供服务，即使在制造业中，越来越多的企业也在利用服务来树立自己的形象。

3. 组织品牌

组织品牌是指以公司或非营利性组织为整体而赋予的品牌。如联想、三星、索尼、海尔等。对于企业来说，一些企业采用了与产品一致的品牌，如前面提到的联想、三星、索尼、海尔；另一些企业采用了与产品不一致的品牌，如宝洁、联合利华等。因此，就一个企业来讲，可以同时存在企业品牌和产品品牌，企业品牌之下可以有一个或多个产品品牌，从而组成一个品牌家族。不过，无论是企业品牌还是产品品牌，都必须遵循一个基本的准则，即核心利益承诺和行为的一致性，如丰田公司的汽车有"丰田皇冠""丰田凯美瑞""丰田卡罗拉""丰田花冠"等。使用企业品牌的一个优势在于可以在消费者心目中建立起专业的、可信的、有实力的企业形象,以便所推出的产品"师出名门",更容易被消费者接受。另外,一些非营利性组织也开始在打造品牌,如国际奥委会、红十字会、联合国儿童基金会等。

4. 个人品牌

个人品牌是指以个人作为品牌化对象的品牌。如今,对个人进行营销并建立个人品牌逐渐被大众所接受。目前,常见的被品牌化的个人对象主要是一些公众人物,如政客、企业领导人、专业运动员或娱乐界人士等。这些名人的个人影响力已被一些专业化的品牌机构量化为品牌价值。例如,福布斯 2017 年颁布的中国 30 位 30 岁以下精英榜中,张继科、鹿晗、周冬雨等体育、影视明星赫然在列,显示了不俗的个人品牌价值。如 Tom Peters 所说,"建立个人品牌是 21 世纪新工作的生存法则",在当前的社会中,个人品牌的经济价值和商业价值尤为突出。

5. 事件品牌

事件品牌是指以事件为载体的品牌。事件可以包括体育、会展、节庆、演出等,如奥运会、世博会、F1 方程式、达喀尔汽车拉力赛、环法自行车赛等。注意力已经成为当下经济的一种稀缺资源,并且越来越多的事件希望获得更多的参与者。因此,打造事件品牌就成为必然。事件品牌往往在获得社会价值的同时,也在收获经济价值。例如,奥运会不仅获得了全世界体育迷的疯狂拥趸,而且还获得了丰厚的收入,包括电视转播收入、TOP 赞助计划收入、赞助收入、标志许可使用收入、正式供货商收入、纪念币收入等。

6. 地点品牌

地点品牌是指以地理位置作为对象的品牌。Kevin L. Keller 曾指出:"如同产品和人一样,地理位置也可以品牌化……它的功能就是让人们认识和了解这个地方,并对它产生一些好的联想。"城市、地区和国家可以通过广告、邮件和其他传播方式向外界推销自己,以提高自己的知名度,塑造积极的品牌形象,从而吸引个人或商业机构来此参观、定居或投资。目前我国的成都、杭州、大连、青岛、西安、哈尔滨等城市都在以不同的形式为自己的城市品牌进行定位,挖掘竞争优势,打造自身的特色经济和品牌形象。在国际上,一些城市也在通过各种手段推销自己,例如,"音乐之都"维也纳、"时尚之都"巴黎等。

国际上,许多城市都在通过塑造品牌的方式推销自己。知名咨询公司 Resonance 编制的"2016 年全球最佳品牌城市排行榜"中,通过位置、规划、繁荣、产品、居民及宣传六项指标对世界各大城市进行评估,最终伦敦拔得品牌城市头筹,新加坡排名第二,纽约和巴黎分列第三、第四位。

1.2.4 根据品牌之间的关联分类

根据品牌之间的关联,品牌可以分为主品牌(母品牌)和副品牌(子品牌)。

一些企业为了区别不同产品的属性,在品牌名称不变的情况下,往往会为自己的产品起一个优美动听的小名,这个小名就叫作副品牌。所谓副品牌就是企业在为自己的多种产品冠以统一品牌的同时,再为每种产品取一个符合其特点的名字。副品牌的作用主要是为了凸显产品的个性,为品牌延伸留下空间,引发消费者的美好联想等。副品牌在不少行业被广泛使用。例如,格力电器旗下大松、晶弘、格力三大品牌;宝洁旗下飘柔、舒肤佳、玉兰油、帮宝适、汰渍及吉列等品牌。

除上述一些分类，品牌还可以有以下一些分类形式。例如，根据品牌与消费者的关系，品牌可以分为功能型品牌、个性型品牌、开拓型品牌、社区型品牌、标志型品牌等；根据品牌在市场上的存在时间，品牌可以分为"老字号"品牌和新品牌；根据产品的生产经营环节，品牌可以分为制造商品牌和经销商品牌等。

1.3 品牌发展的历史

1.3.1 国外品牌发展的历史

西方国家的品牌发展史与市场经济的发展史一样久远。纵观其品牌发展的历程，可以归结为以下几个阶段。

1. 品牌发展的原始阶段

品牌是在一种原始的、无意识的状态下发展而来的，人们在商业活动中不知不觉地就运用了品牌的观念。西方国家的品牌发展最早可追溯到古希腊和古罗马时代，那时的人们将通往店铺的标志或路线刻在石头上，有时甚至将店铺出售的商品的标志贴在银块上。这些标志就是所售商品的画片，由于当时的人们大多不识字，这些画片成了店铺与消费者沟通的唯一有效载体。后来发展到古代手工艺人在其制作的产品上打上工匠名字的标志以帮助顾客识别产品的来源，这些标志主要是一些抽象的符号，可以说，符号是品牌最原始的形式。后来还出现了以手工艺人的签字为标志的情况，这就是最原始的商品命名（即品牌化）。

2. 品牌的萌芽和发育阶段

中世纪，出现了印刷匠的标志、水印、面包标记及各种各样的手工协会标志。这些标志用来吸引顾客，同时也可以用来管制侵害行业垄断的人及找出生产低劣产品的制造者。例如1266年，英国通过一项法律，要求面包师在出售的每块面包上打上他们的标志，目的就是如果面包商缺斤短两，马上就能找到是谁做的。金银匠也被要求在商品上做记号，包括他们的签名或私人印记以及金属材质的质量说明，以作为质量的保证。

中世纪后，欧洲人来到美洲，也把品牌化的实践带到了美洲。美国的医药和烟草制造商是培育品牌的先驱。在美国内战之前，一些药品制造商已经开始使用小瓶作为产品包装而变得比较有名，而且为更好地吸引消费者，这些制造商已经开始使用商标，典型的做法是在商标图案中央印制业主的肖像。美国的一些烟草商们早在17世纪早期就开始出口产品，19世纪早期的一些著名制造商注意到，如果他们的产品名字较为好听并且特别，产品销量就可以明显得到改善，于是他们开始有意识地利用这一点。到了19世纪60年代，经过精心设计的，包括图案、装饰、符号等早期品牌视觉形象元素的小包装香烟在制造商的出口产品中已屡见不鲜。

3. 品牌的成长壮大阶段

19世纪末20世纪初，西方国家的生产力水平有了显著提高。电力的出现使得电动机器代替了人工和蒸汽机作业，高效率机器的采用，使企业规模不断扩大，企业界掀起合并的热潮，进而产生了一大批优秀品牌。例如，1880年，梦特娇诞生；1886年，可口可乐诞生，同年，德国奔驰制造了第一辆配有单缸发动机的汽车；1898 年，伊士曼发明小巧简便的照相机，定名为"柯达"；1895 年吉列剃须刀出现；1896 年路易威登问世；1907 年，劳斯莱斯推出银色幽灵车；1908 年，亨利·福特推出了福特 T 型汽车，这种用流水线生产的汽车引发了汽车工业的变革和其他生产部门的技术革命，同一年，劳力士手表诞生；1913 年，雪铁龙公司成立；1916 年，威廉·波音与韦斯特·维尔特创办太平洋航空公司，次年改名"波音"；1924 年，万宝路品牌诞生；1938 年，雀巢咖啡诞生。这些品牌长盛不衰，经过百年的洗礼，至今仍然是勃勃生机。

可口可乐的诞生

  1886 年，美国亚特兰大有一家名叫"彭伯顿"的制药公司，药剂师彭伯顿听说土著人用古柯树叶煮汤喝能止痛，于是开始试制这种药，他以古柯树叶和拉树粒为原料，制成了这种止痛剂，取名叫 COCA-COLA。一天，有一位顾客来买这种药。店员配好药后也没多看，随手拿起一杯清水就冲进药里，制成药浆后灌了一小瓶给这位顾客。第二天，这位顾客又来了。他还要昨天买的药水，说很好喝。店员很奇怪，还从来没有人说过这种药好喝，但他还是配制了一瓶给他。病人打开瓶盖，只喝了一口，就皱着眉头说："错了错了，这药的味道不对！"店员很纳闷，昨天不就是这样配制的吗，味道怎么会不一样？他站在那儿很纳闷，猛地发现早晨配制好的一瓶苏打水不见了！他想起来，昨天自己一时疏忽，错把苏打水当清水倒进药里了。于是他又用苏打水配了一剂药，买药的人喝了一口，很满意地走了。这位粗心的店员自己也尝了尝这种配错的药，果然味道很好！可口可乐就这样诞生了。后来，亚特兰大的另一制药商坎德纳买下了可口可乐的制造业务，他又把糖浆巧妙地溶进去，使可口可乐逐渐成为风靡全球的饮料。如今，可口可乐已成为全球最具价值的品牌之一，根据《商业周刊》/Interbrand 发布的 2016 年"全球最具价值品牌 100 强"，可口可乐公司品牌价值达 731.02 亿美元。

  4. 品牌的成熟拓展阶段

  第二次世界大战后，科学技术迅猛发展，生产力水平不断提高，资本主义社会由自由竞争阶段向垄断阶段过渡。一批著名品牌在市场竞争中脱颖而出后，伴随商品的输出和资本流动，逐渐走向世界的各个角落，品牌全球化的趋势明显。例如，肯德基问世于 20 世纪 30 年代，麦当劳创立于 20 世纪 40 年代，1955 年后，它们以特许经营方式走向世界，并于 20 世纪 60 年代奠定了其世界品牌的地位。如今，"麦当劳""肯德基"在全球的加盟店已逾万家。日本的一些品牌，如丰田、日立、松下、索尼等也都是在 20 世纪中期成为世界品牌的。

  世界品牌总是随着新技术的产生而产生，随着新消费潮流的出现而出现。20 世纪 90 年代以来，以信息技术革命和制度创新为特征的新经济浪潮兴起，美国经济出现了第二次世界大战后罕见的持续性的高速增长，世界经济也因此开始从传统的工业经济向新型经济——知识经济转变，这种新型经济以高技术产业为支柱，以智力资源为主要依托。伴随这一新型经济的兴起，一批以信息为特征的高科技公司迅速崛起，并逐渐成长为全球跨国公司。例如，成立于 1998 年的 Google 仅用 10 年就成为全球最具价值的品牌。根据《商业周刊》

Interbrand 发布的 2016 年"全球最具价值品牌 100 强",Google 的品牌价值为 1 333 亿美元,位居第二。

1.3.2 我国品牌的发展历程

与发达国家的品牌发展相比,中国品牌起步较晚,生存环境不容乐观。但随着中国企业和企业家们品牌意识的增强,让我们看到了中国民族品牌的希望。

1. 中国品牌发展史

早在我国的商周时期,就出现了很多以不同的特产而闻名的大都市,它们有的盛产铁器,有的盛产织物,有的盛产粮食作物,形成了区域品牌的雏形。在西周墓葬出土的文物中,发现有封建领主产品的标志和各种官工的印记,如果这些产品用来进行交换,那就可以看成是早期商标和品牌的萌芽。

春秋战国时期,商业已经作为一门独立的职业从生产劳动中分离出来,人们在让渡自己的劳动产品时,都想得到交换方最好的产品。于是,人们就开始根据口口相传的品牌信誉来确定交换的对象。为了明确自己的身份,宣传自己的产品,当时有固定营业场所的商人最常用的方法就是打出招牌和幌子。

在汉朝,朦胧的品牌意识已经深入社会生活中,实物招牌开始流行。据史书《三辅决录》记载:"夫工欲善其事,必先利其器,用张芝笔、左伯纸及臣墨。"这些品牌都是以能工巧匠的名字命名,说明当时的人们已经懂得用具有鲜明特征的品牌来体现商品的卓越价值。

唐宋时期是我国封建社会的鼎盛时期,商业贸易繁荣,造纸业和印刷业开始广泛应用,品牌的传播和扩散已经达到了一个非常自觉的阶段,具有明显品牌指示并辅之以清晰消费导向的广告作品开始出现,鲜明的带有品牌意识的招牌广告遍布城乡。这在我国的品牌史上具有非常重要的意义。上海博物馆收藏了北宋时期的一章铜版雕刻广告,"认清门前白兔儿为记"的标签,此标签为"济南刘家功夫针铺"所制,图文并茂,很有代表性。这可以说是我国品牌的启蒙。它以人们熟悉的动物形象和简洁的语言向消费者传递企业信息。

明清时期,资本主义生产关系开始萌芽,商品经济较以前更为发达。广告显著增多,具有一定知名度和影响力的品牌开始出现。明朝嘉靖九年,京城酱菜铺的老板请当朝宰相严嵩为其品牌"六必居"题名,以此防止自家酱菜被他人假冒。这是自品牌出现后,我国第一个有明显品牌保护意识的注册防伪行为。公元 1904 年,清朝政府颁布了《商标注册试办章程》,这是中国历史上第一部保障企业权益的法规。从此,品牌的注册管理纳入法制轨道,品牌开始成为具有法律效应并受到法律保护的商业行为。

鸦片战争以后,中国门户洞开,西方列强开始对中国进行大规模的经济入侵和政治控制。在此过程中,外国人大量投放广告,企图摧毁中国的民族工业和民族品牌,民族品牌举步维艰。当时的广告品牌以外商经营的洋品牌居多,如汇丰银行、华英大药房、大英火轮船公司等,民族品牌只在第一次世界大战的间隙得到了发展的机遇,比较著名的有"美丽牌"香烟和"三星牌"牙膏等。当时,品牌宣传的载体也扩展到橱窗、路牌、霓虹灯、交通工具和广播等媒介。抗战爆发后,为了挽救濒临灭绝的中国品牌,人们发起了"用国货最光荣"的保护民族品牌运动,品牌第一次和中国的政治命运结合在一起,并正式成为社会生活和国力象征的一部分。

新中国成立初期，由于受计划经济体制的制约，品牌问题没有引起工商界的足够重视，发展十分缓慢。而一场文化大革命，使稍有发展的民族品牌又陷入了停顿甚至倒退的境遇。所以说，我国真正意义上大规模的品牌发展是在改革开放后才开始的。1979年年初，全国范围内开始逐步恢复广告业务，"参杞补酒"是第一个做电视广告的国产品牌，瑞士"雷达表"是"文化大革命"后第一个在大陆媒体上做广告的外国品牌。自改革开放以来，一些有识之士引进西方的企业管理经验，真正的品牌经营才在中国悄然兴起。特别是20世纪90年代随着市场经济体制的建立，以及国外品牌的大举进入，我国企业意识到了品牌的重要性，在竞争中陆续产生了"海尔""长虹""康佳""联想""春兰"等一大批民族工业品牌，政府也相继出台了商标法、反不正当竞争法、产品质量法、广告法等有助于品牌健康成长的法律、法规。

2. 中国品牌的发展阶段

中国的品牌发展真正兴起于20世纪80年代，源自于改革开放和市场化经济的发展。改革开放以来，我国品牌从无到有，从少到多，大致经历了以下四个发展阶段。

第一阶段，品牌启蒙时期（20世纪80年代）。改革开放的头10年，国内企业竞争并不是很激烈，国内企业还处在规模小、实力弱的竞争局面，中国企业和消费群体对品牌的理解还处于一知半解，这个时期对品牌的认识处于启蒙期。传统品牌在相对稳定的环境中得到了一些发展。

第二阶段，品牌发展时期（20世纪90年代）。随着改革开放的深化，外资企业大量进入中国，由于我国企业尚处于追求产品质量的阶段，缺乏现代品牌意识和品牌建设观念，许多民族品牌被国外品牌兼并或蚕食，中国品牌的生存环境变得空前紧张，很多民族品牌在竞争中消失。

令人欣慰的是，少数国内新生品牌在竞争中获得了生存空间，企业的发展速度和规模也日益扩大。特别是家电、通信、饮食、IT等消费品品牌，在这一时期得到了发展。政府也在1993年对《中华人民共和国商标法》进行了重新修改和公布，从而使商标制度在中国逐渐建立并走上正轨，品牌的注册和管理也日臻完善。

第三阶段，品牌国际化酝酿时期（2000年左右）。随着中国加入世界贸易组织，中国企业经过原始资本积累、技术水平提升、市场竞争磨砺后，逐步成熟起来，中国企业和企业家们开始意识到品牌对于国际竞争的紧迫性和必要性，国内理论界和消费者的品牌意识也逐步增强，与此同时，国家在政策上也积极鼓励有实力的企业"走出去"，极大地推动了中国企业参与国际化进程。我国涌现了如"全聚德""海尔""联想""康佳""大宝""苏果""好孩子"等一批具有知名度和美誉度的品牌。但是我国企业中仍然存在着品牌认识误区，品牌创新不足，因而品牌国际竞争力不强。

第四阶段，品牌国际化融入时期。进入21世纪以来，市场竞争的阵地已从传统的产品价格转移到以品牌为核心的较量，谁拥有知名品牌，谁就拥有了竞争的资本。这时，中国经济也进入了工业化转型、城市化加速、国际化提升和市场化完善的关键时期，在世界知名品牌全面进入中国市场的同时，中国民族品牌也迈开了"走出去"的步伐，国际品牌和国内品牌的正面竞争拉开了序幕。在这种形势下，打造出具有世界影响力的自主品牌成为中国企业的不二选择。2004年，宝钢进入全球500强，成为中国竞争性行业和制造业中第一批进入全球500强的企业，2014年，联想集团收购摩托罗拉移动，收购总额约为29.1亿美元，联想随即成为全球第三大智能手机厂商。2016年，万达文化集团100%全资收购美国好莱坞知名影视制作公司传奇影业,文化产业开始逐渐打入国际市场。2017 年,美国财经新闻网站 CNBC 统计,华为在全球智能手机上的市场份额达到 11.3%,与占据 12% 市场份额的苹果公司差距日益缩小。

与此同时,国家在政策上也开始鼓励有实力的企业"走出去",积极参与国际化进程。2000 年,江泽民提出"走出去"发展战略,将对外经济发展战略从"引进来"为主调整到"引进来"和"走出去"相结合。2006 年,商务部开展"品牌万里行"活动,提出重振一批历史悠久的老字号品牌的口号,扶持一批具有广泛影响力的国内知名品牌,并培育一批具有较强竞争力的国际知名品牌。2011 年,"十二五"规划纲要提出"推动自主品牌建设,提升品牌价值和效应,加快发展拥有国际知名品牌和核心竞争力的大型企业"的战略规划。2016 年 9 月,响应习近平总书记"中国制造向中国创造转变、中国速度向中国质量转变、中国产品向中国品牌转变"的三个目标,央视发布"国家品牌计划",以寻找、培育、塑造一批能够在未来三十年里代表中国参加全球商业竞争和文化交流的国家级品牌。2016 版《中国品牌战略发展报告》中,政策扶持成为国家品牌发展的重要推动力。

走向世界的华为

自 2014 年 9 月发布 Mate 7 以来,华为手机产品意外崛起。同年,华为品牌首次进入全球品牌咨询公司 Interbrand 发布的"全球最具价值品牌 100 强"名单,排名第 94 位,2016 年排至全球第 72 位。在全球市场上,华为一直努力追赶苹果和三星,而华为的志向也很明确,就是要做走出中国本土市场的全球性高端手机品牌。

在中国市场,华为品牌已经基本解决了认知度问题,需要提升的是影响力。而在海外,华为则仍需要先讲清楚"我是谁",而那里的消费者更为理性,一味叫卖手机产品本身,强调其配置如何强大的营销方式并不奏效。改为由品牌拉动销量反而是更好的办法。

首先要建立信任,才会变得喜爱,最后是忠诚。成功的品牌建设,是要给消费者以确定感。华为试图让消费者清楚辨识每个系列独特的 DNA,获得确定。与此同时,用心与消费者交互,做好每个细节。有意识地不断向市场灌输和分享华为的创新成果,包括技术研发、管理思路,甚至是生产流程上的革新突破。

看华为如今在海外市场已经获得的品牌印象,"进步"是一个可以被提炼的关键词。客户发现华为手机真的是在不断进步,会看到企业的旗舰机型不断有很多创新的东西。能获得"有进步"这样的正面评价,对于想要"撕开"国产品牌低价低值的固有认知的华为,算是一种不错的开局。

1.4 品牌管理的意义

近年来,由于品牌价值的日益凸显,品牌管理成为当前企业管理领域里一个重要的理论,并引起了企业足够的重视。世界著名企业品牌的背后,都有一套科学系统的品牌管理体系作为支撑。因此，对品牌进行管理就具有非常重要的意义。

1.4.1 品牌管理的内涵

所谓品牌管理，就是指对品牌的全过程进行有效的管理，以使品牌运营在整个企业管理的过程中起到良好的驱动作用，不断地提高企业的核心价值和品牌资产，从而为品牌的长期发展打下基础。这是品牌管理过程中最为重要的工作，它承担着对品牌管理活动的计划、组织、实施、控制的职能。品牌管理贯穿品牌从孕育、成长到成熟、扩张甚至品牌终结的全部过程。其本质是调动企业的全部力量，以品牌为核心，实施对品牌创造到品牌提升的全过程管理。从定义可看出，品牌管理具有战略性、系统性和长期性等特征。

1.4.2 品牌管理的内容

为了实现在消费者心智中建立起个性鲜明的、清晰的品牌联想的战略目标，品牌管理的工作的主要内容为：制定以品牌核心价值为中心的品牌识别系统，然后以品牌识别系统统帅和整合企业的一切价值活动（展现在消费者面前的是营销传播活动），同时优选高效的品牌化战略与品牌架构，不断地推进品牌资产的增值并且最大限度地合理利用品牌资产。

要高效创建强势大品牌，关键是围绕以下四个步骤做好企业的品牌管理工作。

1. 规划以核心价值为中心的品牌识别系统

进行全面科学的品牌调研与诊断，充分研究市场环境、目标消费群与竞争者，为品牌战略决策提供翔实、准确的信息导向；在品牌调研与诊断的基础上，提炼高度差异化、清晰明确、易感知、有包容性和能触动感染消费者内心世界的品牌核心价值；规划以核心价值为中心的品牌识别系统，基本识别与扩展识别是核心价值的具体化、生动化，使品牌识别与企业营销传播活动的对接具有可操作性；以品牌识别统帅企业的营销传播活动，使每一次营销传播活动都演绎传达出品牌的核心价值、品牌的精神与追求，确保企业的每一份营销广告投入都为品牌做加法，都为提升品牌资产做累积。制定品牌建设的目标，即品牌资产提升的目标体系。

2. 优选品牌化战略与品牌架构

品牌战略规划很重要的一项工作是规划科学合理的品牌化战略与品牌架构。在单一产品的格局下，营销传播活动都是围绕提升同一个品牌的资产而进行的，而产品种类增加后，就面临着很多难题，究竟是进行品牌延伸让新产品沿用原有品牌呢，还是采用一个新品牌？若新产品采用新品牌，那么原有品牌与新品牌之间的关系如何协调？企业总品牌与各产品品牌之间的关系又该如何协调？品牌化战略与品牌架构优选战略就是要解决这些问题。

在悟透各种品牌化战略模式的规律，并深入研究企业的财力、企业的规模与发展阶段、产品的特点、消费者心理、竞争格局与品牌推广能力等实际情况的基础上，按成本低又有利于企业获得较好的销售业绩、利润与实现培育强势大品牌的战略目标，优选出科学高效的品牌化战略模式。

3. 进行理性的品牌延伸扩张

创建强势大品牌的最终目的是为了持续获取较好的销售与利润。由于无形资产的重复利用是不用成本的，只要有科学的态度与高超的智慧来规划品牌延伸战略，就能通过理性的品牌延伸与扩张充分利用品牌资源这一无形资产，实现企业的跨越式发展。因此，品牌战略的重要内容之一就是对品牌延伸的下述各个环节进行科学和前瞻性的规划。

提炼具有包容力的品牌核心价值，预埋品牌延伸的管线，如何抓住时机进行品牌延伸扩张，如何有效回避品牌延伸的风险，延伸品牌如何强化品牌的核心价值与主要联想并提升品牌资产，品牌延伸中如何成功推广新产品。

4. 科学地管理各项品牌资产

创建具有鲜明的核心价值与个性、丰富的品牌联想、高品牌知名度、高溢价能力、高品牌忠诚度和高价值感的强势大品牌，累积丰厚的品牌资产。

（1）要完整理解品牌资产的构成，透彻理解品牌资产各项指标如知名度、品质认可度、品牌联想、溢价能力、品牌忠诚度的内涵及相互之间的关系。在此基础上，结合企业的实际，制定品牌建设所要达到的品牌资产目标，使企业的品牌创建工作有一个明确的方向，做到有的放矢并减少不必要的浪费。

（2）在品牌宪法的原则下，围绕品牌资产目标，创造性地策划低成本提升品牌资产的营销传播策略。同时，要不断检验品牌资产提升目标的完成情况，调整下一步的品牌资产建设目标与策略。

1.4.3 品牌管理的意义

一个好的品牌管理，对于企业的自身发展和有效地参与市场竞争具有重要意义。

1. 品牌管理是企业管理的时代选择

当今社会已经进入"无形控制有形的时代"。品牌管理作为一种全新的企业管理方式，是市场经济发展到信息化、全球化时代的产物。随着工业经济向全球化信息经济的过渡，企业将以品牌及品牌管理为核心，通过知识而不是金融资本或自然资源等来培植核心竞争力和竞争优势。传统企业管理的重心是产品经营，而产品经营的重心是产品生产；企业的资本经营管理是以资本运作为核心，最大限度地使资本增值是其首要任务；而品牌管理的核心则是提高品牌的竞争力，塑造强势品牌。产品管理的目的是通过对产品的生产和销售的管理达到利润最大化；资本管理的目的是为了实现资本的保值增值，而品牌管理的目的则是提高品牌的核心竞争力，厚积品牌资产，增强品牌对内外部资源的控制和利用。企业的产品管理与资本管理是企业生存与发展的基本手段，而品牌管理的内容也包括产品和资本管理，它以二者为基础。品牌管理让企业有可能摆脱自身金融或自然资源的制约，从而获得持续发展，因而具有强大的生命力和广阔的前景。

2. 品牌是企业参与竞争的利器

品牌能在逆境中生存，且经久不衰。"在目前的经济环境下（指2008—2009年度比较恶劣的经济形势），很多企业的价值会有所下降，而此时，品牌会变得尤为重要，因为品牌能帮助企业在艰难时期坚持下去。"Millward Brown Optimor的首席执行官Joanna Seddon说，"那些在艰难时期会继续坚持对品牌进行投资的企业，在经济状况好转时，会比那些现在削减品牌投入的企业拥有更强的优势。"

3. 品牌能够带来更强大的分销能力

在全球化的信息时代，拥有国际品牌的公司已经进入了全球所有市场，而且在打进市场的过程中，已设法建立了强大的分销渠道。这使它们能够更有效地为自己产品阵营中的其他

品牌，即那些不如该品牌有名的品牌，进行有效的分销，从而跨越市场界限，渗入市场，实现品牌延伸。特别是，在品牌国际化和本土化过程中，企业可以通过有效的品牌管理来适应不同国家、不同市场的消费特点，来保证营销战略目标的最终实现。

4. 品牌具有文化价值

品牌管理创造了一种多元的文化氛围。品牌通过内部管理融会全球文化，而品牌的国际化又促进了当地文化的发展。文化是一种管理、沟通和融合的工具，它把企业所在地的文化传播到其他地方，促进当地文化的多元化；同时，为了更好地进行经营管理，又把当地的文化吸纳进来，融入品牌管理当中，在企业内部融会成一种更广泛的文化，从而起到了一种黏合剂的作用，保证企业内部凝聚到一起，使之更加强大，确保企业不因分处各地而四分五裂。

1.5 品牌管理的过程

1.5.1 品牌管理现状

我国企业的品牌管理，由于其所处的环境和社会背景不相同，因此存在很多的特殊之处，我们应当关注我国企业在品牌管理方面的相关问题，在此基础上，提出针对我国企业特定情况的政策建议。

1. 品牌管理缺乏规划

我国的很多企业虽然已经认识到了品牌的重要作用，也开始在企业内部着手建立一些品牌运营的策略性规章，但很少有企业把品牌管理的一些重要方面如本品牌的核心价值是什么、品牌的定位是什么、本品牌的延伸范围有多大等列入企业发展的战略规划中。在企业品牌管理当中，对品牌的管理规划进行更多的设计会强化相关企业的品牌形象的建立。

2. 品牌过度延伸

20世纪90年代以来品牌延伸日益成为我国企业开拓市场的一种方式。尽管品牌延伸日益盛行，但是失败的案例也不在少数，盲目延伸不仅会导致新产品推广失利还会影响母品牌。例如，"娃哈哈"从果奶延伸至感冒液。尽管广大消费者对"娃哈哈"果奶已经产生高度的认同感，对于"娃哈哈"感冒液的宣传广告却是无动于衷。这种盲目的品牌延伸和定位扰乱了品牌在消费者心目中原有的地位。

3. 品牌维护不够

品牌的创立、保护和发展需要创始人和后继者的不断努力，在竞争日益激烈的当下，保持和提升品牌地位变得十分困难，每个品牌都面临不断的挑战和威胁。

2014年，麦当劳、肯德基等快餐供应商上海福喜食品公司被曝使用过期劣质肉，"福喜事件"的曝光引发民众对食品安全的担忧，但是企业通过及时下架商品、披露新供应商和解决方案，成功度过了危机。由此表明，品牌需要经得起市场的持久考验，才能不断得到消费者的认可。

1.5.2 品牌管理的误区和挑战

由于我国市场经济起步较晚，人们对品牌管理的知识普遍缺乏，因此，对品牌的认识和理解存在许多误区。综观我国企业的品牌管理，大致存在以下几个误区。

1. 品牌 = 商标

如前所述，品牌与商标是一对极易混淆的概念。有些人认为产品进行注册后就成了品牌。事实上，二者存在很大的区别。这在前面已作介绍，这里不再赘述。

2. 做品牌 = 做名牌

很多企业认为，名牌就是品牌，甚至将名牌作为企业发展的最高目标。把名牌看作品牌，其症结就在于将品牌知名度狭义地理解为品牌的全部。在这种观念的指导下，他们认为只要全力以赴地搞好名牌的广告宣传或造势操作就可以将其变成品牌。于是，广告轰炸、商业炒作成为这些企业品牌经营的主要内容。事实上，品牌是一个复杂而浩大的工程，包括品牌的整体战略规划、视觉形象设计、核心理念确定、品牌符号运用、品牌场景设计、广告定位等一系列工作，品牌建设需要长年累月的精心经营。或许一次广告运作就可以诞生一个名牌，但一个品牌的树立，却需要经过漫长岁月的考验。可口可乐品牌经历了100多年的风雨洗礼，柯达、万宝路、强生等品牌的造就也非一朝一夕之功。

3. 做品牌 = 作销量

在实际工作中，很多企业的营销计划常常强调产品销量的提升，把产品销量作为企业追求的最大目标。这些企业大都有一个"共识"，即作销量就是做品牌，只要销量上去了，品牌自然会得到提升。实际上，这是非常错误的观点。片面追求销量的结果往往会忽视对品牌其他要素（如品牌美誉度、忠诚度等）的建设。哈药集团曾凭借铺天盖地的广告赢得了销售额的增长，但哈药在公众中的品牌形象如何呢？从盖中盖"捐赠"希望工程事件和大大小小的报刊质疑文章中，就不难得出结论。此外，为了扩大销量而进行的降价、促销、炒作等行为还会对品牌造成伤害，使品牌贬值。

4. 做产品 = 做品牌

由于人们接受的产品或服务与品牌同名，因此就有人认为品牌就是产品。实际上，它们之间有着明显的区别，这在前面已经介绍，这里就不再赘述了。

5. 做品牌 = 做 CIS

CIS（企业识别系统）有利于品牌形象的塑造，但只是塑造品牌的一种途径。本质上，CIS 是为企业形象服务的，但企业形象不等于品牌形象，它只是品牌形象的一个方面。即使做 CIS，在中国，企业也往往只重视视觉识别（VI），最重要的理念识别（MI）往往只是收藏在企业文件里或挂在企业大厅的墙上，而行为识别则更是流于形式。

6. 过分迷信广告

中国很多企业将品牌理解为叫得响的名称，将其与产品的质量、形象、附加价值等一系列有形或无形资产分割开来，加之广告在宣传一个名称或口号上具有明显的推动作用，造成了很多企业过度依赖广告，从而导致品牌建设成本过高，动辄上千万元的媒体宣传费用，使企业界形成了"品牌需要大投入"的印象。近年来，中央电视台每年的黄金资源广告招标会都会吸引大批企业前来投标，各路诸侯都想中标，"标王"价格更是不菲。2012年茅台广告投入超过5亿元，夺得央视标王，而2013年，剑南春以6.03亿成为央视整点标王。事实

上,一个成功的品牌不仅体现在有一个响亮的名称上,还体现在产品性能、包装和分销渠道的优越性上,只有通过这些优越性才能体现出品牌的核心价值。广告只是品牌传播中的一个环节,不能赋予品牌经久不衰的生命力,也不能建立长久的品牌忠诚度。

7. 品牌大肆扩张

为了规避风险,很多企业都对它们的品牌进行扩张,实行多元化经营。诚然,实行多元化经营能够帮助企业强化品牌形象。例如,宝洁公司仅洗发用品就有海飞丝、潘婷、飘柔等品牌,不仅扩大了宝洁的产品线,还提升了宝洁的品牌价值。但应该看到,无约束、无策略的品牌扩张是十分危险的。例如,在消费者心目中,威露士是洗手液方面的专家。但威露士推出威露士漱口水,显然是没有对消费者的这一心智加以重视,单纯从企业资源和市场需求出发,盲目进行品牌延伸,试图让威露士洗手液的消费者也能接受威露士漱口水。威露士还运用同样的产品逻辑推出了威露士洗衣液,这更加危险。因为如此一来,威露士作为洗手液品类代表的专业形象会受到"稀释",消费者会越来越困惑,威露士到底是做什么的?当消费者存放在大脑中的固有认知受到严重干扰后,他们就会放弃甄别和选择。这样一来,竞争对手就会乘虚而入,抢占消费者的心智资源。可见,品牌扩张如果管理得好,则可以为企业带来巨大收益,但如果管理不当,则有可能导致"一损俱损"的局面。

8. 做品牌只是企业界的事

人们通常熟悉的品牌大多是产品品牌,如"康师傅"方便面;公司品牌,如海尔;服务品牌,如联邦快递。实际上,许多东西也可以有品牌,如前面提到的演员、政治家、事件、地方和场所,甚至国家。2009年11月23日,一则30秒的"中国制造"广告片分别在美国有线新闻网的美国频道、美国头条新闻频道和国际亚洲频道播放。该广告片的播出,是"中国制造"第一次以行业整体形象在海外亮相。广告以"中国制造世界合作"为口号,旨在通过强调"中国制造"的产品质量,帮助中国产品树立在世界上的形象,并向世界传达中国企业界不断加强与世界合作,为各国消费者提供高质量产品的态度和意愿。

1.5.3 品牌管理的过程

品牌管理是一项复杂的系统工程,涉及许多方面。学者们根据品牌管理内容的侧重点不同,提出了不同的管理过程。下面主要介绍 Kevin L. Keller 的战略品牌管理过程和 Chernatory 的品牌管理过程。

1. Kevin L. Keller 的战略品牌管理过程

Kevin L. Keller 提出,品牌管理涉及创建、评估及管理品牌资产的营销计划和活动的设计与执行。Kevin L. Keller 的战略品牌管理过程包括四个步骤,如图 1-4 所示。

(1)识别和确立品牌定位和价值。Kevin L. Keller 的战略品牌管理从识别和确立品牌定位和价值入手,将清晰地理解品牌代表什么及应该如何定位作为品牌管理的第一步。品牌定位是指通过营销活动使品牌在目标顾客的脑海中占据独特的和有价值的地位,其目标是占据消费者脑海中的位置,使企业的潜在利润最大化。本质上,品牌定位就是让消费者信服该品牌的优势或相对于竞争者的差异点,减少任何可能不利的劣势,因此,企业可以通过建立共同点联想和差异点联想来进行品牌定位。另外,品牌定位还规定了品牌核心联想和品牌精粹。品牌核心联想是指能最好地描述和刻画品牌所具有的联想子集(属性和利益),而品牌精粹是指品牌的精髓或核心品牌承诺。品牌精粹可以用三言两语来概括品牌的关键部分及其核心联想，可以将它看作永久性的"品牌DNA"——品牌对于消费者和企业来说最重要的部分。因而，品牌核心联想、共同点、差异点和品牌精粹可以看作是品牌的心脏和灵魂。

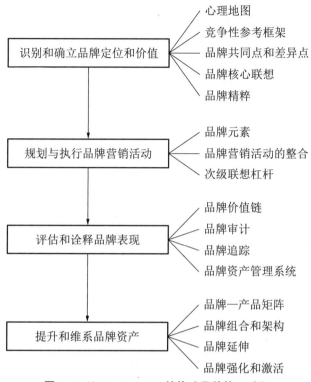

图1-4　Kevin L. Keller的战略品牌管理过程

（2）规划与执行品牌营销活动。Kevin L. Keller提出，创建品牌资产就是要求建立消费者能够充分感知，同时能够产生具有强有力的、积极的和独特品牌联想的品牌。一般来说，这种知识构建流程取决于以下三个因素：一是品牌要素的选择，如名称、域名、标识符号、品牌形象代表、包装及口号等，品牌要素的选择必须坚持记忆性、有意义性、可爱性、可转换和适应性原则；二是品牌与营销活动的一体化，即对产品、价格、渠道、促销等进行设计，并紧扣品牌形象和品牌核心价值来整合品牌营销活动；三是次级联想杠杆，其来源包括公司、联盟、成分品牌、产地、渠道、人物、事件等。

（3）评估和诠释品牌表现。Kevin L. Keller战略品牌管理的第三步是评估和诠释品牌业绩，了解品牌营销计划的效率。评估和诠释品牌业绩的手段包括品牌价值链、品牌审计、品牌追踪和品牌资产管理系统。品牌价值链是一种评价哪些营销活动创造品牌价值以及评价品牌资产的来源和结果的结构化方法，并通过品牌追踪获取笼统的、与品牌相关的信息。品牌资产评估系统由一系列步骤构成，包括建立品牌资产管理系统、掌握评估品牌资产的来源、分析获得的市场业绩等。品牌审计是指从品牌资产来源的角度对品牌进行全面、综合的审查，品牌审计的内容包括评价品牌价值、战略品牌审计、产品拓展审计和品牌投资组合审计四部分。

（4）提升和维系品牌资产。Kevin L. Keller战略品牌管理的第四步是提升和维系品牌资产。Kevin L. Keller认为，虽然通过构思完美的品牌定位和精心设计并执行营销计划，企业能够获得品牌领先地位，但保持和扩展品牌资产依然具有挑战性。品牌资产的提升和维系可以通过品牌—产品匹配、品牌组合、公益营销、品牌延伸、长期强化品牌资产及跨区域和细分市场构建品牌资产来进行。

2. Chernatory 的品牌管理过程

Ldelie de Chernatory 的品牌管理过程包括品牌展望、组织文化、品牌目标、审查品牌环境、品牌本质、内部实施策略、寻找品牌资源和品牌评估八个步骤，如图 1-5 所示。

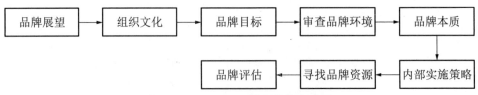

图 1-5　Chernatory 的品牌管理过程

Chernatory 的品牌管理过程强调品牌的战略意义。因此，他的品牌管理过程从品牌展望、组织文化、品牌目标开始。品牌展望是指对品牌未来的环境和趋势进行预测，以便确定品牌发展的目标和所具有的价值观；组织文化是指将员工凝聚起来，采取统一行动的"黏合剂"；而品牌目标就是品牌在特定时期必须实现的目的，包括短期目标和长期目标；审查品牌环境就是检查可能促进或阻碍品牌成功的因素。根据 Chernatory 的论述，有五个方面的因素会发挥作用，即公司、分销商、竞争者、消费者和宏观环境。品牌本质是对品牌核心概念的描述，如品牌特征、利益、感情回报、价值观、个性品质等，它可以进一步深化品牌定位和品牌个性。内部实施策略则是对公司内部进行的品牌传播，根据 Chernatory 的描述，传播的途径有两条：一条是注重功能价值的机械途径，包括价值链分析、外包战略、核心竞争力及服务流程；另一条是注重感情价值的人文途径，包括员工价值观、员工授权和相互关系等。寻找品牌资源是指建立表现品牌本质的元素，这些元素包括特色名称、所有权符号、功能能力、服务元素、降低风险元素、法律保护、速记符号、象征特征等。最后是品牌评估，包括内部评估和外部评估两个方面的评估。

本章小结

关于品牌的定义，有符号说、资产说、综合说、关系说、互动说、承诺说等不同视角的定义。品牌具有表象性、集合性、资产性、领导性、双重性、专有性等特征。品牌在现代市场竞争中具有重要的作用。品牌与产品密不可分，但不能等同，二者存在明显的区别；商标是一个法律概念，而品牌是一个营销和战略概念；名牌只代表知名度，而品牌的内涵要丰富得多。

品牌可以根据品牌的市场地位、品牌的影响力、品牌化的对象、品牌之间的关联进行分类。

国外的品牌发展历程可以归结为以下几个阶段：品牌发展的原始阶段、品牌的萌芽和发育阶段、品牌的成长壮大阶段、品牌的成熟拓展阶段；中国品牌发展的历程可以分为以下几个阶段：品牌启蒙阶段、品牌发展阶段、品牌国际化酝酿阶段、品牌国际化融入阶段。

品牌管理是指对品牌的全过程进行有机的管理，以使品牌运营在整个企业管理的过程中起到良好的驱动作用，不断地提高企业的核心价值和品牌资产，从而为品牌的长期发展打下基础。它承担着对品牌创造活动的计划、组织、实施、控制的职能。一个好的品牌管理，对于企业自身的发展和有效地参与市场竞争具有重要意义。

品牌管理面临巨大的挑战，包括现金挑战、一致性问题和媒体信息混乱等方面的挑战，同时还面临一些其他方面的挑战。品牌管理是一项复杂的系统工程，涉及许多方面。学者们从不同角度思考了品牌管理问题，并提出了不同的品牌管理模型，如 Kevin L. Keller 的战略品牌管理过程和 Chernatory 的品牌管理过程。

关键概念

品牌　　品牌管理　　品牌发展历史　　品牌管理过程

案例分析

宝洁：品牌管理的先驱

宝洁连续多年被评为美国十大最受尊敬的企业，被《财富》杂志评为最值得长期投资的企业。宝洁每年花费 30 多亿美元在全球进行品牌营销，所营销的 300 多个品牌的产品畅销全球 140 多个国家和地区，拥有 50 亿消费者，美国 98% 的家庭使用宝洁的产品，远胜过世界上任何一家企业。宝洁成功的原因除了 160 多年来一直恪守的产品高质量原则外，独特的品牌管理系统也是其获得成功的重要原因之一。

宝洁 1931 年引入品牌管理系统。宝洁公司品牌管理系统的基本原则是：让品牌经理像管理不同的公司一样来管理不同的品牌，此管理系统是品牌管理的鼻祖。这一管理理念目前已成为宝洁公司经营运作的基石之一。

1930 年，理查德·杜普利出任宝洁公司总裁。宝洁公司自 1923 年推出了新的香皂品牌"佳美"后，佳美的业务发展一直不尽如人意。市场部人员认为，这主要是由于佳美的广告及市场营销"太过于'象牙皂'化的思维"。"象牙皂"是宝洁公司的重要产品之一，自 1879 年诞生以来，"象牙皂"已成为消费者心目中的名牌产品，销售业绩一直很好。宝洁市场部人员感觉到："佳美皂"之所以不能畅销，是因为佳美的广告受到"象牙皂"广告的影响，广告意念被削弱，一定程度上成了"象牙皂"的翻版。确实，佳美皂和象牙皂都针对同一市场，当时宝洁公司还不允许佳美皂和象牙皂自由竞争，这一新产品已明显成为避免利益冲突的牺牲品。鉴于此，宝洁当时的副总裁罗根提议公司专门为佳美皂请一家新的广告公司。从前，负责佳美和象牙品牌的广告公司是纽约的布莱克曼广告公司，也是宝洁自 1922 年起唯一指定的广告公司。根据罗根的建议，宝洁选择了纽约的派得勒&瑞恩广告公司。这家新广告公司得到了宝洁公司的许诺，绝不为竞争设定任何限制。从此，佳美和象牙品牌在市场上相互竞争。佳美皂有了自己的广告公司后，销售业绩迅速增长。

此时，公司认为指派专人负责该品牌的促销和与广告公司的日常联系是非常必要的，这一重任落在了尼尔·麦凯瑞的身上。1931年，麦凯瑞来到宝洁总部，发现当时市场部规模仍然不大。这与麦凯瑞心目中所设想的特别的管理系统无法匹配。麦凯瑞于是和罗根副总裁谈起了他的"一个人负责一个品牌"的构想。罗根很喜欢这个构想，但他指出如果公司总裁不批准在市场部增设人员的话，这个计划就不可行。麦凯瑞说："我想我们能说服他，这个系统绝对超值。"这个"他"，就是当时的总裁杜普利。在宝洁的历任总裁中，杜普利以醉心改革创新而闻名。杜普利有句名言："对我来说，宝洁的经营运作没有什么是不可以不断发生改变的，而且应该越变越好。"罗根让麦凯瑞起草了一份文件，这份文件成为历史性的文件。文件详细列出了品牌经理、助理品牌经理和"调查人员"的工作职责。麦凯瑞在文件里写道：品牌经理应能够把销售经理工作的大部分接过来，使销售经理能将主要精力放在销售产品的工作上。罗根副总裁阅批了"同意"后，文件被递到杜普利手里。杜普利仔细阅读了文件，赞同这种品牌管理方法。从此，宝洁公司的市场营销理念和市场运作方法开始发生改变。但麦凯瑞的方案随即遇到公司内外的阻力。反对者认为这个新方案是打着优质品牌的旗号鼓励品牌间相互"残杀"，而且就像"在家庭内部开战，不会有好结果"。而麦凯瑞坚持认为不会发生内部"战争"。他认为，公司的各品牌就像是一个家族里的兄弟，而不是敌人。这种内部的竞争，将促使品牌经理运用他所有的智慧、能力和办法，使自己管理的品牌赢得成功。美国《时代》杂志总结道："麦凯瑞赢得了最后的胜利。他成功说服了他的前辈们，使宝洁公司保持高速发展的策略其实非常简单：让自己和自己竞争。"

曾任宝洁公司品牌经理、后来加盟于在广告界专业程度与营销界宝洁齐名的奥美的查尔斯·戴克在其所著《宝洁的观点：品牌王国的99条成功准则》一书中揭示了宝洁得以创造出350亿美元资产的成功营销、经营法则及范例。他在书中指出，宝洁的品牌管理系统之所以成效卓著，乃是因为一个促使此系统蓬勃的基本信念：消费者购买品牌而不是购买产品。由于品牌是宝洁的制胜法宝，其企业组织也以品牌经理人为中心。当研发部门发明出一个新产品并准备上市时，品牌经理被授予营销的任务。品牌经理群由品牌经理领导，负责所有与品牌相关的事务及其福利，尤其是与消费者的关系。品牌经理就像轮子的中心，资料的汇集与人才招募构成一个类似轮辐的图案，其中包括产品开发、研制、包装设计、市场研究、业务拓展、电视广告制作、促销支援以及其他各种部门。自1931年以来，宝洁公司的最高主管都是品牌管理出身，且90%的管理层也都来自品牌管理部门。

如今，宝洁的品牌管理系统已被全世界许多企业承继和演绎，并成为营销战略中的一种模式，其品牌管理系统更被哈佛大学列为教学课程。

案例思考
1. 宝洁的品牌管理模式是什么？
2. 宝洁的品牌管理给你的启示是什么？

（资料来源：http://www.cgjlr.com）

思考题

1. 简述品牌的定义与特征。

2. 简述品牌对于消费者和企业的作用。
3. 品牌与产品、商标、名牌之间有哪些区别?
4. 品牌的分类有哪些?请举例说明。
5. 简述国内外品牌的发展历程。
6. 何谓品牌管理?品牌管理的意义是什么?
7. 简述品牌管理过程中所面临的挑战。
8. 实践中,我国企业的品牌管理存在哪些误区?
9. 试运用一种品牌管理过程模型,描述联想的品牌管理。

第2章 品牌内涵

学习目标

本章是在第1章的基础上,进一步阐述品牌的内涵,以便对品牌有更加深入的理解。品牌是一种可感知的客观存在。客观意义上的品牌,具有多元的属性。因此,通过本章的学习,旨在理解品牌的产品属性,包括品牌的归属和品牌的产品属性,掌握品牌认知和品牌形象的内容,并了解品牌的功能属性、利益属性、价值属性和文化属性等方面的内容。

一般来说，品牌本质问题可以理解为"品牌是什么"的问题。它涉及品牌的内涵和外延、属性、功能、效应、分类及品牌本质的表述等多方面的问题。从各种相关事物的抽象角度来说，可以确认，品牌是一种可感知的客观存在。客观意义上的品牌，具有多元的属性。

2.1 品牌产品属性

品牌属性是指消费者感知的与品牌的功能性相关联的特征，品牌首先必须反映所代表的产品的属性，才能真正地成为产品的代名词。在了解品牌产品属性之前，首先要了解一下品牌的归属问题。

2.1.1 品牌的归属

品牌属于谁？这一问题看似很简单，实际上很深奥同时又必须回答。品牌反映了各种各样的关系，把企业和顾客联系起来。因此，关于品牌归属的问题，一种观点认为，品牌业主即企业拥有品牌，并有权利，甚至有责任去尽可能培育、发展、优化和利用品牌；另一种观点认为，"顾客拥有品牌"。正如 Don E. Schultz 在《唐·舒尔茨论品牌》一书中所说，这一说法"在许多权威人士的老巢……已经变得很时髦"。下面分别对其做简要阐述。

1. 第一种观点：企业拥有品牌

美国西北大学凯洛格商学院的教授 Scott M. Davis 在《品牌资产管理：赢得客户忠诚度与利润的有效途径》一书中指出，每一位管理者甚至雇员的行为举止、活动交际都会影响消费者对品牌的认知和理解。企业的每一位员工都在参与品牌的塑造与管理，都应该是品牌的所有者。Don E. Schultz 也说，从最严格的字面意义和法律意义上讲，品牌为持有商标的企业所拥有。作为所有者，他们可以整体出售品牌……或者把品牌"租赁"给另一家企业。因此，从这个角度来说，企业有权将品牌转售给其他企业，并对品牌拥有经营权、处置权和剩余索取权，也理所当然拥有品牌本身。

2. 第二种观点：消费者拥有品牌

仅仅认为"企业拥有品牌"也会出问题。每年企业花费大量的资金做品牌，而结果"却只留下一大堆回收利用的退货"。导致这一结果的原因是，品牌管理者错误地认为，他们是品牌的所有者，从而可以为所欲为地进行品牌延伸，或者为达到某种目的而不择手段，或者肆意拓展业务范围、举债经营，或者采取过激行为、拔苗助长等。在营销史上，品牌所有者自以为是的故事比比皆是，如雪佛兰的诺瓦（Nova）汽车（Nova 在西班牙语中是"不走"的意思）、可口可乐的"新可乐"（见案例："可口可乐公司'新可乐'的失败"）等。从这个角度来说，品牌的所有者并不是企业，而是消费者。正如 Cobb-Walgren C. J，C. A. Ruble & N. Donthu 指出的那样，"品牌是一个以消费者为中心的概念。如果品牌对消费者而言没有任何意义，那么它对投资者、生产商或零售商也就没有任何意义了"。

可口可乐公司"新可乐"的失败

1985年4月23日,可口可乐公司董事长罗伯特·戈伊祖塔(Roberto Goizueta)宣布,可口可乐决定放弃它一成不变的传统配方,原因是现在的消费者偏好口味更甜的软饮料,为了迎合这一需要,可口可乐公司决定更改配方调整口味,推出新一代可口可乐。

可口可乐公司的"新可乐"采用了比蔗糖含糖量更多的谷物糖浆,口感柔和且略带胶黏感,因此比可口可乐更甜、汽泡更少。在研制新可乐之前,可口可乐公司秘密进行了一次市场调查,调查顾客是否接受一种全新的可口可乐。结果表明,只有10%~12%的顾客对新口味可口可乐表示不安,而且其中一半表示会适应新可口可乐。在新可乐样品出来后,可口可乐公司投资400万美元组织了一次品尝测试,13个最大城市超过19万名的顾客参加了测试,55%的品尝者认为新可乐的口味胜过了传统配方的可口可乐。

"新可乐"上市初期,市场反应很好,1.5亿人在面世当天就品尝了它,但很快情况就有了变化。上市一个月后,可口可乐公司每天接到超过5 000个抗议电话,且更有雪片般飞来的抗议信件,可口可乐公司不得不开通83条热线,雇用更多的公关人员来处理这些抱怨和批评。有的顾客称可口可乐是美国的象征,有的威胁说将改喝茶水永不再买可口可乐公司的产品,更有忠于传统可口可乐的人们组成"美国老可乐饮者"组织,发动了全国抵制"新可乐"的运动,且许多人开始寻找已停产的传统可口可乐。面市后两个月,"新可乐"销量远低于公司预期,不少瓶装商要求改回传统可口可乐。新可乐面市后三个月,销量仍不见起色,且公众抗议愈演愈烈。最终可口可乐公司决定恢复传统配方的生产,商标定名为可口可乐古典,同时继续保留和生产"新可乐",商标为新可乐。但是可口可乐公司已经在这次的行动中遭受了巨额损失。

3. 谁拥有品牌

谁拥有品牌?答案是简单的。当然是品牌所有者拥有品牌。但企业的员工和利益相关者对品牌的发展也是有贡献的,而且购买品牌产品的消费者对品牌也有某种形式的所有权。在创造品牌总价值的过程中,每一方面都有其作用。因此,品牌是共有的价值观,是在一系列相关利益的基础上创立起来的。在品牌业主享有品牌收益的同时,其他利益相关者也会得到好处。正如英国品牌咨询顾问Peter Wells & Tim Hollins指出的那样,营销者并没有控制品牌,而是为品牌提供了成长的条件,营销者与购买者都在参与营销,品牌是共创的。

2.1.2 品牌产品的属性

产品是品牌资产的核心,因为它会影响消费者使用该品牌的经历、消费者从别人那里得知的关于品牌的信息及企业可以向消费者传达的关于品牌的营销信息。无数的研究表明,高品质的品牌可能得到更好的经济效益。

1. 品牌性能

品牌性能是指产品满足顾客功能性需求的程度。它依赖于品牌固有的特性,即产品的特点。在品牌性能之下,有以下几种重要的属性和利益:①主要成分及次要特色;②产品可靠性和耐用性及服务的便利性；③服务的效果、效率及情感；④风格和设计；⑤价格。

总体来说，上述性能可分为内在属性和外在属性两大类。内在属性是指产品本身的特点，涉及产品的物理组成，表现产品的有形与实体特征，如所选用和添加的原材料、生产过程及外观设计等；外在属性是指与产品相关的、附在产品身上的不能被当作内在属性的其他特点，如品牌、包装、服务、价格等。其中，内在属性又可以分为不明显的内在属性（如所有汽车都有车轮）和明显的内在属性（如并不是所有汽车都有ABS装置）。同一产品类别中，所有品牌产品的不明显的内在属性构成了该产品类别的本质特征。图2-1总结了品牌性能的构成元素。

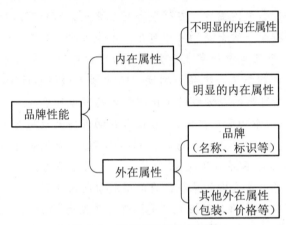

图2-1　品牌性能的构成元素

需要说明的是，外在属性的影响力与消费者购买前是否能够感知产品的内在属性有关。如果在购买前，内在属性无法感知，消费者就必须通过外在属性来做出决定。研究表明，如果内在属性可感知，消费者就会利用内在属性做出购买决定，如购买衣服、饰品等；相反，如果内在属性不可感知，则消费者就会利用外在属性做出购买决定，如购买牛奶、咖啡等。

2.品牌性能（属性）等级

消费者通过他们能够感知的属性来评价产品。在这一评价过程中，消费者往往并不使用他们感知的所有属性。他们会自觉不自觉地把一些属性比另一些属性看得更重要。这通常会导致他们无意识地将品牌产品的属性进行排序。如图2-2所示，左侧代表品牌产品的属性，右侧代表消费者对这些属性的评价。消费者把属性按重要性高低排列，他们认为最重要的排在最高位，最不重要的排在最低位。属性所在位置越高，对消费者在评价一个品牌产品时的影响就越大。这一次序就称为性能等级。

图2-2基于Brunswik的透镜模式。该模式包含三方面因素：①刺激物的实际特征；②人们可用来对刺激物形成看法的那些属性（透镜）；③人们对这些属性的评价。本图只包含后两种因素。

值得注意的是，品牌属性之间可以相互影响。它包含两个方面的影响：①第一眼看起来并不重要的内在属性影响人们看起来重要的内在属性的评价；②某些外在属性影响人们对内在属性的评价。前者通常称为"光环效应"（irradiation effect），后者被称为"晕轮效应"（halo effect）。"光环效应"的例子有：橘子皮的颜色影响消费者对橘子味道的评价：绿皮橘子要比黄皮橘子酸；油门的力度影响消费者对汽车加速快慢的评价等。"晕轮效应"的例子有：一个知名的品牌名称通常会给消费者高质量的感觉，美国制造的电脑很可能要比坦桑尼亚制造的电脑更受消费者的青睐等。

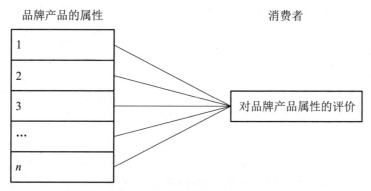

图 2-2　品牌产品的属性等级与品牌产品的评价

3. 搜索属性和经验属性

有学者根据内在属性的可感知程度，将其分为搜索属性（search attribute）和经验属性（experience attribute）。搜索属性是指消费者在购买前可以做出评价的产品特征；经验属性是指那些在购买前不可以做出评价的产品特征。可以说，搜索属性是那些在购买前可以感知的产品内在属性；经验属性是那些在购买前不能感知的内在属性。在此，引入搜索性产品和经验性产品的概念。搜索性产品最重要的属性是可感知的，而经验性产品最重要的属性是不可感知的。需要说明的是，两类产品都有可能包含购买前可感知或不可感知的内在属性。

结合前述"外在属性的影响力与消费者购买前是否能够感知产品的内在属性有关"的叙述，相对于搜索性产品，消费者在购买经验性产品时更注重外在属性。图 2-3 给出了外在属性的影响力与内在属性可感知程度之间的关系。

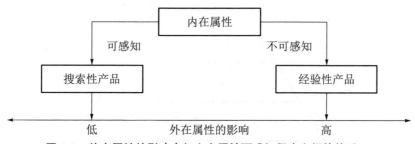

图 2-3　外在属性的影响力与内在属性可感知程度之间的关系

2.2　品牌外在属性

在现代企业市场营销中，品牌是一个以消费者为中心的概念。企业要想打造成功的品牌，就必须使消费者对品牌有较高的认知，并在记忆中形成强有力的、偏好的、独特的品牌联想(即建立品牌形象)。

2.2.1 品牌认知

消费者对品牌由知之甚少到认同乃至最终内化的过程就是品牌的成长过程,即品牌会经历品牌认知、品牌联想、品牌美誉、品牌忠诚等发展阶段。显然,品牌认知是品牌发展过程的基础。下面来介绍一下品牌认知的内容。

1. 品牌认知的含义

品牌认知是指消费者对品牌的了解、记忆和识别的程度,具体表现为消费者在想到某一类别产品时,在脑海中想起或辨别出某一产品品牌的程度。

品牌认知由品牌再认和品牌回忆构成。品牌再认(brand recognition)是指消费者通过品牌暗示,确认之前见过该品牌的能力。换句话说,品牌再认是指顾客来到商店时能够辨别出以前见过的某一品牌的能力。品牌回忆(brand recall)是指在给出品类、购买或使用情景等暗示性的条件下,消费者在记忆中找出该品牌的能力。

对于不同类别的产品,品牌再认和品牌回忆的重要程度会有所不同。研究表明,对于在销售点销售的产品,品牌再认非常重要,因为产品的品牌名称、标识、包装等元素清晰可见;对于不在销售点销售的产品,品牌回忆将会起到关键作用。例如,对服务和在线产品来说,品牌回忆至关重要,因为消费者会主动寻找品牌,并将合适的品牌从记忆中搜寻出来。

2. 品牌认知的层级

根据品牌被想起的难易程度,品牌认知可分为四个层级,即无认知度(unaware of brand)、提示认知度(aided awareness)、未提示认知度(unaided awareness)和第一提及认知度(top of mind),如图2-4所示。四个层次呈金字塔形,从底层往上发展,实现难度逐渐加大。

图 2-4 品牌认知层级

(1)无认知度。消费者对该品牌没有任何印象。

(2)提示认知度。消费者在经过提示或某种暗示后,想起某一品牌,但不十分了解,只是在大脑里有一个粗略或模糊的印象。

(3)未提示认知度。消费者在不需要任何提示的情况下,就能够想起某种品牌。例如,一谈到电视机,人们就会想到松下、三星、海尔、TCL等;一提到汽车,奔驰、宝马、奥迪等品牌就可能会浮现在人们脑海里。显然,消费者对这些品牌有较深印象,他们在选购这类产品时，往往会首先考虑这些品牌。

（4）第一提及认知度。在没有任何提示的情况下，消费者所想到或说出的某类产品的第一个品牌。一般来讲，消费者对这类产品印象最深，偏好较强，并形成了一定的品牌忠诚度。在消费者的心目中，这类品牌总是处于其他品牌前面的位置，如可口可乐、IBM等。

3. 品牌认知的优势

Kevin L. Keller指出，品牌认知具有以下三个方面的优势：印象优势、入围优势和入选优势。

（1）印象优势。品牌认知影响构成品牌形象的因素。为了创建品牌形象，需要在消费者记忆中建立品牌节点。品牌节点是消费者与品牌的接触点。品牌节点的属性对消费者如何简便地学习和储存品牌信息具有影响作用。因此，创建品牌的第一步就是在顾客心智中将品牌"登记挂号"。一旦品牌元素对路，一切将变得更加容易。同时，品牌认知是相对的，某一品牌的认知度提高了，往往意味着同一产品类别中的其他品牌的认知度就下降了。

（2）入围优势。消费者在做购买决策时，都必须考虑备选品牌，因此，提高品牌认知能够增加该品牌进入消费者备选品牌范围的概率。大量研究表明，消费者很少忠实于一个品牌，他们在选择时，往往会考虑一系列的品牌，但在真正购买时却只考虑一小部分品牌。所以确保某一品牌进入消费者的备选范围，实际上是降低了其他品牌被考虑的机会。例如，如果消费者想去麦当劳吃快餐，那他就很少会想到去其他类型的快餐店，如肯德基或墨西哥快餐店。

（3）入选优势。建立品牌认知的第三个好处在于，它能够影响消费者在备选品牌范围中所做的筛选。例如，在某些情况下，消费者养成的一个习惯是只购买那些熟悉的、被人们接受的品牌。例如，消费者往往更青睐知名品牌的产品，因为知名品牌会在消费者心中激起温暖熟悉的感觉，即使在低介入度的情况下，当他们对品牌产品缺乏了解时，较低水平的品牌认知也能够促使他们做出产品选择。

此外，品牌认知还可能对品牌的感受功效和社会心理含义起到强化作用。例如，两个获得消费者同样积极联想的品牌，对于消费者来说，知名品牌与不知名品牌相比，其品牌价值要大得多。而两个获得消费者同样消极联想的品牌，知名品牌与不知名品牌相比，其品牌价值就显得更小。例如，若某一俄罗斯的汽车品牌给人以负面联想，那么，该品牌的认知度就可能强化这一负面效果。

4. 影响品牌认知的因素

从理论上说，影响品牌认知的因素既有品牌自身的客观因素，也有消费者的主观因素。客观因素包括品牌个性、品牌传播、品牌行为等因素；主观因素包括消费者的需要、消费者的经验、消费者的特征等因素。下面主要对影响品牌认知的三个主观因素进行简要阐述。

（1）消费者的需要。消费者的行为是以人的需要为基础的，这种需要包括对商品使用功能的需要和情感功能的需要。在市场经济条件下，消费者的需要直接表现为购买产品或使用服务的愿望。如果消费者对某种产品需求很少甚至没有，那么，消费者就不会主动搜集有关该产品的信息，对该种产品品牌的了解程度就会很低，即使该产品品牌通过某种途径进入了消费者的大脑，也很容易被他遗忘。相反，消费者对某种产品的需求越迫切，他对该产品品牌的关注就会越多，从而对该产品品牌认知的积极性和认知度也就越高。

（2）消费者的经验。经验是消费者获取信息的一种重要来源，是消费者的内部信息。消费者的经验大多来自消费者亲身感受或体验而获取的并存储于消费者记忆中的信息。在没有经验的情况下，消费者对品牌的认知受企业宣传和其他消费者评价的影响较大，但在消费者拥有经验后，经验对消费者的品牌认知影响更大。

（3）消费者的特征。消费者的特征是一个复杂的因素。它包括消费者的性别、年龄、职业、受教育程度、信仰、个性等多种因素。对于某一类产品而言，不同的消费者对该类产品的品牌认知度是不同的。例如，男性消费者对于汽车品牌的了解程度往往超过女性消费者，年轻消费者对电子产品品牌的认知程度往往高于中老年人，消费者的不同特征导致其对不同品类商品的熟悉和偏好，从而形成了不同的品牌认知水平。

5. 建立品牌认知

Kevin L. Keller 指出了建立品牌认知的两种途径。

首先，不断地展示，能够增加品牌的熟悉度，对品牌再认非常有效，从而可以建立品牌认知。消费者通过看、听、想对品牌的了解越多，品牌在记忆中就会越牢固，因此，可以用品牌名称、符号、商标、广告、促销、事件营销等方式提高消费者对品牌的认知，在内容营销火爆的今天，"讲故事"类方法受到欢迎，为品牌创造一个具有积极主题，内容包含真实、情感、共识和承诺四大要素的品牌故事，可以促进消费者的品牌认知。

其次，相对于重复能够深化品牌再认，品牌回忆却需要在记忆中将产品品类或其他购买、消费暗示进行连接。品牌与品类的匹配方式决定了品类连接的强度。对于有较强产品类型联想的品牌，消费者一想到该品牌产品的品类，就会想到某一品牌。例如，一提到手机，人们总会想到"苹果"，一提到快餐，"麦当劳"就会映入眼帘。

从以上叙述可以看出，Kevin L. Keller 建立品牌认知的途径主要根据品牌认知的构成（品牌再认和品牌回忆）给出，例如，第一种途径与品牌再认相关，第二种途径与品牌回忆有关。

2.2.2 品牌形象

品牌含义的另一个主要类型是品牌形象。品牌形象显示了产品或服务的外在价值，包括品牌满足消费者心理需求和社会需求的途径，代表了消费者对品牌的总体感知，是依据消费者对有关品牌的推断形成的，这种推断基于外部的刺激或想象，是消费者从经验中形成的对产品的信念。下面介绍一下品牌形象的有关内容。

1. 品牌认知的含义

品牌形象是指企业或其某个品牌在市场上、在社会公众心中所表现出的个性特征，它体现了公众特别是消费者对品牌的评价与认知。品牌形象与品牌不可分割，形象是品牌表现出来的特征，反映了品牌的实力与本质。Kevin L. Keller、Alexander L. Biel、David A. Aaker 等人把品牌形象看作消费者记忆中的有关品牌的联想或知觉。他们关于品牌形象的定义被称作品牌形象总括说。这类定义是基于消费者的心理要素来界定品牌形象的概念的，是含义最广的一类品牌形象概念，且简洁、概括，表达了品牌形象作为一个抽象概念的整体含义。

2. 品牌形象的构成

品牌形象由三个元素构成：内容、宜人性和强度，如图 2-5 所示。

（1）品牌形象的内容。品牌形象的内容是指品牌名称可以唤起的联想。一些品牌能够使人浮想联翩，如苹果电脑让人联想到"用户友好""极具创意""桌面出版""酷""创新"等，可口可乐让人联想到"清新""可口""方便购买""廉价""有亲近感"等；而另一些品牌却很少激发人们的联想，如一些新创建的品牌等。品牌联想可以是理性的或情感的，也可以是感官的，如味道、声音。品牌形象的内容还有显性和隐性之分。消费者可以直接表达的联想形成了品牌形象的显性内容，如麦当劳的"罗纳德·麦克唐纳（Ronald McDonald）""金色拱形门"，而不能直接表达的联想形成了品牌形象的隐性内容，如麦当劳的"为了儿童"和"便利"等联想。品牌形象的隐性内容虽然不能直接表达，但可通过某种手段进行衡量，如语义区分量表，如图2-6所示。

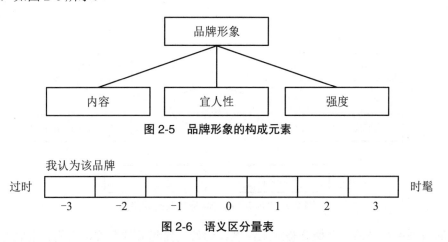

图2-5　品牌形象的构成元素

图2-6　语义区分量表

品牌联想应该是强有力、独特的，这对品牌的成功至关重要，而且某品牌很可能共享其他品牌的联想。共享的品牌联想有助于建立品类成员。因此，产品或服务的品类可以拥有一系列的品牌联想，包括品类中任何品牌的特定信念及品类中所有成员的共同态度。这些信念可以包括与产品相关的属性，也可以包括与产品属性无必然联系的描述性特征，如产品颜色（红色番茄酱）。消费者既会考虑品类中所有品牌的典型性和必要性属性及利益，也会权衡某一具体品牌的代表性和独特性属性。如消费者希望购买一双舒适、牢固且耐用的跑鞋，他们可能会首选阿迪达斯、耐克或其他一些知名品牌的鞋子。总之，品牌需要形成顾客的差异化反应。营销者不但要确认品牌联想是正面的、积极的，而且还要确认品牌联想是独特的、竞争品牌所不具有的。独特的品牌联想更有助于顾客选择并使用该品牌。

（2）品牌形象的宜人性。品牌形象的宜人性是指消费者对品牌联想的感受，如正面的或负面的。如过去阿尔法-罗密欧生产的汽车，其工艺给人以粗糙的联想（负面联想），而其加速性给人以强劲的联想（正面联想）。这里有一个品牌联想的偏好问题。品牌需要建立消费者偏好的品牌联想，从而使消费者形成正面的整体品牌评价。偏好的品牌联想应该是消费者渴望的和需要的，并且能够通过产品和营销支持方案传达给消费者。偏好的品牌联想取决于品牌联想的相关性、独特性和可信度三个方面的因素，而品牌联想的可传达性取决于产品实际或潜在的绩效能力、现在或未来的沟通前景及实际性能和顾客接受的性能的持续性。

（3）品牌形象的强度。品牌联想的强度是指某一联想与品牌联系的紧密程度。如沃尔沃让人联想到安全、环保和品质，但它给人的"安全"联想更加强烈，以至于在汽车行业，沃尔沃就是"安全"的代名词。一般来说，影响品牌联想强度的因素有两个，即消费者个人对产品信息的关注程度和产品信息宣传的密度。品牌形象的宜人性与强度构成了品牌的美誉度。品牌的美誉度是指品牌可以唤起人们鲜明、积极的联想的程度。美誉度常用来表示人们对某一品牌的整体印象。

这里还有一个品牌联想网络的概念。所谓品牌联想网络,是指品牌形象的联想因子构成的网络,该网络的中心为品牌名称。各个联想因子围绕着品牌名称,而各个联想因子之间的联系强度决定每一联想因子同品牌的联系程度。联想因子与品牌名称的距离表明该联想因子与品牌的联系程度。如图2-7给出了一个围绕"耐克"品牌名称的联想网络图。

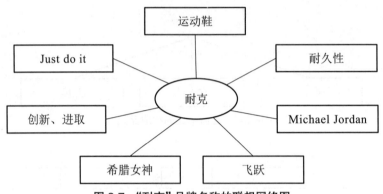

图2-7 "耐克"品牌名称的联想网络图

与联系强度相关的一个概念是加工深度。倘若一提起品牌名称,人们就会联想到某一联想因子(如一提到沃尔沃,人们就会想到"安全的汽车")或消费者已主动发现了联想因子之间的关系,则意味着加工深度强。加工深度强,说明人们已形成较强的记忆轨迹。记忆轨迹中的因子网络被称为规范。多种特性促成规范的形成。规范令消费者在各种因子之间寻求某种密切的、统一的关系,这种关系会对消费者接受的新信息产生影响。正如Meyers Levy指出的那样,大量的联想会因这些联想的相互干扰而使消费者对品牌的记忆减少。因此,有时,消费者基于品牌形象做出的推理与事实会大相径庭。

3. 品牌形象的测量

除了上面提到的语义区分量表,品牌形象的测量还有许多其他方法。其中,最简单的方法就是定性测量。

(1) 定性测量法。定性测量的方法有直接询问、座谈会等,它所使用到的测量工具包括提问大纲或座谈会大纲,测量的要点是使用拟人化的形象描述法。其具体做法是:首先召集相关人员参加座谈会;然后由座谈会的主持人按大纲要求提出一系列相对笼统的问题,比如,如果把品牌X比作一个人,那么,以你的看法,应该怎样来描述这个人的特征?每个参加座谈会的人根据自己的印象,对这一品牌进行拟人化的描述,这些描述的综合构成该群体的品牌形象。

例如,以索尼为例。把索尼比喻成一个人,则可能得到的描述是:这是一个精明的中年男子或老头,年龄在40~60岁,戴金丝边眼镜,穿西装,干净利落,作风严谨,工作努力,是企业里的高层管理人员等;或是一个机灵的小姑娘,年龄20多岁,眼睛明亮,常露笑脸,喜欢穿不同颜色的衣服,讲究卫生,蹦蹦跳跳,经常使用一些高科技产品,头上常戴WALKMAN一类的饰品,比较开放等。从这些描述可看出,索尼的品牌形象具有两种不同的人格特征,一种是偏向于稳重型的中老年形象,另一种是偏向于青年的现代女性形象。

定性测量方法的优点是,品牌描述形象化,易理解,对指导广告一类的营销策略有重要的参考意义。但缺点是,不能准确描述品牌的价值,不能描述产品及其性质,对制定综合性的营销策略没有指导意义。

(2)隐喻启发技术。隐喻启发技术(metaphor elicitation technique)是一种新近引入和发展的品牌形象测量技术,这一技术主要是由 Robin Higie Coulter & Gerald Zaltman 开发的。这项技术的一个显著特点是,用消费者自己收集和提供的各种"隐喻"(如照片、图像等),而不是品牌本身,作为启发消费者联想的刺激物。

隐喻启发包括以下 10 个步骤。

① 讲故事。由消费者描述所收集到的图片的内容。

② 形容所缺失的图像。由消费者描述自己未能获得的、但能恰当代表品牌对自己的意义的图片。

③ 图片分类。消费者根据图片所代表的意义对它们进行归类。

④ 得出构念。即以图片作为刺激物,采用凯利方格(Kelly repertory grid)技术和搭梯子技术,诱导消费者得出基本构念及其相互之间的联结关系。

⑤ 挑选最具代表性的图片。消费者从自己收集到的图片中,挑选出最能代表或表达品牌形象的图片。

⑥ 指出"反面"形象。消费者指出并描述与被研究品牌的形象相反的图片,例如,哪一个不像"耐克"?

⑦ 形容感觉印象。由消费者描述品牌所引起的视觉、听觉、嗅觉、味觉和触觉等方面的感官体验和情绪。

⑧ 绘制心理图。消费者运用已得到的构念绘制一张图或创建一个因果关系模型,以揭示这些构念及其相互之间的关系。

⑨ 绘制概要图。消费者在技术人员的帮助下,运用数字影像技术绘制一个有关品牌形象的概图。

⑩ 绘制最后的品牌图。研究人员综合上述步骤的研究结果并根据一定的标准和原则,创建一个由重要构念组成且与大多数人意见一致的品牌图或因果关系模型。

为清晰说明隐喻启发技术,Robin Higie Coulter & Gerald Zaltman 还对"汰渍"品牌的品牌形象进行了调查。访问对象为一位名叫 Alice 的年轻母亲。调查过程如下。

① 由 Alice 收集了 14 张图片,并对图片进行描述。

② Alice 描述完之后,访问人员询问 Alice 是否还有没能收集到的相关图片。Alice 表示,她希望找一张关于猪圈的图片,意思是她想知道"汰渍"能否把一只肮脏的猪洗干净。

③ Alice 将她的图片分成三组:舒适、新鲜、单调乏味。

④ 访问人员从 Alice 的图片中,随机挑选了三张,并询问 Alice 其中任意两张的相似之处及与第三张的不同之处。这表明了两个构念:不高兴和新鲜。通过使用搭梯子技术,访问人员帮助 Alice 得出了其他一些构念(如自信、自我形象)及它们之间的关系。经过 Alice 的解释之后,访问人员继续随机挑选三张图片,并询问 Alice,直到没有新的构念发

现为止。

⑤ Alice 表示，对她来说，最能代表"汰渍"的图片是"日出"那张图片，如图 2-8 所示。她说，日出包括下面一些含义：新鲜（代表用"汰渍"洗过的衣服的味道）、明亮（代表用"汰渍"洗过的衣服的颜色）、平静或宁静（代表用"汰渍"洗过的衣服让她很放松）及成就（代表新的一天的到来）。

图 2-8　Alice 关于"汰渍"的数字图像

⑥ 当访问人员询问 Alice 哪张图片代表了与"汰渍"相反的形象时，她想到了盐酸和豪猪的形象。"盐酸"代表"汰渍"功能强大，但无害；"豪猪"代表"汰渍"让衣服感觉很柔软，不粗糙。

⑦ 访问人员接着询问了 Alice 一些关于"汰渍"的非语言的感觉形象。Alice 的回答如表 2-1 所示。

表 2-1　Alice 的感觉形象

滋味：牡蛎（液体汰渍），而不是花生
气味：凉爽的雨水，而不是香水
触觉：小猫，而不是粗麻布
声音：火车汽笛，而不是胆怯的老鼠
颜色：橙色，而不是黑色
情感：平静，而不是紧张

⑧ 访问人员回顾了 Alice 所说的所有构念，并询问她，它们是不是对她的意思的精确描述，以及是否有一些重要的想法被漏掉。然后，Alice 绘制了一张显示她认为与"汰渍"有关的构念及它们之间关系的图，如图 2-9 所示。Alice 向访问人员这样描述她的图："汰渍"给人

一种"洗衣"的形象,然而,当我一想到洗衣,我就认为它很贵、耗时,而且让人不高兴,所有这一切都让人很恼火。然而,当我想到"汰渍"时,我认为它是一种可靠的、强大的洗涤剂,这种洗涤剂能够洗净我的衣服,并让它们变得柔软、新鲜和干净。要知道,"汰渍"让我的衣服变得干净,这意味着我没有任何负担,并且由于衣服变得干净、柔软,使我感觉很舒服。当我感到舒服和精神饱满时,我感觉更自信,并且看起来比别人更好。最后,尽管"汰渍"功能强大,但它是环境友好型的,这对水资源和美国人的健康来说很重要。

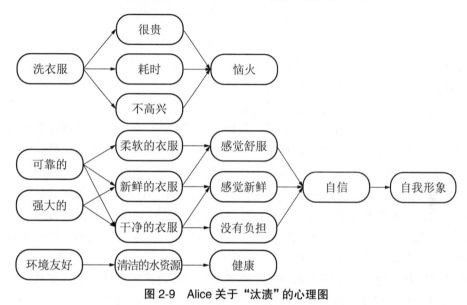

图 2-9　Alice 关于"汰渍"的心理图

⑨ 在技术人员的帮助下,Alice 使用数字影像技术绘制出了她对"汰渍"的总体形象。图像由 Alice 的五张图片的部分构成,并从视觉上描述了 Alice 关于"汰渍"的故事。如图 2-8 "显示我要洗的两篮衣服……以及我对洗衣服的感觉!我不喜欢洗衣服!你必须区分出不同的衣服,并且在我的公寓楼里洗衣服需要花费很长的时间——有些人总是忘记管理他们的衣服"。这幅图片同时显示了一个正在升起的太阳,意味着新的一天的来临。如果你往树上看,你会发现一只泰迪熊——它代表了用"汰渍"洗过的衣服的感觉。泰迪熊正拿着一朵玫瑰,表示用"汰渍"洗过的衣服闻起来很香。

⑩ 完成采访之后,研究人员会形成一个代表大多数人想法的品牌共识图(这里没有给出)。

4. 品牌形象的形成

要形成品牌形象,中心问题是如何将消费者联想与品牌名称联系起来。Rik Riezebos、Bas Kist & Gert Kootstra 指出了品牌形象形成的两种途径,即归纳推理和演绎推理。

(1) 归纳推理。归纳推理是指通过与品牌产品的多次接触并感知了与该产品相关的大量刺激物(如广告、产品)后建立起品牌形象的过程,如图 2-10 所示。

营销传播,尤其是广告,是最适合用来为品牌塑造形象的手段。品牌形象形成的最初阶段对一个品牌来说十分重要,因为品牌形象一旦形成就很难改变。在消费者开始消费之前以及社会影响作用于消费者之前,企业最好能通过营销传播手段来树立品牌形象。营销传播可以向消费者表明品牌产品的那些在平时消费中很难体会或发现的方面。

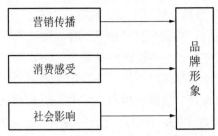

图 2-10　归纳推理形成品牌形象的过程

消费者的消费感受也会对品牌形象有影响。消费者的消费感受可以通过对产品的某些方面的讨论而受到影响，并且以消费感受为基础的品牌形象在消费者心中具有比较确定的意义，也会在消费者的记忆中形成强烈的印象。因此，一个品牌拥有较高比例的源于消费感受的形象，会在消费者的心中拥有相对较稳固的定位。

此外，一个人对某一品牌的联想会受到其他人的影响，这实际上是口碑在起作用。口碑是透过旁人或亲朋好友的实际使用，相互传达对于品牌产品的使用经验。口碑通常来自可信任之人，因此，口碑在消费者心目中具有较高的可信度。企业的母品牌与子品牌的形象间存在着相互影响，企业通过品牌的拓展和延伸塑造了一系列产品线，各产品线的品牌形象相互影响，并与母公司品牌形象息息相关。在经济全球化的背景下，地域对品牌形象的影响逐渐受到关注，越来越多外国品牌、中国制造的产品映入眼帘，产品来源地和生产国对品牌形象的影响也成为社会影响中的重要一环。

（2）演绎推理。对现有品牌形象进行演绎的过程被称为演绎推理。演绎推理可以被用来充实另一品牌形象。因此，倘若企业想把某一品牌激发的联想转移到另一品牌，演绎推理就变得十分重要。图 2-11 勾画了品牌形象演绎推理的过程。

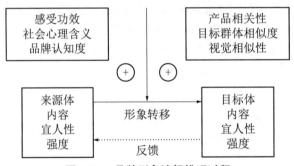

图 2-11　品牌形象演绎推理过程

形象转移是指消费者对某一品牌的联想转移到另一个品牌上。联想的转移需要两个实体：来源体（source）和目标体（target）。形象转移的实质是，倘若由来源体转移到目标体的形象是积极的，那么，目标体给来源体的反馈一定是积极的。要想将联想从来源体转移到目标体，这两个实体之间必须存在共性，如有共同的品牌名称。来源体和目标体都应该能够激起某种联想。

来源体只有在含有联想的情况下才能将联想转移出去。目标体可以有联想，也可以没有联想。若目标体没有什么联想，就很容易从来源体那里吸收联想。从图 2-11 可以看出，目标体对来源体存在反馈。目标体的反馈会对来源体产生影响。反馈可以是积极的，也可以是消极的。值得注意的是，倘若来源体已形成了鲜明的形象，则目标体做出反馈的可能性就很小。

形象转移的实现需要多种因素。首先是来源体要具有较高的品牌附加值，如感受功效、社会心理含义、品牌认知度等，形象转移才能成功。若来源体的品牌附加值水平一般，最好不要实施形象转移。明智的做法是，首先为品牌在营销传播方面进行投入，使其品牌附加值达到足够的水平。

此外，形象转移能否成功还与来源体与目标体的相配程度有关。如图 2-11 所示，影响二者相匹配程度的因素有：产品相关性（product relatedness）、目标群体相似度（target-group similarity）及视觉相似性（family resemblance）。就产品相关性而言，若来源体产品与目标体产品差别不大，则形象转移可能成功。产品相关性程度不仅依赖于消费者对产品一般性区别的感知，而且依赖于来源体产品的定位及其目前的产品宽度。另外，若目标体和来源体瞄准的是同一消费群体，形象转移成功的可能性也会更大。而来源体和目标体若具有某种"视觉上的相似性"，则形象转移也较容易实现。但是，来源体和目标体的相匹配程度不够强，并不意味着不应该实施形象转移。相匹配程度越弱，越应该利用营销传播来促进形象转移，如加大广告力度等。

5. 品牌形象的影响因素

引起品牌形象树立的最重要因素是人们对品牌的联想，或者说一提到品牌名消费者便会想到一些东西。这种联想使品牌形象与众多事物联系起来，驱动形象的建立、发展。

（1）产品或服务自身的形象。产品或服务的功能性本身是构成品牌形象内容的基础，产品或服务的形象从硬性表现形象讲有价格、速度、功能、耐用性、舒适性、应用等，从软性表现讲可能是青春感、高雅、体面、珍爱、豪放、贵族、魅力等。

（2）产品或服务提供者的形象。产品或服务提供者的形象也是驱动品牌形象的重要因素。古语云：严师出高徒、将门出虎子，人们常依这种观念去评价品牌形象。提供者形象硬性指标有科技能力、企业规模、资产状况、服务状况、人员素质等。在品牌形象的树立过程中，营销者常利用已有的企业自身的形象，如五粮液集团推出一种新品牌酒类时，使用的广告语为"系出名门"，欲借"五粮液"的美好形象驱动新品牌形象的建立。

（3）使用者的形象。"使用者"主要是指产品或服务的消费群体，通过使用者的形象，反映品牌形象。使用者形象是驱动品牌形象的重要因素，其硬性指标有使用者年龄、职业、收入、受教育程度等，软性指标有生活形态、个性、气质、社会地位等。品牌形象与使用者形象的结合一种情况通过"其实自我形象"来实现，即通过使用者内心对自我的认识来实现联想；另一种情况是通过"理想自我形象"来联结，即通过使用者对自己人期望及期望的形象状态来实现。这两种情况从心理学的角度讲往往是借助了人们对自己的评判；认为自己从属于一个群体或希望从属于一个群体就应该有这样或那样的行为。

以上三者对品牌形象的影响在不同的产品特性、文化背景、人文个性等条件下是不一样的，应注意判断三者如何影响品牌形象，加强其驱动作用。

2.3 品牌内在属性

品牌是一个复杂的实体，负载的信息很多，这些信息包含与品牌有关的各个方面：产品的、企业的和顾客的。Philip Kotler 认为，品牌是一个复杂的系统，它能够表达属性、利益、价值、文化、个性、使用者六个层面的含义。品牌个性在本书后面的章节中有详细阐述，而品牌暗示了购买或使用产品的消费者的类型在品牌利益属性部分会有涉及。因此，这里主要对前四个方面进行说明。

2.3.1 品牌功能属性

品牌功能属性是指对应于品牌产品特性的功能联想及品牌符号本身所表露出来的意义的象征性联想。从定义可看出，品牌功能属性首先源于产品自身的特性，包括那些包含在产品说明书上的物理参数、技术参数、性能参数等。如奔驰 07 款 VIANO 商务车的技术参数包括：5 前速自动变速箱、V 形 6 缸气缸、3.199 升排量、最大功率 140 千瓦（190 马力）（5 600 转/分）、最高车速 181 千米/时等。这些参数可以进一步概括为技术精良、耐用、高车速等。对于具有这类产品品牌联想的消费者来说，他们只是将对产品的实际物理属性的认识转化为对产品品牌的认识和感知，并没有给予品牌额外的附加值，品牌只是代表了一种产品的符号。这类产品的品牌内涵就是产品的物理属性。这里有一个感受功效的概念。所谓感受功效，是指由产品的物理属性或性质（如可靠性和耐用性）为消费者带来的价值。感受功效由消费者对品牌产品感受到的质量及物理差别决定。消费者感受到的物理差别与品牌产品是否因某种属性而令人产生联想有关，如雪铁龙汽车的制动系统。感受到的质量高，通常会使消费者认为这样的品牌产品的价值更大。

此外，由于产品本身丰富和优越的物理属性及企业实行的品牌营销战略或对品牌进行的投资，消费者对产品品牌有了较深层次的联想，从而使产品品牌具有了一些除产品本身以外的附加价值，因此也丰富了产品品牌的内涵。这时，产品品牌的内涵除了产品本身以外，还包括产品的功能担保属性，其中包括质量担保和技术担保等。例如，海尔产品品牌经过多年的发展及大量的品牌投资，加上产品本身的卓越质量和良好的服务，使消费者对海尔品牌有了除产品本身概念以外的感知与印象，即消费者认为海尔品牌在某种程度上就代表了优良的家电产品制造技术，他们购买这类产品时，在技术方面就会对海尔品牌产生充分的信任。

品牌对消费者还具有契约、象征、质量信号等方面的功能属性（见案例："别克广告'心静、思远、志在千里'"）。这在第 1 章中已有叙述，这里就不再重复了。

别克广告"心静、思远、志在千里"

别克广告"心静、思远、志在千里"，它道出的是产品"动于外而静于内"的驾驶操控性。它"具有欧洲风格的全球车"的理念将现代动感与典雅大气融为一体；内饰延续外观的欧陆风格，沉稳优雅中透出创意灵气；发动机、变速箱分别出自澳洲霍顿、德国 ZF，由泛亚技术中心作本土化的重新标定，在追求高效省油、宁静顺畅之余，确保对中国气候、油品和路况的适应性；长度超过 4.5 米、宽度逾 1.7 米，轴距为 2.6 米，具有同级车领先的宽敞空间，多达 16 处的储物空间设计，是设计者以独特的创意和心意，来演绎"高效人性化"的杰作；电动天窗、高级真皮座椅等配置一应俱全，更独有冷藏功能手套箱、雨伞烘干槽、雨量感应式雨刷等高档车配备，闪烁人性化魅力，依靠最新科技和过硬选材，继承别克家族固有的安静、安全的产品优势；专为中国路况调校的悬架和底盘系统，令舒适度和操控性达到最佳平衡。别克在造型、配置、安全、安静等方面为国内中级车市场带来了世界级的标准。它的过人之处，更在于上海通用汽车凭借对中国使用条件、消费者偏好的准确把握，在这款全球车的中国版上实现国际优势、本土优势完美叠加。别克正是通过这样的渠道树立了良好的品牌形象，走出了一条成功之路。

（资料来源：http://wenku.baidu.com/view/6be68e2a453610661ed9f4cc.html）

2.3.2 品牌利益属性

品牌利益属性是指消费者在拥有、使用某一品牌的产品时所获得的正面感觉。如奔驰汽车给消费者带来安全需求的满足，劳斯莱斯给人一种身份、地位的象征等。品牌的利益属性可以分为社会心理利益和实用利益两种。

1. 社会心理利益

品牌的社会心理利益是指消费者在拥有和使用品牌产品时的感觉来自于消费者自己的看法或他们认为的其他人对他们的看法。在消费者行为研究领域，大部分学者都认为，品牌可以用来建构、发展和表达消费者的自我概念。自我概念也称自我形象，是指消费者对自己的整体观念和感受，它被认为是由消费者的气质、性格、价值观、社会角色等一切心理行为信息与社会环境相互作用浓缩而成的系统结构。Hawkins、Best & Convey 认为每个人都有自我概念，且品牌作为社会象征，传递着关于其拥有者或使用者的社会意义。事实上，消费者只会偏好和选择那些与其自我概念一致的品牌，并且当某产品的品牌形象与消费者的自我概念一致时，消费者便倾向于通过购买该产品来强化自我形象。例如，购买劳斯莱斯汽车、在城市的较好地段购买大房子、到成功人士常去的度假胜地去度假等。

品牌的社会心理利益会因品牌和品牌所属的产品类别而不同。具有高度社会心理利益的品牌能被消费者用来体现自己心目中的形象，如劳斯莱斯汽车、劳力士手表等。某个人会因不同的场合而显示不同的自我。David A. Aaker 曾对此谈道，"有时，消费者会表达他们希望成为什么样的人（'本我'），努力成为什么样的人（'超我'），或相信自己应该成为什么样的人（'自我'）"。品牌所具有的社会心理利益主要体现为消费者的个体自我特征和社会自我特征的表达。在个体自我特征方面，品牌能够表现出其拥有者的年龄、性别、信仰、价值观、生活方式、能力、成就、经济实力和当前所处的情境等；在社会自我特征方面，品牌能够体现出其拥有者的社会地位、权力和所归属的社会群体。许多奢侈品牌将标志显著地印在其产品上，就是为了满足消费者通过品牌展现其经济实力和地位的目标。

此外，品牌还暗示了购买或使用产品的消费者的类型。品牌将消费者区隔开来，这种区隔不仅从消费者的年龄、收入等象征特征方面体现出来，而且更多地从消费者的心理特征和生活方式方面体现出来。David A. Aaker 曾说过，希望获得社会认可的人往往对具有高度社会心理利益的品牌十分敏感。因此，对于即使将在某一方面或某些方面相似的同一类型的

消费者作为目标客户的品牌来说，品牌仍能够将他们区隔开来。例如，梅赛德斯－奔驰将目标客户定位于有身份地位的人，沃尔沃瞄准的是注重"安全"的人，而宝马注重的是"驾驶乐趣"的人等。

2. 实用利益

实用利益，又称工具性利益，是指形成社会心理利益过程中的具体利益，它像工具一样帮助消费者达成他们想要实现的社会心理利益。实用利益又可以分为功能利益、体验利益和财务利益。

（1）功能利益。功能利益是指由于产品所具有的功能而使消费者获得的利益。例如，手机能使相隔几千公里的人相互通话，电视能使人看到地球另一边所发生的事情，电脑能帮助人们更有效率地完成工作等。

（2）体验利益。体验利益是指消费者在使用某一产品时所体验到的物质感受和情感。体验利益构成了内在的品牌偏好。当对产品的选择仅仅取决于产品的内在吸引力时，消费者就会以使他们感到愉悦的感觉为标准进行购买。而企业通常也会在设计产品时，以体验利益来增强产品的功能利益。例如，人们购买苹果的 iPhone，不仅是因为它时尚的外观，更多的是因为它带给人们的智能体验感受。iPhone 具有多点触控宽屏、杀手级的 App Store 菜单下载应用、突破性的互联网通信功能、多样化的拍照娱乐功能及强悍的卫星导航功能，而且是有史以来速度最快、功能最强的手机，集革命性的电话、宽屏 iPod 和突破性的互联网设备于一身，从而使人们享受到了全方位的体验。

（3）财务利益。财务利益是指因减少购买、拥有某产品的成本而获得的利益。人们在购买产品时的支出（如价格）往往只是整个成本的一部分，另外还包括安装、学习、维护、紧急修理及报废处理等方面的花费。品牌一方面可以通过提供更低的价格、降低搜索成本等方式，来帮助消费者获得财务利益；另一方面还可以通过其他的方式帮助消费者减少开支，从而获得间接性的财务利益。例如，人们购买防蛀牙膏，是希望节省将来拔牙的费用。

2.3.3 品牌价值属性

品牌价值是指品牌产品带给消费者的利益。这种价值可以是产品功效上的价值，也可以是对消费者情感满足上的价值，还可以是关于消费者自我表达方面的价值，如象征价值等。

情感价值和自我表达价值，如社会认同、成就感、自我尊重、快乐舒适的生活等会影响消费者的行为。消费者认为购买符合某种情感，特别是社会情感的产品，使他们更容易被具有同样情感的其他人所接受，而且消费者也认为购买符合某种情感，特别是社会情感的产品会让他们自我感受良好。

对消费者购买或消费某种产品影响最直接的是与产品有关的价值，即顾客价值。关于顾客价值的含义，西方学者从不同的角度进行了研究和界定。其中，最具代表性的有以下几种。

（1）Zeithaml 的"顾客感知价值"理论。Zeithaml 将顾客价值界定为感知价值，是"感知利得（perceived benefits）与感知利失（perceived sacrifice）之间的权衡"，即顾客对所能感知到的利益与其在获取产品或服务时所付出的成本进行权衡后对产品或服务效用的总体评价。

（2）Gronroos Goodstein 的"顾客关系价值"理论。该理论认为"顾客价值是在顾客使用产品或服务并获得价值增值后而产生的一种顾客与生产商之间的情感联系"。

（3）Woodruff 的"顾客价值认知"理论。该理论认为顾客价值是顾客对那些产品的属性、属性表现及从使用中引起的有利于或阻止其在使用状态下取得他们的目的和目标的结果的偏好及评估。

（4）Philip Kotler 的"顾客让渡价值"理论。该理论认为"顾客让渡价值是顾客从产品（包括服务）中获得的全部价值与为获得此产品而付出的全部成本（货币、时间、精力、体力）之间的差额"。

从以上对顾客价值的定义可以看出顾客价值内涵的丰富性。虽然学者们站在不同的角度，对顾客价值的理解有较大的分歧，但他们也存在一些共同点。

（1）顾客价值是顾客对产品或服务的一种感知，是与产品或服务的使用相关联的，它是基于顾客的个人主观判断。

（2）顾客对价值的感知是在他们所获得的利益与为了获得这些利益而付出的代价之间的一种权衡，即利得与利失之间的权衡。

（3）顾客价值是从产品属性、属性效用到期望的结果，再到客户所期望的目标，具有层次性。

这些理论使企业在考虑顾客价值时不仅要考虑顾客的利益，而且还要考虑顾客付出的成本。实际上，功能（或者叫属性）、利益和价值这三个概念是经常联系在一起的。例如，质量、豪华是宝马汽车的属性，而驾驶的乐趣是宝马汽车带来的利益，经济实力、成就则是宝马汽车社会价值的体现。

从三者的联系可知，企业在设计产品或品牌时，需要遵循逆向思维。首先从消费者注重的价值出发，分析消费者为实现这些价值而希望得到的利益，然后分析为了获得这些利益，产品属性应该如何配置，最后根据分析结果进行产品或品牌的设计。

2.3.4 品牌文化属性

品牌代表了一种文化，是一种内涵的体现。市场上许多领导品牌都代表了某个国家或民族的文化，如可口可乐代表了热情奔放的美国文化，香奈儿代表了浪漫高雅的法国文化，西门子代表了严谨、可靠、一丝不苟的德国文化等。关于品牌文化，甚至有人说："如果你想了解美国文化，那你只要抽一支万宝路香烟，吃一份麦当劳汉堡，喝一瓶可口可乐饮料，穿一件李维斯牛仔服足矣。"可见品牌背后的文化力量。

品牌反映了企业文化，当品牌文化和消费者的价值观、生活态度和审美相适应时，就会产生较好的品牌效应。品牌文化能够创造产品的物质效用与品牌精神的高度统一，并能够超越时间和空间的限制，带给消费者更多、更高层次的满足，在消费者心灵深处形成潜在的文化认同和情感眷恋。例如，万宝路香烟广告中的原野和牛仔形象，符合消费者"回归自然"和崇拜英雄的心理，因此销路大增；力士香皂塑造的高贵典雅的明星形象，满足了消费者追求名牌的虚荣心，因而能够获得消费者的青睐。中国台湾广告学家樊志育先生也曾指出，"买的是产品，选择的是印象"。可见，品牌文化代表了一种价值观、一种品位、一种格调、一种时尚、一种生活方式，它的独特魅力在于，它不仅仅提供给顾客某种效用，而且帮助顾客寻找心灵的归属，放飞人生的梦想，实现人生的追求等。正如 Laurence Vincent 在其著作《传奇品牌》一书中阐述传奇品牌的成功经验时指出的那样，品牌"蕴涵的社会、文化价值和存在的价值构成了消费者纽带的基础"。

关于品牌文化的含义、特征、意义、构成及品牌文化的塑造等内容，将在第6章中详细阐述。

本章小结

关于品牌归属的问题，一种观点认为，品牌业主即企业拥有品牌；另一种观点认为，顾客拥有品牌。产品是品牌资产的核心。品牌性能是指产品满足顾客功能性需求的程度。在品牌性能之下有以下几种重要的属性和利益：①主要成分及次要特色；②产品可靠性和耐用性及服务的便利性；③服务的效果、效率及情感；④风格和设计；⑤价格。消费者会自觉不自觉地把一些属性比另一些属性看得更重要。这通常会导致他们无意识地将品牌产品的属性进行排序。这一次序就称为性能等级。搜索属性是指消费者在购买前可以感知的产品内在属性；经验属性是指那些在购买前不能感知的产品内在属性。

品牌认知是指消费者对品牌的了解、记忆和识别的程度。品牌认知由品牌再认和品牌回忆构成。品牌认知可以分为无认知度、提示认知度、未提示认知度和第一提及认知度四个层级。它具有三个方面的优势：印象优势、入围优势和入选优势。影响品牌认知的因素有品牌自身的客观因素，也有消费者的主观因素。可以通过两种途径来建立品牌认知：①不断地重复展示；②在品牌与品牌或其他暗示之间塑造出有效的联想。品牌形象是消费者记忆中的有关品牌的联想或知觉。它由三个元素构成，即内容、宜人性和强度。品牌形象的内容是指品牌名称可以唤起的联想。品牌形象的宜人性是指消费者对品牌联想的感受。品牌形象的强度是指某一联想与品牌联系的紧密程度。品牌形象测量的最简单的方法就是定性测量，如直接询问、座谈会等。还有一种新近引入和发展的品牌形象测量技术——"隐喻启发技术"。品牌形象形成的两种途径，即归纳推理和演绎推理。

品牌是一个复杂的系统，它能表达属性、利益、价值、文化、个性、使用者六个层面的含义。品牌功能属性是指对应于品牌产品特性的功能联想以及品牌符号本身所表露出来的意义的象征联想。品牌的利益属性是指消费者在拥有、使用某一品牌的产品时所获得的正面感觉。品牌暗示了购买或使用产品的消费者的类型。品牌价值是指品牌产品带给消费者的利益。品牌代表了一种文化，是一种内涵的体现。

关键概念

品牌性能　内在属性　外在属性　品牌性能等级　搜索属性　经验属性　品牌认知　品牌再认　品牌回忆　品牌形象　品牌联想　联想网络　品牌利益属性　品牌社会心理利益　品牌实用利益　品牌价值　品牌文化

案例分析

腾讯的品牌属性

外在属性：

1. 品牌认知

腾讯公司成立于1998年11月，是目前中国最大的互联网综合服务提供商之一，也是中国服务用户最多的互联网企业之一。自成立以来，腾讯一直秉承一切以用户价值为依归的经营理念，始终处于稳健、高速发展的状态。目前，腾讯把为用户提供"一站式在线生活服务"作为战略目标，提供互联网增值服务、移动及电信增值服务和网络广告服务。作为通过即时通信QQ、微信、腾讯游戏、腾讯视频、QQ邮箱、QQ音乐、微信支付等提供服务的中国领先网络平台，腾讯打造了中国最大的网络社区，满足互联网用户沟通、资讯、娱乐和电子商务等方面的需求。腾讯的发展深刻地影响和改变了数以亿计网民的沟通方式和生活习惯，2017年，微信和WeChat合并月活跃用户数已达到了9.8亿，用微信聊天已经成为大多数人们的习惯。

2. 品牌形象

腾讯公司首先做的是互联网增值服务、移动及电信增值服务和网络广告服务，在此基础上还致力于聊天工具，搜索引擎，微博，电子商务，娱乐游戏等方面的开发，在每个与IT有关的市场上，腾讯都要分一杯羹。现在的腾讯，会让人联想到"聊天""方便""推陈出新""有创意"等信息。但是在创始之初，腾讯因"抄袭"备受诟病，很多人认为腾讯就是把国外成熟的网站、软件照搬过来做个中国版。为了扭转这一认知，从2013年起，腾讯开始举办一年一度的WE大会，并希望借助WE大会和同期举办的W3C年会，让国内互联网产品和技术，在最大范围内得到促进和发展。同时，腾讯把WE大会打造成向外传递信号的舞台，希冀更多人感受到腾讯在技术上的踊跃创新和独立发展，树立企业对未来科技和未来生活不断探索的形象。

内在属性

1. 品牌功能属性

以QQ、微信的功能为核心，腾讯提供了人们在线交流的首选工具，聊天方便，可以群聊、发状态、斗图、发红包，满足了人们和熟人及陌生人在沟通中的大部分需求。与此同时，软件链接了邮箱、在线支付、游戏、购物等功能，将品牌下多类产品互相连通，在潜移默化之间形成了推广。在满足消费者沟通需求的基础上，腾讯通过多彩的娱乐平台——腾讯视频、腾讯游戏等，为人们提供了消遣的平台，近些年腾讯视频与维多利亚的秘密签订独播协议，腾讯游戏开发了的现象级手游《王者荣耀》，又签约了风靡全球的游戏《绝地求生》发行中文版，种种行为体现出在"泛娱乐"市场导向下腾讯将使用功能与娱乐功能合一，全方面满足消费者需求的特点。

2. 品牌利益属性

在利益属性这方面，除了沟通所必需的微信、QQ外，腾讯的游戏、支付功能都是人们社交中和生活中频繁使用的。随着无现金时代的来临，大到专业卖场小到街边摊贩，没有微信二维码还真让生意难做了许多，因此，腾讯除帮助消费者节约沟通成本外，还对便利商业

交易起到一定作用。

3. 品牌的价值属性

2017 BrandZ最具价值中国品牌100强年度排名中，腾讯位居第一，并连续第三年获得"最具价值中国品牌"称号，成为首个品牌价值突破千亿美元的中国企业在全球价值排行榜中，腾讯不仅是品牌价值第一的企业，市值上更是全球前五大互联网公司。与欧美互联网公司不同，欧美企业通常倾向于关注少数核心领域，而腾讯则会尝试各种业务，从信息交互、云计算到数字支付、游戏开发，样样都希望做到最优。目前腾讯重金投资的游戏部门使得腾讯成为世界最大的游戏公司，接下来腾讯还会在影视、虚拟现实、朋友圈商业方面继续发力，成为全方面发展的品牌。

4. 品牌的文化属性

创始至今，腾讯品牌的定位几经变更，目前提出的愿景和使命如下。

愿景：最受欢迎的互联网企业

不断倾听和满足用户需求，引导并超越用户需求，赢得用户尊敬；

通过提升品牌形象，使员工具有高度企业荣誉感，赢得员工尊敬；

推动互联网行业的健康发展，与合作伙伴共成长，赢得行业尊敬；

注重企业责任，用心服务、关爱社会、回馈社会，赢得社会尊敬。

使命：通过互联网服务提升人类生活品质

使产品和服务像水和电融入人们的生活，为人们带来便捷和愉悦；

关注不同地域、群体，并针对不同对象提供差异化的产品和服务；

打造开放共赢平台，与合作伙伴共同营造健康的互联网生态环境。

管理理念：关心员工成长

为员工提供良好的工作环境和激励机制；

完善员工培养体系和职业发展通道，使员工与企业同步成长；

充分尊重和信任员工，不断引导和鼓励，使其感受到获得成就的喜悦。

经营理念：一切以用户价值为依归

注重长远发展，不因商业利益伤害用户价值；

关注并深刻理解用户需求，不断以卓越的产品和服务满足用户需求；

重视与用户的情感沟通，尊重用户感受，与用户共成长。

价值观：正直、进取、合作、创新

案例思考

1. 结合案例，思考"腾讯"之一品牌成功的关键因素有哪些？
2. 试分析腾讯的成功为中国其他民族品牌带来哪些启示和借鉴？

思考题

1. 简述品牌的归属问题。
2. 什么是品牌性能？它有哪两种分类？试以一个你熟悉的品牌为例，分别对其进行说明。
3. 什么是品牌性能等级？试以一个你熟悉的品牌，结合品牌性能等级，对该品牌产品进行评价。

4. 简述外在属性的影响。
5. 什么是品牌认知？它由哪些因素构成？
6. 简述品牌认知层级理论。
7. 影响品牌认知的主观因素有哪些？如何建立品牌认知？
8. 什么是品牌形象？它由哪些因素构成？
9. 试以一个你熟悉的品牌为例，分析其品牌联想，并画出其品牌联想网络图。
10. 如何测量品牌形象？并对测量品牌形象的方法进行简述。
11. 如何建立品牌形象？并对建立品牌形象的途径进行简述。
12. 试以一个你熟悉的品牌为例，对其功能属性、利益属性、价值属性和文化属性进行分析。

第3章 品牌设计

学习目标

本章主要介绍品牌设计策略。通过本章的学习，旨在了解品牌识别的内涵，掌握品牌识别的模型，了解品牌设计的含义和指导原则，掌握品牌设计中无形要素和有形要素的设计等内容。其中，无形要素包括品牌理念、品牌核心价值、品牌个性，有形要素包括品牌名称、品牌标识、品牌形象代表、品牌口号和品牌音乐及品牌包装。

当市场进入品牌竞争时代,品牌设计就成为人们经常挂在嘴边的时髦词汇。据统计,企业每投在品牌形象设计上 1 美元,所获得的收益为 227 美元。如此诱人的投资回报率,引起企业界对品牌设计趋之若鹜。

3.1 品牌识别

我们在日常生活中经常会有这样的经历:看到一款手机,我们从其外观上就能感觉到这款手机是苹果的还是三星的。这种现象是偶然还是暗藏玄机呢?从工业设计的角度讲,同一品牌的产品在外观设计上都有其显著的特征,从而使人们一眼就能看出这个产品是哪个品牌的。由此可知,我们那种常有的经历并非偶然,而是苹果、三星等企业的有意为之。它们有意识地在产品开发过程中保持了产品设计一定的延续性和一致性,以便于自己品牌的识别。这就是品牌识别的思想。

3.1.1 品牌识别的内涵

1. 品牌识别的定义

品牌识别(brand identity)是指品牌所希望创造和保持的、能够引起人们对品牌美好印象的联想物。这些联想物表达了品牌所代表的东西,也暗示着企业对消费者的承诺。一个强势品牌必然有丰满、鲜明的品牌识别特征。例如,可口可乐代表了"畅爽开怀"、麦当劳代表了欢笑、宝马意味着品位和驾驭、沃尔沃代表了安全等。品牌识别的本质是要回答:品牌的价值主张是什么?品牌应该具有怎样的个性?品牌的长期目标和最终目标是什么?品牌的一贯性如何?品牌的辨别符号是什么?

2. 品牌识别与品牌形象

品牌形象是营销领域里一个重要的概念(Garner 等)。人们在提到品牌识别与品牌形象时,经常将二者混淆。事实上,二者是两个不同的概念。

品牌形象从消费者的角度出发,反映了顾客对品牌的感知。相对于品牌形象,品牌识别是个新概念,它是企业通过各种沟通手段试图达到的品牌预期的状态。品牌形象是针对接受者而言的,它是公众通过产品、服务和传播活动所发出的所有信号来诠释品牌的方式,是一个接受性的概念;而品牌识别则是针对信息传播者而言的,品牌传播者的任务是详细说明品牌的含义、目标和使命,形象是对此诠释的结果,是对品牌含义的推断和符号的解释。可见,品牌识别代表了企业希望品牌达到的状态,而品牌形象则反映了在消费者看来品牌事实上的表现如何。在品牌管理中,品牌识别先于品牌形象而形成。

品牌形象与品牌识别之间的关系如图 3-1 所示。

企业仅仅认识到品牌形象是不够的,因为一个品牌的形象可能很糟糕或是和产品不协调,也可能这个品牌的形象大致上不错,但仍然不符合企业的理想。完全由消费者决定"品牌是什么",会使企业陷入品牌形象的陷阱,变得被动和消极。企业只有积极、主动地创造品牌识别,引导品牌形象,让消费者产生渴望的品牌联想,才能建立真正成功的品牌形象。简言之,品牌识别和品牌形象好比同一事物的两个方面:品牌形象是品牌识别的消费者感知,而品牌识别是指导品牌形象建设的基准。因此,可以将企业的品牌识别系统作为品牌形象测评的参照框架，全面、清晰、准确地反映品牌形象，同时发现期望状态与实际表现之间的差距。

图 3-1　品牌形象与品牌识别的关系

3.1.2　品牌识别模型

关于品牌识别，有两个影响比较广泛的模型。一个是由法国著名学者 Jean-Noel Kapferer 提出的品牌识别六棱镜模型；另一个是 David A. Aaker 提出的品牌识别系统模型。下面分别对这两个模型进行简要介绍。

1. Kapferer 的品牌识别六棱镜模型

法国学者 Kapferer 是品牌识别理论的首创者，他从内在—外在、发送方—接收方两个维度构建了一个品牌识别六棱镜模型（brand identity prism）。该模型将品牌识别分为体格、个性、文化、关系、反映性、自我形象六个层面，其中，自发送者一端（企业端）到接收者一端（消费者端），内在的组成部分分别是个性、文化和自我形象，外在的组成部分分别是体格、关系和反映性。各要素及其之间的结构关系如图 3-2 所示。

在 Kapferer 的品牌识别模型中，体格是指与品牌的标准定位相符、从品牌的主要或突出的产品功能和作用中提炼出来的外貌特征，如产品属性、产品种类、产品包装、品牌名称、品牌标识等；个性是指品牌的性格，是人们对品牌产品拟人化的印象，如万宝路香烟的阳刚等；文化是品牌的灵魂，它决定品牌对外沟通的基本原则，是品牌生产者和（或）生产国价值观的体现；品牌还体现一种关系，为人们相互间的沟通提供了机会；反映性表示消费者心目中想象的品牌目标消费者的形象，是目标消费者的外在反映；自我形象表示目标消费者对自己现有形象的认知，是目标消费者自己的内在反映。六个方面彼此呼应，形成了一个有机的整体。

图 3-3 是利用 Kapferer 的品牌识别六棱镜模型对耐克品牌做的简要分析。

2. David A. Aaker 的品牌识别系统模型

David A. Aaker 的品牌识别系统由品牌识别、价值定位、可信度、品牌—顾客关系四部分组成。David A. Aaker 指出，品牌识别通过功能、情感或自我表达利益的价值体现，来帮助品牌与消费者建立关系，它们之间的关系如图 3-4 所示。

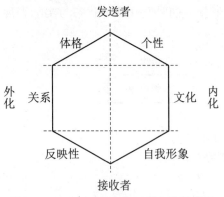

图 3-2　Kapferer 的品牌识别六棱镜模型

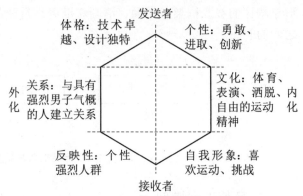

图 3-3　耐克品牌的品牌识别六棱镜模型

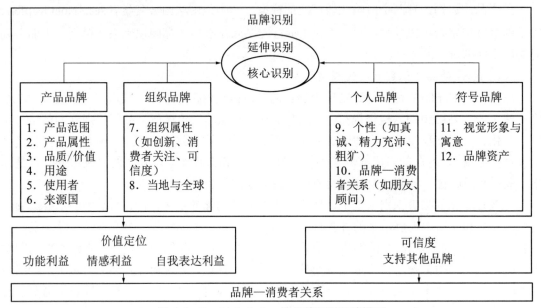

图 3-4　David A. Aaker 的品牌识别系统模型

其中，品牌识别是核心，由 4 个方面、12 个元素组成，12 个元素分别围绕 4 个不同的视角：作为产品的品牌（产品范围、产品属性、品质 / 价值、用途、使用者、来源国）、作为组织的品牌（社会 / 社区导向、认知品质、创新能力、对消费者的关心、知名度、本地 / 全球）、作为个人的品牌（品牌个性，如真诚、刺激的、称职的、粗犷、精力充沛等，品牌—消费者关系）及作为符号的品牌（视觉形象、寓意和品牌传统）。

图 3-4 中的核心识别和延伸识别构成了识别结构。核心识别是指品牌永恒的精髓，它不随品牌进入新的市场或推出新的产品而发生变化；延伸识别是指那些使品牌识别细化和完整化的元素，包括那些已经或应该成为可视联想的品牌营销计划里的重要元素。通过延伸识别，消费者能更清晰地知道品牌的内涵。

价值定位是品牌向消费者传递的、能带给消费者的功能利益、情感利益和自我表达利益。有效的价值定位有利于实现品牌—消费者关系，并成为消费者购买决策的驱动因素。

另外，品牌还具有担保功能，这是指品牌识别的可信度。最后，品牌识别的目的是建立品牌与消费者的关系。

需要注意的是，David A. Aaker 指出，为确保品牌识别的广度和深度，企业必须将品牌当作产品、组织、个人、符号，虽然这些元素的角度不同，但它们都有一个共同目的，即帮助品牌管理者更全面地顾及品牌的不同层面，以使该品牌的识别更清晰、更丰富、更与众不同。需要说明的是，并不是每个品牌都涉及这四个概念，有些品牌也许只需要其中的一两个就能成功地创造出品牌识别。

哈根达斯的品牌识别

品牌体格：高质量的顶级冰淇淋

"哈根达斯"是个纯正的"美国裔"，由移居美国的波兰人鲁本·马特斯于1961年创办。当时冰淇淋品牌林立，要想给人们留下深刻的印象，还需要在品牌定位上下足工夫。在大部分冰淇淋品牌仍在街口流动雪糕车上销售，力图用低廉的价格和相对美好的口味吸引更多回头客时，哈根达斯将自身定位为顶级雪糕的代表，以自我沉醉、愉悦万分的感官享受作为卖点，占领高端成人消费市场。

个性和文化：浪漫、性感、充满爱意

哈根达斯在所传达的情感内涵上进行了充分挖掘，从最初的"爱她，就带她去哈根达斯"突出强调爱情中的"归属感"，到"慢慢融化"中对于"沉醉"时刻的彰显，到"一起融化"中对于"分享"这种更深层次情感内涵的传达，意味着这它所传递的"情人之爱"的品牌内涵在不断升华，现在"让每一天非凡"体现它更注重在精神层面培育爱情的意味。

关系和自我形象：情侣、伙伴间表达情感的媒介，适合小资群体和年轻人

如今，随着消费者对"奢侈品"的认知发生了变化，他们不再着眼于品牌和价格本身，更关心品质和品牌背后所代表的价值与故事。以"让每一天非凡"为口号的营销活动，讲述不同人与"哈根达斯"的情缘与故事，突出"将冰淇淋融入每个人的生活方式之中"，在表达爱意的基础上，拓展了产品的使用范围，更加吸引年轻人的注意。

反映性：注重感性的人群

现在，越来越多的"理性"消费者更愿意寻求少糖、低脂的更健康的消暑食品，这对于冰淇淋制造商来说并不是什么好事，哈根达斯推出更多新口味冰淇淋的方式更能吸引相对感性的人群。

3.1.3 对两种品牌识别模型的评价

Kapferer 和 David A. Aaker 的模型都较为全面、深刻地描述了品牌识别系统的构造，但 David A. Aaker 的模型概括性更强。虽然有学者指出上述模型也存在一些缺憾，例如，过于烦琐复杂，缺少作为理论应有的本质内涵；品牌识别各个组成部分之间的关系未能理清，丧失了作为理论应有的结构性等。但是，不可否认，这两个模型都揭示了一个事实，即所谓的品牌识别的理论与模型都在试图从一个新的视角全面而完整地认识品牌，试图从对品牌形象与个性这种外部特征的过度关注中走出来，转而强调同时兼顾品牌的内在品性。换言之，品牌识别的理论与模型都在试图对品牌的"外在"与"内在"予以有机统一，实现系统的认识。

3.2 品牌设计的含义与指导原则

当世界进入品牌竞争的时代,当品牌成为中华大地上商界的热点时,品牌设计也成为人们常挂在嘴边的时髦词汇。有人统计说企业每多投在品牌形象设计上1美元,所获得的收益是227美元。如此诱人的投资回报率,无怪乎企业界对品牌设计趋之若鹜。品牌设计是现代企业价值的一种体现,同时也是企业生存的一种保证。在产品的价格、质量和功能都类似的情况下,品牌的设计就成为企业主导消费的一种重要因素。

3.2.1 品牌设计的含义

品牌设计是在企业自身正确定位的基础之上,基于正确品牌定义下的视觉沟通,它是一个协助企业发展的形象实体,不仅协助企业正确地把握品牌方向,而且能够使人们正确地、快速地对企业形象进行深刻的记忆。广义的品牌设计包括战略设计(如品牌理念、品牌核心价值、品牌个性)、产品设计、形象设计、企业形象(CI)设计等;狭义的品牌设计则是品牌名称、标识、形象、包装等方面结合品牌的属性、利益、文化、表现进行的设计。后者对品牌设计的理解较为狭窄,前者则较为全面地涵盖了品牌设计的内容。因此,本书取前者对品牌设计的定义。

3.2.2 品牌设计的指导原则

品牌设计的目的是将品牌个性化为品牌形象,企业在进行品牌设计时,应遵循以下几个方面的原则。

1. 整体性原则

企业的品牌设计应从企业内外部环境、组织实施、传播媒介等方面综合考虑,做到品牌内在理念、核心价值、个性等与品牌外在表现形式如符号、标识、形象等的一致,以利于全面贯彻落实和品牌战略的实施。具体而言,就是品牌设计要适应企业的内外部环境,符合企业的长远发展战略,实施时具体措施要配套合理,以免因某一环节的失误而影响全局。

2. 以消费者为中心的原则

品牌设计的目的是表现品牌形象,只有为公众所接受和认可,设计才是成功的。以消费者为中心就是要做到以下几点。

(1) 进行准确的市场定位,对目标市场不了解,品牌设计就是"无的放矢"。

(2) 努力满足消费者的需要。消费者的需要是企业一切活动包括品牌设计的出发点和归宿,IBM成功的最大奥秘就在于其一切以顾客为中心的企业理念。

(3) 尽量尊重消费者的习惯。习惯是一种已形成的定式,它既是企业品牌设计的障碍,也是品牌设计的机会。

(4) 正确引导消费者的观念。以消费者为中心并不表明一切都迎合消费者的需要,品牌设计应该坚持自我的原则,科学合理地引导消费者的观念。苹果公司的iPhone就是坚持正确引导消费者观念的原则,凭借时尚的外形、高质量的品质和智能特性,获得了市场的青睐,引领了智能手机的消费潮流。

3. 新颖性原则

品牌设计应力求构思新颖，造型美观，既要有鲜明的特点，与竞争品牌有明显的区别，又要切实反映企业或产品的特征，暗示产品的优良属性。例如，宝洁在美国推出的白色肥皂取名为"象牙"（Ivory），就暗示了肥皂像象牙一样洁白无瑕，令人爱不释手；可口可乐（Coca-Cola），从名字上就可以看出它是喝的东西，美味可口，让人快乐。

4. 内涵性原则

品牌大多都有独特的含义和解释。有的品牌是一个地方的名称，有的品牌是一种产品的功能，有的品牌是一个典故。具有内涵的品牌，能够唤起消费者和社会公众的联想。例如，同仁堂的品牌名称来源于"同修仁德，济世养生"的对联，它倡导"炮制虽繁，必不敢省人工；品位虽贵，必不敢减物力"。体现了以民众利益至上的企业精神，因而深受老百姓的信赖。

5. 兼顾性原则

企业作为社会经济组织，在追求经济效益的同时，也应该努力追求社会效益，做到两者兼顾，这是一切企业活动必须坚持的原则，也要在品牌设计中得到充分的体现。兼顾经济效益和社会效益要求，企业在追逐利润的同时注意保护环境，在发展生产的同时注意提高员工的生活水平和综合素质，在品牌理念设计中体现社会公德、职业道德等。

3.3 品牌无形要素设计

美国品牌专家 Davidson 曾提出过一个"品牌冰山"的概念，意即品牌就像大海中的一座冰山，消费者只能看到品牌浮在海面上的部分，海面下的部分只能去感受和体会。这其中，海面下的部分是隐性的品牌内涵，如品牌理念、品牌核心价值、品牌个性、品牌文化、品牌关系等，海面上的部分是显性的品牌符号，如品牌名称、品牌标识、品牌形象代表、品牌口号、品牌音乐和品牌包装等。

3.3.1 品牌理念

品牌理念是指得到社会认同的、体现企业自身个性特征、促使并保持企业正常运作及长足发展的反映整个企业明确的经营意识的价值体系。品牌理念由企业愿景、企业使命和品牌价值观三部分构成。企业愿景回答"我要去哪里"的问题，是品牌经营者对品牌存在的价值、意义的思考和对品牌未来发展愿景的憧憬。企业使命回答"我是谁"的问题，是企业开展各种经营活动的依据和企业品牌建设的出发点和原动力，包括物质利益的要求及企业对社会的责任等。品牌价值观是品牌所推崇的基本信念和奉行的目标，是品牌经营者一致赞同的关于品牌意义的终极判断。品牌价值观是品牌文化的核心，被誉为品牌的 DNA。它决定了品牌存在的意义和发展方向、品牌组织的形态和作用以及企业内部各种行为和企业利益之间的相互关系。同时，它深刻影响着员工的行为，为员工提供坚强的精神支柱，给员工以神圣感与使命感，鼓舞员工为实现崇高的信念和目标而奋斗。因此，品牌价值观在品牌理念系统中占据重要的地位。不同的品牌有不同的价值观。例如，海尔的"真诚到永远"，松下的"人是万物之王"，GE 的"绿色创想"（见案例："GE 集团：绿色创想"）等。因此，品牌理念是企业为追求愿景、实现使命而提炼出来的，指导企业上下形成共同行为模式的精神核心，是企业处理内外矛盾的一系列准则，是企业对客户、员工、竞争者、社会等的看法和态度。

品牌理念是企业统一化的识别标志。要构建独特的品牌理念需要实现以下目标：第一，品牌理念必须与行业特征吻合，与行业特有的文化相契合；第二，在规划企业形象时，应充分挖掘企业的品牌理念，赋予其时代特色和个性，使之成为推动企业经营发展的强大内力；第三，品牌理念要能与竞争对手区别开来，体现企业自己的风格。

GE：绿色创想

"绿色创想"是 GE 为想象和创建革新性的解决方案以造福客户及社会而做出的承诺。它既是推动 GE 成长的一项企业战略，又是对企业成长过程中大力保护环境做出的一项承诺。

自推出以来，GE"绿色创想"计划在发电、水力、运输、工业互联网等多个领域硕果频出。根据 GE 公布的数据，截至 2015 年，GE 在全球安装的清洁能源达到 4 万兆瓦，相当于 900 万个美国家庭一年的总用电量，从而直接避免了 4 亿吨二氧化碳排放。

2006 年，GE 将"绿色创想"计划引入中国，并且整合多方资源进行推广应用。一方面，根据行业，如电力、钢铁、油气、化工冶炼等，广泛与中国企业开展了相关项目的合作；另一方面，则是密切关注地区发展，根据地区的不同需求进行绿色技术、产品的推广。与此同时，还将工业互联网、数字化等诸多领先的解决方案引进中国市场。

作为技术型企业，GE 也同样将不断提升的技术研发当作"绿色创想"的坚实后盾。GE 目前在全球各地拥有约 3 万多位技术专家，设立了 4 个全球研发中心，分别位于美国纽约州的尼斯卡于纳、中国上海、德国慕尼黑以及印度班加罗尔。

GE 的数据显示，截至 2015 年，"绿色创想"计划已经累计投入 170 亿美元用于技术研发，共产生了约 2 320 亿美元的收入，降低了 12% 的温室气体排放，节约了 17% 的淡水资源。目前，GE 旗下的可再生能源产品覆盖陆上和海上风电、水电及集中太阳能发电；同时还拥有全球最为高效的燃气、燃煤发电技术。

不过，这对"绿色创想"计划而言似乎还不够。据了解，目前 GE "绿色创想"计划正致力于到 2020 年增加 100 亿美元的研发投入，将温室气体排放降低 20%，并将节约 20% 的淡水资源。

（资料来源：《中国能源报》）

3.3.2 品牌核心价值

是否拥有核心价值，是品牌经营是否成功的一个重要标志。正如 James Collins & Jerry Porras 在《为生存而发展》一书中说的："一个公司青春永驻的关键在于它能够独立确定一些不依赖于当前环境、竞争条件或管理时尚的核心价值。"

1. 品牌核心价值的含义

西方学者曾用"品牌精华"(brand essence)、"品牌咒语"(brand mantras)、"品牌代码"(brand code)、"品牌精髓"(brand kernel)、"品牌主题"(brand themes)等词汇来表示品牌核心

价值（brand core value）。他们给品牌核心价值的定义也各有不同。David A. Aaker 认为"品牌精华"是品牌识别的一部分，它将所有核心品牌标识融合在一起；Upshaw 认为"品牌精华"是内在价值，是品牌核心的核心；Helena 认为"品牌精华"定义了品牌的独特性，是品牌力的根源，是以一种独特方式诠释的品牌长期的竞争优势；Kevin L. Keller 认为"品牌咒语"是概括了品牌不可驳倒的精华或品牌灵魂的三五个词或短语；Randazzo 认为"核心价值"是品牌的灵魂，是精神中心，它决定了品牌的特性并体现在品牌的各个方面。

Kevin L. Keller 的品牌核心价值定义获得了广泛认同：品牌核心价值是一组抽象的能够描述品牌最基本、最重要特征的产品属性或利益的组合。品牌核心价值是品牌权益的主体，它能够使消费者清晰地识别并记住品牌的利益点与个性，是驱动消费者认同与偏好一个品牌的主要力量。核心价值是品牌的终极追求，是品牌营销传播活动的圆心，企业的一切价值活动都围绕品牌核心价值展开，是对品牌核心价值的体现与演绎。

2. 品牌核心价值的构成维度

Park，Jaworsk & MacInnis 研究指出，品牌为消费者提供了三种利益，即功能性利益、体验性利益和象征性利益。因此，品牌核心价值可由三个维度构成，即物理维度、情感维度和象征价值维度（见图3-5）。

（1）物理维度。物理维度主要是指产品的物理效用与使用价值，它强调品牌的功能表现，如功效、性能、质量、便利等，如舒肤佳强调"有效除菌、保持家人健康"、潘婷强调"健康亮泽"、海飞丝强调"除头屑"等。物理维度是消费者对品牌的最基本印象。由于消费者体验品牌首先从体验产品开始，所以产品的物理属性直接决定了消费者对品牌品质的感受，物理维度是品牌核心价值最基础的维度。对物理维度的传播要证明品牌是"货真价实的""有用的"，让消费者对品牌具有"独具慧眼"的认知，从传播中感到实实在在的功效。

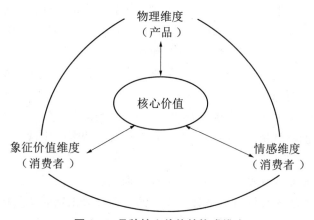

图 3-5　品牌核心价值的构成维度

通常情况下，在产品生命周期的初期阶段（介绍期和成长期），物理属性的作用非常重要，企业通常以产品独特的属性来吸引消费者，使其熟悉品牌产品的特性和质量水平。但是，产品的物理属性易被竞争对手模仿，所以当品牌的功能性优势让顾客产生信任后，应该强化核心价值的其他维度，赋予品牌丰富的情感内涵和价值主张。

（2）情感维度。情感维度着眼于顾客在购买和使用过程中产生的感觉，强调品牌效果的感性满足，从内心打动消费者，使消费者对品牌形成一种情感依赖和寄托。例如，戴比尔斯

(De Beers)的"钻石恒久远，一颗永流传"，极富感染性，使一颗小小的钻石升华到爱情永恒的程度；宝马强调"驾驶的乐趣"，让你尽情释放你的感情，充分体验驾驶的快感。情感维度是要构建一种生活格调、文化氛围或精神世界，为消费者拥有和使用品牌赋予更深的意味，引导人们通过移情作用在产品消费中找到自我和获得慰藉。同时，品牌有了情感维度，就使原先普通的产品有了生命力，成为有性格、有生命、有风格、有魅力并能与消费者"心心相印"的精神产品。

常见的品牌情感诉求有以下几个方面：①生理本能的情感，如对生命的追求，对自然的热爱，对历史、文化、艺术的崇敬及爱国、思乡之情等；②亲情与家庭，如美加净护手霜"就像妈妈的手温柔依旧"；③友情、爱情等，如雅芳的"女性的知己"。

（3）象征价值维度。人们都有一种寻找归属感的需要，渴望有自己的个性，也渴望被社会接纳。在购买产品时，他们往往购买那些能够表现或加强他们自身形象的品牌。这就是品牌的象征价值维度。象征价值是消费者体验到的外显性价值，它是消费者不但希望自己认同，并且能流露在外得到他人认可的价值。

象征价值维度可以是一种价值观、一种生活态度或一定的特性，以形成有血有肉的具体形象，赢得消费者的认同并在消费者心目中留下深刻的印象。例如，Google的"永不满足，力求更佳"，迪士尼的"梦想+信念+勇气+行动"体现了一种积极向上的价值观；可口可乐的"快乐与活力"，NIKE的"Just do it"体现了一种生活的态度；劳力士的"尊贵、成就、完美、优雅"，吉列的阳刚、男人味等将品牌形象化，赋予这一形象一定的特征，从而体现了自身的核心价值。

（4）三个维度之间的关系。核心价值的三个维度是一个有机的整体，它们相互匹配、相互协调，形成了一个统一的、明确的和饱满的品牌核心价值。不过，由于产品类别的不同，各个维度对品牌核心价值的支持强度会有所不同。例如，产品功能价值不易被感知的品牌及高功能价值的品牌一般在象征价值上表现突出，因为这两种类型的品牌符合消费者的心理预期，其象征价值表达易于赢取消费者的认同。比如，产品功能价值不易被感知的服装和功能价值极高的汽车都倾向于表达象征价值。一般来说，对于日用品，物理维度非常重要；对于奢侈品，后两个维度则较为重要。

总之，一个品牌核心价值的提炼既可以是三个维度中的一个，也可以是三个维度的组合。实践证明，有效的品牌核心价值组合更有利于培育消费者的忠诚。

3.品牌核心价值的提炼

品牌核心价值的提炼应该坚持以下几个方面的原则。

（1）排他性。品牌的核心价值应是独一无二的，具有可识别的明显特征，并与竞争品牌形成鲜明的区别。如洗发水行业，海飞丝的品牌核心价值是"去屑"，潘婷的品牌核心价值是"滋润营养"，飘柔的品牌核心价值是"柔顺"，虽然这三个品牌同属于宝洁公司旗下的洗发水品牌，但都有着各自显著区别于其他品牌的特征。

（2）能触动消费者的内心。品牌核心价值只有贴近消费者的内心，才能拨动消费者的心弦，使其喜爱上该品牌。所以，提炼品牌核心价值，一定要认真揣摩消费者的内心世界及其价值观、审美观、喜好和渴望。例如，力士香皂1986年进入中国，而舒肤佳1992年才进入。但是，舒肤佳却后来居上，成为中国香皂市场的霸主，而力士却屈居亚军。究其原因，人们不得其解。论品牌持有者，力士背后是实力比宝洁强的联合利华；论品牌宣传、产品包装,力士70多年来一直请国际影星演绎其"滋润、高贵"的品牌核心价值,产品晶莹,包装鲜艳,而舒肤佳请家庭主妇传达其"除菌"的品牌核心价值,产品色泽灰暗、缺少美感;论产品品质,力士芳香滑爽,舒肤佳虽说"除菌",但内行都知道,国内一个普通日化厂也能生产出这种功能的产品。经过深入研究,人们才发现,力士的"滋润、高贵"不及舒肤佳的"除菌"贴近消费者的内心,这才是其败北的根本原因。力士的"滋润"固然好,但很多其他的香皂也有此功能,可是舒肤佳的"除菌"就很重要了,因为除菌事关健康,人们首先看重的当然是健康了。

（3）有包容性。品牌核心价值还应具有包容性。包容性体现在空间上和时间上两个方面。在空间上,品牌的核心价值应包容企业的所有产品,并且为日后企业的跨行业发展留下充分的空间。例如,海尔的"科技领先、人性化与个性化的功能"适用于旗下大多数电器;在时间上,品牌核心价值应能长久延续,例如,海飞丝的"去头屑"自海飞丝品牌诞生以来就从未变过。

以情感利益和自我表现利益为主要内容的核心价值往往有很强的包容性。例如,海尔的核心价值是"真诚",能涵盖所有电器,因为任何电器的购买者都希望产品使用方便、技术先进、服务精良,而这正是一个真诚的品牌所应做的。

真诚到永远:海尔的核心价值

海尔"真诚"的核心价值,不仅通过极其煽情的影视广告来感染消费者,而且是实实在在地在企业价值活动的每一环节都体现和演绎真诚。在科技上,海尔屡创新高,让消费者享受高科技文明的成果;在产品的功能设计上,在"用户需要的不是复杂的技术而是使用上的便利"这一原则的指导下不断推出人性化的产品,健康空调、抗菌冰箱、小小王子冷柜、可电视遥控的空调、搓板洗衣机等无一不对消费者在使用电器中的细小之处体贴入微。现在,海尔开始以"零距离"贴近消费者,直接面对用户量身定做产品,提倡"用户提出需求,我们按需供给",消费者可以"点菜式"地提出功能与外观上的要求;在服务上,海尔的"国际星级一条龙"服务,不仅在产品设计、制造购买、上门设计、上门安装、回访、维修等各个环节有严格的制度、规范与质量标准,还细致到上门服务时先套上一副鞋套,以免弄脏消费者家中的地板,安装空调前先把沙发、家具用布蒙上,服务完毕再用抹布把电器擦得干干净净、自带矿泉水不喝用户一口水、不抽用户一支烟,临走要把地打扫得干干净净,并请用户在服务卡上对服务进行打分,海尔服务中的每一细微之处都是"真诚"这一核心价值的无言而生动的体现。

（资料来源:http://wenku.baidu.com/view/5f034c3383c4bb4cf7ecd1ab.html）

3.3.3 品牌个性

正如前面在 David A. Aaker 的品牌识别系统中描述的那样,作为"人"的品牌涉及品牌个性、使用者形象、情感利益、自我表现利益等,特别是,主要强调品牌与消费者的关系。品牌个性作为影响企业和消费者关系的重要因素,对消费者购买意愿和品牌态度都有着显著影响。

品牌个性是品牌带给生活的东西,也是品牌与现在和将来的消费者产生联系的纽带,它有魅力,也能与消费者进行感情方面的交流。世界上许多著名的品牌都具有鲜明的个性。如万宝路香烟盒上目光深沉、皮肤粗糙,浑身散发着粗犷、原野、豪迈英雄气概的男子汉形象,Dewar's苏格兰威士忌的现代成功者形象等。表3-1列示了一些著名品牌的个性。

表3-1 一些著名品牌的个性

品牌名称	品牌个性
可口可乐	洒脱、自由、快乐
百事可乐	年轻、充满活力、激动人心
麦当劳	快乐、任性、自我
苹 果	时尚、活力、创新
奔 驰	豪华、舒适
宝 马	自由、乐趣
Levi's	结实、耐用、爽、适合所有年龄的人
路易威登	高贵、成功
人头马	高贵、高雅、浪漫
绝对伏特加	躁动、野性、另类坏小子

为避免重复,关于品牌个性的含义、品牌个性的稳定性、品牌个性的价值、品牌个性的结构、品牌个性的维度、品牌个性的来源与驱动因素、品牌个性的塑造等内容,将在第5章相应章节中进行详细讨论。

3.4 品牌有形要素设计

常见的品牌有形要素包括品牌名称、品牌标识、品牌形象代表、品牌口号、品牌音乐和品牌包装。

3.4.1 品牌名称

Dawar & Parker发现,消费者在判断产品质量时,在价格、外观和品牌名称三者中更加依赖品牌名称,所以,"最重要的品牌建设决策是为你的产品或服务命名,因为在长期的营运过程中,品牌除了名称没有别的"(Rues & Ries)。David A. Aaker也说,品牌名称是企业最重要的资产之一。因此,企业必须重视品牌名称的选择。

1. 命名原则

品牌名称是指品牌中可以用语言清楚表达的部分,也称"品名",如奔驰(Benz)、奥迪(Audi)、宝马(BMW)、大众(Volkswagen)等。品牌名称是语言长廊中的一道景观,为品牌命名也是一门学问，其中蕴藏着无穷的奥妙。品牌名称的选择应该遵循以下原则，如图3-6所示。

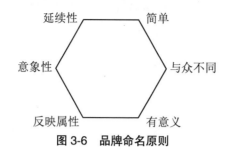

图 3-6　品牌命名原则

（1）品牌名称应该简单。品牌名称应该易说、易拼、易读、易懂。心理学研究表明，人们的注意力很难同时容纳五个以上的要素。根据这一原理，品牌名称应该力求简短，容易发音。另外，来自心理学家的一项调查分析结果表明，在人们接受的外界信息中，83%的印象通过眼睛，11%借助听觉，3.5%依赖触摸，其余的源于味觉和嗅觉。基于此，为便于消费者认知和记忆，品牌名称应该简洁醒目，易读易记。为此，不宜把过长的和难以识别的字符串作为品牌名称。例如，苹果、IBM、BMW、KFC、海尔等名称都读音响亮、节奏感强、易读易记。

（2）品牌名称应该与众不同。品牌名称应该与众不同，具有独特性，只有独特才有利于品牌脱颖而出，也才能满足消费者追求新奇、厌倦重复的心理。要使品牌名称与众不同，首先要突出自己的个性与特色，如"狗不理"包子等，这样的品牌名称因其独特的个性而易记。品牌要做到独特，一要坚持取材的广泛性，不拘泥于定型化的象征词语；二要不盲目跟从时尚；三是切忌模仿和抄袭。例如，施乐、埃克森就是造出的一个新词，从而创造了与众不同、独一无二的效果。

（3）品牌名称应该有意义。意义是指品牌名称能给消费者以联想的信息的多少，一个容易联想到许多内容的词意义性就高。词的意义性对词的记忆有一定的影响。Paivio等人的研究发现，高意义词的记忆效果比低意义词的记忆效果要好。例如"达"可以联想到"通畅""顺利""显示"等，是一个高意义性的词，因此很多汽车品牌都以"达"来命名，例如"捷达""马自达""悦达""颐达""骐达"等。高意义性的品牌名称还能唤起一定的情感，产生品牌偏好。法国雷诺（Renault）的迷你车名为Twingo，Twingo这个词本身没有任何意义，但由于其读音和字形传递出一种欢快和俏皮的感觉，因此深受女性的青睐。

（4）品牌名称应该反映产品的属性。品牌名称应该能够反映产品的特征和功能。最常见的陈述就是功能性利益，即为消费者提供基于产品属性的功能性效用利益，如"路宝""途胜""运动星"等汽车品牌就反映了汽车的运输功能。除了功能，品牌名称还应该能够反映产品的一些特点。例如，大众的"甲壳虫"显示汽车小巧玲珑的特点，"捷达"表明汽车优异的驾乘效果等。

（5）品牌名称应该唤起心理形象。品牌名称能唤起心理形象也被称作是品牌的意象性。意象性是指品牌名称容易、快速唤起心理图画的程度。容易且快速唤起心理图画的词为高意象词，意象性高的词容易使人联想起该词所指事物的表象，提取时也比较容易，其平均记忆率也远高于低意象词，因此信息在人脑中的保持会比较牢固。高意象的词比较容易记忆，如皇冠、宝马、捷豹、陆虎等。

（6）品牌名称在变化的环境中应该能够延续。品牌名称在变化的环境中能够延续是指品牌名称要具有转换性和适应性。在现代社会，产品的销售已经突破了地域的限制，因而，品牌命名就不能只考虑一个国家或地区的消费者，而必须要考虑适应全球的消费者。因此，品牌命名者一定要广泛地分析和研究各个国家、地区、民族的风俗习惯、文化传统，以尽可能地迎合其偏好，避开其忌讳。例如，埃克森为创造出能为全世界消费者所接受的品牌，曾动员了心理学家、社会学家、语言学家、人类学家等各个方面的专家，历时6年，耗资1.2亿美元，调查了55个国家和地区，编写了约1万个预案，最后才将产品命名为"EXXON"（埃克森）的。

2. 品牌名称的类型

根据朗涛设计公司（Landor Associates）对品牌名称的分类，品牌名称的类型主要有以下几种，如表3-2所示。

表 3-2　朗涛设计公司品牌名称的分类

类　　型	举　　例
1. 描述型 用文字描述产品或公司的事实	以人名、地名命名，如福特汽车、青岛啤酒 以工艺或成分命名，如LG竹盐牙膏、两面针牙膏
2. 暗示型 暗示了某种功能或价值	象牙让人想到洁白、柔和 飘柔让人想到头发的飘逸、柔顺
3. 复合型 　由两个或更多个词汇组合而成，通常比单个词语具有更多的意思	Microsoft（微软）、波音737、奥迪A8、UT斯达康、美特斯·邦威、新郎·希努尔
4. 古典型 出自拉丁文、希腊文、梵文或文学	Oracle（甲骨文）、Lenovo（联想）、百度
5. 随意型 　与公司没有明显联系，通常由一些大家所熟悉的真实事物来表示，包括动物、植物、自然现象等	苹果电脑、猎豹汽车、亚马逊网上书店、富士胶卷、狗不理包子、小天鹅洗衣机
6. 新颖型 　由一些新造的词语组成，通常没有明显的意义	IBM、SONY（索尼）、Canon（佳能）、SAMSUNG（三星）、LG、TCL

宏基（Acer）电脑更名经过

宏基（Acer）电脑1976年创业时的英文名称叫Multitech，由于其超高的性价比，不久就在国际市场上小有名气，但一家美国数据机厂商通过律师通知宏基，指控宏基侵犯该公司的商标权，经查，这家名为Multitech的美国数据机制造商在美国确实拥有商标权，而且在欧洲许多国家都早宏基一步完成登记。在全世界，以"~tech"为名的信息技术公司不胜枚举，因为大家都强调技术（tech），这样的名称没有差异化，又因雷同性太高，在很多国家都不能注册。因此，当宏基加速国际化脚步时，就不得不考虑更换品牌。宏基将更改公司英文名称及商标的工作交给世界著名的广告公司奥美（O&M），奥美动员创意工作者挑选出1 000多个符合命名条件的名字，再经讨论确定了Acer这个名字。选择Acer作为新的公司名称与品牌名称，出于以下几方面的考虑。

1. Acer源于拉丁文，代表鲜明的、活泼的、敏锐的、有洞察力的，这些意义和宏碁所从事的高科行业的特性相吻合。

2. Acer在英文中，源于词根Ace(王牌)，有优秀、杰出的含义。

3. 许多文件列举品牌名称时，习惯按英文字母顺序排列，Acer第一个字母是A，第二个字母是C，取名Acer有助宏碁在报章媒体的资料中排行在前，增加消费者对Acer的印象。

4. Acer只有两个音节，四个英文字母，易读易记，比起宏碁原英文名称Mutitech，显得更有价值感，也更有国际品位。

3. 命名步骤

Kohli、Chiranjeev、Labahn、Douglas，Collins，Kevin L. Keller等总结了品牌命名的主要步骤。第一是根据品牌所要达到的营销目标确定品牌命名的目标；第二是通过集思广益和个人调查创建一个候选名称清单，包括符合品牌营销目标所要传达的意义的声音或字母组合；第三是评估相应的名称，对候选名称进行筛选并展开法律调研；第四是在消费者中对候选名称进行测试调查，包括在全球范围内的调查；最后确定最终的品牌名称并申请注册。总的来说，品牌命名步骤可以用图3-7来表示。

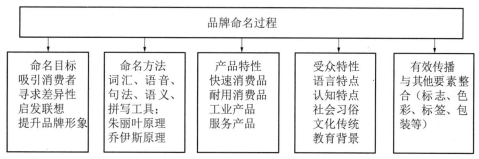

图3-7　品牌命名步骤

从命名过程来看，品牌命名的目标是命名的出发点，是品牌命名区别于其他命名活动的特征；而命名方法需要建立在语言要素基础上，是对作为符号的名称选择和创造过程的"本体研究"，是品牌命名能否成功的基础；另外，品牌命名是一种"命题作文"，命名要建立在产品特性的基础上，能够使人联想到品牌所对应的产品类型；品牌名称的接受者是消费者，所以品牌命名要考虑到消费者的认知心理、消费者特别是国际品牌背景下消费者的语言特点及社会和文化背景；最后，选择出品牌名称后，还要考虑其与品牌标志、色彩、标签、包装等其他品牌要素的组合或搭配，以使品牌名称得到有效的传播。简言之，确立命名目标、选择命名方法、将品牌名称与产品特性相匹配、根据消费者的特性选择和调整品牌名称及有效传播等构成了品牌命名的有机联系的过程。

3.4.2　品牌标识

品牌名称是品牌中可以用语言表达的部分，品牌标识（LOGO）则是品牌中那些可以被识别，但不能用语言表达的部分。品牌标识通常由符号、图形、专门设计的颜色、字体等构成。例如，奔驰的品牌标识是圆环内加三叉星、奥迪的品牌标识是四环相连、宝马的品牌标识是采用内外双圆圈的图形并在双圈圆环的上方标有 BMW 字样、大众标识则是由"V"加"W"构成等。品牌标识是品牌视觉识别的核心，它构成了视觉形象的基本特征，体现了识别对象的内在素质。

1. 品牌标识的种类

品牌标识按表现形式，可分为文字标识、图形标识和图文相结合的标识三种。

文字标识是以文字组成的标识。例如，Sony、IBM、SAMSUNG、Lenovo 等。文字标识是品牌名称和品牌标识的统一，它直接将品牌名称展示给消费者，从而增强了品牌名称的记忆。

图形标识是由图形构成的标志。飞禽走兽、花草虫鱼、天象地理等都是构成图形标识的题材。例如，Ford 活泼可爱、充满活力、美观大方的小白兔字样，法拉利"引颈嘶鸣的烈马"，奔驰"简化了的形似汽车方向盘的三叉星"等。相对于文字，经过设计处理的文字或图形，容易形成记忆和差异识别，并拥有影响人们对原有品牌印象的力量。

图形与文字相结合的标识较为常见，例如，由文字和图案组成的百度标识，"Baidu"（百度）展示了品牌的名称，"熊掌"的图案源于"猎人追寻熊爪印迹"的刺激的感觉，构成了百度的搜索概念，从而既让人记住了品牌的名称，又给人一定的联想。

2. 品牌标识的作用

（1）让品牌容易识别和记忆。设计独特的标识会使消费者在视觉上产生一种感观效果，使他们更容易识别和记住品牌。例如，当人们看到三叉星环时，会立即想到奔驰汽车；看到"两只小鸟在巢旁"，就知道这是雀巢咖啡。检验标识是否具有独特性的方法是认知测试法，即将被测品牌标识与竞争品牌标识放到一起，让消费者辨认。辨认花费的时间越短，说明标识的独特性就越强。一般来讲，风格独特的品牌标识会很快地被找出来。

（2）引起消费者的兴趣，使他们产生喜爱的感觉。例如，童真的米老鼠、快乐的绿巨人、滑稽的唐老鸭、有趣的海尔兄弟等。这些标识都是可爱的、易记的，因此能够引起消费者的兴趣，并使他们对其产生好感。

（3）引发消费者的品牌联想，尤其是使消费者产生有关产品属性的联想。例如，标致汽车的狮子标识，它张牙舞爪、威风凛凛的兽中之王形象，使消费者联想起该车的高效率、大动力属性。研究表明，品牌标识的形状、色彩都会影响消费者联想，彩色标识更容易给人"活泼、年轻"的感觉，而较长的名称和长方形的标识会引发消费者对产品耐用性的联想。（Fajardo）

（4）增强品牌的可变性。品牌标识可以在使用一段时间后进行修改，使它始终跟上时代的步伐。例如，2003 年，苹果公司将原来的彩色苹果换成了一个半透明的、泛着金属光泽的银灰色 LOGO。新的标识显得更立体、更时尚和酷，更符合苹果年轻一代消费者的审美观（见图 3-8）。

3. 品牌标识设计的原则

如果仔细观察一些世界知名品牌的标识，就能发现它们都有一些共同的特点，这些特点是它们成功的重要因素。

（1）简单明了。品牌标识应当简单明了，通俗易懂，使人们容易辨识和记忆。试图让一个小小的标识符号包含太多的信息和成分

图 3-8　苹果公司的标识

是不可取的，因为这非常不利于消费者的理解和记忆。例如，耐克的"钩形"标识极其简单，人们一看到就能够辨识并记住，因此，耐克的标识是世界上认知度最高的标识之一。

（2）创意性。从一定意义上说，优秀的品牌标识应当成为一件艺术品。因此，品牌标识应当具有好的创意。例如，苹果标识中的"苹果被咬了一口"，使得很多见到苹果徽标的人都不禁要问：为什么苹果被咬了一口？其实，这恰恰正是苹果所希望达到的效果。苹果将它解释为"代表了活力和朝气，可以引起好奇和疑问"，还有说法认为是由于英文的"咬"字（bite）与计算机的基本运算单位字节（byte）同音。

（3）内涵性。品牌标识是品牌内涵的载体，一个优秀的品牌标识，在设计上还应体现出品牌的内涵和特点，如品牌价值观、产品属性等。例如，宝马标识中间的蓝白相间图案，代表蓝天、白云和旋转不停的螺旋桨，喻示宝马公司渊源悠久的历史，象征该公司过去在航空发动机技术方面的领先地位，同时又象征公司的一贯宗旨和目标：在广阔的时空中，以精湛的技术、最新的观念，满足顾客的最大愿望，反映了公司蓬勃向上的气势和日新月异的新面貌，而在双圈圆环的上方标有 BMW 字样，则是公司全称三个首字母的缩写。

（4）有美感。一个成功的品牌标识应当优美流畅、富有感染力，既有静态美，又有动态美。例如，百事可乐的"球"形标识，上半部分是红色，下半部分是蓝色，中间是一根白色的飘带，视觉上极为舒服顺畅，白色的飘带好像一直在流动着，使人产生一种欲飞欲飘的感觉。

（5）合理运用色彩。在标识设计中，色彩的运用很关键，因为从视觉认知的角度看，色彩是人们感知信息的首选，因此，在设计品牌标识时，需要对色彩有深刻的理解和把握。例如，2003 年，可口可乐在新更换的品牌标识中，在原有的红色背景中加入了暗红色弧形线，增加了红色的深度和动感，产生了多维的透视效果。同时，用斯宾瑟字体书写的白色英文商标套上了一层银色边框，从而更加清晰、醒目。原来单一的白色"波浪形飘带"也演变为由红、白、银三种颜色组成的多层次、多种颜色的飘带。新品牌标识让人感觉相当具有现代气息，更加富有动感效果。

3.4.3 品牌形象代表

如今，越来越多的企业正在使用品牌形象代表来塑造品牌形象。美国学者 Scott McKain 也曾说："一切都是娱乐业。"在娱乐经济的影响下，天生带有娱乐特性的品牌形象代表在营销中越来越普遍。例如，滑稽友善、幽默机智的麦当劳叔叔，线条鲜明、特点突出的"酷儿"，笔画简单却又动感十足的七喜小子等。

1. 品牌形象代表的作用

品牌形象代表是指企业或组织为向消费者传递品牌产品的属性、利益、价值、文化、个性等特征所聘请的特殊人物或塑造出来的虚拟形象。品牌形象代表通常以虚拟或实在的人、动物、景物等为原型。品牌形象代表与标识图案一样都是图形，但标识图案是比较抽象的图形，而品牌形象代表则是比较具体的图形。

品牌形象代表能给品牌带来许多好处。首先，品牌形象代表往往色彩丰富、充满想象力，容易抓住人们的兴趣，所以在建立品牌认知方面非常有用。其次，品牌形象代表可以向人们传递产品的主要特性。例如，米其林的"轮胎人"反映出米其林轮胎的强韧结实特性。最后，品牌形象代表使品牌更像一个人，从而强化了品牌与消费者的沟通，有利于双方关系的建立。这类拟人化的形象代表，具有通常明星难以体现的持久性和稳定性特征，在高感知风险的消费活动中，更能吸引消费者的偏好。此外，由于品牌形象代表通常不会与产品有直接联系，并且形象代表中的卡通形象具有独创性和灵活性，因此，品牌形象代表在企业扩大经营范围或跨行业扩张时能够使品牌形象保持一贯性和同一性。例如，海尔兄弟最初只是海尔公司的标识，后来经过加工创作，海尔兄弟变成了动画片《海尔兄弟》中的主角，对于海尔品牌形象的塑造起到了巨大的推动作用。

2. 品牌形象代表的种类

通常，品牌形象代表有卡通形象和真实人物两种类型。卡通形象是艺术化、拟人化的角色形象，如迪士尼的米老鼠、Lee品牌牛仔的Buddy Lee、米其林的轮胎人"必比登"（Bibendum）（见图3-9）、海尔的海尔兄弟等；真实人物如万宝路的牛仔、肯德基的山德士上校等。真实人物并不是现实中的某个明星，而是塑造出来的一个真人形象。品牌形象代表的卡通形象能够增加品牌的活力，例如，芭比娃娃广受女孩儿的喜爱。而真实人物形象则更具生活感和真实感，例如，通用磨坊食品公司的贝蒂·克罗克就像邻家主妇一样亲切。

3. 卡通形象

品牌形象代表的具体设计多偏向于走卡通路线。除了上面提到的一些卡通形象代表外，表3-3还给出了一些其他著名卡通品牌形象代表。

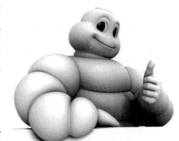

图3-9 米其林的轮胎人"必比登"（Bibendum）

表3-3 一些其他著名卡通品牌形象代表

形象代表	产品	创造者
丘比娃娃（Kewpie）	冰淇淋、果冻、香皂和箭牌口香糖、富士软片等	美国画家罗丝·奥尼尔
凯蒂猫（Hello Kitty）	糖果、服装、玩具、小饰品、日用品、文具、数码产品等	三丽鸥公司创始人信太郎
小狗史努比	服装、玩具、饰品、文具等	漫画家查尔斯·舒尔茨
小熊维尼（Winnie pooh）	服装、玩具、饰品、文具等	Dorothy Milne
劲量兔子	Eveready Battery（永备电池）	Chait/Day 广告公司
皮尔斯伯里面团娃娃	皮尔斯伯里食品	李奥·贝纳广告公司
老虎托尼	凯洛格食品公司霜雪花糖霜谷物薄片	李奥·贝纳广告公司
奶牛埃尔西	博登日用产品	博登广告经理斯图尔特·皮博迪

使用卡通形象具有以下优点。

（1）成本低。卡通形象创意的费用一般比请明星代言的费用低。卡通形象一般都是企业自己设计出来的，除了在设计上的投资外，其他还有形象维护方面的费用（如申请形象专利）。

（2）时间长久。卡通形象一旦深入人心就会长留在人们脑中。表3-3中的一些卡通形象都经过了几十年的洗礼，已经影响了几代人，并仍然留存在人们的脑中，深受人们的喜爱。卡通形象可以作为品牌长期、稳定的形象代表，陪伴品牌共同成长。因其具有鲜明持久的定位，渗透力强劲，因此，品牌的广告累积效应非常明显。

（3）形象专属。卡通形象能够始终与品牌保持高度匹配，不会发生错位，并且具备品牌所需要的最佳性格、年龄、职业等特征，可以按照企业的要求传播品牌，力求达到品牌与消费者之间的高度契合。卡通形象一般属于企业所有，使用卡通形象不会出现"稀释效应"。稀释效应是相对明星代言而言的，即因同一明星同时代言多个品牌，使品牌形象模糊，并且明星频繁更换会造成品牌形象延续断层的现象。

（4）规避风险。使用卡通形象比依靠明星代言更能有效规避品牌风险。使用明星代言，会出现由于明星本身的生活作风或其他道德问题而影响品牌形象的问题，而使用卡通形象则不会出现这类问题。卡通形象往往是根据企业自身的品牌定位、品牌个性和品牌战略规划而制定的，在设计开发的过程中已经融入品牌管理当中。企业不仅可以自主设计卡通形象，而且还可以根据变化，随时做出调整，以使其与品牌形象、品牌内涵一脉相承，相互促进。

（5）受众广泛。卡通形象不仅受孩子们的喜欢，有相当一部分的成年人也喜欢卡通形象。以卡通形象进行诉求，可以诱发人们心底潜藏的童趣。人们忙于工作，把童心潜藏起来，当发现产品恰好迎合了自己的童心时，会有一种"遇知己"的感觉；还有的人工作压力过大，可以在卡通形象中找到一种精神动力，例如，海尔兄弟身上体现出来的精神，吸引了相当一部分成年人的视线。

（6）启发品牌联想。卡通形象还有利于形成品牌联想。例如，腾讯公司的QQ形象大受人们的喜爱，人们只要看到胖嘟嘟的QQ仔，就会联想到腾讯QQ。

4. 名人代言

名人通常是文艺界或体育界的明星，例如，耐克的代言人在篮球方面有乔丹、卡特、科比、詹姆斯、安东尼、诺维茨基、纳什、小奥尼尔等，足球方面有亨利、罗纳尔多、罗纳尔迪尼奥、小小罗、费戈、卡洛斯、马奎斯等。也有一些企业使用本企业的关键人物为品牌形象代表，例如，微软的比尔·盖茨、GE的前CEO杰克·韦尔奇、苹果的CEO史蒂夫·乔布斯等。

明星代言作用的在于，可以利用明星的知名度和人们对明星的喜爱，提高品牌的关注度和知名度，从而产生爱屋及乌的效果，增加人们对品牌的喜爱程度，并通过明星的个性或形象魅力，强化品牌的个性和形象等。但使用明星代言也存在几个应注意的问题。

（1）匹配性。明星的知名度高并不意味着就适合为品牌代言，这其中的要点就是，明星的个性必须与品牌个性相匹配。如果选择的明星不适合品牌的个性，虽然能够表现品牌的性能但极易使消费者产生不信任的感觉，甚至产生厌恶。

（2）时效性。时效性是采用明星代言的重大风险之一。明星成名快，但能保持长盛不衰的不多，当为品牌代言的明星知名度下降时，代言的作用就消失了，企业不得不重新聘请新的明星为品牌代言，这就要付出新的成本。

（3）受众单一。明星虽然影响力大，但相对而言，其受众比较单一，尤其在追求个性化的今天，消费者的欣赏角度有极大的差异，很难找到一位既影响力大又能让各个层次的消费者都满意的明星。

(4)正向黏性。一些明星凭电影、电视剧成名,但在成名的同时也意味着明星在剧中的形象已经在人们大脑中定位。当明星以品牌形象代表的身份出现时,观众会不自觉地将其代言的品牌与其成功时的形象进行比较,以便在大脑中重新定位。这时会经常出现重新定位失败的情况,即观众心目中始终留有明星过去的形象而无法建立起新的形象,这就是正向黏性。例如,赵薇扮演的"还珠格格"形象深入人心,但当佳能打印机请她来做品牌形象代表时则引来了诸多非议。由于佳能打印机的目标对象是成年人中的白领一族,因此人们纷纷认为蹦蹦跳跳的"还珠格格"实在代表不了办公白领一族。

(5)逆向关联性。逆向关联性是指明星为品牌代言后的言行会反过来影响已代言的品牌。这种逆向关联性可能会强化品牌的正面影响,也可能会对品牌造成负面影响,如上文提到的"由于明星本身的生活作风或其他道德问题而影响品牌形象的问题"等。

由于名人是人,是动态的,在为品牌带来高回报的同时也带来了高风险。因此,在选用名人时应该遵循以下两个原则。

(1)围绕品牌个性、产品定位选用名人。John Philip Jones 发现,广告中使用匹配的名人比使用不太匹配的名人,具有更好的说服效果。也就是说,名人与品牌之间的匹配程度能有效地影响广告的说服力。研究还发现,名人类别与产品类别之间匹配与否,会对品牌信任、品牌好感产生不同影响。因此,品牌在选用名人时,一定要考虑与产品定位是否相一致或吻合。

尼康的形象代言人策略与产品策略

尼康相机在 2000 年前最先使用的媒介介质是全国各地火车站广场上的大型广告牌,当时是因为出门和旅游的人是最先使用相机的人群。后来的尼康也一直在摄影家、摄影爱好者领域保持着专业的做派,经常组织摄影者一起进行摄影比赛等之类的活动。后来随着奥林巴斯、佳能、松下、三星、索尼等在大众媒介领域广告的不断投放,尼康的电视广告的大众传播也开始缓慢地、似乎不情愿地从专业传播开始走向大众。尼康一直认为专业的摄影师应该以男性为主,因此即使面向大众的尼康也不忘专业的身份,邀请王力宏和木村拓哉这样的有实力男士作为品牌形象的代言人,从而表明自己一直很专业的态度,因而,产品策略主要突出镜头的优质和正统,消费者人群也以理性的男性消费者为主要对象。

(资料来源:http://www.emkt.com.cn/article/369/36960.html)

(2)利用可信度高的名人。选择名人应该综合考虑名人在受众心中的形象类型、名人的自身素质、将来的发展前途等因素。许多国际品牌在中国选择形象代表时都非常慎重。例如,意大利斯利尔大衣选用潘虹作形象代表,看中的就是潘虹良好的社会形象。事实上,潘虹不仅艺术精湛,而且坚持良好的为人处世原则,因而个人形象非常好。

3.4.4 品牌口号和品牌音乐

1.品牌口号

1993 年,一句"人头马一开,好事自然来",不仅帮助世界著名白兰地品牌——"人头马"（Remy Martin）打开了中国市场，而且广为流传的还有那句"好事自然来"。可见，品牌口号对于品牌认知起到的宣传效果。因此，品牌口号与品牌名称一样是构筑品牌非常有效的传播手段。

（1）品牌口号的含义。品牌口号是关于品牌信息的记述或品牌承诺、思想传达的短语。在营销活动中，品牌口号常伴随品牌名称、品牌标识一起出现。品牌口号的主要目的在于支持由品牌名称和品牌标识塑造出来的品牌形象，并与品牌名称、品牌标识共同组成品牌的核心。

品牌口号与广告口号或者说广告语是一对容易混淆的概念，因为大部分情况下，品牌口号是通过广告传播的，有时，品牌口号就等于广告口号。实际上，二者有很大的差别。品牌口号代表了品牌所倡导的精神，具有深刻的内涵，是长期的，企业不仅要长期地宣之于口，而且还要长期地付之于行。例如，耐克的广告导演 Scoot Bedbury 在评价"Just do it"时曾说，"我们不能把它挂在笔头，它已经远远超过了一条广告口号。它是一种思想，一种心态"。而广告口号则可以是短期行为，在大部分情况下，广告口号都定位于产品本身，强调功能与促销所达到的效果。例如，雀巢的"味道好极了"、丰田的"车到山前必有路，有路就有丰田车"等。需要说的是，它们都不能传递品牌精神，当雀巢发展乳品、丰田延伸到非汽车领域时，原来的广告口号都遭到了遗弃。相反，无论 GE、飞利浦经营何种产品，它们都能依靠一以贯之的品牌口号（"梦想启动未来""让我们做得更好"）与消费者沟通。

（2）品牌口号的设计。在设计品牌口号时，最重要的是对品牌本质和价值的把握，赋予品牌口号深刻的内涵。品牌口号能对清晰和成功的品牌定位做出巨大的贡献。如果口号不能直接将品牌与其公司相联系，就毫无意义。例如，阿迪达斯不但传播"Impossible is Nothing"，还尽量传播他们为其赋予的丰富内涵："不可能"对于那些懒得依靠自我力量去改变世界的小角色们来说，只是他们安于现状的一个借口。"不可能"绝非事实，而是观点；"不可能"绝非誓言，而是挑战；"不可能"是发掘潜能；"不可能"绝非永远。传播内容的第一层面是简单易记的口号，第二层面则是阿迪达斯对口号精辟而深刻的阐释，双层内容的复合传播不仅能使受众知晓品牌口号，而且还可以让受众按照阿迪达斯预设的方向去理解品牌口号。这样，品牌和口号在受众的认知中就有了天然的联系。

Kevin L. Keller 列举了一些设计品牌口号的方法。如将品牌和相应的品类放在同一句话中，把两者紧密结合起来；通过演化品牌名称来设计品牌口号；根据产品内容来设计等。例如，Cers 品牌薄荷糖的"当然要拥有 Cers 薄荷糖"、冠军品牌运动装的"更多一点就是冠军"等。

还有一些其他设计品牌口号的方法。品牌故事是品牌口号很好的素材。例如，"永远做得比要求的更好"是创始人乔治·伯爵（Georges Piaget）的人生格言，这句话从 1874 年便成为伯爵（Piaget）的品牌口号，并成为所有伯爵员工恪守的价值标准，伯爵每年年会上都会强调这句话，因此，不论是创造世界上最薄的自动上弦机芯（超薄机芯是伯爵表的标志），还是最昂贵的腕表，伯爵所展现出的精湛工艺都体现了口号所宣传的品牌追求。品牌文化是品牌口号的另一个灵感来源。例如，戴比尔斯（Debeers）钻石的"钻石恒久远，一颗永流传"，不仅用丰富的内涵和优美的语句道出了钻石的真正价值，而且第一次将坚贞不渝的爱情引入品牌文化中。倡导艺术精神也可以作为品牌口号设计的一个途径。例如，轩尼诗 XO 的"经历越多，看得越真，越懂欣赏"，格拉苏蒂（Glashutte Original）腕表的"手工的艺术，艺术的手工"，都让人嗅出了品牌所具有的艺术气息。另外，品牌口号贴近生活，并起到一定的引导作用也已成为许多品牌口号的商业诉求。例如，标致的"让汽车成为快乐的源泉"传达了它所倡导的生活方式；东风日产的"技术日产，人·车·生活"倡导了"丰富的移动生活将会为人生增添更多乐趣"的理念。

表 3-4 列示了一些著名品牌的品牌口号。

表 3-4 一些著名品牌的品牌口号

品　牌	品牌口号
可口可乐	要爽由自己
百事可乐	Ask for more
麦当劳	I'm lovin' it（我就喜欢）
Google	Don't be Evil（决不邪恶）
IBM	No business too small, no problem boo big
海飞丝	头屑去无踪，秀发更出众
佳　能	佳能，感动常在
松　下	Ideas for life
GE	梦想启动未来
三　星	创新生活、移动时尚、健康生活

（3）品牌口号的更新。品牌口号也不是一成不变的，随着企业的发展，口号也将不断地演变，以适应品牌塑造的需要。例如，芝华士原先的品牌口号是"这就是芝华士人生"，使芝华士品牌建设取得巨大的成功，后来，芝华士将品牌口号更换为"活出骑士风范"，通过诠释现代人应具有的荣耀、勇气、手足情义、绅士风度等价值观，再次赢得了广大消费者的赞誉。

不过，Kevin L. Keller 指出，当品牌口号在人们心目中已能够强烈代表该品牌时，也限制了其自身的发展。因为品牌口号可能会因过于流传而失去其原本的品牌或产品内涵。因此，在进行口号更新时，Kevin L. Keller 指出了一些需要注意的地方：①要分析品牌口号如何通过加强品牌认知和品牌形象来帮助创建品牌资产；②确定在多大程度上还需要加强这种品牌资产；③尽可能多地保留品牌口号中尚有价值的部分，同时注入所需要的新含义，从新的途径增加品牌资产。

2. 品牌音乐

品牌音乐是指那些用以传递品牌内涵的声音效果。品牌音乐是用音乐的形式来描述品牌。品牌需要借助声音的力量来助推并强化目标受众对品牌的联想。由声音所产生的联想通常与情感、个性及其他无形的东西相关。

品牌音乐能有效调动目标受众对品牌的情感认识，进而将品牌核心价值与内涵传递给消费者。例如，飞利浦简洁清脆的两个音节与"精于心—简于形"的广告语配合得天衣无缝，准确地传递出"精致简约"的品牌核心价值。

从加强认知的角度来讲，音乐非常有用，它往往能够巧妙而有趣地重复品牌名称，增加消费者接触品牌的频率。因为它们旋律优美、朗朗上口，消费者在看到和听到后也会吟唱，所以能加强宣传效果。例如，中国移动就成功地进行了一次音乐营销攻略，它借着影视明星周杰伦的一首《我的地盘》，吸引了大批年轻用户，成功推出了"动感地带"业务。歌曲中"我的音乐我做主"的基调与"动感地带"——"我的地盘我做主"的风格相得益彰，从而使消费者以传唱的方式潜移默化地加强了品牌认知并传播了品牌。

麦当劳也是运用音乐的高手。其电波媒体广告最后的声效画面是"balabababa，我就喜欢"，堪称声效品牌传播的经典之作。它并没有将其品牌口号简单地说出来，而是通过欢快的音乐节奏表达出来，非常便于消费者记忆。

3.4.5 品牌包装

俗话说"人靠衣马靠鞍"，产品给人的第一印象往往就是它的包装。因此，包装也是品牌设计中的一个重要要素。

1. 包装的重要性

品牌包装是指设计或制造的产品容器或包裹物。马克·戈贝（Marc Gobe）在其《情感品牌——如何使你的品牌看上去与众不同》一书中把包装称为"一部半秒钟的商业广告"。可见包装的重要性。事实上，包装除了具有保护产品、促进销售的作用外，还有一些其他方面的重要作用。

包装的外观能成为品牌认知的一个重要载体。例如，可口可乐的红底流线标识及美女身体瓶形，沙宣的深红色圆柱瓶及独特的开盖方式等。可口可乐和沙宣就是通过这些独特的包装强化了人们的认知。包装还可以看作品牌对外宣传的一个形象，一个好的包装，不仅可以提升品牌的价值，还可以提升品牌的形象。

此外，包装传递的信息还能够建立或加强品牌联想。实际上，消费者对品牌的联想大多集中在包装上，因为包装除了在终端与消费者接触外，还在消费者购买后在特定的时间和空间里保持与消费者的亲密接触，如沐浴时使用的洗发水，早餐桌上的牛奶盒，等等。并且由于包装还承载了其他的品牌要素，所以在传播意义上，它是品牌信息最全面、最综合的媒体，而且由于消费者在生活层面与它经常接触，因而它还是产生品牌体验的重要载体。

2. 包装的设计

正是由于包装的这些重要性，包装成为产品开发和上市不可或缺的一部分。包装的设计需要遵循以下几个原则。

（1）醒目。包装造型新颖别致，色彩鲜艳夺目，图案美观精巧，能使其出现醒目的效果，使消费者一看到就产生强烈的兴趣。例如，可口可乐的美女身体瓶形、"雪莲"羊绒衫洁白的雪莲花图案等都非常突出，十分引人注目。

（2）美感。包装要有美感，让人心情舒畅和喜爱。"绝对伏特加"简约而艺术化的酒瓶表现出"绝对伏特加"品牌的"典雅、简约和创意"（见图3-10）。

（3）形式与产品诉求相吻合。这里说的"吻合"是指，包装形式要与内容表里如一，

图3-10　绝对伏特加的酒瓶

表达出产品的利益诉求，从而让消费者一看到包装即知晓商品本身。包装上的图形、文字、色彩等具有"自我说明"的作用。通过这些信息的描述，可以增进消费者对产品的认识。例如，高露洁360°牙刷，其360°的诉求是对牙刷功能及全面清洁保护口腔牙齿的最佳诠释。

（4）充分展示商品。要通过包装使消费者精确地理解产品。可以采用两种方式：①用形象逼真的彩色照片来表现，真实地再现商品，这在食品包装中最为流行；②直接展示商品本身，比较流行的方式有全透明包装、开天窗包装等。

（5）强调商品形象色。这里说的是，品牌包装要更多地使用体现大类商品的形象色调，使消费者产生类似信号反映一样的认知反映，快速地凭色彩确知包装物的内容。例如，万宝路烟盒的上身是暗红色，下身是白色，使人联想到西部牛仔的阳刚之气。另外，烟盒中间饰有烫金的菲利浦·莫里斯公司"两匹骏马护卫一顶金色王冠"的标志，下方是黑色的Marlboro商标，给人一种恢宏大气的感觉（见图3-11）。

图3-11　万宝路香烟包装

（6）保持视觉形象的一致性。品牌包装要与企业视觉识别系统形象统一，以同一品牌的统一形象来区别其他不同品牌的包装，以利于消费者对品牌和企业形象产生记忆。例如，可口可乐在引进了罐形包装后，仍在包装上画上原用的瓶状图案。按照常规设计，这一笔显然多余，但稍加思考就不难理解，这样做使可口可乐保持了品牌形象与包装视觉上的一致性。

（7）强化个性形象。一个成功的包装设计不仅要有一个图文并茂的包装外观，更要借机营造一种令消费者印象深刻的环境。例如，伏特加作为烈性酒，通常装在长颈方肩的酒瓶里，而"绝对伏特加"瓶型却一反常态为短颈圆肩，材料为透明玻璃。绝对伏特加还将圆雕饰标识蚀刻在瓶颈之下，品牌文字直接彩印在瓶身上。而在此之前的400多年，酒标均为纸质材料贴于瓶身。如此自信的"绝对伏特加"以完全的透明度使消费者感触到酒质的醇正和净爽。毫无疑问，"绝对伏特加"的个性酒瓶已经为经典包装。

3. 色彩的运用

人们在生活中形成了根据颜色判断和感受物品的能力。因此，色彩在包装设计中具有非常独特的地位。

不同的颜色给人以不同的感受。例如，蓝色代表"成就和专业""很酷、富有内涵、技术性"，因此越来越多的公司使用蓝色作为外表图案或公司名称（如三星、联想等）；而紫色代表权威、声望，因此成为很多新经济公司的偏好（如雅虎）。

同时，不同类别的商品对色彩的要求也不相同。例如，香水品牌往往追求神秘、不可思议的气氛和浪漫的情调，因此常选用淡粉色、淡蓝色、淡紫色这些饱和度较低的色调，配上渐变或者星沙绸的效果，突出其氛围。而日常生活所需的食品，其包装色彩要以能引起消费者的食欲和突出产品形象为特点。例如，矿泉水包装采用天蓝色暗示凉爽和清醇，用全透明的塑料瓶显示产品的特征；牛奶使用白色纸盒，让人感到安心、有高级感，同时还暗示牛奶的美味、新鲜等特征。

本章小结

　　品牌识别是指品牌所希望创造和保持的、能够引起人们对品牌美好印象的联想物。关于品牌识别，有两个影响比较广泛的模型：一个是由法国学者 Jean-Noel Kapferer 提出的品牌识别六棱镜模型，另一个是 David A. Aaker 的品牌识别系统模型。

　　广义的品牌设计包括战略设计（如品牌理念、品牌核心价值、品牌个性）、产品设计、形象设计、企业形象（CI）设计等；狭义的品牌设计则是品牌名称、标识、形象、包装等方面结合品牌的属性、利益、文化、表现进行的设计。本书取前者对品牌设计的定义。品牌设计应遵循整体性、消费者中心、新颖性、内涵性、兼顾性等原则。

　　品牌理念是指得到社会认同的、体现企业自身个性特征、促使并保持企业正常运作及长足发展的反映整个企业明确的经营意识的价值体系。品牌理念由企业愿景、企业使命和品牌价值观三部分构成。品牌核心价值是一组抽象的能够描述品牌最基本、最重要特征的产品属性或利益的组合。品牌核心价值由物理维度、情感维度和象征价值维度三个维度构成。品牌核心价值的提炼应该坚持有鲜明个性、能触动消费者的内心、有包容性三个方面的原则。

　　品牌名称是指品牌中可以用言语清楚表达出来的部分，也称"品名"。品牌名称的选择应该遵循简单、与众不同、有意义、反映产品的属性、唤起心理形象、在变化的环境中应该能够延续等原则。品牌命名的步骤包括：确定品牌命名目标、创建候选名称清单、评估相应名称并展开法律调研、在消费者中对候选名称进行测试调查、确定品牌名称并申请注册等。品牌标识是那些品牌中可以被识别，但不能用语言表达的部分。品牌标识的设计有五个方面的原则：简单明了、创意性、内涵性、有美感、合理运用色彩。品牌形象代表是指企业或组织为向消费者传递品牌产品的属性、利益、价值、文化、个性等特征所聘请的特殊人物或塑造出来的虚拟形象。通常，品牌形象代表有卡通形象和真实人物两种。卡通形象具有成本低、时间长久、形象专属、规避风险、受众广泛、启发品牌联想等优点。使用明星代言应该注意匹配性、时效性、受众单一、正向黏性、逆向关联性等问题。选用名人应该把握以下两个原则：①围绕品牌个性、产品定位选用名人；②利用可信度高的名人。品牌口号是指关于品牌信息的记述或品牌承诺、思想传达的短语。在设计品牌口号时，最重要的是对品牌本质和价值的把握，赋予品牌口号深刻的内涵。品牌音乐是指那些用以传递品牌内涵的声音效果。品牌包装是指设计或制造的产品容器或包裹物。包装的设计应该遵循醒目、美感、形式与产品诉求相吻合、充分展示商品、强调商品形象色、保持视觉形象一致性、强化个性形象等原则。

关键概念

品牌识别　品牌识别六棱镜模型　品牌设计　品牌理念　品牌核心价值　品牌个性　品牌

名称　品牌标识　品牌形象代表　品牌口号　品牌音乐　品牌包装

案例分析

中粮集团：自然之源、重塑你我

2006年3月，中粮品牌重塑工作启动。2006年10月18日，中粮集团举行新标识启动仪式，正式启用以"天、地、人、阳光"为核心元素的立体彩色新标识，取代沿用13年的绿色标识。在以《新标志、新能量、新中粮》为主题的"媒体对话会"上，中粮集团董事长宁高宁表示，此次换标，中粮首要传达"自然之源、重塑你我"的企业理念，打造"大中粮，无边界"的阳光文化，带动中粮组织、业务的协同，全面提升中粮集团整体品牌形象。换标行动只是中粮重塑的序曲。中粮未来最重要的角色是"人与自然和谐关系的促进者"。下一步，中粮将根据这一定位，重塑以外贸为主导的商业模式，构建以客户、市场为导向的管理体系，培育年轻、活跃、面向市场的企业文化，努力使中粮成为中国粮油食品业真正最强大的企业，成为全球最富有进取精神、最优秀、最令人尊敬的企业之一。

新标识由扬特品牌识别咨询公司设计，为立体六角形，取自太阳耀斑的形状。图标主体由天、地、生命三部分组成，充分表达了中粮"尊重自然规律，善用自然的力量，致力于创造人与自然、人与人之间的和谐，以自然之源，塑造自己，塑造生活，塑造人类社会"的品牌理念。

成立于20世纪50年代的中粮集团，是中国最大的粮油食品进出口公司和实力雄厚的食品生产商，享誉国际粮油食品市场，在与大众生活息息相关的农产品贸易、食品生产加工、生物质能源开发、地产、物业、酒店经营及金融服务等领域成绩卓著。1994年以来，中粮集团一直位列《财富》世界500强企业。

中粮标志释义：纯净蔚蓝的天空，阳光普照肥沃的大地，孕育出无穷的生命力，人类在其中生生不息。在天、地和生命的和谐交融中，中粮是一股温和而强大的推动力，把生活带向朝阳升起的方向。

标志的上部代表广阔的天空，也象征人类更广阔的未来及中粮发展和上升的空间。阳光耀眼夺目，发射出无穷的光、热和力，它代表自然的力量，也象征中粮的市场影响力和愉悦的企业文化。

标志的下部代表丰收的土地，在阳光普照下充满盎然生机。土地的肥沃与积淀因阳光的照耀而愈发鲜活，象征中粮的深厚底蕴、中粮人的宽广胸怀和满腔热情。

标志的中部犹如早春的叶子，又似手牵手、心连心的人们。它代表生命力和人，在自然的围绕中，和谐共生，健康向上。它又象征中粮的团队精神，反映中粮人的使命感和凝聚力。

我们拥有我们的颜色：梦想蓝、喜悦橙、青春绿。

案例思考

1. 试运用 David A. Aaker 的品牌识别系统模型，结合案例，分析中粮集团的品牌识别系统。
2. 试分析"中粮集团"品牌的创建给你的启示。

（资料来源：http://blog.sina.com.cn/s/blog_6e2b4d2d0100p3vf.html）

思考题

1. 什么是品牌识别？品牌识别与品牌形象有哪些区别？
2. 简述 Kapferer 品牌识别六棱镜模型和 David A. Aaker 品牌识别系统模型的内容，并运用 Kapferer 的品牌识别六棱镜模型分析你熟悉的品牌。
3. 品牌设计应该遵循哪些指导原则？
4. 简述品牌核心价值的含义及其构成维度，并选择一个你熟悉的品牌，从品牌核心价值的构成维度角度，分析其品牌核心价值。
5. 品牌理念包括哪些方面？选择一个你熟悉的品牌，分析其品牌理念的各个方面。
6. 品牌命名原则有哪些？试采用品牌命名步骤为某一新产品命名。
7. 品牌标识有何作用？如何设计品牌标识？
8. 品牌形象代表有何作用？卡通品牌形象代表有何优点？如何选择品牌形象代言人？
9. 品牌口号与品牌广告语有何区别？试为某一汽车品牌设计品牌口号。
10. 包装有何重要性？如何设计包装？

第4章 品牌定位

学习目标

在现代社会，人们越来越崇尚品牌，因而品牌成为企业最为宝贵的无形资产。随着市场竞争的加剧，企业越来越注重塑造令人羡慕、值得信赖的品牌。如何能让自己的品牌在众多的品牌中脱颖而出呢？如何提高自身品牌在消费者心中的地位？这就需要企业对自身品牌进行正确的定位。通过本章的学习，要求学生掌握品牌定位理论和品牌定位的概念，了解品牌定位的要素、意义和遵循的原则，熟悉品牌定位的过程，理解并掌握常见的几种品牌定位策略。

4.1 品牌定位的内涵

品牌定位就是经常向消费者宣传的那部分品牌识别,目的是有效地建立品牌与竞争者的差异性,在消费者心目中占据一个与众不同的位置,在消费者头脑中形成一种独特的意义。品牌定位要结合企业的战略目标,从分析企业的优势开始,通过长期的策划与维护,才能确立起来。

4.1.1 品牌定位理论

早期的品牌塑造大多是通过广告来实现的,因此当时的品牌传播理论多为广告理论。从演变过程来看,定位理论的演进大致经历了三个阶段:USP 理论、品牌形象理论及品牌定位理论。

1. USP 理论

USP(unique selling proposition)指的是一个广告中必须包含一个向消费者提出的不同于竞争者的销售主张。该理论是由美国达彼思广告公司的董事长劳斯·瑞夫斯于 20 世纪 50 年代提出的。USP 理论的三个基本特性分别如下。

(1)独特性。独特性通常表现为竞争对手所没有的功能利益,如沃尔沃汽车的独特性表现为"安全"。

(2)相关性。独特的品牌特性必须与消费者的需求相关,要对消费者产生强大的吸引力并集中传播,才能产生强劲的销售能力。如沃尔玛"天天平价"吸引了大批注重实惠的消费者。

(3)功效性。每一个广告都应强调产品的一种独特功效并对顾客的购买需求提出建议。如清扬洗发水"水润去屑"、飘柔洗发水"使头发柔顺"、潘婷洗发水"修复受损发质"等。

同时,USP 理论提出三条实施原则。

(1)每则广告必须向顾客提出一个主张。每个广告所强调的产品的功效应该是唯一的,如潘婷洗发水强调"修复受损发质",而不是同时强调"修复受损发质、使头发柔顺"等。

(2)这个主张必须是竞争对手所不能或不曾提出的。在面对产业中的领导者时,新创公司可以通过提出与主流公司相差别的品牌主张,从而形成区分,打开细分市场。

(3)这个主张必须有足够的促销力,能吸引并打动顾客。销售主张必须与消费者的需求相一致,才能对消费者产生吸引力。

2. 品牌形象理论

该理论是 20 世纪 60 年代的广告大师大卫·奥格威(David Ogilvy)提出的。这个时期正处于营销观念由推销观念向市场营销观念的转变时期,具体表现为商品种类和数量的增多、买方市场开始形成、商品之间的差异性变小。消费者不仅注重产品的功能利益,而且开始注重产品的声誉和形象。品牌形象理论的三个基本要点如下。

(1)随着产品的同质化,消费者对品牌的理性选择减弱,因此描绘品牌的形象要比强调产品的具体功能特性更重要。

(2)人们同时追求功能及感性利益,因此广告应注重赋予品牌更多感性利益来满足消费者的心理需要。

(3)任何一则广告,都是对品牌形象的长期投资。广告应该努力去维护一个好的品牌形象甚至不惜牺牲短期利益。

3. 品牌定位理论

1969 年 Jack Trout 在美国《产业营销》上发表了题为《定位：同质化市场突围之道》的文章，提出通过定位来突破同质化的瓶颈；1981 年 Al Ries 和 Jack Trout 联合推出《定位：攻占心智》一书，该书系统阐述了定位理论。可以说，定位及其衍生理论已经成为营销的主流指导思想。定位理论被公认为是"有史以来对美国营销影响最大的观念"。Philip Kotler 这样评价定位理论："Al Ries 和 Jack Trout 深刻揭示了消费者内心对某个品牌的现行定位或重新定位的心理活动的本质。"

品牌定位理论的基本内涵如下：

（1）定位的起点是目标消费者的心理，而不是产品本身。

（2）明确产品的目标市场，将产品在目标市场的顾客心里定下位置。

（3）对可能的市场和可能的顾客施加一定的营销影响，并通过策划和创意，制造产品的显著社会声誉，以形成品牌竞争市场位势（采用形象论的一些技术性方法）。

（4）品牌定位的最高境界应该是在品牌内部结构方面，利益点与支持点巧妙地结合在一起，并以单一信息传播的方式，传递给消费者。

（5）不要试图去改变顾客心理，顾客心理一旦形成，极难改变。

（6）跟随领先品牌的"me too"（我也这样／我也有）策略是无效的。

（7）品牌在顾客心里有特定的排列梯度。

三种理论进行对比分析如表 4-1 所示。

表 4-1　USP 理论、品牌形象理论、品牌定位理论对比

理论演进	USP 理论	品牌形象理论	品牌定位理论
代表人物	劳斯·瑞夫斯（Rosser Reeves）	大卫·奥格威（David Oliver）	艾尔·里斯（Al Ries）和杰克·特劳特（Jack Trout）
产生时间	20 世纪 50 年代	20 世纪 60 年代	20 世纪 70 年代
主要观点	以产品特性为独特卖点	塑造产品形象作为长期投资	占据心理第一位置
方法和依据	实证	精神、心理满足	差异化
沟通特点	实物	艺术、视觉吸引	心理认同

从理论提出的时代背景可以看出，三个理论有一定的替代性：USP 理论产生于产品理性利益盛行的时代，因此更加关注产品本身；品牌形象理论产生于产品同质化严重、差异化功能难以区分的时代，因此关注品牌；定位理论产生于信息爆炸时代，因此更加关注消费者的心理需求。当然，理论也在不断地演变，因此这些理论在当前处于并存的状态而不是取代的关系。

4.1.2　品牌定位的概念

品牌定位（brand position）是指品牌主所设想的品牌在目标消费者心目中的独特位置。

品牌定位实质上就是企业将自己的产品推向市场，对其特性、品质和声誉等给予明确的界定，通过精心设计的营销策划，将其融入消费者和潜在消费者的生活过程，从而形成确切的市场定位。品牌定位明确、个性鲜明，才会明确目标消费群。明确的品牌定位会使消费者感到商品有特色，有别于同类产品，从而形成稳定的消费群体；品牌定位是企业营销因素组合的战略起源，是企业品牌特征的罗盘，是企业思想、理念、文化、价值观和社会声誉的真正表达，是企业优势和实力的综合输出。成功的品牌定位能够使企业建立声誉，培育品牌竞争力，赢得顾客的青睐。

品牌定位受多种因素的制约和影响，如品牌特征、品牌个性、品牌环境、品牌策略等。但企业的品牌意识和定位原则对成功品牌定位具有直接意义。K. J. Clancy & R. S. Shulman 认为有三种原因导致错误品牌定位的发生：第一，企业自始至终未能形成清晰明确的定位策略；第二，企业未能清楚地将定位思想、理念和原则传达给市场；第三，企业未能提供足够的营销资源的支持并保证定位的努力。他们认为，第一种和第二种原因的根源在于企业未能提出明确的品牌定位理念。

那么品牌定位与市场定位、产品定位有什么内在联系呢？市场定位是企业对目标消费者的选择。产品定位是在完成市场定位的基础上，企业对用什么样的产品来满足目标消费者或目标消费市场的需求。从理论上讲，应该先进行市场定位，然后才进行产品定位。在实践中，也可以先完成产品定位，再补做市场定位。产品定位是对市场定位的具体化和落实，以市场定位为基础，受市场定位指导，比市场定位更深入和细致。一般而言，市场定位和产品定位可以用来支持和促进品牌定位。在完成市场定位和产品定位的基础上，才能顺利地进行品牌定位，市场定位和产品定位都是为品牌定位服务的。

4.1.3 品牌定位的要素

品牌定位是营销活动的起点和终点，是为品牌发展构建的蓝图，是市场所有营销活动的方向，是用策略性语言让消费者选择品牌而不是竞争品牌的产品。品牌定位包含下面几个要素。

1. 目标消费者

品牌的产品或服务能满足有着相似需求和要求的最有可能的潜在消费人群。对最可能的潜在消费者的设定主要包括两个主要问题。其一，必须确认对成功打造品牌忠诚起着重要作用的一批拥护者是什么样的消费人群；其二，需要了解这批拥护者中谁最有可能购买。在这一点上，作为一个品牌经营者一定要明确，只有明确了这一点，才能有效地瞄准目标消费群。尤其对于跨国公司，参考一国的文化特色提出价值主张十分重要，因为不同文化背景的消费者往往有不同的偏好和消费习惯。

品牌定位与目标市场的关系密切，确定目标市场是品牌定位的必要条件，但不是充分条件，因为在同一目标市场的品牌通常不止一个，某一品牌进入某一目标市场，不等于完成了品牌定位，还需要进一步确定自己在品牌利益、独特性上给目标消费者留下的深刻印象。

2. 消费者心理

消费者心理是品牌定位的另一个要素，因为品牌定位是预设品牌在目标消费者心理空间的位置，只有了解目标消费者的心理，才能建立他们的心理空间；而只有建立起他们的心理空间，才能进行品牌定位；建立消费者的心理空间，就是确定与消费者认知、动机和态度有关的要素。因此，了解消费者现在的和潜在的认知、动机和态度，选择与此相关的、恰当的定位维度，是品牌定位的一个关键。例如，燕京啤酒的品牌定位强调安全、营养和氛围，这里三个定位维度分别是：安全、营养和氛围。燕京啤酒这样的品牌定位有很强的消费者心理针对性，对北京消费者有较大的吸引力。

3. 竞争性框架

竞争性框架就是明确自己的位置，建立品牌的竞争优势。对国内的许多品牌来说，常见的竞争优势往往体现在性价比上。例如，大家耳熟能详的飞科剃须刀，飞科电器刚创立时，国内剃须刀市场两极分化十分严重，飞科想抢占中高端市场，因此在学习飞利浦技术的基础上研发了中国第一只双头旋转式剃须刀产品，并将价格设置为飞利浦的 1/3 至 1/4，产品定位针对中产阶级，取得了极大的市场反响，贡献了企业 67.3% 的营业收入，占据了国内第一的市场份额，这与飞科电器的精准定位和对中国市场的深刻理解分不开。

4. 利益点

利益点是否能有效地撼动消费者的心灵、能否和消费者产生有效的互动，其关键在于该品牌所提供的产品利益。其实不管你的产品属性如何，消费者只关心其产品对他们有什么好处。品牌利益点是很容易找到的，但能否撼动消费者的心灵？这一点却至关重要。品牌利益点必须简洁、明了，而且朗朗上口。如玫瑰信用卡"认真的女人最美丽"，麦斯威尔咖啡的"好东西与好朋友分享"等。

5. 理由

要清楚地告诉消费者自己品牌的产品和其他品牌产品的区别。以高端笔记本生产商 Moleskine 为例，在文具行业竞争白热化的市场环境下，Moleskine 始终坚持做高端笔记本，就是因为它不刻意强调品牌笔记本的实用功能，而是注重讲述品牌悠久的历史和与"创意"的关联，从而形成了差异化的竞争优势。Moleskine 并不生产最好用的笔记本，它的纸张甚至因为会洇墨而难以双面书写，但是品牌用展示艺术家在 Moleskine 上绘制的手稿、与众多剧作家、小说家、美术家合作推出限量产品的方式，将一个不足 32k 的小册子卖到几百元的价格。

6. 品牌个性

品牌个性代表着品牌的思想。现代人特别注重自己的个性，一个人如果没有个性就谈不上想象力。品牌犹如人，有个性也就意味着有思想，忠诚于某品牌的消费者，在某种程度上是对该品牌所表现的个性、价值和文化的认同。例如，大家所熟悉的耐克品牌，其"Just do it"的品牌口号代表了张扬自我的个性，赢得了喜欢张扬自我的目标消费者的认同。

4.2 品牌定位的意义与原则

品牌定位是品牌建设的基础和品牌经营成功的前提。品牌定位在品牌经营和市场营销中有着不可估量的作用，因此在企业对品牌进行定位的过程中，也应遵循一定的定位原则。

4.2.1 品牌定位的意义

1. 品牌定位有助于消费者记住企业所传达的信息

现代社会是信息社会,消费者被信息围困,应接不暇。各种消息、资料、新闻、广告铺天盖地。以报纸为例,美国报纸每年用纸过千万吨,这意味着每人每年消费94磅报纸。一般而言,一份大都市的报纸,像《21世纪经济报道》,可能包含有50万字以上,以平均每分钟读300字的速度计算,全部看完需要将近30个小时。如果仔细阅读,一个人一天即使不做其他任何事情,不吃不睡,也读不完一份报纸。更何况现代社会的媒体工具种类繁多,电视、杂志、网络上的信息也铺天盖地,更新快速。如此多的媒体、产品和信息,消费者无所适从,这也使得企业的许多促销努力付诸流水,得不到理想的效果。研究发现,人只能接受有限的感觉。超过某一点,脑子就会一片空白。在这个信息过量的时代,企业只有压缩信息,实施准确的定位,为自己的产品塑造一个最能打动消费者心理的形象,才是其明智的选择。品牌定位使消费者能够对该品牌产生正确的认识,进而产生品牌偏好和购买行动,它是企业信息成功通向消费者心智的一条捷径。

2. 品牌定位是确立品牌个性的重要途径

科学技术的飞速发展使同类产品的质量和性能十分接近,同质化现象越来越严重,已无法满足消费者在情感和自我表达上的需求。因此,品牌的情感诉求已成为品牌竞争的焦点之一,品牌个性则是品牌情感诉求的集中体现。那么,如何凸显品牌个性呢?这就需要品牌定位。品牌定位清晰,品牌个性就鲜明;品牌定位不明确,品牌个性就模糊。可见,品牌定位是确立品牌个性的重要途径。美国著名品牌专家 David A. Aaker 在其《品牌经营法则》一书中提出,品牌个性可以借助人口统计项目(年龄、性别、社会阶层和种族等)、生活形态(活动兴趣和意见等)或是人类的个性特点(外向性、一致性和依赖性等)来描述。他将品牌个性分为纯真、刺激、称职、教养和强壮五大类。同时,每类个性特征又细分为不同的面相(共15个面相),这五大个性要素和15个面相的不同构成比例可以使品牌呈现不同的个性特征。

3. 品牌定位是品牌传播的基础

品牌的传播是指借助于广告、公关等手段将所设计的品牌形象传递给目标消费者,品牌定位是指让所设计的品牌形象在消费者心中占据一个独特的、有价值的位置。二者相互依存,密不可分。一方面,品牌定位必须通过品牌传播才能完成。因为只有及时准确地将企业设计的品牌形象传递给目标消费者,获得消费者认同,引起消费者共鸣,该定位才是有效的。另一方面,品牌传播必须以品牌定位为前提,因为品牌定位决定了品牌传播的内容。离开了事先的品牌整体形象设计,品牌传播就失去了方向和依据。因此,品牌定位是品牌传播的基础。

4. 品牌定位为消费者提供了一个明确的购买理由

差异化不是品牌竞争成功的充分条件,因为消费者需要的是满足他们需求的东西。品牌定位是在消费者心智当中找到一个能打动消费者的位置,并通过各种传播工具告知消费者,从而为消费者提供一个明确的购买理由。例如,捷达汽车的外观并不时尚,但其耐用的特性吸引了大批消费者购买。

理想生活上天猫

2017年5月23日，天猫Slogan正式对外更名"理想生活上天猫"，相对之前的"上天猫就够了"变得更加聚焦。这次改版由天猫联合阿里研究院，全球顶尖的波士顿咨询公司，通过对自身消费者大数据的分析和对中国消费趋势的洞察和把握做出。将当下的五种最凸显的消费趋势——单身消费主义、智能生活消费、绿色健康消费、兴趣爱好消费、跨年龄和性别消费进行了提炼和总结，提出5个关键词"独乐自在""无微不至""乐活绿动""玩物立志""人设自由"。天猫希望从一个卖货平台的形象逐渐升级为一个理想生活方式的倡导者形象，通过倡导丰富、多元、理想的生活方式来引领中国的消费升级。

"上天猫就够了"到"理想生活上天猫"，从认知上换了一种更加精准的沟通方式，购物是为了满足更好的生活，而每个人追寻的生活方式才是消费之本，这也让企业在运营品牌上变得更加落地，更加聚焦。大数据分析显示，天猫的真正购买力一大半来源于一批对生活品质有极致要求的中高端人群，他们有明确的消费理念和场景刻画。消费升级的背后其实是倡导更多的人去追求更有品质的生活方式。

5. 品牌定位是品牌占领市场的前提

通过品牌定位，品牌个性就可以在消费者心中占据一个有利的位置，就可以使消费者的心理与之产生共鸣，接受和认可品牌。品牌定位的目的在于塑造良好的品牌形象，对消费者产生永久的魅力，吸引消费者，使消费者产生购买欲望，做出购买决策，充分体验品牌定位表达的情感诉求。赢得消费者，就意味着赢得市场竞争的胜利。因此，品牌定位是品牌占领市场的前提。假如没有品牌定位，产品营销和品牌形象的塑造将是盲目的。万宝路在世界各地市场的巨大成功，正是它量体裁衣、因地制宜实施品牌定位的结果。

4.2.2 品牌定位的原则

为了保证品牌定位的成功，品牌定位必须遵从以下几个原则。

1. 差异化原则

品牌定位必须与众不同。只有与众不同，才能将你的产品与其他品牌区别开来，才能将你的品牌信息凸现在消费者面前，从而引起消费者注意，并使其产生品牌联想。

2. 个性化原则

赋予品牌独特的个性，以迎合相应的顾客需求。产品与产品之间的某种差别，是可以通过经营的不断努力来缩小或同化的，产品之间真正无法接近的只有产品的个性，这种个性可能与产品的物理特性和功能毫无关系，是通过定位赋予在这个产品上的。同时，产品品牌所表现的个性要与消费者的自我价值观吻合，要得到消费者的认同，否则也不能为消费者所接受，定位也不会成功。

3. 消费者导向原则

品牌定位要为消费者接受信息的思维方式和心理需求所牵引，突破信息传播沟通的障碍，将定位信息进驻于消费者心灵。任何产品的品牌定位都必须以消费者为导向。

4. 动态调整原则

品牌定位不是一成不变的、一劳永逸的，因为整个市场都在不断地发生变化，产品在不断地更新换代，消费者的需求在不断地发生变化，市场上不断有新的同类产品加入竞争，产品在自身生命周期中所处的阶段也在不断演进。因此，品牌定位要根据市场的变化不断地做出调整，使品牌永远具有市场活力。任何以不变应万变的静态定位思想都将使品牌失去活力，最终被市场淘汰。

4.3 品牌定位过程

品牌定位过程是指企业从市场调研入手，采用一系列步骤进行品牌定位并将定位理念传达给目标消费群。具体过程如图 4-1 所示。

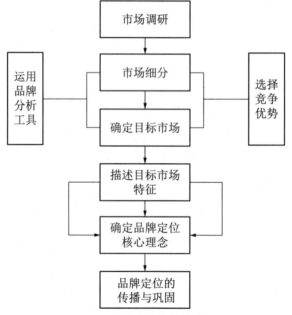

图 4-1 品牌定位的具体过程

4.3.1 市场调研

品牌定位首先要进行深入的市场调研，以建立对市场宏观环境、竞争格局、渠道终端状况、消费者行为、心理特征的认知范式，从而准确把握消费者需求动态，准确构建产品的利益点，建立准确的品牌定位。市场调研作为品牌定位的第一步，其调查所得的数据是否准确可信，将决定品牌定位的准确性。市场调研是运用科学的方法，有目的、有计划地收集、整理、分析有关供求、资源的各种情报、信息和资料。它是企业把握供求现状和发展趋势，为制定营销策略和企业决策提供正确依据的信息管理活动，是市场调查与市场研究的统称，它是个人或组织根据特定的决策问题而系统地设计、收集、记录、整理、分析及研究市场各类信息资料、报告调研结果的工作过程。

企业进行市场调研，要从以下几个方面深入展开。

（1）对品牌竞争者的调研。"知彼知己，百战不殆"。企业要成功地进行品牌定位，首先就必须对同行业竞争者的相关情况进行分析。具体来说，就是要了解行业内竞争对手的数量、他们提供的产品类别及所占的市场份额、在市场中处于什么样的竞争地位、他们的优势和劣势分别是什么及未来的发展方向等。为了准确了解这些问题，需要调研人员运用相关的调研方法和手段，对市场和消费者等展开深入的调查，运用科学的研究方法，系统地分析所收集到的资料和数据，形成一些有价值的分析结果，为决策者提供一个客观、准确的认识。

（2）对目标消费者的调查。产品的最终购买者和使用者是消费者，因此对目标消费者进行深入的分析，详细研究他们的需求，这对于进行成功的品牌定位及吸引消费者是必不可少的。

（3）了解竞争品牌的定位。了解竞争品牌的定位，进行相关信息分析，力图寻找与竞争品牌的差异点，结合产品特色，帮助企业选择与众不同的定位，提炼个性。

企业在对市场进行调研之前要选用合适的方法来展开，具体来看，市场调研方法包括以下几种。

（1）文案调研。主要是二手资料的收集、整理和分析；主要的渠道来自网上资料搜索和图书馆等书籍信息搜索。

（2）实地调研。实地调研可分为询问法、观察法和实验法三种。询问法是调查人员通过各种方式向被调查者发问或征求意见来收集市场信息的一种方法。它可分为深度访谈、GI 座谈会、问卷调查等方法，其中问卷调查又可分为电话访问、邮寄调查、留置问卷调查、入户访问、街头拦访等调查形式。采用此方法时的注意点：所提问题确属必要，被访问者有能力回答所提问题，访问的时间不能过长，询问的语气、措辞、态度、气氛必须合适。观察法是调查人员在调研现场，直接或通过仪器观察、记录被调查者行为和表情，以获取信息的一种调研方法。实验法是通过实际的、小规模的营销活动来调查关于某一产品或某项营销措施执行效果等市场信息的方法。实验的主要内容有产品的质量、品种、商标、外观、价格、促销方式及销售渠道等。它常用于新产品的试销和展销。

（3）大数据调研。随着技术发展，利用大数据方式收集消费数据和消费者评价的机构越来越多。消费者行为习惯调查和偏好预判变得越来越容易，这对企业调整定位十分有益，对电子商务企业更是至关重要。

（4）竞争对手调研。"知彼知己，百战不殆"，一句中国最古老的成语勾画出了竞争研究的重要性。在市场竞争日趋白热化的今天，不了解竞争市场情况，不认识竞争对手，就意味着没有胜算的机会。竞争研究的根本目标是通过一切可获得的信息来查清竞争对手的状况，包括：产品及价格策略、渠道策略、营销（销售）策略、竞争策略、研发策略、财务状况及人力资源等，发现其竞争弱势点，帮助企业制定恰如其分的进攻战略，扩大自己的市场份额；另外，对竞争对手最优势的部分，需要制定回避策略，以免发生对企业的损害事件。

4.3.2 市场细分

市场细分的概念是美国市场学家温德尔·史密斯 (Wendell R. Smith) 于 1956 年提出来的，它是企业根据消费者需求的不同，把整个市场划分成不同的消费者群的过程。市场细分的理论基础来自波特教授的差异化和集中化战略——寻找差异并把企业有限的资源集中用在

最需要的地方。一个企业不论它的规模有多大，它所拥有的资源相对于消费需求的多样性和可变性总是有限的，因此它不可能去满足市场上的所有需求，它必须针对某些自己拥有竞争优势的目标市场进行营销。

目标市场细分的目的是根据企业自身的实力，确定企业所进入的目标市场，两者存在着先后顺序的联系，同时又相互区别，市场细分是分析的过程，而确定目标市场是决策的过程。

（1）有利于选择目标市场和制定市场营销策略。市场细分后的子市场比较具体，比较容易了解消费者的需求，企业可以根据自己的经营思想、方针及生产技术和营销力量，确定自己的服务对象，即目标市场。针对较小的目标市场，便于制定特殊的营销策略。同时，在细分的市场上，信息容易了解和反馈，一旦消费者的需求发生变化，企业可迅速改变营销策略，制定相应的对策，以适应市场需求的变化，提高企业的应变能力和竞争力。当前的竞争业态被营销专家科特勒称为"超竞争"时代，每个产业似乎都存在产能过剩，同时每个企业都在不停地寻求新的细分市场，在这种竞争压力下，目前的"细分"已经细到针对每一个不同的消费者，"定制"时代将要来临。

（2）有利于发掘市场机会，开拓新市场。通过市场细分，企业可以对每一个细分市场的购买潜力、满足程度、竞争情况等进行分析对比，探索出有利于本企业的市场机会，使企业及时做出投产、移地销售决策或根据本企业的生产技术条件编制新产品开拓计划，进行必要的产品技术储备，掌握产品更新换代的主动权，开拓新市场，以更好适应市场的需要。

（3）有利于集中人力、物力投入目标市场。任何一个企业的资源、人力、物力、资金都是有限的。通过细分市场，选择适合自己的目标市场，企业可以集中人、财、物及资源，去争取局部市场上的优势，然后再占领自己的目标市场。

（4）有利于企业提高经济效益。前面三个方面的作用都能使企业提高经济效益。除此之外，通过市场细分，企业可以面对自己的目标市场，生产出适销对路的产品，既能满足市场需要，又可增加企业的收入；产品适销对路可以加速商品流转，加大生产批量，降低企业的生产销售成本，提高生产工人的劳动熟练程度，提高产品质量，全面提高企业的经济效益。

此外，市场细分是品牌定位的前提。世界著名的服装品牌 Lee 定位的成功得益于它的市场细分策略，在占领男性消费者市场后，它没有去继续开拓已经很大的男性市场，而是把目光投入到一直被忽视的女性消费者市场。大多数女性都需要一件在腰部和臀部很合适而且活动自如的牛仔服，于是 Lee 牌牛仔聪明地定位于此，在产品设计上一改传统的直线裁缝，突出女性的身材和线条，并且在广告上充分体现 Lee 品牌牛仔恰到好处的贴身和穿脱自如特性，"最贴身的牛仔"，一个"贴"字将 Lee 品牌牛仔与众不同的定位表现得淋漓尽致。

4.3.3 确定目标市场

确定目标市场，是在市场细分的基础上，依据企业的目标、资源和经营整合能力，优先考虑和选择要进入的市场，或优先最大限度地满足那部分消费者的需求。目标市场潜在的需求规模由潜在消费者的数量、购买能力、需求弹性等因素决定。对企业而言，市场容量并非越大越好，"适度"的含义是个相对概念。对小企业而言，市场规模越大，需要投入的资源越多，而且对大企业的吸引力也就越大，竞争也就越激烈。因此，选择不被大企业看重的较小细分市场反而是上策。

目标市场确定以后，必须能够透过消费者表层、多变的行为和需要，寻找到其内心根深蒂固的价值需要。定位理论的鼻祖 Al Ries 和 Jack Trout 在《新定位》一书中，强调定位的重心在于消费者的心灵，对消费者心灵的把握越准，定位策略就越有效。定位不在产品本身，而在消费者心底。无论企业定位技巧有多高明，其成功的关键还是迎合消费者的心理，因此，对目标市场的顾客心理需求活动的把握是品牌定位的最重要的环节。

企业一旦确定了要进入的目标细分市场，就应该选择某种策略，以便迅速有效地进入该市场，并与该市场中的其他对手竞争。因此，企业必须分析自身的资源和技能优势及竞争对手的竞争战略，选择具有优势的差别化竞争战略。一般来说，可以按以下方法进行。

1. 选择差别化利益

（1）分析产品的差别化利益。在目标细分市场中不同企业的品牌提供给顾客的利益是不同的，因此也就决定了品牌的竞争优势。企业要根据顾客追求的利益，分析目标细分市场提供的产品或服务，从中找出能更好地满足顾客的、具有竞争优势的、差别化的产品或服务。企业分析和选择的差别化的顾客利益，必须满足以下标准，见表 4-2。

表 4-2 差异化利益的标准

差异化标准	内　容
重要性	为足够多的消费者提供与其密切相关的利益需求
区别性	其他公司无法提供，或者是由公司以一种与众不同的方式提供
优越性	它比用其他方式获得相同利益来得优越
沟通性	对于顾客来说是可以沟通的，并且是可见的
优先性	它不易被竞争者仿效
盈利性	开发这种差别性有利可图
负担得起	有时差异性的费用很高，顾客和公司要负担得起

（2）确定提供差别化利益的数量。当企业发现目标市场存在多种差别化的利益时，接下来就要确定提供哪些差别化利益。企业必须根据自身能力和战略的要求，选择单一或多重利益。

2. 选择差别化竞争优势

当企业确定提供一种或多种具有优势的差别化利益时，还要考虑到竞争对手的情况。竞争优势包括：技术领先、成本低廉、质量可靠、服务一流等。对不同的竞争优势可以给出不同的权重和分值，可以采用十分制，从 0 ~ 10 分不等，最后综合不同的权重和分值，分别计算本企业和竞争对手的得分，从而选定适合自己的竞争优势。

4.3.4 描述目标市场特征

定位理论鼻祖艾尔·里斯（Al Ries）和杰克·特劳特（Jack Truot）多次强调定位的起点是目标消费者的心理，而不是产品本身。在确定目标消费者后，就要描述他们的特征，了解目标消费者的消费心理和消费习惯，以现实的眼光审视消费者的相关利益和需求，找到品牌定位最重要的点。

影响消费者行为的特征包括个人、文化、社会及心理四大因素。

（1）个人因素。包括年龄与生命周期阶段、职业、经济环境和生活方式、性格与自我观念。

（2）文化因素。包括文化、亚文化与社会阶层。

（3）社会因素。包括相关群体、家庭、身份和地位。

（4）心理因素。一个人的购买行为还会受到四个主要心理因素的影响：动机（心理学家曾提出许多人类行为动机理论，其中最著名的是马斯洛的动机理论）、感觉（一个被动机驱使的人随时准备着行动，但具体如何行动则取决于他对情境的感觉如何）、后天经验（它是指影响人们改变行为的经验。后天经验论者认为，人们的购买动机除了少数基于本能的反应和暂时生理状态外，大多数是后天形成的）、态度和信念（态度是指人们对于某些刺激因素或刺激物以一定形式表现的行动倾向，信念则是态度的词语表述，人们生活的许许多多方面都受到自己所持态度的支配）。

4.3.5 确定品牌定位核心理念

品牌理念是品牌要向目标消费者传递的价值取向，这种价值取向不是来自企业的一厢情愿，而是基于分析目标消费者的共同价值观并将之提炼总结出来的。品牌理念必须具有两个特征：与消费者共鸣和推动企业的价值取向。它是品牌所特有的，能持续不断地形成本品牌和竞争品牌的差异化；它必须不断地向企业员工和合作者进行灌输。如"做得更出色"或"走不同的路"等，也会对认真思考和品味其中含义的人们有所启发。品牌理念是赋予品牌人格化的重要手段。

确定品牌理念是品牌定位的灵魂。品牌理念是企业在实施品牌定位时所遵循的基本指导思想，它是企业在充分了解目标消费者的价值观之后，将企业产品要表达的价值取向与目标消费者的价值观完美结合的产物。通过市场细分而被企业划分为某一特定群体的消费者并不具备一模一样的价值观，这是由人的个体差异决定的。重要的是把这些不是很一致和统一的价值观进行提炼，以形成品牌集中、单一和稳定的品牌理念，这是品牌和消费者进行交流的内核。

4.3.6 品牌传播与巩固

品牌定位确定后，需要进行品牌传播。品牌传播是指通过广告、公关、包装等宣传手段将产品的品牌形象传递给目标消费者的过程。品牌定位与品牌传播在时间上存在着先后次序，正是这种先后次序决定了两者之间的相互依赖、相互制约的关系。品牌定位必须依赖于品牌传播才能实现定位的目的，即在消费者心目中占据一个独特的有价值的位置。如果不能及时准确地将企业设计的品牌形象传递给目标消费者并获得其认同，那么该定位就是无效的。

品牌传播整合是一项系统性的工作，它由广告、促销、公关、网络等环节组合而成。因此，企业应根据自身的条件，综合运用各种手段以最合适的方式进行传播，以获得最佳的传播效果。

4.4 品牌定位策略

品牌定位的目的在于创造鲜明的品牌个性，塑造独特的品牌形象。品牌定位的方式有许多，没有固定的模式。下面将详细阐述几种常见的品牌定位策略。

1. 属性定位

属性定位是指借助于产品的某项特色来表达与同类品牌的区分。在实际操作中，属性定位是使用较多的一种策略。例如，沃尔沃通过在商业广告中演示它的碰撞试验并引证该车平均寿命的统计数字来强调其安全性能，宣传自己的耐用性；而菲亚特则努力将自己的车定位为欧洲的轿车，使用欧洲的技术工艺；宝马则侧重于驾驶性能和工程技术效率，它使用的广告主题是"最完美无缺的汽车"，并不断强调驾驶的乐趣；奔驰则在很大程度上等同于高级或豪华车的同义词，其舒适性也是世界公认第一流的。

2. 利益定位

利益定位也称功能定位，是指根据产品所能满足的需求或所提供的利益、解决问题的程度来进行定位。在现实生活中，消费者总是按自身的偏好和对各个品牌利益的重视程度来选购产品。利益定位实际上就是将品牌的某一特点与消费者的关注点联系起来。两者利益点的一致，能够刺激消费者的购买欲望，强化品牌在消费者心目中的位置，有利于品牌和消费者关系的发展。

在同类产品品牌众多、竞争激烈的情形下，运用利益定位，可以突出品牌的特点和优势，让消费者按自身偏好和对某一品牌利益的重视程度，更迅速地选择商品（见案例："SK-Ⅱ人生不设限"）。

SK-Ⅱ人生不设限

"30是一个再普通不过的数字，但放在女性的年龄栏里，它似乎变成了一个魔咒。大部分女孩儿定义黄金年龄是27岁，并认为社会/他人对女生设定了'时间表'"。

这段话不是空穴来风，而是SK-Ⅱ针对亚洲女性的真实调查中反映的状态。这份报告中还指出，这些女性的年龄压力不是来自外界，而是受困于自己内心的压力和思考。基于这样的洞察，他们推出了2017年"别让时间捆绑你的人生"全新主题。作为改写命运品牌活动的再续，SK-Ⅱ这次依然跳出了产品限制，在女性议题上贡献了更为深入的思考和讨论。品牌邀请了汤唯、李沁、蒋欣等公众人物来分享年龄压力的话题，在亚洲乃至全世界传达出这样的信息——无论男女，无关年龄，每个人都应为自己获得成就和自我本身感到骄傲，不应被社会强加的保质期所束缚。

品牌利用社会话题，成功建立起与女性勇气相关的品牌形象，同时也带动了消费者关注社会责任的意识觉醒，这其实是一种光环效应，让大家都不再拘泥于产品功能的表现，而是升华成理念的认同，这种认同与护肤品保持年轻的功能相加，恰到好处地体现了品牌价值与态度。

3. 产品价格定位

所谓价格定位，就是指营销者把产品、服务的价格定在一个什么样的水平上，这个水平

是与竞争者相比较而言的。价格定位一般有三种类型。一是高价定位，即把不低于竞争者产品质量水平的产品价格定在竞争者产品价格之上。奢侈品牌一般偏好这类定位，因为可以和其品牌形象相辅相成。二是低价定位，即把产品价格定得远远低于竞争者价格。这种定位的产品质量和售后服务并非都不如竞争者，有的可能比竞争者更好。之所以能采用低价，是因为该企业要么具有绝对的低成本优势，要么是企业形象好、产品销量大，要么是出于抑制竞争对手、树立品牌形象等战略性考虑。三是市场平均价格定位，即把价格定在市场同类产品的平均水平上（见案例："如家，你有什么不同？"）。

如家，你有什么不同？

凭借"携程旅行网"一举成名的季琦，仅仅用了30个月的时间就把携程网做成了"中国首家在美上市的旅游企业"。但让季琦成为"明星"的并不是这个携程网站，而是他创立的"如家"快捷连锁酒店及业内无人不知的"如家"品牌。一次偶然的机会，季琦在查阅客服记录时发现，客户反映携程网提供的异地酒店订购服务信息准确、方便高效，但由于所有和携程合作的酒店都是星级酒店，价格过于昂贵，这对于经常出差的商旅人士来说是个不小的经济负担。季琦敏锐地意识到一个巨大的商机摆在自己的面前！在当时的中国酒店行业内，基本上只有两种类型的酒店可供客户选择，一种是硬件设施好但价格昂贵的星级酒店；另一种是价格低廉而且硬件设施很差的招待所和小旅馆。那么对于经常出差的人士，以及追求较高性价比的旅行社等旅行团体来说，这两种选择都不是最好的。

创办一个与众不同的、介于星级酒店和小旅馆之间的经济型商务快捷连锁酒店的想法在季琦的头脑中迅速形成。2001年8月，携程旅行网在香港成立唐人酒店管理公司，开始中国内地经营经济型、三星级以下快捷商务酒店连锁业务；2010年，如家被美国纳斯达克OMX全球指数集团纳入纳斯达克中国指数成分股；如今，如家在中国国内各大城市的加盟酒店已达到500多家连锁分店，如家平均客房入住率高达95%以上。

如家的成功，来源于准确的细分市场定位和与众不同的差异化服务提供，如家的差异化服务具体表现如下。

（1）准确的"经济型"定位，有效切分了中国酒店业市场的巨大蛋糕。如家高效迎合了商务差旅人员的直接需求，在中国传统酒店业市场内切分出"经济型"这块巨大的蛋糕，并通过"经济实惠"的服务提供满足了70%以上的商务差旅人士的消费需求。

（2）以"住宿"为关注焦点，把所有资源集中于住宿服务的价值提升上。如家酒店与其他星级酒店最大的不同点在于，传统的星级酒店提供从住宿、餐饮到娱乐、商务、会议等系列的服务和产品体系，而如家只关注客户的"住宿"，不追求硬件的豪华和场面的气派。把所有的精力和重心放都在"住宿"服务上，以追求安全、卫生、快捷、舒适和低价位，来满足和提升客户的住宿服务价值。

（3）以"低价格"降低客户消费成本，以"高性价比"赢取客户口碑和好感。如家的低价策略主要来自三个方面，其一，硬件设施的标准化和简单化，如家根据不同的房型结构，高效利用空间，陈设简单、布局合理。

其二，管理运营成本的节省。如家每100间客房的服务人员配置比例仅占传统星级酒店的1/3到1/6。如家的管理层次也至少比传统星级酒店的管理层要少2～3层，如家没有部门经理、没有领班。店长兼负营销、人员管理、客户管理和前后台综合支持等众多工作。

其三，客户的自助入住流程，如家门前不设门童，没有迎宾，从客人入住开始到离店结束，所有侍应类服务全部由客人自助完成。然而，所有入住过如家的客户却从不对此产生抱怨，因为客人知道，如家所做的正是客户想要的"性价比"。

（资料来源：根据网络资料整理）

企业的价格定位并不是一成不变的，在不同的营销环境下，在产品的生命周期的不同阶段，在企业发展的不同历史阶段，价格定位可以灵活变化。例如，长虹彩电在1996年采取的大幅度降价措施，就是对价格的重新定位，从而大大提高了市场占有率，并有力地抑制了竞争对手。由此可见，现代市场上的价格大战实质上就是企业之间价格定位策略的较量。

价格定位的具体依据如下。

（1）定价的目标。以扩大市场份额为目标，宜采用较低的价格；以质量领先为目标，宜制定较高的价格；以规避竞争为目标，宜采用随行就市的定价方式；以度过企业经营困境为目标，宜采用成本定价（一般高于可变成本）的方式。

（2）市场需求。即消费者对价格的接受程度。市场需求决定了定价的上限。以服装产品为例，一般而言，服装产品的定价就是以企业所能获得最大利润为准，而非最高利润率，否则顾客购买量不足会影响企业的利润。

（3）企业的经营成本。企业经营的总成本分为固定成本和变动成本。固定成本主要包括设备的投资与房产的投资（或房租），总固定成本与产品的销量无关，但单位固定成本与产品的销量成反比。变动成本主要表现为采购成本、员工工资、水电费等。产品的变动成本决定了产品价格的下限，当企业处于经营困境时，价格可以定于固定成本之下，变动成本之上，以求减少库存，加快资金回笼，度过困难时期。

4. 领导者定位

领导者定位是指追求成为行业内或某一方面的第一而进行的市场定位。品牌一旦占据了领导地位，便会带来巨大的经济利益，拥有追随者品牌所不具有的优势。当消费者购买产品时，首先想到的必定是领导者品牌。如当消费者购买可乐时，必定想到可口可乐；购买奶茶时，必定想到立顿奶茶等。

作为市场领导者的企业一般具有以下特点：在相关的产品市场上，拥有最大的市场占有率；实施诸如价格调整等营销措施方面对市场举足轻重；领导新产品的开发潮流；所有企业都知道它的优势，会受到其他企业的尊重。

市场领导者的地位是企业经过多年的努力获得的，它既是一个事实，也是大家所公认的。作为市场领导者，要想继续保持领导地位，就要有足够的耐心和细心，就要有一套系统的品牌定位策略。这包括：创造与众不同的品牌特色、扩展整个市场、保持品牌的市场占有率、扩大品牌的市场占有率、灵活利用价格来整合市场。

5. 消费者定位

消费者定位是指根据产品的某项使用或应用来定位的。这种定位方法是把产品和一位用户或一类用户联系起来，试图让消费者产生对产品的一种独特知觉，不考虑它的物理构造和特征。例如，佳得乐被定义为一种针对运动员需要补充体液的夏季饮料。后来它又发展

了一种冬季产品的定位策略,作为医生推荐给流感病人"要多喝水"时的一种饮料。Arm & Hammer曾经是美国烘焙苏打的领导品牌,当市场逐渐饱和时,它被重新定位为冰箱及地毯除臭剂。来自泰国的红牛,其"累了困了喝红牛"的广告宣传,将自己列为功能性饮料,强调其功能是迅速补充能量,消除疲劳。而消费者在运动结束之后,或精力需要尽快恢复的时候,就能联想到红牛,进而实施购买行为。

6. 比附定位

比附定位就是攀附名牌的定位策略。企业通过各种方法和同行中的知名品牌建立一种内在联系,使自己的品牌迅速进入消费者的心中,占领一个牢固的位置。

比附定位有下面三种形式。

(1)甘居第二。就是明确承认同类产品中另有最负盛名的品牌,自己只不过是第二。这种策略会使人们对企业产生一种谦虚诚恳的印象,相信企业所说是真实可靠的,同时迎合了人们同情弱者的心理,这样消费者对这个品牌的印象会更深刻。美国阿维斯出租汽车公司定位为"我们是老二,我们要进一步努力"之后,品牌知名度反而得到很大提升,赢得了更多的忠诚客户。

(2)攀龙附凤。具体来说,就是首先承认同类产品中已有卓有成就的品牌,本品牌虽然比不上最知名的品牌,但在某一地区或在某一方面还可以与这些最受消费者欢迎和信赖的品牌并驾齐驱,平分秋色。内蒙古宁城老窖打出的广告语"宁城老窖——塞外茅台",就属于这一策略。

(3)进入高级俱乐部。企业如果不能攀附第二名,也可以利用模糊数学的手法,借助群体的声望,把自己归入高级俱乐部式的品牌群体中,强调自己是这一群体的一员,从而借助于群体威望来提高自己的形象和地位。例如,美国克莱斯勒汽车公司宣布自己是美国三大汽车公司之一,使消费者感到克莱斯勒和第一、第二一样都是知名轿车,同样收到了良好的宣传效果。

采用比附定位策略有利于品牌的迅速成长,同时避免受到攻击,防止失败。此种定位策略更适用于品牌成长初期(见案例:"'蒙牛'品牌的市场地位比附")。

"蒙牛"品牌的市场地位的比附

1993年伊利集团成立,凭借雄厚的资源,在硬件和技术上长期处于行业领先地位。1999年,蒙牛初创,排在中国乳业的第1116位,一无奶源,二无工厂,三无市场,没有任何优势,无法与行业老大相提并论,蒙牛一方面比附伊利,打出了"为民族工业争气,向伊利学习"的广告。同时它还根据呼和浩特"人均牛奶拥有量全国第一、牛奶增速全国第一"的状况,提出了"建设我们共同的品牌——中国乳都·呼和浩特"的倡议。从2000年9月起,蒙牛投资100多万元,投放了300多幅灯箱广告,广告正面主题为《为内蒙古喝彩》,下书:"千里草原腾起伊利集团、兴发集团、蒙牛乳业;塞外明珠辉照宁城集团、仕奇集团;河套峥嵘蒙古王;高原独秀鄂尔多斯,我们为内蒙古喝彩,让内蒙古腾飞。"背面的主题为《我们共同的品牌——中国乳都·呼和浩特》。蒙牛把自己和内蒙古的一些著名企业放在一起,提出共建中国乳都,从而让蒙牛知名品牌的形象深入人心,使伊利的老大地位受到了严峻挑战。

(资料来源:根据网络资料整理)

7. 文化定位

文化定位是指通过建立一种清晰的品牌定位，在品牌定位的基础上，利用各种内外部传播途径形成受众对品牌在精神上的高度认同，从而形成一种文化氛围，通过这种文化氛围形成很强的客户忠诚度。文化定位对于提高品牌的品位、提升品牌的价值、保持和扩大市场占有率、获得消费者认同和忠诚具有重要的意义。

企业进行文化定位，要围绕以下五个方面开展。

（1）围绕品牌文化核心价值而展开。品牌文化核心价值是品牌资产的主要部分，应有利于消费者识别和记住品牌的利益和个性，获得消费者认同、喜欢乃至爱戴。如同样是沐浴露，舒肤佳能"有效去除细菌"，六神代表的价值是"草本精华、凉爽、夏天使用最好"；同样是名车，宝马定位于"驾驶的乐趣"，沃尔沃定位于"安全"。因为有了自己清晰的核心价值与个性，这些金字招牌各自拥有了自己的固定消费群，在各自的市场区隔内占据最高的份额。而消费者也因为对核心价值的认同，而产生对品牌的美好联想，对品牌有了忠诚度。

（2）全力维护和宣传品牌。品牌文化核心价值已成为国际一流品牌的共识，是创造百年金字招牌的秘诀。核心价值对品牌的影响犹如基因对人的影响，对于众多中国品牌来说，如何利用好中华文化内核，打造富有文化特色和时代特点的品牌与产品，是逐步走向世界的中国企业要共同考虑的问题。可见，如果没有清晰的品牌核心价值，一个品牌不可能成长为强势品牌。如果在核心价值上差了竞争品牌一点，品牌的获利能力可能会差成百倍、上千倍。

（3）个性化定位。只有独具特色、匠心独运的品牌文化才能深入人心。如"七匹狼"已成为追求成就、勇往直前、勇于挑战，以30～40岁男士为主要目标消费群体的男士精品形象，这种个性鲜明地凸显男性精神的品牌文化，使七匹狼品牌以其深刻的文化品质，取得了中国男性群体时尚消费生活的代言人地位。通过对男性精神的准确把握，七匹狼公司将服装、酒类、茶品等产业统合在"男性文化"下，并围绕这一品牌文化，对各类产品进行开发和定位；服装——自信、端庄；酒类——潇洒、豪放；茶品——安静、遐想。这种将男性的主要性格特征全部融入企业涉及的各行各业的现象，在我国企业中是十分罕见的，因而形成强大的竞争力。成功的品牌文化定位都是彰显其个性的。通过品牌文化个性的塑造确定品牌的独特形象，才能达到吸引消费者的目的。

（4）与目标消费者共鸣。任何产品的品牌文化都必须以消费者为导向，定位要以消费者接受信息的思维方式和心理为准绳，突破信息传播沟通的障碍，将定位信息进驻于消费者心灵。俗话说："金杯银杯，不如社会的口碑；金奖银奖，不如老百姓的夸奖。"品牌管理的文化定位是否成功，取决于社会公众或目标消费者的评判。只有准确地表达出消费者心声的文化，才能让消费者动心。品牌文化必须来自消费者内心的呼唤，又回归消费者的心灵，必须考虑目标消费者的特征，与目标消费者的需求相吻合。如"悄悄豆"品牌正是抓住儿童与成年人完全不一样的独特心理特征，凭借一句简单的广告诉求"悄悄豆，不要悄悄吃"而一举名扬全国。因此，企业要想创造名牌，就必须研究目标消费者的需求心理、文化背景、消费观念、审美观、文化价值观及其特定需求，适应其文化价值取向和审美取向，对其目标消费者科学定位才能取得成功。

（5）发掘传统民族文化的精髓。只有民族的，才是世界的。如中国的"景泰蓝"和法国

的"人头马",承载了民族文化特色;无锡的"红豆"服装品牌和绍兴的"咸亨"酒店,分别借助人们早已熟悉和热爱的王维和鲁迅的名篇,挖掘出中华历史文化的沉淀。如"金六福——中国人的福酒",这种定位将金六福的品牌文化提升到一种民族的"福"的高度。

将文化内涵融入品牌,形成文化上的品牌识别,能大大提高品牌的品位,使品牌形象更具特色。中国文化源远流长,国内企业要予以更多的关注和运用,目前已有不少成功的案例。珠江云峰酒业推出的"小糊涂仙"酒,就成功地实施了文化定位,它们借"聪明"与"糊涂"反衬,将郑板桥的"难得糊涂"的名言融入酒中,由于把握了消费者的心理,将一个没什么历史渊源的品牌运作得风生水起;金六福酒实现了"酒品牌"与"酒文化"的信息对称,把在中国具有亲和力与广泛群众基础的"福"文化作为品牌内涵,与老百姓的"福文化"心理恰巧平衡与对称,使金六福品牌迅速崛起。

8. 对比定位

对比定位是指通过与竞争对手的客观比较来确定自己的定位,也可称为排挤竞争对手的定位。在该定位中,企业设法改变竞争者在消费者心目中现有形象,找出其缺点或弱点,并用自己的品牌进行对比,从而确立自己的地位。在止痛药市场,美国的泰诺击败占"领导者"地位的阿司匹林,也是采用了这一定位策略。由于阿司匹林有潜在的引发肠胃微量出血的可能,泰诺就宣传"为了千千万万不宜使用阿司匹林的人们,请大家选用泰诺"。又如农夫山泉通过天然水与纯净水的客观比较,确定天然水优于纯净水的事实,宣布停产纯净水,只出品天然水,鲜明地亮出自己的定位,从而树立了专业的健康品牌形象。

9. 概念定位

概念定位就是使产品、品牌在消费者心中占据一个新的位置,形成一个新的概念,甚至造成一种思维定式,以获得消费者的认同,使其产生购买欲望。该类产品可以是以前存在的,也可是新产品。如"脑白金",其品牌本身就创下了一个概念,容易让消费者形成诱导式购买,人们已经是身不由己地把"脑白金"和"送礼佳品""年轻态健康品"等同起来了。

10. 情感定位

情感定位就是将人类情感中的关怀、牵挂、思念、温暖、怀旧、爱等情感内涵融入品牌,使消费者在购买、使用产品的过程中获得这些情感体验,从而唤起消费者内心深处的认同和共鸣,最终获得对品牌的喜爱和忠诚。如浙江纳爱斯的雕牌洗衣粉,借用社会关注资源,在品牌塑造上大打情感牌,其创造的"下岗片",就是较成功的情感定位策略。以小男孩纯真的语言"妈妈,我能帮您干活啦"的真情流露引起了消费者内心深处的震颤及强烈的情感共鸣,纳爱斯雕牌更加深入人心。还有哈尔滨啤酒"岁月流转,情怀依旧"的品牌内涵让人勾起无限的岁月怀念。品牌情感定位可以带来诸多优势。

(1) 带给消费者更多的个性化体验。事实上,有时消费者购买某个品牌的产品时,不仅要获得产品的某种功能,更重要的是想通过品牌表达自己的价值主张,展示自己的生活方式。如果企业在品牌定位时忽略了这一点,一味强调产品的属性和功能,不能满足消费者心理上的更多需求,就会渐渐被市场所淘汰。

(2) 品牌溢价能力强。对于消费者具有情感需求的同一类产品,以情感定位的品牌的价格敏感度比使用产品属性定位的品牌低。只要品牌的情感诉求被消费者认同,该品牌就为消费者创造了产品功能以外的更多利益,消费者对价格的关注程度就会降低。

(3)更容易为消费者记忆。一个触动消费者内心世界的情感诉求往往会给消费者留下深刻而长久的记忆,在消费者做出购买决策时激发出一种直觉,增强消费者的品牌忠诚度。"我喜欢"往往比"我需要"的吸引力更持久。

(4)为品牌延伸提供了更广阔的空间。情感的包容力比产品属性的包容力大得多,能为品牌向其他领域的延伸创造更多成功的机会。如宝洁公司把品牌"沙宣"定位为"时尚现代",就可以成功地从洗发护发产品延伸到定型产品,如摩丝等,即使将来向化妆品延伸也是可行的。而采用属性定位——"使秀发飘逸柔顺"的飘柔品牌就不容易向其他领域延伸(见案例:"哈根达斯的情感定位——营造爱的味道")。

哈根达斯的情感定位——营造爱的味道

"爱我,就请我吃哈根达斯"。自1996年进入中国,哈根达斯的这句经典广告语像是一种"爱情病毒"迅速在北京、上海、广州、深圳等城市蔓延开来。一时间,哈根达斯冰淇淋成了城市小资们的时尚食品。

然而,哈根达斯显然还是一种奢侈品。在哈根达斯进入的55个国家,它都是最昂贵的冰淇淋品牌。哈根达斯从不讳言自己的消费人群是处于收入金字塔尖、追求时尚的年轻族群。在投入巨资确保产品品质的同时,它的价格也是毫不客气的,最便宜的一小桶也要30多元,而最贵的冰淇淋蛋糕要400多元。说白了,哈根达斯已经不仅仅是一种冰淇淋,它更代表了一种时尚的生活方式和品位。

由于把自己贴上永恒的情感标签,哈根达斯从未为销售伤过脑筋。对于那些忠实的"粉丝"来说,吃哈根达斯和送玫瑰一样,关心的只是爱情。哈根达斯把自己的产品与热恋的甜蜜连接在一起,吸引恋人们频繁光顾。其店里店外散发的浓情蜜意,更增添品牌的形象深度。哈根达斯的产品手册、海报无一不是采用情侣激情相拥的浪漫情景,以便将"愉悦的体验"这一品牌诉求传达得淋漓尽致。其专卖店内的装潢、灯光,桌椅的线条、色彩的运用也都在极力烘托这一主题。每一处细节尽显爱意,哈根达斯深知蕴涵在冰淇淋中的情感意味。自1921年在美国纽约布朗克斯市诞生之初,哈根达斯便被赋予了罗曼蒂克的情感元素。来自马达加斯加的香草代表着无尽的思念和爱慕,比利时醇正香浓的巧克力象征热恋中的甜蜜和力量,波兰亮红色的草莓代表着嫉妒与考验,来自巴西的咖啡则是幽默与宠爱的化身。这些取自世界各地的顶级原料,拥有着哈根达斯近百年来忠贞不渝的热爱,结合了卓越的工艺和不朽的情感,独创出各种别具风情的浪漫甜品,让唇齿间细腻香滑的味道,营造出恒久的爱的回味。

11. 形态定位

形态定位是指将产品独特外部形态特点作为品牌识别的定位策略。在产品的内在特性越来越相同的今天,产品的形态本身就可以造就一种市场优势。如近几年异军突起的故宫淘宝,充分利用了中国传统文化中的各种色彩搭配和花卉纹路,塑造了独一无二的兼具古典和艺术气质的产品和品牌形象。

本章小结

从演变过程来看，20世纪的品牌定位理论发展经过了三个阶段：50年代的USP理论、60年代的品牌形象理论和70年代的定位理论。USP理论产生于产品理性利益盛行的时代，所以关注产品本身；品牌形象理论产生于产品同质化严重、差异化功能难以区分的年代；定位理论产生于信息爆炸时代，所以更加关注消费者的心理需求。随着理论的发展，三个理论本质上已无明显差别，并逐渐统一。品牌定位包含六大要素：①目标消费者；②消费者心理；③竞争性框架；④利益点；⑤理由；⑥品牌个性。

品牌定位是品牌建设的基础和品牌经营成功的前提。品牌定位在品牌经营和市场营销中有着不可估量的作用，有助于消费者记住企业所传达的信息；是确立品牌个性的重要途径；是品牌传播的基础，为消费者提供了一个明确的购买理由。在实施品牌定位的过程中应该遵循四大原则：差异化原则、个性化原则、消费者导向原则、动态调整原则。

品牌定位的过程是一个通过消费者、竞争者和自身的综合分析，为品牌在消费者心目中确定其独特性过程。品牌定位过程有以下几个步骤：①市场调研；②市场细分；③选择目标市场；④选择差异化竞争优势；⑤描述目标市场特征；⑥确定品牌定位核心理念；⑦品牌定位的传播与巩固。

常见的品牌定位策略有：属性定位、利益定位、产品价格定位、领导者定位、竞争者定位、比附定位、文化定位、对比定位、概念定位、情感定位和形态定位。

关键概念

品牌定位　品牌定位过程　品牌定位策略

案例分析

万宝路，谁才是你的主要客户？

"你是谁？"，这不是个简单的问题！回答这个问题的难度和答案的复杂性，如同回答"你为谁提供服务"和"你为谁提供什么服务？"一样困难和重要。绝大多数企业，在品牌设计和品牌推广之前，由于没有很好地回答这三个问题，给企业所带来的麻烦和问题至今仍然没有得到良好的改善和合理的解决。他们继续投放着大量无效的广告，或者一味自欺欺人地抱怨市场，这些根本就不是解决问题的办法。

当客户无法从众多的品牌中辨别出你是谁时，你到底是谁已经不重要了。因为客户根本就无视你是否存在。所以，品牌定位的意义，首先必须体现在客户和消费者对于品牌的识别程度上。让客户在第一时间想到你，在众多的品牌选择中首先意识到你的存在和你的独特性，才是品牌定位的主要功能。建立消费者品牌意识不应该由客户来完成，而应该由企业帮助客户去完成。

　　世界上最具魅力的香烟品牌是1902年成立的英国"万宝路"。"万宝路"平均每分钟的全球销量为100万支，"万宝路"目前的品牌价值为500亿美元。然而，正是这个价值500亿美元的国际化品牌，却在它创业之初，由于品牌定位的失误和茫然，让其苦苦挣扎了50多年，并一度走上倒闭破产的绝境。"万宝路"的英文是"Marlboro"，Marlboro一词是"men always remember love because of romance only"的缩写，意思是"爱情永记，只缘浪漫"。这种"娘娘腔"式的品牌设计，正是万宝路创立之初为自己设定的品牌定位：女士香烟！

　　"万宝路"选择女性作为主要的消费对象，是因为当时经历过第一次世界大战灾难的西方青年全部是纸醉金迷的"迷惘的一代"。他们及时行乐、醉生梦死在香槟酒和爵士乐之间，无论男女、无论任何场合，在嘴上衔着一支香烟成为当时的流行时尚。欧洲男性香烟市场已经被骆驼、好彩和Chesterfield三大品牌完全控制，但女性香烟市场内还处于一片空白。

　　"万宝路"注意到当时的女性烟民，绝大多数是精神空虚和受过感情创伤的妇女，她们非常注重外表，试图通过浓妆艳抹来吸引异性的目光。她们追求与一个男人又一个男人"伤心欲绝"地恋爱的感觉；她们没由来地感慨易老的红颜，自怜匆匆的时光；她们用烟卷和颓废来标榜自己与众不同的异样和另类……为了满足和迎合这部分女性烟民特殊的需求和爱好，万宝路"爱情永记，只缘浪漫"的品牌定位和品牌口号就这样横空出世了。

　　1924年，"万宝路"又为其目标客户精心打造了一条新的广告语："mild as may——像5月的天气一样温和"。第二次世界大战之后，万宝路再次针对女性烟民推出了"与你的嘴唇和指尖相配"的广告宣传，其目的仍然是为了吸引女性的青睐和满足女性烟民的心理需求。然而，这一切的努力都是徒劳的！因为，无论女性烟民如何认同"万宝路"的品牌和宣传，毕竟"坏女人"的形象是为大众所唾弃的，女性烟民数量所占烟民总人数的比例也是有限的。女性不可能成为烟草市场上的主要消费力量。

　　1954年，著名的品牌营销策划师李奥·贝纳在仔细分析了烟草市场之后，为万宝路进行了一场彻底的"变性手术"！万宝路的品牌定位，从原来的以女性烟民为销售对象的品牌宣传，彻底坚决地转换为以男性为销售对象的品牌定位，也开启了"万宝路"国际品牌的销售神话。

　　从此以后，"伤心欲绝"的女性万宝路不见了，粗犷豪放的牛仔万宝路出现了。湛蓝的天空、空旷的原野、雄健的烈马、深邃的眸子、不羁的眼神、古铜的皮肤、无拘无束的野性与豪迈奔放的自由，牛仔的形象和男性的情怀完美地结合，诠释了一个关于男人的内心世界，也造就了一个关于烟草的品牌传奇。

　　万宝路，一次成功的"变性手术"，不过是一场关于产品、客户和品牌的定位选择。甘愿为客户"变性"，万宝路为后来者提供了绝好的典范。

案例思考

1. 万宝路如何成功实现品牌定位？
2. 结合万宝路成功定位的案例，试分析品牌定位的关键因素是什么。

（资料来源：http://hi.baidu.com/821402834/item/e3e4da4b66c3df04c0161377）

思考题

1. 什么是品牌定位?
2. 品牌定位的原则和意义是什么?
3. 简述品牌定位的一般过程,并举例说明。
4. 试回答常见的品牌定位策略有哪些。

第5章 品牌特征

学习目标

品牌已经成为经济的"原子核",但是在迷惘纷乱的市场上,品牌时刻受到严重的威胁。对于品牌来说,最好的抵御方法就是建立鲜明、独特的品牌特征。品牌特征既能够维护品牌的权威,又能作为品牌更新的跳板,帮助企业获得利润的增长。通过本章的学习,目的在于理解品牌特征的含义、意义及品牌特征策略如何实施,掌握品牌个性的含义、价值和结构及品牌个性的维度、来源与驱动因素,了解品牌个性如何塑造等内容。

我国很多企业在快速发展时,通过铺天盖地的广告成功地占领了市场,并形成了很高的知名度,但大都昙花一现,很快就消失了。造成这种现象的原因在于我国很多企业只靠机遇和勇气打市场,缺少对市场建设和品牌塑造的经验和方法及对品牌深层次的内涵与气质的挖掘,品牌没有特征,在消费者心目中没有留下深刻的印象。在当前的消费经济中,品牌已成为这一经济的"原子核"。它们是各种产品和服务的核心,是吸引消费者寻找的能够使他们的生活更好的那些东西。品牌"符号说"将品牌定义为名称、标识和其他可展示的标记。但品牌远不止这些。如西南航空为您订座,UPS 为您快递,爱丽·沃莱士为丰田做广告,等等,所有这些都构成品牌,形成了所谓的"特征"。

5.1 品牌特征的内涵

法国学者金·卡弗把品牌特征看作品牌策略的主要因素。他在 1992 年的《战略品牌管理》一书中曾这样总结品牌特征:"任何产品在初建阶段都很一般,但过了一段时间,品牌就会有自己的内容了。开始就如同把一个毫无意义的词附在一个新产品上,可是年复一年,却能形成一种含义,这种含义由记忆中的交流和产品组成。"品牌特征是一个品牌的生命核心。为了使自己的产品变成未来的"明星",企业必须让自己的产品和品牌富有特征,具有差异性。

5.1.1 品牌特征的含义及其层次

1. 品牌特征的含义

品牌特征就是品牌的特点、气质和内涵,是品牌深层次的表现。每一个品牌都有它的特征,这种特征表现为它与其他同类品牌之间的区别,也就是它所代表的特定消费群体的需求及它本身所具有的与众不同的内涵(这种内涵包括物质状态和意识形态两方面)。从更广泛的意义上来说,品牌特征是词语、形象、思想和相关事物组成的框架,这个框架由消费者对品牌的总体感觉组成。品牌是消费者眼中的产品或服务的全部,也就是人们所看到的各种要素集合起来所形成的产品表现,包括销售策略、人性化的产品个性、销售策略和产品个性的结合等,或者是全部有形或无形要素的自然参与,如品牌名称、品牌标识、图案等。从这个意义上来说,品牌特征是一种不同于功能的产品个性,它从视觉感知的层面标识了产品的独特个性。

需要说明的是,品牌特征不是营销者臆造的,而是消费者看到后才产生的。这与消费者是什么样的人、生活在什么样的环境中及品牌传递了什么信息密切相关。品牌信息穿越消费者生活中固有的许多屏障后,为人们所接受,并留在人们的大脑中。但最终留在人们大脑中的是品牌所创造的真实特征,而其余的则是对人们不再有用的信息。

2. 品牌特征的层次

品牌特征可以分为四个层次:品牌的核心特征、品牌的支撑特征、品牌的通用特征和品牌的流动特征。

品牌的核心特征,即品牌实质,它是品牌特征的核心及精华之处,是在消费者心目中独特的核心感觉。这是一个品牌区别于其他品牌的最根本的特征要素,是品牌的灵魂所在。从许多著名品牌身上都可以找到其核心特征，如万宝路的核心特征是"自由"，奔驰的核心特征是"成功"，宝马的核心特征是"美好生活"等。

品牌的支撑特征，是指围绕着品牌核心特征所衍生出来的品牌支撑特征群，如品牌产品的独特属性、品牌名称、品牌标志、品牌图案系统等。它们的最大作用在于凸显和支撑了品牌的核心特征，从而使品牌的核心特征形象更加丰满。如奔驰车经久耐用的发动机、庄重的外观和颜色、名人诱导式的广告及端庄典雅的"人"字形等，都很好地体现了"成功"这一品牌核心特征。

品牌的通用特征指的是各种同类品牌之间相同或相似的基本特征，如同类品牌产品的基本属性。例如，奔驰与宝马虽然核心特征不一样，但作为一种交通工具，两者还是具有很多通用特征的。

品牌的流动特征是指品牌在短期中的竞争导向所塑造的战术性特征。由于这种特征对于前三种特征而言，更多的是带有战术性特点，因而它是经常变化流动的。例如，在VCD大战中，当其他品牌纷纷打出"超强纠错"时，新科决定跟进，那么"超强纠错"这一产品特征就成了新科品牌的流动特征。流动特征是短暂的、易变的，当所有品牌都将"超强纠错"作为产品的必备属性时，它就成为品牌的通用特征了。

5.1.2 品牌特征的意义

1. 品牌特征与品牌价值

品牌特征与品牌价值是不可分的，并已成为品牌价值最重要的组成部分。根据加利福尼亚大学伯克利分校的David A. Aaker对品牌价值的定义，品牌价值是"一组品牌的资产和负债，它们与品牌名称、标志有关，可以增加或减少产品或服务的价值，也会影响企业的消费者和客户"。品牌评价是指对直接表现品牌价值的那些要素进行的评价，这些要素包括影响品牌的有形或无形资产。过去几年里，《商业周刊》/Interbrand每年都会对世界上最主要的品牌的货币价值进行评价。2016年，世界上最具价值的几个品牌包括苹果、谷歌、可口可乐、微软、丰田等。

品牌价值也包含了能够使购买目标更具吸引力的那些利益，其中包括品牌特征。品牌特征是品牌定位和品牌个性的产物。品牌名称、标识和图案组成，品牌的营销信息及其他方面，在与消费者交流的过程中使产品或服务的表现更具形象化。

品牌的各个方面直接影响消费者和潜在消费者。企业雇员也是重要的受众，他们会对品牌特征有重要影响，尤其是在服务业。品牌价值与品牌特征的关系如图5-1所示。

关于品牌价值与品牌特征的关系，可以来看一个例子。就公司收入和利润贡献、控股公司的影响和代表未来销售额的顾客崇信度来说，沃尔沃曾经积累了具有实质性的品牌价值。它的品牌价值由许多因素组成，其中包括它已有的声誉，如它引以为荣的品质、安全和环保的核心价值（品牌特征的一部分），在这三大核心价值中，安全是沃尔沃强调最多的。正如沃尔沃的一则广告说的，"对沃尔沃来说，每年都是'安全年'"。然而几年前，人们发现，沃尔沃的电视广告使用虚假的碰撞测试进行宣传，这使沃尔沃的品牌特征蒙上了污点。沃尔沃的管理人员很快就看到，由于"安全"的特征受到损害，沃尔沃的品牌价值正在下滑。后来，沃尔沃通过添加更安全的侧气囊，加大广告的力度，并更加强调"安全"这一定位，品牌特征才得到修正，品牌价值也才得以重建。

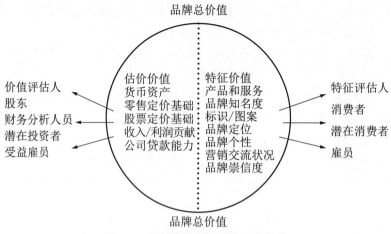

图 5-1　品牌价值与品牌特征的关系

值得注意的是，品牌价值与品牌特征的区别是个很重要的问题。尽管品牌特征是品牌价值的一个组成部分，但品牌特征关系到已有和未来的消费者如何看品牌的问题。品牌管理人员应该不断地工作，增加品牌价值，但最有机会影响消费者的却是品牌特征。消费者很看重品牌，特别是品牌特征的稳定性。因为这些品牌的产品是他们所相信的和需要使用的，并且这些品牌身上有能够让他们感觉到的价值，也就是"性价比"。如果品牌特征能够成功保持下去，品牌价值一定能够增长。

2. 品牌特征的意义

一个好的品牌特征会使一个品牌区别于竞争者的品牌，并对消费者产生足够的说服力（见案例："'年轻'的百事可乐"）。不仅如此，通过强化品牌特征或创立鲜明的品牌特征，还能够有效增加消费者或潜在消费者眼中的品牌价值，并使品牌具有抵御市场中不利因素的能力。

"年轻"的百事可乐

可以用可乐的例子来验证"年轻"的价值——虽然很少有人能区别可口可乐与百事可乐的味道，但到处都能听到只喝百事可乐的声音，全世界的人几乎都知道可口可乐显示的形象是老套的、呆板的和保守的——一个年轻人不喜欢的形象（现在可口可乐有了很大改观）。而百事可乐的特征是有活力的、有趣的，有一颗年轻的心、与众不同，或者是一个年轻人所渴望的所有东西——个性，当然百事可乐还是流行的。

百事可乐的品牌特征、形象诉求使它成为可口可乐最具竞争力的对手。"来吧，加入百事一代""新一代的选择"及音乐的运用，让每一个年轻、有活力的少年对它痴狂，从迈克尔·杰克逊到莱昂内尔·里奇，再到郭富城、瑞奇·马丁、F4、周杰伦、布兰尼，百事可乐成为成功的品牌特征塑造的典范。

（资料来源：根据网络资料整理）

（1）价格较低的产品的品牌对具有强品牌特征的品牌不具威胁力。上面提到的百事可乐就是强品牌特征的代表。在1993—1994年，尽管面对激烈的市场竞争，但它的销售情况依然很好。

（2）当经济变糟的时候，强品牌特征能够对人们的选择起到保护作用。例如，那些历史悠久的品牌，如奔驰、宝马、通用汽车、可口可乐、雀巢、惠普、迪士尼等都顺利度过了许多艰难的经济时期，如果没有强有力的品牌特征的支持，情况就不会是这样。

（3）具有强化了特征的品牌能够带给消费者实质性的东西，值得人们相信。特别是在经济衰退的时候，情况尤其是这样。

（4）强品牌特征能够提供给消费者所寻求的最大利益，即放心。例如，当消费者喜欢把钱存在瑞士银行（指瑞士联合银行）时（瑞士银行由于其严格的保密制度，一直被认为是全球最令人信赖的银行），他正在减少将钱存到哪个银行时所需做决定的考虑。这说明他信任该银行，除非瑞士银行不再让他放心（2009年8月，瑞士银行曾向美国政府交出4 450名遭到怀疑偷税漏税客户的账户明细，以换取不受起诉或罚款的"待遇"，对储户的心理造成了一定的影响，详见案例："瑞士银行：备受争议的保密制度"）。建立和保持这种信任的第一步就是建立一个值得信赖的品牌特征。

瑞士银行：备受争议的保密制度

数百年来，瑞士银行由于其严格的保密制度而闻名于世，世界上约有1/4的个人财富被存放在这里，各国政要、商界巨子和演艺明星都因把存款放在瑞士银行而感到放心，甚至黑帮头目都将或正当或来路不明的资产存在瑞士银行，从而使瑞士银行成了黑社会洗钱的代名词。

瑞士银行一直坚持为客户保密的原则，这也是备受争议的原则，所以不排除很多避税者把钱存入瑞士银行的可能。2009年8月之前的一段时间，瑞士银行面临美国国税局的穷追猛打，说有大概5.2万名美国客户通过在瑞士银行的秘密账户，藏匿了大概150亿美元以逃避税收。因此，美国政府要求瑞士银行提供这5.2万名美国客户的信息，瑞士银行在压力之下，只交出了250名客户的信息，同时答应交7.8亿美元的罚款，剩下的则希望不要再查了。在被调查的150多名瑞士银行的美国客户中已有好几个认罪。但这一情况没能让美国政府满意。美国司法部还是提起了诉讼，要求瑞士银行继续公开更多的信息，这遭到瑞士银行和瑞士政府的抵制。争议大约持续了半年时间，瑞士银行最终没能抵住压力，与美国政府达成了所谓的和解协议，向美国政府交出了4 450名遭到怀疑偷税漏税客户的账户明细等信息。

这个协议是瑞士银行把所谓的账户信息提供给瑞士政府，由瑞士政府负责处理美国方面的要求，决定向美国政府公布哪些信息，保留哪些信息。这个做法虽然在法律上有效地绕过了瑞士严密的银行保密规则，但从事实上来讲，部分客户的信息的确是被交了出去，保密规则被完全打破了。瑞士银行董事长也在一个声明中说："我相信这个协议能够允许银行继续通过稳定的业绩表现和客户服务来重塑声誉。"声誉没有受到影响何来重塑？从这个意义上说，这一事件对客户的心理肯定会造成影响。

（资料来源：http://www.cnr.cn/china/gdgg/200908/t20090821_505439367.html）

5.2 品牌特征塑造的要点及实施步骤

北冰洋汽水、唯怡豆奶，借着怀旧的东风，许多具备当地特色的饮料在近几年异军突起。重新品尝一口儿时的饮料，有些人认为它味道变了，有些人认为没变。实际上，消费者对于味觉、嗅觉的分辨率很弱，这种变与不变并不差别在口味上，而形成于消费者对产品的固有印象和当前形象的对比。

5.2.1 品牌特征塑造的要点

1. 品牌"实质"

研究人员萨尔·蓝德佐在他的《麦迪逊街传奇》一书中指出，品牌有时甚至有"灵魂"。蓝德佐定义的灵魂为"精神中心"或"核心价值"。它们决定了品牌的内容，并渗透到品牌的每一个方面。与品牌灵魂紧密相连的概念是品牌"实质"。品牌实质一般是一个或几个简单的"词"。有时人们就在品牌后面加上"性质"这个词来表示，如"可乐性质""迪士尼性质""麦当劳性质"等。

品牌实质向所有与它有关的人展示了品牌的本质，它可以表现在或来源于各个方面。例如，它可能蕴涵在品牌产品的形式中，如大众的甲壳虫汽车。它还可以基于一种继承性，如象牙牌香皂的纯净。品牌实质还可以来自品牌的创始人，如福特汽车的名称就来源于其创始人的名字——亨利·福特等。品牌实质是品牌各个要素如名称、表现水准、包装、定价理念、营销传媒等的产物，它是营销者创造的。不过，只有当人们购买这个品牌的时候，品牌实质才存在。

2. 构筑品牌特征保护圈

品牌特征保护圈是指动用一切有形和无形要素所构筑起来的强有力的市场竞争壁垒。其核心层圈是品牌的精髓、本性和存在意义，外圈则是品牌围绕其核心价值而展开的各种表现，它们构成了一个由里及表的、动态的、展开的品牌识别系统，这个系统构成了消费者对品牌的总体感觉和体验。说其是动态的，是因为品牌的核心价值要保持不变，而外层表现出的产品、技术、广告主题、细分市场等则要不断更新，从而保持品牌的持久活力；说其是展开的，是因为需要通过品牌价值主张、品牌定位和品牌个性等来进行品牌识别。

市场上许多品牌都在构筑坚实的品牌特征保护圈。例如，惠普除了作为一个计算机制造商外，它还保留了一种作为科技领先的供应商的特征，这种特征使它可以吸引那些需要可靠打印机的消费者或用户，从而避免被简单地划入硬件制造商队伍中去的局面。因此，如果品牌具有坚实的品牌特征，这种特征可以帮助品牌抵御市场的竞争。

品牌特征保护圈还可以保护品牌不受市场上混乱的信息的干扰。市场上信息越混乱，企业就越需要有坚实的品牌特征保护圈，这个保护圈保护着品牌并使品牌价值不受侵害。换句话说，品牌需要进行管理，品牌管理人员需要对品牌的全部内容进行计划，不断地对品牌进行更新，使品牌具有新的特征，从而使品牌得到精细保护和持续发展。

3. 塑造品牌的崇信度

简单来说，品牌崇信度就是消费者对某一品牌的核心理念、核心价值观等的认可程度或对拥有或持续拥有某一品牌产品的渴望程度。

消费者对一些品牌具有较高的崇信度。例如，哈雷摩托、耐克、百事可乐等品牌的消费者。但是，品牌崇信度正在成为是一种稀缺的资源。一些历史上比较强大的公司都在为留住原有消费者而努力，如通用电气、沃尔玛等。这些公司的消费者原来相信它们的品牌，并不愿意在更换品牌方面冒风险，但由于经济状况改变，同时又有很多低价格、高品质品牌产品的出现，它们的品牌不再受到青睐。造成这种现象的原因在于，一是品牌的惯性会不断衰弱，即品牌吸引消费者的力量减弱了；二是消费者面对的品牌比过去更丰富，并且他们了解市场上的各个品牌。

可以通过四种方式来塑造品牌的崇信度。一是保证产品或服务的品牌与消费者的期望一致（甚至高过或大大超出）。企业可以通过产品或服务的表现来强化品牌特征。例如，宝马的定位是"驾驶的乐趣"，它的用户每次驾驶的时候都能感受到这种定位，因此它的品牌特征也得到了保证。二是对产品或服务进行创新。如苹果的 MacBook 笔记本电脑、iPhone 手机和 iPod MP3 等都是通过产品创新赢得了消费者的青睐，因而强化了它的"时尚、创新"的品牌特征。三是实施建立品牌崇信度的营销活动。例如，福特公司建立的 Mustang（福特的一种轿车品牌）俱乐部就是一种有效增强品牌崇信度的方法。通过这种俱乐部，每当有新车推出时，公司就为会员提供聚会的机会。四是对能够强化品牌特征的营销活动进行投资。企业只有不断地对强化品牌特征的营销活动进行投资，才能够提升品牌崇信度，塑造出强有力的品牌特征。

4. 品牌特征的工作要点

品牌管理人员要建立强有力的品牌特征，应该努力做好以下几项工作，这些工作在品牌管理人员的日常工作中，应该占有优先地位。

（1）进行分阶段的目标分析，确认品牌现在的情况是怎样的。
（2）了解消费者和潜在消费者，确认品牌发展的机会在哪里。
（3）使特殊的和有吸引力的品牌个性与各种相关的品牌定位联系起来。
（4）让品牌特征贯穿全部可能与品牌相关联的渠道。
（5）使品牌工作加入相互关联的各种营销计划中去。

5.2.2 品牌特征管理策略

在品牌特征的四个层次中，真正构成品牌识别特征的是品牌的核心特征和其支撑特征群。但是品牌的通用特征是一个品牌能够立足的最基本要求，而品牌的流动特征又有利于企业防御或主动挑起对竞争品牌的战术性攻击，因此，实施品牌特征管理策略，应对这四个层次的特征采取不同的管理策略。

1. 品牌核心特征管理策略

品牌识别特征是一个品牌区别于其他品牌的鲜明、独特的特点，而品牌核心特征又是品牌识别特征的灵魂所在。因此，塑造品牌识别特征的关键之处在于塑造品牌的核心特征。从世界上许多成功品牌的成长过程可以看出，只有在长期的经营中保持品牌的核心特征不变，才能建立起营销者所希望的品牌识别特征。品牌核心特征源于品牌定位和品牌个性的完美结合，所以主要是通过控制品牌定位和品牌个性来保持始终如一的品牌核心特征。

（1）品牌定位管理。

①不变的目标市场定位。为了保持品牌核心特征不变，品牌应该长期坚持自己的目标市场定位。丰田公司进入美国市场时，就很好地领会到了这一点。由于在丰田公司长期不懈

的营销努力下，消费者心目中已经牢固树立了"丰田"品牌"经济省油型中档车"的形象，所以当丰田公司进入美国高档汽车市场时，就重新创立了一个品牌——雷克萨斯，并千方百计地使其与丰田公司划清界限，其目的就是为了防止"丰田"在消费者心目中的定位出现混乱。而派克公司早年推出低档笔的失败则是一个很好的反例。

②动态的定位策略。品牌有多种定位策略，如领导者定位策略、老二定位策略、独占山头定位策略等。企业应根据市场和自身条件的变化，采取动态的定位策略。因为品牌的成长与品牌核心特征的成长是同步的，所以品牌因地制宜地采取动态的定位策略也是对品牌核心特征成长的一个有力保障。

③稳定的定位方式。品牌可采用很多种方法进行定位。如"海飞丝"强调"去头屑"，"飘柔"使头发"更柔顺"，"潘婷"强调使头发"更健康、光泽"，这是以产品特征进行定位，"七喜，非可乐"以竞争进行定位，"长虹，以产业报国"以情感进行定位，"金利来，男人的世界"以产品使用者进行定位等。上述品牌的定位方式很大程度上决定了其在消费者心目中的特殊形象，即品牌核心特征。因此，为了保持品牌核心特征的稳定性，采取稳定的定位方式是非常重要的。

（2）品牌个性管理。

①始终如一的品牌个性。品牌个性是在品牌定位的基础上使品牌人性化和情感化。如万宝路豪迈不羁的西部牛仔形象、惠尔普温柔敏感的现代家庭妇女形象、绿箭健康活泼的双胞胎形象、麦当劳的小丑形象、肯德基的上校形象等，都是建立品牌人性化个性的成功案例。上述品牌历经多年，但各自独特的品牌个性都很好地保持了下来。因此品牌个性管理的关键是使品牌个性保持稳定。

②品牌个性诊断。企业必须经常对品牌个性进行诊断。一个目的是考察品牌个性是否很好地切合了品牌定位。另一个目的就是探讨品牌个性在保持稳定的前提下，如何进行局部创新，以使品牌个性更加形象和更丰满。

③品牌个性的接触管理。品牌个性是品牌形象塑造的结果，因而要使品牌个性保持稳定，就必须在实施品牌形象战略时，对品牌个性的接触点（如呈现个性的各种类型广告、公关活动等）进行品牌个性的接触管理，通过对品牌个性接触点的控制来保障品牌个性的稳定。

2. 品牌支撑特征管理策略

品牌支撑特征是构成品牌识别特征的重要一环。没有品牌支撑特征，如产品或服务的独特属性、标识、图案系统等的有力支持，品牌的核心特征就不可能建立起来，一个品牌也就不能形成其识别特征。

品牌识别特征的关键作用在于有利于建立品牌忠诚。而品牌忠诚理论指出，塑造品牌忠诚的最好方法是保证产品或服务的品牌和消费者的期望保持一致（或者超出）。因此，品牌支撑特征管理的目标有两个：一是使品牌支撑特征与核心特征保持同步，融为一体；二是使消费者对品牌支撑特征的期望与公司实际的支撑特征保持一致。

品牌支撑特征管理的核心思想是以消费者为中心整合品牌特征价值，即实现产品制造流程、传播流程的一体化，并利用全面质量管理（TQM）和整合营销传播（IMF）来达到上述两个目标。

3. 品牌通用特征和流动特征管理策略

品牌非识别特征包括品牌通用特征和品牌流动特征。品牌通用特征是品牌识别特征的外围屏障。当品牌通用特征出现问题时，会对品牌识别特征产生负面影响，因此企业必须对品牌通用特征进行严格控制，如产品的基本属性等。企业在导入品牌的流动特征时，则要考虑该流动特征所涉及的概念会不会造成品牌识别特征的混乱，即使用流动特征防御或攻击敌方品牌时，其前提是不能损害品牌的识别特征。

5.2.3 品牌特征塑造的实施步骤

品牌特征的塑造由品牌管理态度和能够加以实施的工作计划组成。作为态度，品牌特征的塑造工作决定品牌是否能在市场上生存和发展。正确的态度可以帮助品牌管理人员注意如何保持和发展他们所关心的品牌。而作为要实施的工作计划，品牌特征的塑造，要求品牌管理人员要像了解他们自己一样，了解他们的消费者，并用全局的观点去设计一个完美的品牌计划。当消费者接触品牌时，这些计划能够实施并产生效果。

品牌特征的塑造可以按照以下步骤来实施。

1. 评估品牌现状

塑造品牌的第一步是明确品牌的起点。品牌管理人员必须有目的地对品牌的优缺点进行分析。因此，塑造品牌特征的第一步就是客观地分析品牌形象及相关因素，这些工作对一个品牌十分重要。品牌现状分析可以搞清楚塑造品牌特征时可以利用的因素，也可以找出存在的问题及原因。根据品牌自身的情况和品牌所处的环境，品牌现状分析可以分为四个部分。

（1）品牌内部环境分析，主要是分析营销人员和管理人员的努力程度和责任感。对员工的努力程度和责任感的分析，可以从品牌联系和品牌前景两个方面进行。品牌联系强调企业成员如何看待企业的品牌，怎样使他们全力以赴地投入工作中去。品牌联系要分析的内容包括：成员对企业品牌的态度、成员与企业品牌的感情、非直接从事品牌工作的员工对企业品牌的关注程度、企业成员对改进品牌产品营销工作的建议等。品牌前景关注成员是否在为一个目标而努力工作。对品牌前景的分析包括：成员（包括营销人员和非营销人员）对品牌目前和未来的情况的了解程度、新员工对品牌前景的谈论情况、企业员工对品牌来源的了解程度、品牌在市场上的表现情况、特别是与竞争对手品牌相比的情况等。

（2）销售环境分析，主要是分析市场中影响品牌的各种因素。销售环境是消费者正在经历的环境，这个环境会影响消费者对品牌的看法。对销售环境的分析主要包括对经济状况、销售地点、信息杂乱程度、产品类型、竞争状况以及企业目前经营的品牌的类型的分析等。在大多数销售环境中，顾客与服务人员存在直接的互动，因此，服务人员行为与品牌特征的一致性对塑造和维护消费者心中的品牌特征十分关键。

（3）品牌质疑，即通过提出一系列问题的方式，让品牌管理人员细致地描述和评价品牌当前的特征。品牌质疑应审视品牌向市场传递了什么样的信息。品牌质疑的内容主要包括品牌名称、品牌标识、品牌的属性、当前的品牌定位、当前的品牌个性、品牌的总体特征、品牌的情感因素、品牌与消费者的接触情况等。

（4）整合所提炼的品牌的所有特征，即使用从品牌现状分析中得来的信息创造一个品牌"模型"，对品牌的特征进行总体的概括。品牌管理人员应该尽可能地对品牌特征进行简单的描述。首先列出品牌特征组成的各个成分，然后讨论品牌特征的核心内容，包括品牌定位和品牌的个性。

2. 分析消费者

由于技术进步使得人们能够买到最适合于自己的产品，并且通过购买自己喜欢的东西来表现自我，因此，人们开始注重自己的个性。营销者要关注消费者的个人特征，确定他们会怎样看待品牌，消费者对自己的看法及别人对他们的看法等，从而把消费者的特征与企业的品牌特征联系起来。分析消费者的过程，鼓励营销者从多个方面动态地思考消费者，尤其是要注意消费者对未来的期望。对于营销者而言，分析消费者，实际上就是努力地从思想上接近消费者。对消费者的分析可以通过以下四个步骤来完成。

（1）通过定性和定量研究的手段，收集消费者的信息。

（2）审视未来能够成为品牌使用者的典型人物的个人情况。

（3）根据这些情况，设想与营销计划不一致的那些人的日常生活。

（4）关注消费者，并贯穿到营销计划中去。

3. 品牌定位

品牌定位是品牌特征的指南针，它指向品牌最能发挥作用的地方，除了使品牌在所属产品的类型中建立起来外，还帮助品牌在潜在消费者的生活中建立一个有力的支撑点。人们在市场中如何认识一个品牌主要在于品牌的个性。不过，品牌个性在人们生活中的含义来自品牌的定位。正如吉列刀片的定位主题是"男人们能得到最好的"那样，你的品牌标榜的是什么，从品牌定位中最能反映出来。由于前面第 4 章已经对品牌定位的内容进行了全面详细的阐述，这里就不再赘述了。

4. 塑造品牌个性

品牌特征表现在它的个性当中。因此，品牌管理人员可以利用品牌个性来塑造品牌特征。Lynn B. Upshwa 曾指出，品牌定位和品牌个性是品牌特征最主要的组成部分。当品牌个性与品牌定位成功地结合在一起时，就能形成一种品牌实质，这种实质能够引起消费者和潜在消费者的注意。品牌个性使一个原本没有生命的物体或服务人性化了，它能够吸引人，强化人们的购买决策，并触发他们与品牌的情感联系。品牌个性还可以解释人们购买这个品牌而不买另外一个品牌的产品的原因，尤其是在产品和服务的特点差不多的时候。关于品牌个性的内容，将在后面的一部分内容中详细阐述。

5. 管理品牌特征的接触点

Don E. Schultz、Seltan Robory、Laot Enbon 在他们合著的《统一营销交流》一书中提出"消费者接触点"或"品牌接触点"的概念，这一概念是指"消费者或潜在消费者任何时候对某一个产品或服务的品牌、产品类型或市场的信息的接触"。Lynn B. Upshwa 将这一概念运用到品牌特征中，得到"品牌特征接触点"的概念，这一概念的含义是：品牌以某种方式接触潜在消费者，并向他们传达品牌特征。表 5-1 给出了一些品牌特征的接触点。

表 5-1　品牌特征接触点

1. 企业成员
   - 前台服务人员
   - 销售代表
   - 推销人员
   - 不提供直接服务给顾客的后台人员
   - 企业选定的、被顾客认为是直接代表服务企业的中间商
2. 企业场景和其他有形物
   - 产品
   - 内部装修、终端设施布局
   - 建筑物外观环境
   - 由顾客自己操作的自助服务设备（如银行的 ATM 机）
   - 其他设备及有形物
3. 非人员沟通
   - 广告（包括广播电视、杂志报纸、互联网、户外等形式的广告）
   - 宣传资料（产品目录、产品使用手册、传单）
   - 品牌名称、品牌标识、品牌形象代表、品牌口号、品牌音乐、品牌包装等
   - 经销商会议、赞助活动、展览、服务体验点
   - 大众媒体的新闻报道
4. 其他人员
   - 服务传递过程中遇到的其他顾客
   - 朋友、熟人和陌生人的口头评论（口碑传播、亲情推荐等）

（资料来源：潘轶彦. 基于顾客价值的服务品牌接触点管理研究 [D]. 南京：南京理工大学，2004.）

对品牌特征接触点的管理，可以采用"综合交流法"。综合交流法可以针对消费者的具体需要，展示品牌特征的总体形象，它具有准确的战略性。综合交流法是通过设计对消费者需要影响巨大的营销计划，并采用一般媒介和根据媒介的能力进行调整的，以实施主题一致的广告、促销、公关、直销等的交流，从而产生协调良好的营销交流计划，并将消费者的最大利益通知给消费者的一种方法。例如在饮料质量方面，全世界超过 22 000 家星巴克店铺的同一款咖啡味道差别不大。在顾客体验方面，为消费者提供了一个方便、整洁的，能让人坐下来休息、聊天的空间。在服务方面，提供给顾客足够的自助服务的空间。这一切加起来，塑造了星巴克稳定和舒适的品牌特征。

6. 分析以往品牌的经验

创立正确的品牌特征的工作与许多其他工作一样，如果了解过去人们是如何成功的，人们就可以从中获得一些非常有用的经验，或者哪怕是失败的案例，也能使人们从中获得一些教训，从而少走一些弯路，使现在的工作变得简单许多。

7. 塑造品牌特征

经济领域正在发生系统性的变化，例如，高档产品和服务的品牌不断遭遇低价产品的挑战；低价产品在不断地提高产品质量，以保持自己的销售水平；消费者比过去更挑剔等。在这样一个环境里，品牌所能做的就是使自己更有特色，吸引消费者的注意。另外，消费者、营销者和品牌三方的关系也在变化。以前那种营销者将没有任何差别的产品"甩给"正在等着的长长的队伍的现象再也不会出现。品牌已经成为消费者和营销者关系中的第三个"合作者"。三者的特征成为一体，形成了一种三方关系，并且长期相互依赖，每一方都能从这种

关系中获益。为了形成这样一种关系,品牌需要受人欢迎、崇信,能够被人接近、信任,并与人们的生活息息相关。为此,营销者一方面要使品牌有吸引力,另一方面还要设法让消费者喜欢品牌。他们还要了解消费者,并使品牌具有消费者所喜欢的特点。同时,消费者需要知道自己需要什么,要信任自己所崇信的产品,遇见符合自己需要的产品就买下来。因此,为了实现这种关系,品牌管理人员必须创建强有力的品牌特征,因为有实力的品牌特征能够促成营销者与消费者之间最有生命力的关系。

5.3　品牌个性化策略

品牌和人一样,也有自己独特的个性特征,这种特征被称为品牌个性。随着越来越多的人开始追求个性化,与之相适应的不同个性的品牌的出现就成为必然。正如品牌大师 David Ogilvy 在其品牌形象论中描述的那样:"未来最终决定品牌市场地位的是品牌总体上的性格,而不是产品间微不足道的差异。"

5.3.1　品牌个性的含义

1. 个性

个性(personality,有时也称人格)一词来源于拉丁文"persona",指古希腊、古罗马时期戏剧演员在舞台上戴的面具,用于表现剧中人物的身份和性格特征,后来被心理学家用来表示人生舞台上个体所扮演的社会角色的心理和行为。对于个性的解释,不同学者从不同的角度有不同的理解。Philip Kotler 从营销学角度将个性定义为"一个人所特有的心理特征,它导致一个人对他或她所处的环境相对一致和持续不断的反应"。一个人的个性通常可以用自信力、控制欲、自主性、交际能力、保守和适应能力等性格特征术语来描述。

2. 品牌个性

Jennifer L. Aaker 作为品牌个性研究方面的知名学者,对品牌个性进行了定义。她认为品牌个性是"品牌所联想出来的一组人格特质"。为了解释该定义,她还举例说,人性化的"绝对伏特加"倾向于被描绘成酷的、赶时髦的、25 岁的当代青年。因此,她认为品牌个性既包括品牌性格,又包括年龄、性别、阶层等人口统计学特征。

从 Jennifer L. Aaker 的定义可以看出,品牌个性不仅包括心理学意义上"个性"的含义,还包括消费者从品牌中获得的情感利益和感受。因而,品牌"个性"应该是"性格"和"情感"的结合体,既能反映消费者的自我特征,又能反映消费者从品牌消费过程中获得的情感满足。正如 Jennifer L. Aaker 指出的,产品属性倾向于向消费者提供实用功能,而品牌个性则倾向于向消费者提供象征和自我表达功能。

5.3.2　品牌个性的稳定性

1. 品牌个性稳定性的含义

稳定性是品牌个性的主要特点。在实际的品牌个性塑造中,品牌个性的稳定性是指品牌个性表现的一贯性和持续性。个性心理学告诉我们，一个人内在的稳定因素使其行为在不同的场合表现出持续一贯性，并与其他人在相同情况下的行为有所差异。对于品牌而言，品牌正是利用自己"在不同场合表现出的持续一贯性和差异性"来确立自己的个性的。

品牌个性的稳定性有内容和形式两方面的含义。从内容上来讲，是指品牌个性的内在特质与内涵以及对目标客户的生活态度和价值观的理解要保持一贯。如可口可乐是什么？它在很大程度上已不是饮料这么简单了，"他/她"是可口的，更是好玩的、精彩和刺激的。可口可乐不停地告诉消费者："他/她"是一个给你"爽"的感觉的"人"。看足球比赛赢了、比赛精彩、刺激，从酷热的甲板跳入大海中等，都传达了"爽"的感觉。可口可乐要塑造的就是这样一个不断地给你带来"爽"的体验和感觉的"人"。

从形式上来说，品牌个性的稳定性是指品牌的包装和设计、传播的方式和风格及展示品牌形象的图案、品牌形象代表的气质、形象等要保持一贯性和持续性。当然，这种一贯性和持续性并不是要求它们持续雷同、图文音色等不能更换，而是要"以同为主，同中求异"，从而保持设计的精髓和灵魂及传播所体现出的个性风格、气质等要保持连续性。例如创立于1931年的美妆品牌百雀羚，在2015年成为本土品牌榜首，年零售额已直奔120亿元。其成功离不开大刀阔斧的创新，包括进入电商领域后推出的"三生花""小雀幸"等风格突出的产品系列，将目光瞄准互联网年轻用户。但是在品牌理念上，百雀羚并没有抛弃历史的资产。重新提炼出的"中国传奇，东方之美"的品牌理念，也是基于原本理念的升华。百雀羚经典东方之美的形象，仍然是其赖以生存的最宝贵的资产。

2. 品牌个性保持稳定性的益处

品牌个性需要保持一种稳定性，向广大消费者展示一个始终如一的角色。就像一个人的个性，一旦形成了，一般会一直保持下去。保持品牌个性的稳定性能带给品牌以下益处。

（1）稳定的品牌个性能够吸引消费者的注意力。换句话说，如果人们喜欢的品牌总是在变，人们还怎么喜欢它呢？汽车制造商一直处在这样一种窘境之中，他们一方面要更新车型，保持新潮性；另一方面，又要保持过去那些使他们发展起来的品牌个性，以维持其品牌魅力。世界上的一些著名品牌都是在很长的一段时间内塑造起来的，它们一直都在用诚实的传播方式介绍品牌个性。例如宝马，无论是其3系、5系，还是7系，甚至不属于同一系列的X系、M系，都保持了其豪华、动力、澎湃的品牌个性，从而赢得了张扬、新锐、时尚、年轻权贵人士的青睐。

拥有稳定个性的品牌更可能让跨文化背景的消费者认知和了解到品牌，也更容易获得消费者的共鸣。

（2）稳定的品牌个性有利于保持品牌的崇信度。如果消费者喜欢某一品牌的产品，他除了对该品牌的产品或服务十分满意外，也会觉得自己与该品牌的个性十分相近。消费者只有在品牌个性与其个性一致的情况下，才会主动购买。否则，即使该品牌再好，他们也不会购买。在中国的汽车市场，可以发现许多有趣的现象：商场精英一般不选择奥迪、大学教授一般不选择奔驰、政府官员一般不选择宝马。这些一方面说明了品牌个性与消费群体个性一致的重要性；另一方面也说明了长久以来形成的品牌个性获得了各自的目标顾客的认可。

（3）保持品牌个性的稳定性也是企业提醒自己的品牌工作人员注意自己的工作的一种方

法。企业中负责品牌的人要保证品牌这个角色的发展和活力。他们肩负的是一种使命，而不仅仅是做工作。例如，迪士尼要求雇员只要出现在公众面前，就必须永远保持在工作中的态度和行为，只有在下班后，在顾客看不到的真正幕后或"后台"才能放松其行为，原因就在于迪士尼认为，它的雇员代表了其品牌的特征。

5.3.3 品牌个性的价值

1. 品牌个性价值的含义

当消费者想要表达真实的自我时，他可以通过自己的消费行为来表达，如他的穿着、他的交通工具、他吃的和喝的东西等。这就是品牌的个性给消费者带来的额外价值，消费者愿意为此支付额外的费用，而这对企业来说就是利润。也就是说，品牌个性的价值存在于消费者的意识里，产品是由生产商生产的，而品牌却是消费者创造的，是消费者造就了品牌。

品牌个性是品牌最具价值的东西，它可以超越产品而不易被竞争品牌模仿。从消费者心理行为学的角度来讲，品牌个性的价值是指消费者根据自身对某一品牌的认识和偏爱程度而对该品牌做出的选择性反应的结果，即消费者会赋予某一品牌超越其产品功能价值的心目中的形象价值。从这个角度来说，在消费者眼中，品牌不仅仅代表了某种产品，而且还是其微妙的心理需求的折射。所以，在众多品牌中，个性鲜明者容易脱颖而出，而如果该品牌所具有的个性又能够为多数人所欣赏，那么该品牌就会被多数人接受和喜欢。

2. 品牌个性价值的内容

消费者把品牌看作人，他只接受具有其所认可的个性的品牌。因此，只有具有消费者所欣赏的个性的品牌，才能为消费者所接纳、喜欢并乐意购买。没有个性的品牌只会被淹没在品牌的汪洋大海之中，这样的品牌是不会具有多少品牌附加值的。大量的文献表明，拥有一个良好的品牌个性是有好处的，它可以改善品牌态度、提高购买意愿，并帮助达到更高层次的消费者信任和忠诚。具体来说，品牌个性的价值可以归纳为以下两个方面。

（1）品牌个性的人性化价值。品牌个性的精髓是品牌人性化。"品牌即人，人即品牌"。品牌个性使企业提供的原本没有生命的产品或服务变得具有人性的特征，从而能够拉近消费者与品牌的距离，使消费者产生某种亲切感，更加容易接受企业的产品和服务。独特、鲜明的品牌个性能够吸引消费者，并在其心中占据一定的位置。例如，百事可乐所塑造出来的品牌个性——活力年轻、特立独行和自我张扬——获得了青少年一代的高度认可。他们把百事可乐看作朋友、精神寄托甚至就是他们自己的化身。这种个性的认可激发了他们与百事可乐的情感联系，促使其爱上百事可乐，并强化了他们的购买决策。

（2）品牌个性的差异化价值。品牌个性最能代表一个品牌与其他品牌的差异（Plummer）。在产品目录中，个性给品牌一个脱颖而出的机会，并在消费者脑子里保留自己的位置。例如，七喜饮料通过强调"非可乐"的个性，夺取了很大的市场份额。此外，产品的技术性差异容易效仿，但由品牌个性建立起来的差异却不易效仿。因为这种差异已经深入消费者的心智，成为消费者心目中最重要、最牢固的特征。如万宝路的原野粗犷、顽强彪悍、豪放不羁，苹果的时尚、活力、创新，奔驰的大气、稳重、高档、有品位等品牌个性都在消费者的脑中烙下了深深的印迹，并把它们与其他品牌区隔开来。

好声音之鉴：为何记不住冠军记住了吴莫愁

长假快要结束了，中国好声音也落下帷幕了。据调查，中国好声音第一季的冠军是谁？好多人都记不住是梁博，大多数人只记得了吴莫愁。第一季冠亚季军：梁博、吴莫愁、吉克隽逸。第二季冠亚季军：李琦、张恒远、萱萱。这是一个很奇怪的现象，在选秀大赛中，最火的往往不是冠军，而是像吴莫愁这样有鲜明风格的人。如果你用百度指数搜一下，第一季冠亚季军，一年多的时间里，吴莫愁一直站在波峰。对好声音第二季而言，谁是冠军其实也不重要，重要的是谁能成为下一个吴莫愁。目前看来，这三个人风格都不够鲜明。在我们身处的互联网世界里，品牌也遵循类似的道理，称之为"吴莫愁魔咒"，即能把一个事情做得很好的人有很多，用户也面临很多选择，但真正进入用户脑海的并不多。你如何在品牌上劈开脑海？

首先，这个世界不缺少美，但缺少独特。最难的就是劈开脑海。关于吴莫愁，识别度太高了，她的标签很多，有人说吴莫愁有一种特殊的美学，她本身是一个长得虽不惊艳但还过得去的姑娘，但是她完全是在走一种将自己的扮相丑化夸张化的路数，这不是玩美，是玩丑。玩丑本身就是一种试图远离人性的新潮，是新式的浪漫。还有人说，每次听她的歌，都觉得自由，从二十几年来疲惫地追随习俗、权威的惯性中解脱出来。创造，就是第一次看到会惊讶、会别扭，第二次听会觉得神奇，第三次听会觉得还不错，第四次听会想"还可以这么唱？"

其次，更难的是形成品牌区隔。其实，好听的声音很难形成区隔，比如，第二季很多人吐槽说选歌选得太烂，什么能形成区隔呢？就是舞台风格。所以，唱得好，舞台风格鲜明才是吴莫愁形成品牌区隔的核心。就像雕爷牛腩一样，味道绝对形不成区隔，靠什么呢？靠摆盘。

（资料来源：http://www.bianews.com/news/82/n-422282.html）

（3）品牌个性的情感价值。品牌个性创造情感性价值（ogilvy），是品牌与消费者建立关系的基础（fournier），而且是影响顾客满意、顾客忠诚的一个重要要素（stephanie magin et al）。品牌个性反映了顾客对品牌的感觉或品牌带给顾客的感觉，且具有强大的感染力，能够抓住消费者的兴趣，不断地与消费者保持情感的转换。如万宝路香烟原野粗犷、顽强彪悍、豪放不羁的品牌个性，深深感染了它的消费者，激发了他们内心深处最原始的冲动及一种作为男子汉的自豪感，从而深受香烟爱好者的推崇。品牌个性的感染力会随着时间的推移，形成强大的品牌动员力，使消费者成为品牌的忠实顾客。

5.3.4 品牌个性的结构

个性结构是一个多层次、多方面、多因素的动态关联系统，它是指由复杂的心理独特特征结合而成的一个整体。心理学认为，一个人的个性可以分为两部分：一部分是天生的，生而有之，这部分极其稳定，如气质；另一部分是在社会生活中形成的，也比较稳定，但在某些特定的条件下也能发生变化，如性格、能力、兴趣、理想等活动倾向方面的特征。

品牌个性结构是品牌个性测量的基础和前提。David A. Aaker 指出，品牌个性可以借助人口统计项目（年龄、性别、社会阶层等）、生活形态（活动、兴趣、爱好等）或人的个性特点（外向、内向等）来描述。因此，与人的个性相对应，品牌个性可以分为品牌性格、品牌气质和辅助品牌个性三部分。正如性格是人的个性的核心一样，品牌性格也是品牌个性的核心。

1. 品牌性格

性格在一个人的个性中起核心作用，它是一个人对现实的态度与习惯化的行为方式的统一体。人的性格主要是后天习得的，品牌性格的最终确定也主要来自人的有意识创造。这体现了品牌个性的可塑性、反映人的主观意识和主观能动性等特点。品牌性格不可能永远停留在一个水平上，因为作用于品牌性格的因素是不断变化的。品牌性格如人的性格，是一个立体的象征，包括修养、品位、信用等。创造一个品牌的性格，最重要的是充分考察产品的潜在气质、竞争品牌的个性和目标消费群现实或渴望的个性，在此基础上，再加以充分考虑并确定。

2. 品牌气质

品牌气质是指一个品牌在诞生时就存在于品牌中的个性部分。因此，与品牌性格的后天形成相比，品牌气质是先天的。心理学认为，人的气质是先天的，由神经的生理特点决定，它虽然会在人的一生中发生某些变化，但变化极其缓慢，具有明显的持久性和稳定性特点。品牌气质同人的气质一样，也是品牌典型的和稳定的个性特征，它先天存在于品牌产品及与其紧密关联的因素中，如品牌产品的类别、产地、国别、创始人气质、母品牌对子品牌的遗传等。

借鉴气质四种类型的划分方法，品牌气质也可分为四种：活泼型、兴奋型、安静型和抑郁型。如可口可乐具有活泼（欢快）的气质，伏特加酒具有兴奋（刺激）的气质，西服具有安静（儒雅）的气质。当然，不能把心理学的气质概念完全、机械地套用于品牌气质。品牌个性的气质不仅指心理学上的气质，还包括人们日常生活中所指的气质，如葡萄酒比啤酒更具有高贵、儒雅、财富的气质。不过需要说的是，品牌的这种先天气质只是一种潜在的、人们模糊感觉到的东西，还必须靠品牌塑造者有意识地挖掘才能表现出来，并为品牌的人性化发挥更大的作用。

3. 辅助品牌个性

辅助品牌个性是指与品牌相关的目标顾客群的年龄、性别、社会阶层等人口统计学特征及表现品牌个性的品牌名称、包装、品牌口号等。品牌个性的这一部分使它与心理学的个性概念含义有所区别，后者不包含人口统计学特征。品牌个性的辅助部分有助于消费者对产品进行认知。

5.3.5　品牌个性的维度

1. 西方品牌个性维度量表

用来描述人的词汇同样可以描述品牌个性，特别是，可以依照人口统计状况（年龄、性别、社会阶层和种族）、生活方式（活动、兴趣和意见）或人类个性特征（如外向、令人愉快和可靠）的标准加以描述。

一个受到学者广泛接受的品牌个性维度量表是由美国著名学者 Jenniffer L. Aaker 提出

的。Jenniffer L. Aaker 第一次根据西方人格理论的"大五"模型，以特质理论和词汇法为方法论基础，从个性心理学维度出发，以西方著名品牌为研究对象，依靠现代统计技术，发展出了一个系统的品牌个性维度量表（brand dimensions scales，BDS）。该量表第一次从个性分析的角度提出了品牌个性维度的系统架构。在该量表中，品牌个性被分为五个维度：真诚（sincerity）、激动人心（exciting）、能力（competence）、精细（sophisticated）和粗犷（ruggedness），并且每个维度都能分为多个方面，如表 5-2 所示。Jenniffer 的品牌个性维度量表是迄今为止对品牌个性最系统、最有影响的测量量表，据说可以解释西方几乎所有（93%）的品牌个性差异。因此，从这个角度说，Jenniffer 的品牌个性维度量表不仅为我们提供了一个比较完整的、兼具理论性和实用性的品牌个性框架，而且使我们像研究人的个性一样，对品牌个性有了一个系统而全面的了解。

表 5-2 Jenniffer L. Aaker 的品牌个性维度量表

个性维度	不同层面	品牌个性特质词语
真　诚	脚踏实地 诚　实 健　康 愉　悦	家庭导向、小城镇的、传统、蓝领、全体美国人的； 真诚、真实、合乎伦理、体贴、有同情心； 原创、名副其实、永葆青春、经典、老套； 感情丰富、友好、热心、幸福
激动人心	大　胆 活　泼 有想象力 时　尚	追逐潮流、令人兴奋、反传统、炫目、煽动性的； 酷、年轻、有活力、开朗、有冒险精神； 独特、幽默、令人惊奇、美感、有趣； 特立独行、紧随时代、创新、积极进取
能　力	可　靠 智　慧 成　功	勤奋、安全、有效、值得信赖、仔细； 技术、团结、技艺精湛； 领导者、自信、有影响力
精　细	上流社会 有魅力	富有魅力、外形美观、自命不凡、精密复杂； 女性化、流畅、性感、温柔
粗　犷	户　外 结　实	男性化、西部、活跃、运动； 粗犷、强壮、直截了当

（资料来源：AAKER J L. Dimensions of brand personality[J]. Journal of marketing research, 1997（34）：342-352）

Jenniffer L. Aaker 的品牌个性维度能很好地描述许多品牌的个性。例如，LEVTS、万宝路和耐克在粗犷方面表现突出。一个品牌还可以拥有囊括五个维度的复杂个性。例如，LEVTS 在真诚、激动人心和能力方面的得分较高，同时在粗犷方面得分最高。Jenniffer L. Aaker 的品牌个性维度量表在西方营销理论研究和实践中得到了广泛运用。例如，一些市场研究公司在 Jenniffer L. Aaker 美国品牌个性维度量表的基础上，结合定性研究的投射技术，发展出一些品牌视觉图，用于品牌个性研究。2001 年，Jenniffer L. Aaker 还与当地学者合作，沿用 1997 年美国品牌个性维度开发过程中使用的方法，对日本、西班牙这两个分别来自东方文化区和拉丁文化区的代表性的国家的品牌个性维度和结构进行了探索和检验，并结合 Jenniffer L. Aaker 美国品牌个性的研究结果，对三个国家的品牌个性维度的变化及原因进行了分析。结果发现，美国品牌个性维度的独特性维度在于强壮（ruggedness）；而日本是"平和的"（peacefulness）；西班牙却是热情/激情（passion）。

哈雷-戴维逊：文在身上的品牌

行驶过百年的哈雷摩托车创造了一个将机器和人性融为一体的精神象征，并深刻影响了其目标消费群的生活方式、价值观，甚至衣着打扮。

纵观哈雷百年的品牌踪迹，沉淀在品牌历史中的最具价值的就是它倡导的自由精神。这一精神默默无闻地承载了哈雷-戴维逊，并将它演化为品牌个性，与目标消费群的情感联系在一起，成为维系品牌与消费者关系的纽带。哈雷的品牌个性不是主观形成的，而是由历史创造的。开发西部英雄主义的怀旧情绪在哈雷-戴维逊的品牌拥戴者身上体现为黑皮衣、络腮胡子、黑墨镜、长长的头发、脚登牛仔靴和"扮酷"的特征，当然，在每位骑手身上必有哈雷-戴维逊的文身标志。用美国加州一位哈雷批发商的话说："除了哈雷，你还看过纹在人们身上的其他品牌的名称吗？"如今，哈雷-戴维逊的标志已成为世界上最多的被其目标顾客群文在身上的品牌之一。

哈雷-戴维逊的另一个显著个性是爱国主义和美国传统。从它的诞生到今天的强大，从它的设计到每一颗螺丝的制造，哈雷身上都彻头彻尾地流着美利坚的血。它不仅从一个侧面记录了美国整整一个世纪从工业时代到科技强盛的历史，更重要的是，它用机车自身创造的驾驶体验生动地阐释了美国文化中的自由主义精神。难怪20世纪80年代，日本摩托车大举进攻美国市场时，即使它在价格和性能方面更具优势，却仍然无法取代哈雷摩托车对美国文化的诠释，即使当时哈雷并没有刻意利用民族情绪来煽动消费者捍卫自己的市场地位。消费者对哈雷的认同已经成为美国文化的一部分，抵制日本品牌成为一种自觉的行为。

（资料来源：http://www.cctv.com/brand/20050908/101905.shtml）

2. 中国文化背景下的品牌个性维度量表

我国学者黄胜兵、卢泰宏最早对中国文化背景下的品牌个性维度进行了研究。他们以西方的词汇法、因子分析和特质论为方法论基础，以来自中文、中国的品牌为内容，经过对中国消费者的实证研究，发展出了中国的品牌个性维度及量表，并从中国传统文化的角度阐释了中国的品牌个性维度。最后，他们提炼出了五个维度的品牌个性量表，这五个维度分别是：仁、智、勇、乐、雅，并且每个维度又分为多个方面，具体如表5-3所示。

表 5-3 中国文化背景下的品牌个性维度量表

个性维度	不同层面	品牌个性特质词语
仁	诚/家 和 仁义 俭 朴	温馨、诚实、忠诚的、真诚的、家庭的； 和谐、平和、环保的； 正直、义气、仁慈； 质朴的、传统、怀旧； 平易近人、友善、经济的
智	稳/谨 专业 创新	沉稳、严谨、有文化； 专业的、权威的、专家的、可信赖的、领导者； 进取、有魄力、创新的
勇	勇德 勇形	勇敢、威严、果断； 动感、奔放、强壮、新颖、粗犷
乐	内在乐 外在乐	积极、自信、乐观； 吉祥、欢乐、时尚、酷
雅	现代之雅 传统之雅	体面、有品位、气派； 高雅、美丽、浪漫、有魅力

[资料来源：黄胜兵，卢泰宏. 品牌个性维度的本土化研究 [J]. 南开管理评论，2003（1）]

3. 品牌个性维度的跨文化比较

为了识别中国文化背景下的品牌个性维度与西方品牌个性维度的区别及一致性，黄胜兵、卢泰宏还比较了美、日的品牌个性维度量表与中国文化背景下的品牌个性维度量表。研究表明，中国文化背景下的品牌个性一方面继承了中国文化传统，保留了本土化的独特特点；另一方面，随着中国与世界经济文化的交流与融合，中国的品牌个性也不可避免地受到了西方文化的影响。即"仁"(sincerity)、"智"(competence)、"雅"(sophisticated)这三个维度具有较强的跨文化一致性，是共性。中国与美国相比，品牌个性最具差异的是：中国更强调群体利益，美国更重视个人利益，强调个性表现，这是两种不同文化差异在品牌个性中的体现。与日本相比，中国品牌个性存在"勇"，日本却不存在，而"勇"与美国的"ruggedness"比较相关，这一维度在中国的出现，表明中国品牌的建立在一定程度上受西方理论及文化的影响。

5.3.6 品牌个性的来源与驱动因素

"品牌个性可以来自与品牌有关的领域中的任何一个角落。"但品牌个性是产品人性化的一面，反映的是品牌带给消费者的感觉。这种感觉一方面来自产品本身让人联想到的特性，如信用卡让人觉得是聪明的，汽车让人觉得是有效率的。另一方面来自品牌的独特个性，是通过营销手法、广告塑造或代言人的运用，给消费者留下的特殊印象，如万宝路是男子汉的，Salem 是女性化的，奔驰是高贵、尊荣的。另外，品牌的使用者也可能是品牌个性产生的基础。例如 American Express 的"会员资格就是特权"的广告标识语,就是通过著名摄影家安妮·雷波维茨的艺术来展现的,这是通过使用者来定义品牌个性的典型例子。可见,品牌个性的形成有的来自情感方面,有的来自逻辑思维方面。

一个人的外显个性往往会受到亲朋好友、活动及互动模式的影响。品牌个性也一样,其形成过程是长期有意识培育的结果。品牌个性的塑造就像照顾和抚育孩子一样,必须整合所有可以驱动的因素,才能使它慢慢成熟,直至独立生活。David A. Aaker 指出了品牌个性的驱动因素,并把它们划分成产品相关特性因素和非产品相关特性因素两大类,如表 5-4 所示。

表 5-4 品牌个性的驱动因素

产品相关特性因素	非产品相关特性因素	
产品类别 包装 价格 产品属性	使用者形象 公共关系 标识 品牌历史	广告风格 来源国 公司形象 CEO 名人背书

(资料来源:AAKER D A. 创建强势品牌 [M]. 吕一林,译. 北京:中国劳动社会保障出版社,2004.)

5.3.7 品牌个性的三个角色模型

David A. Aaker 指出了品牌个性的三个角色模型,即自我表达模型、关系基础模型和功能利益表现模型,如图 5-2 所示。这三个模型说明了品牌个性如何帮助创建品牌资产。

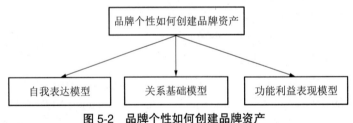

图 5-2 品牌个性如何创建品牌资产

1. 自我表达模型

品牌可以成为消费者表达自我识别的工具。这种自我识别可能是他们的实际自我,也可能是他们向往的理想自我。人们通过不同的方式表达他们拥有的或理想化的自我识别,如工作机会、朋友、态度、观点和生活方式。而购买和使用品牌产品也成为人们表达自我的一种工具。如苹果电脑作为一个人的形象被许多人认为是友好的、谦逊的、不屑一顾的,具有反叛性的,其个性受到品牌电脑属性、品牌的使用者形象、使用者群体的活动、苹果标识和广告的影响。对一些人来说,使用苹果电脑表达了他们想要成为的人物形象。可见,为品牌赋予个性,能帮助人们了解如何利用该品牌来表达自我。而且如果该品牌拥有强烈的个性,品牌个性就有可能在自我表达中发挥关键的作用。品牌帮助人们表达个性的途径有:品牌个性带来的感觉(如一些品牌显示了野心勃勃、富于进取心,而另一些品牌则富于热心和同情心)、品牌的符号作用(如人们会通过观察一个人驾驶的汽车和穿的服装对其进行评价和诠释)、品牌成为自我的一部分(如对于哈雷摩托手来说,哈雷-戴维森已经成为他们的一部分：人车难以分离）。

2. 关系基础模型

作为拟人化的品牌与消费者之间存在着某种关系，这种关系类似于两个人之间的关系。品牌个性影响了这种关系的深度及消费者对这种关系的感觉和喜爱程度。David A. Aaker 在《创建强势品牌》一书中曾指出，品牌的一种重要关系表现为信任、可靠、理解和关爱的友谊。友谊关系可能需要不同的品牌个性，如一些朋友有趣而不恭，一些则严肃而让人肃然起敬，另一些则可靠而谦逊，等等。毫无疑问，品牌战略制定者的一个目标就是建立高度忠诚的品牌—顾客关系。衡量这种关系程度的一个概念就是品牌关系质量（BRQ）。对于品牌关系质量的衡量，Susan Fournier 曾提出了七个衡量尺度。这些衡量尺度与品牌和人之间的牢固关系紧密相连，并且对如何构思、测量和管理品牌－消费者关系有着启示作用。这七个衡量尺度分别是行为依存（关系成员互相影响的程度，可由交互作用的频率、重要性及参与程度表现出来）、个人承诺（成员互相忠于对方，长期存在提高和保持关系质量的欲望）、爱与激情（成员之间牢固的情感纽带，无法忍受分离，反映成员之间存在的爱与激情）、怀旧关联（对美好时光的回忆）、自我概念关联（成员拥有共同的兴趣、活动和见解）、亲密性（成员之间相互十分了解）、成员质量（一方成员对另一方成员表现和态度的评价，包括消费者如何对品牌对于他的态度做出评价），等等。

3. 功能利益表现模型

品牌个性还可以在表现和暗示功能利益和品牌属性方面发挥更直观的作用。例如，哈雷—戴维森的个性是粗犷的、富有男子气概的、寻求自由的，强调其产品是力量强劲、解放自我的交通工具；米其林轮胎人的热情个性体现了其轮胎所拥有的强度和能量；而悍马强悍的个性则突出了其非常规动力、高机动性、多用途的越野特性等。

从上面品牌个性的三个模型可以看出，品牌个性既可以成为消费者自我表达的途径，也可以成为与消费者建立关系的基础，还可以表现和暗示品牌的功能利益和属性。当品牌个性暗示其功能时，过高或者过低的功能评价都会引起消费者的负面情绪，而当品牌个性能表达消费者自我或塑造关系时，更加显著的个性和热烈的情感更能引起消费者共鸣。

5.3.8 品牌个性的塑造

每一个品牌都有属于自己的不一样的背景和资源，且每个品牌都希望能建立一个独特的个性特征，因此，要用一种模式或特性来规范品牌个性的建立是很困难的。不过，在建立品牌个性的过程中，还是有一些工作是有共同性的。具体包括以下内容。

1. 考虑消费者未来的期望

品牌是与消费者的一种关系，当品牌以一个人的身份与消费者接触时，它就有了个性。为维持与消费者更长久的关系，品牌个性不仅要考虑消费者现在的想法，还要预见到消费者未来的期望。例如，软件公司在设计电子游戏软件时，应该预见到未来的消费者会要求自己逐渐地提高控制水平；如果是食品品牌，则要预见到未来的消费者会对环保提出更多的期望；而对于保健品，则需要预见到未来的消费者会有更多的要求真实的愿望。

2. 根据品牌定位，塑造品牌个性

品牌定位是品牌个性的基础。它的焦点在于寻找品牌个性特征与顾客需求之间的交叉点

和平衡点。也就是说，定位不是在产品本身，而在顾客的心底。"定位是你对未来的潜在顾客心智所下的功夫，也就是把产品定位在你未来的潜在顾客的心中。"定位与品牌个性联系得越紧密，消费者被品牌吸引的可能性就越大。例如，中国移动的"动感地带"定位于热情好动、追求时尚、喜欢与众不同的年轻人，其品牌个性表现了年轻人独立自主、表达自我和展现自我的精神。

3. 从核心情感出发，考虑品牌个性

品牌可以通过恰当的情感定位来唤起消费者心灵的共鸣，从而建立品牌个性。例如，De Beers 钻石的核心情感就是爱情。但是，一个人赠送钻石可能包含原谅、成功、期望、骄傲等多层含义，这其中每一种情感都有可能形成品牌个性，但核心的情感只有一个，如果全都是，那么品牌的个性就过于复杂了。在 De Beers 的例子中，品牌个性表示为这样一种感情，即永恒的结合，正如那句广告标语——"钻石恒久远"所描绘的那样。

4. 展示品牌个性的潜力，增强信心

就像一个人一样，如果要取得别人的信任，就有必要展示自己的潜力，而不只是描述未来。有了这种潜力，才会拥有别人对你的信心，并让别人相信你所做出的承诺。IBM 的每个产品都在向消费者传递产品的可信度。无论生产产品的人、销售产品的人、广告还是其他附属宣传材料，都在传达一种信息："我们知道我们在做什么"（We know what we're doing）。即便没有说出具体内容，人们也知道 IBM 产品的品质。同样，沃尔沃也始终在向人们承诺其"安全"，并向人们传递这样一个信息：沃尔沃重视每一项安全性能。撞车实验、保护系统的开发都向人们提供了信心的保证，从而使消费者相信，沃尔沃的承诺是可以兑现的。

5. 品牌个性投资要有长期性

品牌从一开始就需要正确的规划，并且需要进行长期不断的投资。这些投资可能在刚开始的时候成效不大，但通过长期的积累，就会形成一个鲜明的、独特的个性特征，这才是品牌的持久竞争力。

本章小结

品牌特征就是品牌的特点、气质和内涵，是品牌深层次的表现。品牌特征可以细分为四个层次：品牌的核心特征、品牌的支撑特征、品牌的通用特征和品牌的流动特征。品牌价值与品牌特征是不可分的。通过强化品牌特征或创立鲜明的品牌特征，不仅能够对未来的消费者产生吸引力，而且还能够有效增加消费者或潜在消费者眼中的品牌价值，并使品牌具有抵抗市场中不利因素的能力。

品牌实质一般是一个或几个简单的"词"。品牌保护圈是指动用一切有形和无形要素所构筑起来的强有力的市场竞争壁垒。简单来说，品牌崇信度就是消费者对某一品牌的核心理念、核心价值观等的认可程度或对拥有或持续拥有某一品牌产品的渴望程度。品牌管理人员要建立强有力的品牌特征，应该努力做好以下几项工作：①进行分阶段的目标分析，确认品牌现在的情况是怎样的；②了解消费者和潜在消费者，确认品牌发展的机会在哪里；③使特殊的和有吸引力的品牌个性与各种相关的品牌定位联系起来；④让品牌特征贯穿全部可能与品牌相关联的渠道；⑤使品牌工作加入到相互关联的各种营销计划中去。实施品牌特征管理策略，应对四个层次的特征采取不同的管理策略。品牌特征的塑造可以按照以下步骤来实施：①评估品牌现状；②分析消费者；③品牌定位；④塑造品牌个性；⑤管理品牌特征的接触点；⑥分析以往品牌的经验；⑦塑造品牌特征。

品牌个性是"品牌所联想出来的一组人格特质"。品牌个性的稳定性是指品牌个性表现的一贯性和持续性。保持品牌个性的稳定性能给品牌带来一些好处。品牌个性的价值是指消费者根据自身对某一品牌的认识和偏爱程度而对该品牌做出的选择性反应的结果。品牌个性的价值可以归纳为以下几个方面：①品牌个性的人性化价值；②品牌个性的差异化价值；③品牌个性的情感价值。个性结构是一个多层次、多方面、多因素的动态关联系统，它是指由复杂的心理独特特征结合而成的一个整体。品牌个性可以分为品牌性格、品牌气质和辅助品牌个性三部分。西方学者 Jenniffer L. Aaker 将品牌个性分为五个维度：真诚、激动人心、能力、精细和粗犷。中国学者黄胜兵、卢泰宏从仁、智、勇、乐、雅五个方面阐述了中国文化背景下的品牌个性。"品牌个性可以来自与品牌有关的领域中的任何一个角落。"品牌个性的驱动因素分为产品相关特性因素和非产品相关特性因素两大类。品牌个性的三个角色模型包括自我表达模型、关系基础模型和功能利益表现模型。在建立品牌个性的过程中，有一些工作是具有共同性的。具体包括：考虑消费者未来的期望、根据品牌定位，塑造品牌个性，从核心情感出发，考虑品牌个性、展示品牌个性的潜力，增强信心，品牌个性投资要有长期性等。

关键概念

品牌特征　品牌实质　品牌特征接触点　个性　品牌个性

案例分析

宝玑——自己的时针乃独一无二

宝玑（Breguet）多年来一直是瑞士钟表最重要的代名词。宝玑表诞生于1775年，是拥有超过230多年悠久历史的经典品牌。如果说宝玑表在我们的文化传承中拥有一个特殊的地位，那是因为其创建者阿伯拉罕·路易士·宝玑（1747—1823）建立了整个高级制表业为之膜拜的标准。时至今日，宝玑的薪传者依然将制作每一款手表视为实践最高制表技艺的范例。

宝玑的历史

阿伯拉罕·路易士·宝玑为躲避法国大革命的动乱而逃亡到瑞士，当他重返巴黎时，他带回了依据其无穷创意而发明的宝玑摆轮游丝、第一款旅行钟（卖给了拿破仑）、触摸表、应答钟等宝玑表。其中尤以1801年获得专利的陀飞轮标准时计最为经典。

宝玑的创意

1780年——创制自动上链陀表

由阿伯拉罕·路易士·宝玑命名的这款陀表可在佩戴者行走或乘骑时自动上链。枢轴轴杆上的弹性轮上下跳跃，为主发条上链。现代自动上链的腕表均备有旋转轮。

1783年——设计著名的宝玑指针和数字

在所有阿伯拉罕·路易士·宝玑的原创设计中，没有比以其名字命名的手表指针更令人喜欢且印象深刻的了。宝玑指针针型优雅，且因其近针端的偏心月造型而成为宝玑表两个多世纪以来的形象标志。指针通常均为蓝钢打造，亦有采用金子制作者。无论材质如何，均须小心磨砺，只有在精确成形且在放大镜下多次检查校正，才能使指针趋于完善。指针完工后，还需要借助装配格局安装，在表盘上对轴及与机芯进行适配。简洁、合理的设计，令宝玑指针的名声不胫而走……成为诸多其他品牌手表模仿的目标。

1795年——宝玑摆轮游丝

与摆轮相系的螺旋形游丝在伸缩和舒张时会分别向两端聚集，重力重心的不断变换影响了摆轮的差率。通过提升游丝的末圈，使之曲面更小，阿伯拉罕·路易士·宝玑在1795年解决了这个问题。所谓的宝玑摆轮游丝末圈促使游丝向同中心运动，改善了手表的摆率，减少了作用于摆轮枢轴的齿轮数量。宝玑游丝的独特创意迄今仍被大量应用于高级手表中。

1801年——陀飞轮调节器专利

1801年6月26日，阿伯拉罕·路易士·宝玑的一项最著名的发明获得了专利认可。陀飞轮可以补偿手表在不同位置时产生的摆差，其原理是，把摆轮和擒纵机构安装在一个旋转的笼架里，摆轮和擒纵机构围绕其共同的轴杆旋转，这样就可以在各自位置时使摆差一致。陀飞轮笼架一般每分钟旋转一次，但也有每四分钟或六分钟旋转一次的陀飞轮。

宝玑的显贵主人

每一个时代的名人显要都认为，一款宝玑表体现了极高的人类理想——创造力、优美、公平。世界上最杰出人物佩戴宝玑表，同样它也因主人的风采而充满了迷人的魅力。1782年，宝玑为法国王后玛丽·安托瓦内特"发明、制作和完成"了210/82号手表。这款万年历打簧表被王后视之为精美杰作，钟爱不已。第二年，宝玑收到了王后卫队一名军官传达的一道令人惊讶的指令，为王后陛下创制一款囊尽迄今所有功能和发明的手表。这无疑需要耗费难以计数的时间和费用。事实上，阿伯拉罕·路易士·宝玑确实花费了很长时间，才完成了一款编号为160号的手表，只是此时王后已经魂归西天了。而1798年4月，在即将出征埃及的几周前，拿破仑·波拿巴将军从宝玑获得了三款珍贵的时计：一款打簧表，一款带日历显示的打簧旅行钟，还有一款自动上链万年历打簧表。后来，法国皇帝的家族很快就成了宝玑表的忠实顾客。后来成为英国首相的温斯顿·丘吉尔爵士是宝玑表的忠诚主顾。他曾经在1928年买下一款宝玑表，此后的一生中，他几乎一直佩戴在腕间。而765号宝玑表是一款出众的带飞返式秒针的分钟打簧计时表，这款宝玑表由其祖父马波罗公爵在1890年买下。

案例思考

1. 试根据案例所给材料，分析宝玑表的品牌定位和品牌特征。
2. 从宝玑品牌特征的塑造中，你获得了哪些启示？

[资料来源：刘关娜.宝玑：尊崇不可方物[J].财富圈TIDE，2008（4）：48-53]

思考题

1. 品牌特征的含义是什么？简要说明品牌特征的意义。
2. 如何建立强有力的品牌特征？
3. 简述塑造品牌特征的实施过程。
4. 什么是品牌个性？并以现实中的一个品牌为例，说明其个性。
5. 简述品牌个性稳定性的含义以及保持品牌个性稳定性的好处。
6. 什么是品牌个性的价值？品牌个性的价值有哪些？
7. 简述西方背景下和中国文化背景下品牌个性的维度。
8. 简述品牌个性的来源与驱动因素，并对品牌个性的驱动因素进行举例说明。
9. 企业应该如何塑造品牌个性？

第6章 品牌文化

学习目标

　　品牌创立的最终目标是在功能之外实现产品或服务的差异化认知。一个成功的品牌不仅要取得用户的认知，还要营造一种文化氛围，使顾客长久地凝聚在品牌周围中，最终形成顾客对品牌的归属感。通过本章的学习，理解品牌文化的概念和特征及品牌文化与企业文化之间的关系，熟悉品牌文化的构成，掌握如何塑造企业的品牌文化。

在信息全球化、产品同质化的今天，消费者在选择某一品牌时，不仅考虑产品对物质需求的满足，更希望借此体现自己的价值观、身份、品位和情趣。当企业在产品、价格、渠道上越来越难以制造差异来获得竞争优势的时候，品牌文化正好提供了一种解决之道。只有消费者在消费某品牌时，感受到品牌的文化，产生愉悦、激动和情趣，企业才能真正建立起消费者的品牌忠诚。因此，品牌文化已成为未来企业的核心竞争力，品牌的文化内涵越深厚，其个性和形象就越鲜明，市场潜力和辐射力也就越强大。

6.1 品牌文化的内涵

品牌的内涵表明，品牌必须从文化的角度加以塑造和提炼。强势品牌在品牌的各个要素中都渗透着深厚的文化内涵，如可口可乐、劳斯莱斯、万宝路、迪奥等。离开文化，品牌只会停留在符号代码上，除了识别功能无法传递给消费者更多的价值，不能在心理和情感上为消费者带来更多的满足。品牌的文化内涵是品牌附加价值的源泉，是品牌个性的基石，也是消费者与品牌关系的纽带。

"威仕龙"的品牌文化

龙，中国古老的神话，神秘而威严，神圣而伟大，为世人崇拜和敬仰，在中国几千年的历史长河中孕育了它独有的人文内涵。作为龙的传人，炎黄子孙在历史长河的繁衍生息中，传承了男人的威严与刚毅、女人的温柔与忠贞的高尚品格。

"威仕龙"将中国的这种人文元素赋予发源于西方，经历了矿工时代、明星时代和贵族时代的牛仔服装，打造中国人自己的专业牛仔品牌——"威仕龙"。

"威仕龙"品牌以牛仔服装为载体，向消费者和社会大众传达牛仔服装独立自我、强壮精悍、年轻性感、自由平等、野性刚毅、粗犷洒脱、休闲随意、充满活力的风格内涵和磨炼成就价值、宽容展示气度、历史沉淀文化、坚韧创造奇迹、创新实现梦想的精神内涵；以木、竹为主材的终端形象展示男人坚毅不屈、不畏艰险的气魄和女人清雅高洁的气质、秀美的神韵、刚正不阿的气节，同时带给消费者和社会大众青春永驻的良好祝愿！

（资料来源：http://blog.ceconlinebbs.com/BLOG_ARTICLE_87478.HTM）

6.1.1 品牌文化的含义

品牌文化，是指品牌在经营中逐渐形成的文化积淀，它代表着品牌自身的价值观、世界观。形象地说，就是把品牌人格化后，它所持有的主流观点。再说得直白一些，它是一种能反映消费者对其在精神上产生认同、共鸣，并使之持久信仰该品牌的理念追求，能形成强烈的品牌忠诚度的文化。John Bowen 认为，品牌文化包括品牌及其创造者所代表的意识形态及哲学，影响着品牌与生俱来的一切或使品牌的各个方面相和谐，并在某种程度上代表了其创造者的信仰。Lynn B. Upshaw 则把品牌文化看作品牌的价值系统，与人或国家的文化很相像。Douglas 指出品牌文化本身是"故事、形象",是由公司、主流文化、影响势力和顾客这四类创作者共同讲述的。还有一些学者从品牌社区的角度阐述了品牌文化的作用,他们认为品牌文化是凝结在品牌中的企业价值观念的总和,品牌的文化内涵,是品牌价值的核心和源泉。通过文化识别,品牌与周围文化属性相同或相近的消费者结合成一个文化联盟。同时,品牌受到企业营销手段和社会主流消费者文化的共同影响,所以品牌可以帮助消费者明晰其个性识别。

国内学者对品牌文化的定义也不尽相同。陈放从一般的角度指出品牌文化就是指文化特质在品牌中的积淀,是指品牌活动中的一切文化现象。李光斗则详细指出,品牌文化是指文化特质如经营观、价值观、审美观等观念形态结晶在品牌中的积淀和品牌经营活动中的一切文化现象,以及它们所代表的利益认知、情感属性、文化传统和个性形象等价值观的综合。还有学者认为,品牌文化是品牌在消费者心目中的印象、感觉和附加值,它能带给消费者心理满足的效用,具有超越产品本身的使用价值而更能使产品区别于其他竞争品的禀赋。刘光明则从受众角度考虑,认为品牌文化是指设立一种清晰的品牌定位,并在此基础上利用各种内外部传播途径形成的受众群体对品牌在精神上的高度认同,从而形成的一种品牌本身特有的文化氛围。品牌文化是品牌所凝练的价值观念、生活态度、审美情趣、个性修养、时尚品位和情感诉求等精神象征。

尽管学者们理解品牌文化的角度各不相同,但是一般说来,品牌文化(brand culture)被认为是文化特质在品牌中的沉淀,它代表了企业和消费者的利益认知、情感归属,是结晶在品牌中的经营理念、价值观、企业个性形象等观念形态及经营行为的总和。

6.1.2 品牌文化的特征

品牌是一个具有文化属性的概念。品牌的物质基础是产品,其精神力量是企业文化。品牌文化作为企业文化在品牌中的集中体现,既受到企业文化的制约,又能从企业文化中获得有力的支持。但是,二者的本质有着明显的区别,企业文化的内部凝聚作用更为明显;而品牌文化的外向沟通与扩张作用更为显著,它将企业的品牌理念有效地传递给消费者。因此,品牌文化不能简单地等同于企业文化,品牌文化的独特性在于品牌本体所具有的强大的营销动力和市场价值带来的文化共融。品牌文化具有以下特征。

1. 差异性

现今的消费者喜欢独特、个性化的产品。产品在造型、设计和营销模式上的差异只是外在的表现形式,而文化价值理念上的差异才是深层次的差异,才更符合消费者的心理需求。文化的幻异无穷,反映在品牌中,就是品牌文化的差异性和多样性。品牌文化的差异主要体现在两个方面:一是企业所拥有的不同品牌之间的文化差异;二是不同企业之间的品牌文化差异。

2. 层次性

根据市场细分原理,企业很难满足所有消费者的需求,因此品牌倡导的价值主张有高低层次之分,以满足不同层次的消费者。品牌文化的高层次价值主张满足了消费者的情感需求、自我实现的需求等;品牌文化的低层次价值主张满足了消费者对品牌产品质量、服务、安全、性能的需求。

3. 系统性

品牌文化寻求和体现的是一种整体优势,它把品牌的经营目标、经营理念、道德规

范、行为方式等因素融合成一个有机整体，形成一种文化力量，对品牌运作产生综合作用。因此，品牌文化由相互联系、相互依赖、相互作用、相互影响的不同层次的品牌子文化组合而成。构成这个整体的各要素既有相对独立性，又有轻重主次之分，它们按照一定的结构形式排列组合，体现严密有序的系统性。

4. 一致性

品牌文化的一致性表现在以下两个方面：品牌文化与社会价值标准的一致性；品牌行为与品牌文化的一致性。正如可口可乐文化不可能产生于中国一样，五粮液文化也不可能形成于美国。任何品牌的创建和运作都是在一定的时空条件下进行的，总要受到一定的政治、经济和社会环境的制约。因此，企业的品牌文化建立在统一的社会价值标准之上，其形成应当与经济社会的总体文化发展趋势相一致，这体现了品牌文化发展的社会趋同性。当然，企业建立在新产品基础上的经营理念，往往会促进新的社会文化的形成，影响着社会文化的发展。同时，品牌所倡导的文化体系必须很好地与品牌行为相符合，不能够出现违背理念的现象。只有做到表里如一、言行一致，品牌文化才会得到消费者的认可。

5. 民族性

每个民族都有自己独特的文化个性，有特定的心理性格、风俗习惯、道德风尚、宗教信仰、价值观念和行为方式，这种文化个性反映在品牌文化上，就是品牌文化的民族性。民族文化是品牌文化的根基，任何品牌文化都被深深地打上了本民族文化的烙印。品牌要想获得健康发展，就要从本民族文化中汲取营养，又要借助于其他国家和民族的文化来充实自己，但必须以本民族的文化为根本。

6. 相对稳定性

品牌文化一旦形成，便会以稳定的形态长期存在，对各项经营活动发生潜移默化的指导作用，它不会因个别因素的变化而发生彻底改变。例如，有的企业已经倒闭，但其品牌文化却还可以继续存留一段时间。然而，品牌文化的稳定性是相对的，不是绝对的。积极的品牌文化能够对品牌的发展产生持续的正面作用，但没有一成不变、一劳永逸的文化，当品牌文化无法促进品牌的发展时，就要对它进行改革。因此，品牌文化在形成与发展的过程中，应当随着人们的消费理念、消费习惯、消费模式等社会文化的发展变化而改变，适应社会环境的需要，不断以新观念、新知识、新管理、新技术加以充实和完善。

6.1.3 品牌文化的意义

美国国际营销大师 Philip Kotler 曾说："品牌最持久的吸引力来自品牌所包含的文化，这是知名品牌之所以深入人心的魅力所在。"具有良好文化底蕴的品牌，能够给人带来一种心灵的慰藉和精神的享受。品牌文化一旦形成，就会对品牌的经营管理产生巨大影响和能动作用。它是品牌附加值的源泉，是品牌保持竞争优势的原动力，它有助于增强企业凝聚力，实现品牌个性的差异化，建立消费者的忠诚。所以，一流的企业都十分重视品牌文化的建设，以促进企业的发展壮大。

1. 品牌文化是品牌价值不竭的源泉

强势品牌之所以能够享受价格溢价带来的丰富利润，是因为品牌价值使得消费者愿意为品牌付出额外的代价。品牌文化是品牌最核心的 DNA，它是品牌价值和情感的自然流露，代表了人们的生活方式、价值观和个性,是物质和精神的高度统一。品牌价值取决于消费者的购买意向和购买行为,如果没有消费者的认同和接受,品牌即使有完美的设计、构想和期望,也是没有价值的。在品牌文化的指导下,企业的营销努力对消费者的心理和行为产生一定的影响,品牌的文化内涵可以积极地强化或改变消费态度,影响消费者的品牌选择,从而提高品牌价值。这就需要企业在培育品牌时,重视品牌文化的建设,传播品牌文化的精髓,以提高品牌的价值。

中国服装品牌为什么难以领导世界潮流?

中国服装品牌为什么不能像法国、意大利等国品牌那样领导服装潮流?就是因为品牌缺乏文化内涵。阿玛尼代表一种前卫、年轻的时尚;BOSS是年轻而保守的职业人的最爱;范思哲代表一种性感、反叛的精神;韩国诗美惠则张扬高贵、时尚、浪漫。而中国服装品牌要么文化内涵匮乏,要么一味模仿洋货,缺少独特又富有感染力的文化内涵,自然难以产生高附加值。

(资料来源:http://blog.ceconlinebbs.com/BLOG_ARTICLE_31226.HTM)

2. 品牌文化是品牌保持竞争优势的原动力

产品的价格、质量、服务和信誉等方面构成了品牌竞争力的基本要素。随着市场竞争的日趋激烈,企业在这些基本要素方面已日趋相同,难以建立起品牌忠诚,形成稳定的市场占有率。低价格能提高知名度,但不能提高美誉度;高质量能提高美誉度,但不一定带来忠诚度。产品质量分为技术质量和认知质量。技术质量(technical quality)是指产品设计过程中应遵循的技术标准;认知质量(perceived quality)也称消费者认知质量,是指消费者对产品功能特性及其适用性的心理反应或主观评价。技术质量作为一种富有科学性的可辨识的标准,具有客观性;而认知质量则是消费者对产品技术质量或客观质量的主观反应。只有被消费者感知到的质量才能转化成品牌的竞争力。然而,在市场营销实践中,很多企业只看重技术质量,却忽视消费者对其认可与接受的状况,结果使产品失去竞争优势。品牌文化所代表的功能和利益一旦得到消费者的认可,便会与消费者认同的价值产生共鸣,从而将无形的文化价值转化为品牌价值,把文化财富转化成品牌的竞争优势,使产品在激烈的市场竞争中保持强大的生命力。而且,消费者如果认同某种品牌文化,往往不会轻易改变。这就意味着,品牌文化不仅能够带来价格溢价,还为品牌设置了较高的市场壁垒,提供了竞争品牌难以模仿的竞争优势。

品味"舍得"

"舍得"者,实无所舍,亦无所得,是谓"舍得"。故《金刚经》云:应无所著而生其

心。舍得酒的名称出自我国古代典籍《金刚经》，极富中国传统哲学意味。人们在品味该酒的同时体会着"有得必有舍，有舍也必有得"的人生哲理，演绎出"智"和"尊"的感想。这样，就把舍得酒的目标消费群牢牢定位于有品位、阅历丰富、事业成功的金领一族。舍得酒之所以能受到广大社会精英人士的宠爱，不仅因为其卓越的内在品质，更因为其在酒文化的挖掘上比其他品牌高出一筹，使舍得酒赢得众多消费者的青睐，并大大提高了品牌的竞争力。

（资料来源：http://www.9998.tv/news_show_7945.html）

3. 品牌文化丰富了企业文化内涵，是增强企业凝聚力的重要保障

管理学大师 Peter M. Senge 指出："一个缺少全体衷心共有的目标、价值观和使命的组织，必定难成大器。"优秀的品牌文化，可以把企业价值观念、追求目标等渗透到生产经营管理中，激发员工的荣誉感、责任心和创造性，使员工有明确的价值观念和理想追求，对很多问题的认知趋于一致。这样可以增强他们之间的相互信任、交流和沟通，使企业内部的各项活动更加协调，从而增强企业的凝聚力。可口可乐公司以动感、激情、富有个性的品牌文化著称，其企业文化也离不开员工的激情和创新。红塔集团品牌口号由"天外有天，红塔集团"改为"山高人为峰"，与企业文化中透射出的人文气息相一致，并丰富了企业文化的内涵。品牌文化还具有辐射作用，能吸引大量外部的优秀人才为实现自身价值而加入到企业团队中来，推动企业品牌的发展和壮大。

4. 品牌文化是实现品牌个性差异化的有效途径

营销大师 Philip Kotler 一针见血地指出："面对竞争激烈的市场，一个公司必须努力寻找能使它的产品产生差异化的特定方法，以赢得竞争优势。"麦肯锡公司的研究结果表明，强势品牌与一般品牌的重要区别不是与众不同的产品、持之以恒的优良品质，而是其中的文化因素。品牌因文化而独具个性，有个性的品牌才会有竞争力，个性越鲜明，竞争力就越强，在消费者心中留下的印象就越深刻，如奔驰的自负、富有、世故，百事可乐的年轻、活泼、刺激等。企业的产品和服务则通过这些生动鲜明的品牌文化体现与竞争对手之间的差异，增进消费者对品牌的好感度和美好联想，提升品牌附加值。

5. 品牌文化是建立品牌忠诚的基础

品牌忠诚是维系品牌与消费者关系的重要手段，它能给品牌带来巨大的竞争优势。品牌在创建过程中的巨大投资使消费者相信：越是强势品牌，其产品质量与服务承诺就越可靠。另外，品牌在传播过程中会在消费者心中形成独特的文化品位与个性。卓越的品牌文化能够使消费者借助于品牌表达自己的社会角色，得到心理满足。当消费者使用这些品牌时，他们不仅获得了品牌价值，更能从中得到一种文化与情感的渲染，并建立对该品牌的信任。一旦消费者对某种品牌文化形成心理认同，就会强化其对该品牌产品或服务的消费偏好，这种持续的品牌文化刺激不仅能使消费者形成一种消费定式，成为该品牌产品或服务的忠诚顾客，而且能够通过其消费行为产生示范效应，吸引、带动其他消费者，扩大该产品或服务的消费者队伍，通过市场规模的扩大推动企业的发展。因此，品牌文化的本质是建立有效的消费者品牌关系，与消费者进行品牌对话，真正让消费者参与到品牌的建设中来，让消费者理解品牌，接受品牌，体验品牌，进而钟爱品牌。

6.1.4 品牌文化的功能

品牌文化一旦形成，就会对品牌的经营管理产生巨大影响和能动作用。它有利于各种资源要素的优化组合，提高品牌的管理效能，增强品牌的竞争力，使品牌充满生机与活力。具体地讲，品牌文化有如下功能。

1. 导向功能

品牌文化的导向功能体现在两个方面。一方面，在企业内部，品牌文化集中反映了员工的共同价值观，规定着企业所追求的目标，因而具有强大的感召力，能够引导员工始终不渝地为实现企业目标而努力奋斗，使企业获得健康发展；另一方面，在企业外部，品牌文化所倡导的价值观、审美观、消费观，可以对消费者起到引导作用，把消费者引导到和自己的主张相一致的轨道上来，从而提高消费者对品牌的追随度。

2. 凝聚功能

品牌文化的凝聚功能体现在两个方面。一方面，在企业内部，品牌文化像一种强力黏合剂，从各个方面、各个层次把全体员工紧密地联系在一起，使他们同心协力，为实现企业的目标和理想而奋力进取。这样，品牌文化就成为团队精神建设的凝聚力。另一方面，在企业外部，品牌所代表的功能属性、利益认知、价值主张和审美特征会对广大消费者产生磁场作用，使品牌像磁石一样吸引消费者，从而极大地提高消费者对品牌的忠诚度。同时，其他品牌的使用者也有可能被吸引过来，成为该品牌的追随者。

3. 激励功能

物质激励到了一定程度，会出现边际递减现象，而精神激励的作用更强大，更持久。优秀的品牌文化一旦形成，在企业内部就会形成一个良好的工作氛围，它可以激发员工的荣誉感、责任感、进取心，使员工与企业同呼吸、共命运，为企业的发展尽心尽力。对消费者而言，品牌的价值观念、利益属性、情感属性等可以创造消费感知，丰富消费联想，激发他们的消费欲望，使他们产生购买动机。因此，品牌文化可以将精神财富转化为物质财富，为企业带来高额利润。

4. 约束功能

品牌文化的约束功能是通过规章制度和道德规范发生作用的。一方面，企业在生产经营过程中，必须通过严格的规章制度对所有员工进行规范，使之按照一定的程序和规则办事，以实现企业目标。这种约束是硬性的，是外在约束。另一方面，企业文化的约束作用更多的是通过道德规范、精神、理念和传统等无形因素，对员工的言行进行约束，将个体行为从众化。这种约束是软性的，是内在约束。和规章制度相比，这种软约束具有更持久的效果。

5. 辐射功能

品牌文化不能复制，但一旦形成，不仅会在企业内部发挥作用，还可以通过形象塑造、整合传播、产品销售等各种途径影响消费群体和社会风尚。大体上说，品牌辐射主要有以下四种方式。

（1）软件辐射。即通过企业精神、价值观、伦理道德、审美属性等向社会扩散，为社会文明进步做出贡献。

（2）产品辐射。即通过产品这种物质载体向社会辐射。例如，我们可以通过劳斯莱斯产

品去感受一种卓越的汽车文化。因为劳斯莱斯的员工不是在制造冷冰冰的机器，而是以人类高尚的道德情操和艺术家的热情去雕琢每一个零件，每一环工序制作出来的东西都是有血有肉的艺术极品。

（3）人员辐射。即通过员工的言行举止和精神风貌向社会传播企业的价值观念。例如，美国IBM有"蓝色巨人"之称，这个名字源于公司的管理者人人都穿蓝色西服。公司高级职员在异国有如贵宾，如果他们迷路或惹上麻烦，身上佩戴的职衔名牌比美国护照还管用。凡是有过在IBM工作经历的人，都是社会上争先抢聘的对象。

（4）宣传辐射。即通过媒体等多种宣传工具传播品牌文化。

6. 推动功能

品牌文化可以推动品牌经营长期发展，使品牌在市场竞争中获得持续的竞争力；也可以帮助品牌克服经营过程中的各种危机，使品牌经营健康发展。品牌文化对品牌经营活动的推动功能主要源于文化的能动作用，即它不仅能反映经济状况，而且能反作用于经济，在一定条件下可以促进经济的发展。利用品牌文化提高品牌经营效果有一个时间上的积累过程，不能期望它立竿见影。但只要持之以恒地重视建设品牌文化，必然会收到良好的成效。其实，品牌文化的导向功能也算是另一种推动功能。因为品牌文化规定着品牌经营的目标和追求，可以引导企业和消费者去主动适应更有发展前途的社会需求，从而最终取得胜利。

7. 协调功能

品牌文化的形成使员工有了明确的价值观念和理想追求，对很多问题的认识趋于一致。这样可以增强他们之间的相互信任、交流和沟通，使企业内部的各项活动更加协调。同时，品牌文化还能够协调企业与社会，特别是与消费者的关系，使社会和企业和谐一致。企业可以通过品牌文化建设，尽可能地调整自己的经营策略，以适应公众的情绪，满足消费者不断变化的需求，跟上社会前进的步伐，保证企业和社会之间不会出现裂痕和脱节，即使出现了也会很快弥合。

6.2　品牌文化的构成

品牌文化是在品牌创建和培育过程中不断发展而积淀起来的，核心是文化内涵，具体而言是其蕴涵的深刻的价值内涵和情感内涵，也就是品牌所凝练的价值理念、生活态度、审美情趣、个性修养、时尚品位、情感诉求等精神象征。品牌文化的塑造通过创造产品的物质效用与品牌精神高度统一的完美境界，能超越时空的限制带给消费者更多的高层次的满足、心灵的慰藉和精神的寄托，在消费者心灵深处形成潜在的文化认同和情感眷恋。在消费者心目中，他们所钟情的品牌，作为一种商品的标志，除了代表商品的质量、性能及独特的市场定位以外，更代表他们自己的价值观、个性、品位、格调、生活方式和消费模式；他们所购买的产品也不只是一个简单的物品，而是一种与众不同的体验和特定的表现自我、实现自我价值的道具；他们认牌购买某种商品也不是单纯的购买行为，而是对品牌所能够带来的文化价值的心理利益的追逐和个人情感的释放。因此，他们对自己喜爱的品牌形成强烈的信赖感和依赖感，融合许多美好联想和隽永记忆，他们对品牌的选择和忠诚不是建立在直接的产品利益上，而是建立在品牌深刻的文化内涵和精神内涵上，维系他们与品牌长期联系的是独特的品牌形象和情感因素。这样的顾客很难发生"品牌转换",毫无疑问是企业的高质量、高创利的忠诚顾客,是企业财富的不竭源泉。

品牌文化系统由精神文化、行为文化和物质文化三部分组成。品牌精神文化是价值观和文化心理,是核心文化;品牌行为文化是一种活动,处在浅层;品牌物质文化,最为具体实在,属于表层文化。品牌文化承载了品牌的使命和追求,体现了品牌对消费者的关怀,是品牌与消费者沟通的情感基础。品牌文化体系结构如图6-1所示。

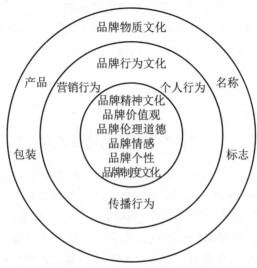

图 6-1　品牌文化体系结构图

6.2.1　品牌精神文化

正如所有的文化是建立在其自身哲学理念的基础之上一样,品牌文化也是建立在该品牌的哲学——品牌理念的基础之上的。品牌精神文化是在长期的品牌经营过程中,因受社会经济和意识形态影响而形成的文化观念和精神成果,是企业管理品牌的指导思想和方法论。品牌精神文化是品牌文化的核心,也是品牌的灵魂。它决定品牌的形象和态度,是品牌在营销活动过程中一切行为的信念和准则。品牌精神文化对内有调节和指导品牌运作、优化资源配置、促使品牌健康发展的驱动力,对外有丰富品牌联想、提升品牌形象、激发消费者购买欲望的扩张力。任何缺乏精神文化的品牌,都不能称为品牌,也没有市场前景。在市场竞争日趋激烈的今天,赋予各类组织、系统或产品以精神内涵,使之实现差异化、个性化,是提升其竞争力的根本保障。品牌精神文化主要包括以下几个方面。

1. 品牌价值观

品牌价值观是指品牌在追求经营成果的过程中所推崇的基本信念和奉行的目标,是品牌经营者一致赞同的关于品牌意义的终极判断。品牌价值观是企业价值观的深化,是企业价值观的市场化体现,反映了品牌的精神和承诺。对内它深刻影响员工的行为,为员工提供坚强的精神支柱,给员工以神圣感与使命感;对外它驱动品牌关系的发展,决定品牌的个性和形象,影响顾客品牌关系的建立和顾客忠诚的产生。可口可乐的"欢乐、自由",戴比尔斯钻石的"钻石恒久远,一颗永流传",SK-II护肤品的"高雅贵族"文化气息,555的"绅士的风度"等,都展示了品牌的基本性格和经营宗旨,构成品牌的根本信念和发展导向,影响员

工的共同愿景和行为规范。

2. 品牌伦理道德

品牌伦理是品牌营销活动中应遵循的行为和道德规范,如关于诚信、公平竞争、社会期望、公共关系、社会责任、消费者自主权等方面。品牌伦理作为一种内在的规定性,它是品牌宝贵的道德资本,具有教育功能、激励功能、协调功能、监督和评价功能。在一些法制建设相对落后的国家里,品牌伦理观还处于萌芽、模糊、不被广泛接受的状态。我国就处于品牌伦理建设的初级阶段,因此引导、强化品牌伦理观的工作已经刻不容缓。结合我国民族文化的大背景和目前的经济环境,企业在品牌运作中应倡导并遵守"诚信、有责任感和维护'公平、公正、公开'的经济环境"的伦理道德观。

"骆驼"品牌的道德危机

"骆驼"是雷诺公司旗下一个著名的香烟品牌,当其研究人员发现"14~18岁的年龄组是吸烟人口中不断增长的一部分"后,雷诺公司就将一个抽着骆驼香烟的可爱的卡通人物搬上荧幕,结果很快得到了21岁以下青少年的认可,产品的市场占有率也由原来的不足1%上升到32.8%。食品和药品管理局的报告说,儿童们像熟悉麦当劳一样熟悉骆驼。尽管雷诺公司一再表示此次营销活动仅仅是为了挽救一蹶不振的骆驼品牌,却还是遭到社会上大多数反烟运动者的批判,并被认为是利用广告侵害了儿童们健康成长的权利。同样地,雷诺公司又因为推广一种瞄准非洲裔美国人的香烟品牌——这种烟的尼古丁含量特别高,被非洲裔美国人领袖斥责为"对少数民族的不公正欺诈",引发了社会性的抵制雷诺运动。

(资料来源:http://brand.iader.com/brand-civilization/2006/06/content_1149275564d87975.html)

品牌精神文化的主要特征如下。

(1)个性化。产品可以同质,可以相似,但精神文化都各有各的特征。不贴标签的几部同型号彩电几乎没有什么不同,但贴了标签后,长虹、海尔、松下、索尼便各具特色。其中的差异正是来自品牌精神文化,是精神文化赋予了品牌以不同的形象,赋予品牌以个性化和差异化特征。因此说,品牌精神文化具有个性化、差异化的特点。

(2)时代性。优秀的品牌精神文化永远是对新时代竞争意识、文明意识、道德意识、理想追求的提炼与概括,永远跳动着时代的脉搏,流动着鲜活的血液,充满了生机与活力。"问渠那得清如许,为有源头活水来。"品牌精神文化的生命正是来自它对每个时代先进文化、先进理念的不断吸收。

(3)稳定性与动态性的统一。品牌精神文化一旦形成,就具有稳定性、持久性、标志性,不会因个别因素和环节的变化而变化,但它也并非一成不变、顽固僵化。它之所以具有强大而持久的力量,正是因为它能够不断反映进步思想和先进文化随时代的发展而发展,与形势的变化如时空条件、市场竞争、技术创新、观念更新等相适应。因而它具有动态性,是稳定性与动态性的和谐统一。

3. 品牌情感

品牌情感可以理解成掌握目标顾客情绪的一种品牌承诺,并远超过他们的一般期望。品牌承诺代表着品牌所追求的忠诚,因此,品牌情感是品牌忠诚的构成元素。品牌具有情感,将加深消费者对品牌的认知,丰富消费者的体验,强化品牌形象。三九胃泰在宣扬疗效不凡的同时绝没忘记塑造"悠悠寸草心,报得三春晖"的感人形象;果珍不仅是"富含维生素的太空时代饮品",还蕴涵着"冬天喝果珍一家人暖在心头",祝福人间天伦之乐的立意;养生堂龟鳖丸是"100%纯正、功效卓著的保健品"还是"献给父母的爱";南方黑芝麻糊"一股浓香,一缕温暖"等都以情暖人心、温馨备至的情感诉求来感染消费者,从而赢得消费者的品牌忠诚。

4. 品牌个性

品牌个性是有关品牌的人格特质的组合(Jenniffer L. Aaker),其个性是生产者和消费者在相互的交流中共同赋予的,并不是产品本身内在的(Kevin L. Keller)。它能通过人、物、图景或品牌角色承载,使消费者产生许多联想。奥美广告创始人 David Ogilvy 在其品牌形象论中指出:"最终决定品牌市场地位的是品牌总体上的性格,而不是产品之间微不足道的差异。"美国整合营销专家 Schultz 认为:"品牌个性是给品牌一个生命与灵魂,能让消费者轻易地将它与竞争品牌区别开来,它能给消费者一种既熟悉又亲密的朋友般的感觉……"例如,哈雷·戴维森把爱国作为品牌的个性特点,雀巢则在消费者心中注入了慈爱、温馨、舒适和信任的个性,舒肤佳则建立起关爱、以家庭为重的品牌个性。品牌个性能够深深地感染消费者,这种感染力会随着时间的推移形成强大的品牌感召力,使消费者成为该品牌的忠实顾客。

5. 品牌制度文化

在品牌精神文化的指导下,企业形成了品牌的制度文化。品牌的制度文化是指在品牌营销活动中形成的与品牌精神、价值观等意识形态相适应的企业制度和组织结构。它是品牌文化中品牌与企业结合的部分,又称"中介文化"。它包括企业领导体制、组织结构、营销体制以及为进行正常的生产经营而制定的管理制度等。制度文化反映了企业的性质和管理水平,是为了实现企业目标而制定的一种强制性文化。

6.2.2 品牌行为文化

"每一个价值观都会产生一套明确的行为含义。"品牌行为是品牌精神的贯彻,它是品牌与消费者关系建立的核心过程,是企业经营作风、精神风貌、人际关系的动态体现,也是企业精神、企业价值观的折射。品牌行为文化主要包括以下几方面。

1. 品牌营销行为

品牌营销行为是从文化层次研究营销活动,从文化的高度确定市场的营销战略和策略,以增加品牌的竞争力,发挥文化在品牌营销过程中的软资源作用。品牌营销行为文化既包含浅层的产品构思、设计、造型、款式、包装、广告,又包括浅层的对营销活动的价值评价、审美评价和道德评价。

2. 品牌传播行为

从品牌文化的角度看,品牌的营销行为既是在推广产品,又是在传播文化。品牌传播行为包括企业通过广告、公共关系、新闻、促销活动等媒体传播品牌资讯的一切行为活动,传播行为有助于品牌知名度的提高和品牌形象的塑造。

3. 品牌个人行为

品牌是多种身份角色的市场代言人,品牌个人行为不仅包括品牌形象代言人、企业家的

个人行为，还包括员工和股东等个人行为。他们的行为构成了品牌个人行为，品牌行为又代表着他们的行为。

6.2.3 品牌物质文化

品牌物质文化是包括品牌产品在内的物质文化要素。尽管它处于品牌文化的最外层，但却是消费者对品牌认知的主要来源，它是品牌对消费者最直接的影响要素。品牌物质文化主要包括以下几个方面。

1. 产品文化

产品可以反映企业的价值观和理念，折射出一个民族或国家的文化传统。企业在长期的生产经营中自然形成的涉及质量控制的意识规范、价值取向、思维方式、道德水平、行为准则、法律观念等产品的质量文化也是品牌文化的一个重要组成部分。

2. 包装文化

包装是产品的一面旗帜，是产品价值的象征。因为产品包装蕴涵着品牌个性，体现着品牌形象，规定和影响着品牌定位。包装只有综合利用颜色、造型、材料等元素，表现出产品、品牌等企业的内涵和信息，突出产品与消费者的利益共同点，对消费者形成较直观的冲击，才能影响到消费者的品牌认知，从而有效地吸引消费者。例如，法国圣路易香水的包装瓶由著名的设计师 Marie-Claude Lalique 采用彩色水晶玻璃创造，这些包装瓶充分体现了 Lalique 的个性：光亮、自然、阴柔等。其中女用型拉利克香水瓶给人的印象极深，瓶子上有花果图案，并附有龙涎香和香子兰的芳香。

3. 名称和标志文化

品牌名称作为品牌之魂，体现了品牌的个性、特性和特色。品牌名称是品牌中能够读出声音的部分，是品牌的核心要素，是品牌显著特征的浓缩，是形成品牌文化概念的基础。品牌名称不同于产品名称，它具有社会属性和人文属性，是经济领域的一种文化现象，它可以反映品牌的道德修养、文化水准及其寄托的希望，是一笔宝贵的文化财富。品牌标志是品牌中可以被识别，但不能用语言表达的部分。它通过一定的图案造型和色彩组合来展现品牌的个性形象和文化内涵。如童真的米老鼠、快乐的海尔兄弟、标致汽车威风凛凛的狮子标识，等等。

品牌文化由以上三个部分组成，形成由表层至深层的有序结构。最外层品牌物质文化是最为具体实在，也是最容易被识别和感受的；品牌行为文化处在浅层，也可以为消费者所感知，表现为一种行为活动；品牌精神文化是品牌文化的核心，是意识形态。各层次之间相互影响、互相渗透。品牌物质文化是品牌精神文化和品牌行为文化的基础和外化；品牌行为文化是品牌物质文化和品牌精神文化动态的反映；品牌精神文化是核心，它决定着其他文化的变化和发展方向。

6.3 品牌文化的价值

品牌是文化的载体，是企业进入市场的通行证，文化则是品牌的灵魂和重要标志。所以，品牌不能没有文化。没有文化内涵的品牌，只是一个干巴巴的商标、一幅空洞的牌子，没有生命力和竞争力，不可能在市场竞争中生存下去。成功的品牌，应该是品质和文化的完美结合。品牌建设的过程，其实是一个文化渗透的过程，企业的经营理念必然充盈其间并发挥着不可替代的作用。企业之所以能够创出强势品牌，一个极为重要的原因就在于它们努力地把文化因素融入品牌创建的全部过程。正是设计大师、企业经营者和全体员工将生动而永恒的文化意蕴注入产品之中，才赋予品牌以隽永、稳定的个性因素，才使这些品牌产生迷人的光环，登上荣誉的殿堂。品牌已成为物质和精神、品质与文化高度融合的结晶。综观世界所有知名品牌，可以发现，它们无一例外地极为重视品牌的文化含量。塑造品牌也是在塑造文化，经营品牌也是在经营文化，从企业的决策管理、品牌规划、产品设计到生产、销售、服务乃至公关广告等各个环节，都在增加文化投入。

任何一个强势品牌必然有一个清晰而丰富的品牌识别——品牌个性。品牌个性是品牌独特的身份标志，是它与众不同的价值之所在，也是品牌竞争力的必然要求。有个性的品牌才会有竞争力，个性越鲜明，竞争力就越强，在消费者心中留下的印象就越深刻。美国通用公司总裁杰克·韦尔奇说，没有差异化是品牌最大的危害。而对品牌个性的最好投资，是努力塑造品牌文化。产品和技术可以雷同，文化则千姿百态，变幻无穷。把一种风格独特的文化注入品牌，品牌的个性才会生动鲜明。简言之，品牌差异的本质是文化差异。

品牌文化将无形的文化价值转化为有形的品牌价值，把文化财富转化成为差异化的竞争优势，使产品在激烈的市场竞争中保持强大的生命力。美国兰德公司曾花20年时间跟踪了500家世界大公司，发现其中百年不衰的企业有一个共同的特点，就是它们始终坚持四种价值观：一是人的价值高于物的价值；二是共同价值高于个人价值；三是社会价值高于利润价值；四是用户价值高于生产价值。这些价值伴随企业的发展变迁和经营活动的成败考验，日积月累沉淀为品牌文化。正是优秀的品牌文化，而不是资本和技术，造就了世界500强企业中的西门子、惠普、索尼、雀巢、IBM等知名品牌。正是品牌文化融入了企业长期发展战略经营方针之中，渗透在企业经营管理的每一个环节，最终通过产品和服务在市场上形成并提升这些知名品牌的独特形象，才使这些品牌成为经久不衰的"常青树"。品牌文化一旦与消费者内心认同的文化和价值产生共鸣，它所释放的能量就非常可观，它最终将转化为品牌巨大的附加值及由此带给企业的滚滚利润。

品牌的背后是文化。品牌一旦有了文化内涵，就可以征服消费者，征服世界，成为全球促销的形象大使。早几年女式厚底鞋在我国广泛流行，女孩子穿起来非常时髦。它是从发达国家传入我国的。其实，这种鞋既笨重又不便于行走，从健康的角度来看，穿这种鞋还不便于脚肌肉的成长。但它却博得无数青少年的青睐，市场销量很大。什么原因呢？原来厂商赋予了这种鞋"酷"的文化特质，说穿这种鞋很酷，能充分体现现代女孩子的个性和气质，增添她们的时尚魅力和风姿。这种鞋自然而然就流行起来了。

另外，品牌文化蕴涵着企业的经营理念，是企业价值观念与行为规范的总和，是在品牌经营的长期实践中沉淀和积累下来的，因而它具有稳定、持久的特征。品牌文化一经形成，作为一只"无形的手"，它将对员工的行为产生一定的引导和约束作用，也将对企业的生产经营活动产生潜移默化的影响。因为品牌文化作为企业经营战略的支持系统，必然是与企业长远谋划有关的长期存在。

6.4 品牌文化的塑造

品牌文化的魅力是诱人的。然而，品牌文化的塑造却是一个循序渐进的过程，它需要企业集合自身的人力、物力和财力资源，以品牌的核心价值为主线，不断注入与品牌相适应的文化元素，进行合理的整合、演绎与传播。

6.4.1 品牌文化塑造的误区

由于我国企业进行品牌管理和品牌文化建设的时间较短，在品牌及品牌文化相关知识的理解和运用方面尚不成熟，因而在品牌文化的塑造过程中就不可避免地存在以下问题。

1. 品牌文化建设表面化

现阶段我国企业在品牌开发过程中往往注重品牌的价值定位，很少涉及品牌文化的设计及推广，品牌文化开发深度不够。品牌文化建设应该从一点一滴做起，从理念、精神、个性、功能、名称、包装、标志、服务等每一个细微之处着手，通过外在的、显性的符号来体现和加强品牌的内涵，并通过一定的传播手段向消费者恰当地传递品牌文化。缺乏品牌理念和文化价值观的支持，把品牌文化建设简单地理解为视觉识别（visual identity）设计，仅仅规范一下企业的标志、标准色和标准字体，那么品牌文化的建设往往只能流于形式，有形而无神，成了无本之木。

2. 品牌文化建设的手段单一

一些企业将品牌文化建设片面理解为提高品牌的知名度，通过在媒体上大量投放广告，欲以这种手段作为主要的品牌塑造工具。广告宣传固然是品牌文化传播的重要手段，但也要与企业的品牌愿景、品牌定位结合起来。市场上的标王争夺、价格战、明星战之所以此起彼伏，就是因为这些广告只能达到短期的效果，却难以在消费者心目中树立起鲜明的品牌文化。

3. 品牌文化缺乏个性

目前我国很多企业在塑造品牌的过程中缺乏个性，往往人云亦云，千篇一律。别人说"没有不可能"，我就说"我能""一切皆有可能"……这样是无法塑造出有个性的品牌文化的。在产品属性差异化较小的情况下，品牌文化是实现品牌个性差异化的有效途径。企业应该从自身品牌的性质出发，根据品牌的发展历程以及品牌所处的行业环境和竞争环境，塑造个性鲜明的品牌文化，而不是简单模仿和抄袭。

4. 品牌文化脱离本土化

文化对人的思维方式以及生活方式具有深远而持久的影响。人们生活在一定的文化背景中，其消费习惯必然受到特定文化背景的影响，因此，将优秀的民族传统文化融入品牌文化更易让消费者产生共鸣，使品牌具有更为持久的生命力和市场竞争力。承载民族文化的品牌更易引起消费者的情感共鸣。

5. 品牌文化内涵老化

让·诺尔·卡菲勒认为，品牌老化有两层含义：一是指品牌缓慢、逐渐地退化；二是指品牌所反映的消费者的形象。据相关资料显示，目前中国共有"中华老字号"2 000余家，分布在全国各地，然而，如今仍能正常营业的不到30%。品牌固守旧的形象、缺乏创新，不能主动跟上市场的变化和消费者需求的发展，最终必定老化，被市场淘汰。因此，品牌文化的维系如逆水行舟，不进则退。企业应随时补充、调整其文化的内涵，避免在竞争中被市场淘汰。

6.4.2 品牌文化塑造的步骤

根据品牌文化的形成机制及成功品牌的经验，企业可以通过以下几个环节塑造自身的品牌文化。

1. 品牌文化的设计

企业应根据品牌定位筛选与品牌定位相关的各种文化因素，主要包括企业文化、企业名称、企业形象识别系统（corporate identify system）、商标、商品名称、企业家或职工代表等品牌资源，在收集和整合企业的各种文化资源之后，应根据品牌战略定位，对各种文化因素进行提炼，确定品牌的价值体系。例如，通用电气的"进步乃是我们最重要的产品"，杜邦的"通过化学使美好的生活变得更加美好"，海尔的"追求卓越，敬业报国"。当然，品牌文化也可以随着企业的发展逐渐表达得更加完整和细致，比如惠普公司最初的价值观就是"企业发展资金以自筹为主，提倡改革与创新，强调集体协作精神"，以后经过数次演变形成了著名的"惠普之道"，其内容就更加丰富了。

品牌价值体系的建立可以围绕以下几个方面展开。

（1）企业的核心竞争力。这种品牌价值体系常见于技术型或其他知识含量高的品牌中，它们由于技术的领先或成熟而具有较明显的、持续的、相对或绝对的竞争优势，故其价值体系以体现并保持这种优势为主要内容。例如，海信的"创新科技，立信百年"、索尼的"永不步人后尘，披荆斩棘开创没人问津的新领域"等。

（2）企业的社会责任。在消费品品牌中，企业往往可以通过强调自身的社会责任，来表现关爱人类的生活质量。如 TCL 的"为顾客创造价值"、立邦漆的"处处放光彩"等。

（3）顾客满意。企业的价值体系还可以围绕顾客满意来建立，例如，家乐福以"开心购物"赢得全球 29 个国家的顾客忠诚；而宝马以"使驾驶成为一种乐趣"、沃尔沃以"安全驾驶"为品牌的价值观。我国也有大量的品牌持有类似的价值观，如海尔就以"真诚到永远"成为家电业名副其实的龙头老大、娃哈哈以"健康下一代"的价值主张而称雄儿童饮料市场。

企业应在品牌的核心价值观的基础上延伸出完整的价值体系，主要应考虑：明确品牌文化的范围，确定品牌文化的个性，划分顾客群体，衡量顾客价值，评估、提升顾客关系。

2. 品牌文化的传播

企业要塑造一种独具个性的品牌文化，就需要通过品牌文化的传播向顾客诉求品牌个性，在顾客心中植入有分量的、具有亲和力的品牌文化。品牌文化的传播包括内部传播和外部传播。

（1）品牌文化的内部传播。内部传播十分重要，它既具有辅助品牌文化形成和确立的功能，又兼有使品牌文化得以继承、发扬的功能。事实上，品牌文化的形成、发展与积累，都与品牌文化的内部传播有着密切的关系。

①企业的高层管理者要身体力行，发挥示范作用。企业的高层管理者是品牌文化建设的龙头，他们的模范行动是一种无声的符号，对员工起着重要的示范作用。管理者是品牌文化的实践者，必须率先垂范，处处注意自己的"角色形象"。因此，要塑造和维护品牌的共同

价值观，管理者首先应成为这种价值观的化身，并通过自己的行动向全体成员灌输品牌的价值观。

②树立典范，发挥表率作用。模范人物是员工评判自己思想行为的一面镜子，发挥他们的表率作用是建设品牌文化的重要方法，把那些最能体现品牌价值观念的个人和集体树立为典型，大张旗鼓地进行宣传、表彰，通过其特有的号召力、影响力、感染力，影响、同化、统一员工的思想、行为、价值观。

③加强培训，提高员工素质。如果员工的素质不高，或者缺乏良好的职业道德，企业的持续健康发展是不可能的，品牌文化建设也只能是纸上谈兵。在合理地设计品牌文化之后，还要督促员工参加培训，使品牌文化对员工的思维方式、思维取向和思维结论起到规范作用。同时，还可以开展各种文化仪式活动。唱厂歌、升厂旗、穿厂服等文化仪式活动，可以增强员工对品牌的认同感和自豪感，提升品牌精神，丰富品牌文化的内涵。

④健全组织机构，完善规章制度。文化的行为规范力，往往具有至高无上的地位，它告诉人们什么样的行为是被许可的，什么样的行为是不被许可的。所以在特定的品牌文化的影响下，企业的员工往往都会遵守一定的规范，而这个规范也许并不是一定的条文或规章制度，这就是品牌文化在员工行为上的规范力。因此，要建立健全品牌组织体系，完善必要的规章制度，使员工既有价值的导向，又有规范的组织管理。

（2）品牌文化的外部传播。品牌文化的外部传播主要通过各种媒体或载体，围绕品牌文化核心进行传播。在品牌文化的传播过程中，广告是最直接、最有效，也是运用最广泛的手段。广告本质上是一种文化现象，它像一只无形的手，深深地影响着消费者的消费意识和审美心理。通过广告，品牌文化得以具体化、外在化、形象化、延伸化地表达与呈现。消费者认同了广告中为他们设计的文化感受，也就会迅速地与品牌文化产生共鸣。正是基于广告文化的魅力，许多强势品牌都十分注重强化广告的文化魅力，通过具有文化创意的设计，使广告富于情趣、高雅、魅力无穷。广为传颂的广告语，呈现出一个品牌的主张、理想与文化内涵，甚至可以成为一个时期的精神标志和文化象征。

企业作为社会组织，为了改善与社会公众的关系、树立良好的组织形象而实施的传播与沟通活动在社会生活中发挥着日益重要的作用。借助能代表品牌精神的公关活动，在切合目标消费者的心理文化诉求的基础之上，来演绎表达品牌的文化内涵，这种看起来就像一场文化活动的公关方式，往往能起到品牌文化塑造的成功或事半功倍的奇效。以轩尼诗的"文化使者卖酒"为例，轩尼诗于20世纪末重返中国内地之时，就采取了文化造势的公关手段。这次文化造势的公关活动妙就妙在轩尼诗是以文化使者而不是以商人的形象出现的，采用非商业场合的文化环境，突出古老、典雅、友情和尊贵的文化内涵，从而树立起品牌文化使者的形象，顺利打开并进入中国市场。

万宝路利用公关树立品牌形象

万宝路一直都积极赞助各项国际体育事业，尤以世界一级方程式车赛最有声望，这是万宝路最有影响、最重要的赞助活动之一。在大众心目中，一级方程式车赛被视为自由、奔放、竞争、极具挑战性的运动。一级方程式赛车手的形象正符合万宝路要塑造的"男子汉形象",而一级方程式车赛所体现的精神正符合万宝路的"牛仔文化"。莫里斯公司赞助一级方程式车赛可说是赞助活动与品牌形象完美结合的典范。至今,万宝路已赞助一级方程式车赛二十余年,以支持这项体育运动为己任,万宝路在公众中树立了美好形象。另外,公司也很关心比赛的各种安全措施,树立了万宝路关心他人生命与健康的形象,使人们联想到这样的公司会从消费者的健康出发,生产"健康型"香烟以减少对他们的毒害。这一举措显然博得了公众对万宝路品牌的好感。

(资料来源:http://brand.iader.com/brand-civilization/2006/05/content_1148914725d82722.html)

3.品牌文化的审核

品牌文化的塑造不是一蹴而就的,不仅需要很长的时间,而且需要给予不断地强化。在这一过程中,企业的品牌负责人要对品牌文化的实施进行全面的监控,在品牌文化定位的基础上防止品牌文化的变异,在各种载体上对品牌文化做全方位的检验。评估品牌文化可以从以下五个方面进行。

(1)品牌价值观。品牌价值观是品牌文化的核心,只有那些尊重消费者、股东和员工利益,重视管理者管理能力和艺术及技术更新,能够使员工积极参与到经营管理之中,并具有冒险精神和革新意识的品牌价值观才是优秀的价值观。因此,对品牌价值观进行评价,必须综合考虑以上诸因素。

(2)品牌行为规范。除了规章、制度、准则等成文的规定,品牌行为规范更多地表现为传统、习惯、禁忌、时尚等不成文的行为规范。它具有法律所不具备的积极示范效应和强烈的感应力、约束力,并体现品牌的价值观。对品牌行为规范的评价需要综合考虑规章制度、员工纪律、职业道德、工作态度、工作作风、敬业精神、集体协作精神、领导方式、经营方式等。

(3)品牌文化网络。品牌文化网络包括品牌文化传播的各种媒体和渠道,既包括"硬性"媒体,如广播、电视、报刊、会议等,又包括"软性"传播,如文体活动、演讲比赛、运动会、联欢会等。

(4)对环境的适应性。品牌文化对环境的适应性取决于其对竞争环境变化的敏锐性。品牌文化所面临的外部环境包括经济环境、政治环境、社会文化环境、科技环境等,内部环境包括员工素质、企业家素质、经营管理素质和物质条件。企业应当评价品牌文化随环境变化而不断变革的程度。

(5)品牌形象。品牌形象是社会公众对品牌的综合评价和印象。企业可以从产品质量、服务质量、领导形象、员工精神风貌及品牌的知名度、信誉度、美誉度等方面对品牌形象做出评价。

4.品牌文化的优化管理

优化品牌文化的关键取决于企业在塑造品牌文化的全过程中能否关注与满足消费者物质与精神的现实需要和潜在需求,不断审视和检验品牌文化培育体系的目标定位和市场渗透,以实现品牌文化塑造体系的创新和完善。首先,企业应不断强化品牌个性,在品牌营销中寻求准确的品牌特性,并将之贯穿于品牌文化塑造的各个方面。塑造鲜明的个性特征,凸显企业的品牌形象。其次,企业应不断提升品牌形象,缩短品牌与消费者之间的距离,扩大产品销售。最后，在品牌文化塑造的过程中，还要注意保持品牌的一致性。所有的品牌要素在视觉输出和传播上应保持一致，而且，品牌营销行为应与品牌形象保持一致。这不仅能帮助消费者形成统一的品牌形象，还能够加深他们对品牌的印象，建立较高的品牌忠诚。

6.4.3 品牌文化塑造的趋势

品牌文化天生是新文化的先驱，是时代精神的缩影，因此也必然呈现出新的特征和发展趋势。这些特征和发展趋势主要有以下几个方面。

1. 平等的文化

平等是人类的一贯追求的美好愿望。随着生产力水平的提高和社会文明的进步，人们越来越希望消除不平等现象，显示出对平等的渴望。现在，以知识创造财富，成为年轻一代的口号。依附于世袭财富上的不平等关系土崩瓦解，贵族文化也随之荡然无存。因此，平等是新世纪文化的一个重要特征。

2. 创新的文化

对企业而言，创新的内容十分丰富，是一种包括技术创新、产品创新、营销创新、管理创新、观念创新、制度创新等在内的全方位创新。在市场竞争日趋激烈的今天，创新代表了企业的生存能力，不能创新，就会被淘汰。因此，创新精神与创新能力成为新世纪品牌文化的主要诉求。

3. 环保的文化

人类在创造社会财富的同时，也大量消耗了能源，严重污染了环境，继而危及人类未来的生存和发展。在这种形势下，人类开始审视和反思自己走过的历程，努力寻求一条减少资源消耗、维持生态平衡、实现人与自然相互协调的可持续发展道路。许多消费者把保护自然资源和生态环境视为己任，将消费与全球及社会经济发展联系起来，自觉地把个人消费需求和消费者行为纳入环境保护的规范之中。因此，绿色环保概念也成为新世纪品牌文化价值观的主流。

4. 高情感的文化

快节奏、多变动、高竞争、高紧张度的工作和生活方式，使人们对情感的需要日趋强烈。许多消费者所看重的已不是产品的数量和质量，而是与自己关系的密切程度。他们购买商品是为了满足一种情感的渴求，或是追求某种特定商品与理想的自我概念的吻合。他们购买的商品也并不是非买不可的生活必需品，而是一种能与其心理需求引起共鸣的感性商品。这一趋势在经济发达国家的消费者中体现得尤为明显。因此，高情感化成为当今品牌文化的重要特征。

5. 个性化的文化

许多消费者随大流的消费观念已被抛弃，代之而起的是能体现个性的消费需求和多样化的消费需求，而生产技术的发展又使产品的个性化生产成为可能。因此，强调和弘扬个性将是新世纪品牌文化的又一特征。

本章小结

品牌文化是品牌研究的新领域,它是企业文化在营销过程中的集中表现,对提升品牌竞争力的效用日益显著。品牌文化具有显著的差异性、层次性、系统性、一致性、民族性和相对稳定性。它是品牌价值不竭的源泉,是品牌保持竞争优势的原动力,能够有效地增强企业凝聚力,实现品牌个性差异化,建立消费者忠诚。品牌文化是在品牌塑造过程中不断发展而积淀起来的,由品牌精神文化、品牌行为文化和品牌物质文化三部分构成。品牌文化设计好之后,还需要通过内部传播和外部传播获得企业利益相关者的认同,并且,在塑造企业品牌文化的全过程中,随时关注与满足消费者物质与精神的现实需要和潜在需求,不断审视和检验企业品牌文化培育体系的目标定位和市场渗透,使企业品牌文化的塑造得以完善和优化。

关键概念

品牌文化　　品牌精神文化　　品牌行为文化　　品牌物质文化

案例分析

宜家:文化制胜

瑞典宜家(IKEA)是20世纪中少数几个令人炫目的商业奇迹之一,1943年初创建,从一点"可怜"的文具邮购业务开始,不到60年的时间就发展到在全球共有180家连锁商店,分布在42个国家,雇用了7万多名员工的企业航母,成为全球最大的家居用品零售商。

"娱乐购物"的家居文化

宜家一直以来都倡导"娱乐购物"的家居文化,他们认为,"宜家是一个充满娱乐氛围的商店,我们不希望来这里的人们失望"。宜家宣扬其代表着"简约、自然、时尚"的生活方式。宜家的经营理念是"提供种类繁多、美观实用、老百姓买得起的家居用品"。宜家的家居风格完美再现了大自然——充满了阳光和清新气息,同时又朴实无华。这些都形成了宜家无可替代的品牌魅力。

宜家还通过注重环保来提升企业形象。大约10年前,宜家集团开始有计划地参与环境保护事宜,涉及的方面包括:材料和产品、森林、供货商、运输、商场环境等。1990年,制定宜家第一个环境保护政策;1991年始履行关于热带林木使用的严格规定;1992年禁止在宜家产品及其生产过程中使用对高空大气中的臭氧层有害的CFCs和HCFCs;1995年采用严格标准,控制偶氮染料的使用;1998年宜家按照环境标准评审宜家在欧洲的所有运载设备;2000年为了推动林业的可持续发展,宜家在瑞典出资支持了一项林业专业研究……以上这些措施为宜家赢得了良好的社会声誉和品牌形象。

独特而丰富的目录文化

就宜家的独特而丰富的商业文化而言，宜家每年都要推出的新产品目录已经成为宜家独特的经营手段之一。宜家每一年都要在各地免费向顾客大量分发印制精美的目录册，据说仅在中国一年就分发达 200 万册，分发数量是惊人的，效果也是显著的。成千上万的中国人是通过这本比一般杂志发行量大得多的目录认识了宜家，知晓了家居设计这个概念。

透明营销

跟国内的很多家具店动辄在沙发、席梦思床上标出"样品勿坐"的警告相反，在宜家，所有能坐的商品，顾客无一不可坐上去试试感觉。宜家出售的一些沙发、餐椅的展示处还特意提示顾客："请坐上去！感觉一下它是多么的舒服！"

此外，宜家的店员不会像其他家具店的店员一样你一进门就对着你喋喋不休，你到哪里她们跟到哪里，而是非常安静地站在另一边，除非你主动要求店员帮助，否则店员不会轻易打扰你，以便让你静心浏览。

在宜家，用于对商品进行检测的测试器总是非常引人注目。在厨房用品区，宜家出售的橱柜从摆进卖场的第一天就开始接受测试器的测试，橱柜的柜门和抽屉不停地开、关着，数码计数器显示了门及抽屉可承受开关的次数。看了以上的介绍，再坐上去亲身感受一番，你还担心自己购买后会上当吗？而且，宜家的《商场指南》里写着："请放心，您有 14 天的时间可以考虑是否退换。"

管理模式

宜家品牌的塑造和低成本运作模式的成功离不开它成功的管理模式。宜家集团的经营管理原则分为"有形的手"（一切看得见的商店、商品等）和"无形的手"（经营理念和管理流程）。宜家内务系统公司拥有宜家机构所有的商标、品牌、专利等知识产权，是宜家机构的"精神领袖"（无形的手），它可以请任何一家"不合要求"的宜家商店关门。宜家的通路策略是绝对的不打折扣的直销，为了保证对产品价格、销售记录、专利权的维护及整个销售体系的控制，宜家一直拒绝对旗下的产品进行批发，对大宗团购客户也不提供任何"让利"服务；另外宜家也不出租任何自己的柜台，连餐厅都是自己亲力亲为。

案例思考

1. 宜家品牌文化的核心是什么？谈谈你对宜家的品牌文化的理解。
2. 宜家是怎样塑造其品牌文化的？

（资料来源：http://training.cyol.com/content/2005-01/21/content_991043.htm）

思考题

1. 什么是品牌文化？简述品牌文化的特征。
2. 品牌文化具有哪些功能？
3. 谈谈品牌文化和企业文化的关系。
4. 简述品牌文化的构成。
5. 如何塑造品牌文化？

第7章 品牌传播

学习目标

广泛的传播是品牌建立的坚实基础，是顾客认知品牌的重要手段。企业可以运用品牌传播有效地建立品牌知名度，树立良好的品牌形象。通过本章的学习，了解品牌传播的概念，品牌资讯的基本类型和品牌传播的主要媒体，理解如何设计品牌媒体传播计划，并掌握口碑传播的类型和设计。

选择品牌就像选择朋友，当消费者面临成千上万个品牌时，其选择往往取决于这些品牌传播的信息。创造和维系品牌关系的关键是企业在品牌传播过程中能否将有利信息最大化，不利信息最小化。"工欲善其事，必先利其器"，品牌传播是创建和发展强势品牌的有效手段。它既是建立消费者品牌认知和品牌知名度的重要方式，也是提高品牌美誉度和品牌忠诚度的有效途径。品牌营销者只有对各类品牌传播工具的传播特点了然于胸，才能应用自如，进行有效的品牌传播活动。

7.1 品牌传播概述

品牌传播在建立消费者与品牌的关系中起到桥梁了的作用。通过品牌传播，可以产生消费者认知上的差异，有利于企业建立差异化优势。企业可以利用品牌传播建立并维护品牌与消费者之间的关系，传达企业的经营理念与文化，并通过向消费者提供超出产品本身的功能价值，培养消费者的品牌忠诚。

7.1.1 品牌传播概念

传播——传递和接受信息，是所有关系的基础。美国社会学家 Cooley 认为传播是人际关系借以成立的基础，又是其得以发展的机理。品牌传播涉及符号学、传播学和市场营销学等学科的内容。品牌传播的理论基础包括 USP 理论、品牌形象理论、品牌个性理论、"360度品牌管家"和 IMC 理论等（见表 7-1）。尽管品牌传播的研究在国内开始的时间较晚，但也有不少学者对其进行了定义。我国最早引入品牌传播概念的要数余明阳、舒咏平教授在《国际新闻界》上发表的《论"品牌传播"》，他们认为品牌是传播的产物，应定位于传播学，并提出了"品牌传播"概念并进行系统研究，并将品牌传播定义为："一种操作性实务，即通过广告、公共关系、新闻报道、人际交往、产品或服务销售等传播手段，最优化地提高品牌在目标受众心目中的认知度、美誉度、和谐度。"钟育赣认为，有效的品牌传播能使企业、产品和服务与竞争者相区别，树立差异化的形象与口碑。陈先红则认为品牌传播是品牌所有者找到自己满足消费者的优势价值所在，用恰当的方式持续地与消费者交流，促进消费者的理解、认可和信任，产生再次购买的意愿，并不断维护对该品牌的好感的过程。张树庭和吕艳丹则指出品牌传播以构建品牌、维护品牌与消费者以及其他利益相关者之间的正向关系为目标，旨在促进目标受众对品牌的理解、认可、信任和体验，从而最优化地增加品牌资产。尽管国内外的学者们对品牌传播的理解各不相同，但是一般说来，品牌传播（brand communication）是指品牌所有者通过广告、促销活动、公关关系、人际沟通等多种传播策略及各种传播工具，与外部目标受众进行的一系列关于品牌资讯的交流活动。它以构建品牌、维护品牌与消费者及其他利益相关者之间的正向关系为目标，旨在促进目标受众对品牌的认知、体验和信任，从而最大化地增加品牌资产。

作为企业传播行为的一种，品牌传播具有所有传播活动所共有的特征——动态过程（见图 7-1）。这就决定了企业的品牌传播是一项开放的、系统的、长期的工作，它需要企业做好品牌战略规划，并保持一定的连续性，持之以恒地向目标受众传达品牌信息；还需要企业根据市场变化及时对品牌做出调整，使品牌保持活力。

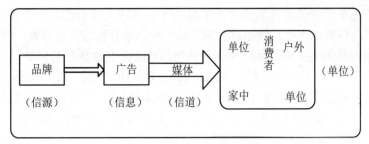

图 7-1 广告的传播过程

表 7-1 品牌传播理论分析

品牌传播理论	主要观点
独特的销售主张理论（unique selling proposition）	每一种产品都应该发展一个自己独特的销售主张或主题，并通过足量的重复传递给受众
品牌形象理论（brand image）	每个广告都必须对品牌形象这个复杂的象征有所贡献，企业要将广告看作建立品牌形象的长期投资。企业宣传应以品牌为中心，广告只是传播的一种手段
品牌个性理论（brand character）	品牌传播不只是传播形象，更要传播品牌个性
360度品牌管家（360 brand stewardship）	要求企业在与消费者的每一个接触点做好品牌传播，才能建立和维持强有力的品牌形象
整合营销传播（integrated marketing comunication，IMC）理论	将企业一切营销和传播活动，如广告、促销、公关、新闻、直销、CI、包装、产品开发等进行一元化的整合重组，让受众从不同渠道获得的品牌信息保持一致

7.1.2 品牌资讯的类型

消费者和其他利益相关者每次与企业发生直接或间接联系时，其视觉和听觉都会获得各种信号，这些都属于品牌资讯。企业销售的产品发送了有关产品的质量、价格和价值的信号，这些信号进入消费者的大脑集成为对该品牌或企业的印象、想法和感觉，正是这些大量的品牌资讯构成了消费者心目中品牌的基本要素。产品的设计、材料、性能、价格及分销，连同企业的客户服务、工厂或店铺的位置和营业时间、人员聘用的惯例、慈善活动及营销传播一起，都传递了有关品牌或公司的资讯。

品牌资讯的四个主要来源如下。

1. 计划资讯

计划资讯是指由广告、促销、人员销售、新闻发布、事件、赞助、包装以及年报等传递的品牌资讯。消费者不是计划资讯的唯一接受者，企业也可以利用这些资讯来解答雇员、投资者或其他股东关注的问题，主要通过使用大量的媒体，如新闻发布会、演讲、年报、招聘广告、年会、销售会议、工资单上的通知、布告牌（在线或在墙上）及时事通讯等。品牌资讯来自企业的多个部门，包括财务部门（如新股东发布或各种财务报告）和研发部门（如为行业杂志撰写文章或接受其访谈的工程师），而不只是营销和营销传播部门。

（1）广告。广告是指商品经营商或者服务提供者承担费用，通过一定的媒介形式直接或间接地介绍自己所推销的产品或所提供的服务的商业广告。广告是买方市场的必然产物，是

消除信息不对称的重要手段。作为消费者了解品牌资讯的主要渠道,广告在产品的宣传推广中具有一系列推动和促进作用,例如,介绍产品功能、培育初级市场需求、引导消费文化等。这些作用可归结为两大类:塑造品牌和刺激销售,前者是企业摆脱价格战,更好地实现销售的必经之路;后者是广告的终极目标。David Ogilvy 曾指出:"每一次广告都应该为品牌形象做贡献,都要有助于整体品牌资产的积累。"广告是企业对品牌的长期投资,它能够带来品牌价值的提升、品牌资产的积累和消费者忠诚的建立,是实现有效品牌传播的有力工具。

广告是最重要的品牌传播方式

强势品牌,如可口可乐、麦当劳、劳斯莱斯、丰田、万宝路、宝洁、M&M 巧克力等,其成功无不与广告密切相关。劳斯莱斯通过"在时速 100 公里时,新型劳斯莱斯最大的噪声来自车上的电子钟"的绝妙广告,不但受到美国消费者的关注,迅速打开了美国市场,也渐渐成为世界著名汽车品牌。海赛威原是美国默默无闻的衬衫品牌。广告大师大卫·奥格威曾为它设计了一幅形象奇特的广告照片:一个中年男子神气活现地叉腰站在当中,身穿雪白的衬衫,旁边有两个人正忙着为他量裁服装。最引人注目的是,那个男人右眼上有一个黑色眼罩,显得很神秘。任何人见到这张照片都不由得驻足观看,以搞清是怎么回事。照片的下面是广告的标题——穿海赛威衬衫的人。正是凭着形象独特的图片广告,海赛威的知名度大大提高,迅速成为畅销全国的热门货。在此后的 8 年中,奥格威用这个戴眼罩的模特形象,塑造出了一个富有品味、浪漫的品牌概念,为海赛威衬衫制作了一系列广告:戴眼罩的人在纽约卡内基大厅指挥乐团演奏,在吹奏双簧管,在击剑,在驾驶游艇,在购买世界名画,等等。海赛威的知名度空前提高,销售额也节节上升。

(资料来源:http://blog.ceconlinebbs.com/BLOG_ARTICLE_71257.HTM)

(2) 包装。随着自助服务概念在零售业的扩展,包装对于消费品而言已经成为尤为重要的品牌资讯。正如一个商店的设计会传播关于商店的信息一样,包装的设计和标签也会传播产品种类、品牌销售以及品牌身份和形象等重要讯息。每天在商品通道间走过的人数有上百万,远远超过在黄金时间看电视的人数,这表明品牌包装就像微型的户外广告牌,每天有数百万次的展示机会。事实证明,包装在消费者进行品牌选择时起到最后的品牌资讯展示作用,这表明它是品牌传播中重要的组成部分。在琳琅满目的商品中,改进包装和减少现代包装标签设计的成本已成为节约市场营销传播费用的有效手段之一。

(3) 销售促进。销售促进具有通过增加品牌的有形价值来激发购买行为的品牌传播功能,旨在激发并促进最终购买行为的短期增值诱因。销售促进强调增值,例如,赢得奖金的机会、价格折扣(如 8 折、买一送一)、奖品、数量折扣(如加量不加价)、免费试用品和赠品等。一直以来,销售促进都被视为一种获得销售额短期增长的手段,甚至被业界认为是广告主忽视品牌建设、重视短期效应的做法。实际上,并非所有的促销活动都造成品牌价值的损失。贝尔奇认为重视促销对品牌建设有重要意义,因为它能带来有特色的品牌偏好,并能使品牌本身得到发展和增强。

(4) 人员销售。人员销售是面对面的沟通,透过人员沟通使顾客接受产品品牌的特征,进而产生购买行为。现在的人员销售不仅仅是卖东西,还必须注重解决顾客的问题并为顾客创造价值。这意味着为了达到降低顾客成本或提升产品竞争力和吸引力的目的,就需要与顾客保持一种伙伴的关系。现代的各种信息技术使专业销售人员意识到他们是整个品牌传播系统中的一部分,并且其行为必须与各种品牌资讯保持一致。

(5)品牌叙事。品牌叙事是通过品牌的相关宣传资料透射出来的品牌内涵,包括品牌背景文化、价值理念以及产品利益诉求点的生动体现等方面的内容。美国品牌战略专家 Laurence Vincent 指出品牌叙事可用来传达一种世界观,一系列超越产品使用功能和认知产品特征的神圣理念。作为品牌的外在表现形式,品牌叙事巧妙地将所要表达的品牌背景、品牌核心价值理念和品牌情感串联起来,用一种美的形式将这些品牌资讯传递给目标受众,以此达到与目标受众的心灵沟通并得到他们的认可,令消费者感到一种物超所值的心灵愉悦与美的享受。

玫琳凯:美国的传奇品牌

Mary Kay Ash 的事业开始于一般人认为应该结束的时候。退休之前,玫琳凯是美国一家全国性世界礼品公司的训练主管。20世纪五六十年代,美国社会对妇女很歧视,她能做到这个职位实在是因为她太优秀了。当时女性和男性做同样工作,薪金往往只能拿到男性的一半,这令玫琳凯很愤怒。更令她气愤的是无论她怎样努力工作,表现多么优异,她却始终被男性主宰的世界拒之门外,1963年的一天,当她出差回来时,发现自己手下的男助理居然被提升到比她更高的职位上,她愤而辞职。在从做了25年的直销岗位上退休后,她决定写下25年来工作中的种种经历,想以此帮助其他的女性在男性主导的商业社会里获得成功。在退休后的一个月里,她坐在厨房的餐桌旁,列出了两份清单,一份记述了以往在公司里发生的美好的事情,另一份则列举过去数年来所遭遇的问题。在完成这些工作之后,她突然发现在不知不觉中,已经规划了一套构成自己梦想公司的市场计划。于是她决心发挥自己的最佳潜力与男性们一争高下。仅凭她上半生不多的积蓄 5 000 美元和她 20 多岁的儿子理查德·罗杰斯的支持,玫琳凯女士在1963年9月13日,一个黑色星期五,在达拉斯的一个只有500平方英尺(约46平方米)的店面里正式成立了自己的玫琳凯化妆品公司。

玫琳凯的目标是为广大的妇女提供无限的个人发展机会,帮助她们实现梦想。她信奉"你要别人怎样对待你,你也要怎样对待别人"的黄金法则,倡导"信仰第一、家庭第二、事业第三"的生活优先次序。

凭着她坚定的决心、努力的工作及无私的奉献精神,公司从一家小型的直销公司发展成为全美最大的美容保养品直销企业,玫琳凯品牌也成为美国面部保养品及彩妆销售最好的品牌。玫琳凯公司三度被评为全美100家最值得工作的公司,同时也被列为最适宜妇女工作的10家企业之一。

在这篇品牌叙事中,首先设置了一个情境:在男性主宰的现代商业社会,女性受到晋级和提升等多方面的歧视,要实现女性自己的事业和梦想,必须依靠自身的发奋努力。其次,推出了玫琳凯的女性人生价值观,即品牌的核心价值理念:"你要别人怎样对待你,你也要怎样对待别人"的黄金法则和"信仰第一、家庭第二、事业第三"的生活优先次序。最后,通

过玫琳凯·艾施女士取得的成就,直接对女性施加影响。如此环环相扣的品牌叙事,对渴望在事业、财富上与男性一决高低的女性来说,怎能不让她们印象深刻,并对该品牌怦然心动?

（资料来源：http://www.163hi.com/book/book_content.asp?id=163&btypeid=189）

（6）事件/赞助。事件和赞助被设计为创造参与和扩大品牌传播的体验范围。一些企业开始意识到成功的体验在将客户和品牌联系在一起中所发挥的作用,于是出现了事件营销和赞助活动的"爆炸性"发展。事件/赞助比其他品牌资讯传播的类型具有更强大的影响力（除了个人销售),这是因为事件的参与性。一个事件/赞助比被动的品牌资讯,如广告,更有可记忆性和激发性,因为顾客参与是加入到事件中或者是事件的一部分。通过事件/赞助也可以用来将品牌与某个活动,如奥运会联系起来,从而帮助品牌定位或重新定位。

2. 非计划资讯

非计划资讯包括与品牌有关或与企业有关的新闻、故事、流言、谣言、特殊利益群体的活动、交易的评价和竞争者的评论、政府机构或研究所的发言及口头传闻等。企业希望这些非计划资讯是正面的并与其他品牌资讯一致,但是这样的资讯很难控制,因为它们来自于企业外部。可能来源于企业的专家（如员工）、公共利益保护者（特殊利益群体、媒体、政府机构),也可能是与企业没有利益关系的第三方（朋友、协会、媒体)。

（1）新闻媒体。这是非计划资讯最主要的来源,它往往触及大量的受众,而且被视为具有很高的可信度。媒体报道可以来自私下聊天的员工、特殊利益群体、金融分析师及营销传播经理无法控制的其他渠道。借助新闻传播的公信力和权威性,可以成功地塑造品牌形象。由于新闻媒体的公信力和新闻报道的客观性,更容易形成尾随效应,诱发消费行为,并产生品牌信赖感进而形成品牌依赖。

（2）员工资讯。员工是重要的信息传播源,对于他们认识的人及采访他们的记者而言,他们的看法是非常可信的,特别是企业处在危机状况时。企业几乎无法阻止员工谈论他们的工作经历,而且这些谈论有时会无意中传递有关品牌的负面信息,而这些负面信息很容易影响到消费者的品牌态度。因此,员工的非正式信息交流网和留言可能严重破坏精心制作的计划资讯,损害品牌的形象。

（3）危机。危机、灾难或紧急事件是企业最不希望看到的非计划资讯,但是又是生活中存在的事实。尽管企业存在危机的可能性并不相同,但是每个企业都应该有危机管理计划,该计划用于处理各种可预见的危机,详见第13章"品牌危机管理"。

3. 产品资讯

产品资讯包括产品设计、性能、定价和分销等传递的所有信息。

（1）设计。一个产品的设计能传递强有力的品牌资讯,例如,零售商店认为店铺的设计充分展示了零售品牌向消费者传递的品牌资讯。联邦快递也认为干净的货车可以传达一种专业服务水准的品牌资讯,所以它专设了一个固定地点,每晚清洗送货卡车。

（2）性能。虽然产品设计能够直观地传递品牌资讯,但是产品性能在传递品牌资讯方面更为重要。正如大多数营销人员所知,对于消费者的期望而言,产品性能如何、提供的服务如何是决定消费者能否成为重复购买者的关键。为了确保购买者能使用尽可能多的功能并从中获益,复杂的产品像电子产品、计算机和汽车等需要提供易于操作的说明。通过使消费者把产品的使用价值发挥到最大,来提高企业品牌的感知价值。

(3) 定价和分销。在整个品牌传播中，企业还可以通过价格和分销传递品牌资讯，然而，这两种方式往往得不到重视。例如，在超级市场出售的化妆品和百货公司出售的化妆品在感觉上存在较大差异。既然对于大部分产品大类而言都有许多品牌可供选择，那么特别的产品价格将是一个与竞争品牌进行比较的敏感信息。值得注意的是，折扣定价或者降价作为阻止销售额下降的有效手段，往往会传递负面的品牌资讯——消费者把该品牌的产品视为廉价货。然而，定价信息很少能单独存在，如定价 8 000 元的一套西装是"标价太高"还是"高质量"？因此，为了给消费者传递连贯的、有意义的信息，价格信息就像其他所有的品牌资讯，必须放到相关的环境中，并与其他的品牌资讯进行战略整合。

4. 服务资讯

服务资讯是从与一个企业的服务代表、接待人员、秘书、送货人员及其他相关人员的接触中获得的。服务资讯通常是由一个企业和消费者之间个人的、实时的界面来传递的，并且正是服务资讯加强了两者之间的关系。与销售人员和客户服务代表交谈会相比，该企业的广告更能影响消费者，因为互动的沟通更具个性化，因此也更有说服力。"服务"在这里指的是支持一个产品的所有活动，无论这个产品本身是一件物品还是一项服务。例如，理发店所提供的主要服务是美发，但是支持服务会使得消费者的美发经历变得好或不好，如在接待处获得礼貌招待、整洁的环境、悦耳的音乐、经过消毒的理发工具以及与理发师愉快的谈话等都是能传递品牌资讯的支持服务。

以上四种类型构成了品牌资讯的主要来源，虽然计划资讯（如广告、公关关系等）能够有效地传播品牌资讯，企业也不能忽视另外三种类型的品牌资讯。一旦其他类型的品牌资讯与计划资讯存在矛盾，就会对公司的财力和精力造成浪费。只有当营销传播经理考虑到了所有种类的品牌资讯及资讯间相互增强或抵触的方式时，才能够建立这些品牌相互的协调一致。

7.1.3 品牌传播的特点

1. 信息的聚合性

作为动态的品牌传播，其信息的聚合性，是由静态品牌的信息聚合性所决定的。Philip Kotler 所描述的品牌表层因素如名称、图案、色彩、包装等，其信息含量尚是有限的，但"产品的特点""利益与服务的允诺""品牌认知""品牌联想"等品牌深层次的因素，却无疑聚合了丰富的信息，而它们构成了品牌传播的信息源，也就决定了品牌传播本身信息的聚合性。

2. 受众的目标性

所谓受众的目标性，是指品牌传播过程中所指的受众群体是具体的、明确的，品牌传播是为了获得其受众群体相应的关注度和美誉度。在品牌传播过程中，对明确的受众群体进行传播能够更好地塑造品牌的识别度，并逐渐培养其对品牌的忠诚度，形成良性的品牌传播循环。

3. 媒介的多元性

加拿大的传播学家麦克鲁汉有句名言，即"媒介即讯息"，也就是说，媒介技术往往决定着所传播的讯息本身。如电视媒介传播了超出报刊、广播的"讯息"，网络媒介传播了兼容所有媒介讯息的"讯息"。而在传播技术正得到革命性变更的今天，新媒介的诞生与传统媒介的新生，则共同打造出一个传播媒介多元化的新格局。这为"品牌传播"提供了机遇，

也对媒介运用的多元化整合提出了新挑战。传统的大众传播媒介，如报纸、杂志、电视、广播、路牌、海报、DM、车体、灯箱等，对现代社会的受众来说，依然魅力犹存；对它们的选择组合本身就具有多元性。而新媒体的诞生，则使品牌传播的媒介多元性更加突出。如此，品牌传播在新旧媒介的选择中，就有了多元性的前提。

4. 操作的系统性

在品牌传播中，系统的构成主要为品牌的拥有者与品牌的受众，二者有特定的信息、特定的媒介、特定的传播方式、相应的传播效果（如受众对品牌产品的消费、对品牌的评价）、相应的传播反馈等信息互动的环节。由于品牌传播追求的不仅是近期传播效果的最佳化，而且追求长远的品牌效应，因此品牌传播总是在品牌拥有者与受众的互动关系中，遵循系统性原则进行操作。

5. 传播的可信性

传播的可信性是指消费者对品牌传播信息的信任程度。在品牌建设过程中，品牌所有者总是要向市场发布关于该品牌的信息，包括新闻、广告等活动。但是，所传播的信息能否获得消费者的信任，就成为能否降低选择成本的关键。因此，在品牌建设的初期，采取广告策略不是最合适的，因为消费者明白广告是厂家自己给自己做的。如果是新闻媒体自动地给予大量的客观的报道，则可以迅速取得消费者的信任，因为多家新闻媒体自动的报道，属于第三方行为，对消费者而言，具有较高的可信性。

7.1.4 品牌传播的意义

传播对品牌的塑造起着关键性的作用。

首先，商品、品牌文化和品牌联想等构成品牌力的因素只有在传播中才体现出它们的力量。品牌主要是站在消费者的角度提出的，而要使有关品牌的信息进入大众的心智，唯一的途径是通过传播媒介。如果少了传播这一环节，那么消费者将无从对商品的效用、品质有进一步的了解；会忽略产品的定位和产品的特定目标市场；品牌文化和品牌联想的建立则几乎是不可能的。

其次，传播过程中的竞争与反馈对品牌有很大的影响。传播是由传播者、媒体、传播内容、受众等方面构成的一个循环往复的过程，其中充满竞争和反馈。在现代传播日益发达所形成的"传播过多"的社会中，人们再也不能企望接受所有信息，而是逐渐学会了有选择地记取、接受，即只接受那些对他们有用或吸引他们、满足他们需要的信息。比如，在电视机前，当你不满某个品牌的广告时，就会对该品牌的产品不满。如果绝大多数的人都产生这样的情绪，传播者在销售的压力下，就不得不重新考虑他的传播内容。同样，如果只有一个人不满企业的一个公关活动，传播者则会站在目标市场大众的基础上，坚持这个活动，不会因为一个人而改变其运行。因此在传播中塑造品牌力就必须考虑到如何才能吸引、打动品牌的目标消费者，考虑如何在传播中体现出能满足更大需求的价值。

最后，传播过程是一个开放的过程，随时可能受到外界环境的影响。在现实生活中，外界环境通常会对传播过程产生制约、干扰，从而影响传播的进行。

7.2 品牌传播媒体

7.2.1 品牌传播媒体的主要类型

就品牌实际操作而言，品牌传播就是利用各种传播媒体进行品牌资讯传递的过程。在这个过程中，如何利用好这些品牌传播形式，使其共同作用于消费者，使消费者对品牌有深入的心理认同，成为品牌传播制胜的关键所在。一般而言，品牌传播媒体主要分为大众传播和口碑传播，其中大众传播媒体主要包括广告、公共关系和销售促进。

1. 广告

有数据表明，CCTV广告招标总额从1995年的3.3亿元发展到2013年的158.8亿元，中标行业和中标企业的分布也反映出中国市场上广告媒体投放的重心波动和竞争（见表7-2）。

广告由多种多样的媒体承载，通常是品牌传播预算中的主要部分，对消费者品牌而言尤其如此。大众媒体广告由特定赞助者支付，向广大受众发布、传播非个人、单向和有计划的资讯，以影响他们的态度和行为。广告传播品牌资讯的优势主要有以下几点。

（1）提升品牌知名度，营造品牌的社会氛围。在较短时间内迅速提升品牌知名度，是广告的基本功能。人们在知晓一个新品牌的时候，往往是通过广告获知信息。品牌的知名度在一定程度上象征着企业的实力、产品的品质、服务的质量，会对消费者和经销商的选择造成影响。

（2）塑造品牌美誉度。广告所传递的资讯承诺了品牌品质，通过对产品性能进行讲解或使用演示，打造"优质高效"的品牌认知，以此提升品牌美誉度。除了对产品品质进行塑造外，企业还可以通过广告建立具有社会责任的品牌形象，公益广告最鲜明地体现了这一点。另外，一些报告品牌优秀业绩的广告也是对品牌美誉度的直接提升。

表7-2 CCTV黄金时段广告招标的中标记录（1995—2013）

年 份	中标额度/亿元	中标企业数/个	标 王	中标价/万元
1995	3.6	13	孔府宴酒（酒类）	3 079
1996	10.6	29	秦池酒（酒类）	6 666
1997	23	32	秦池酒（酒类）	32 000
1998	28	44	爱多VCD（家电）	21 000
1999	26.8	42	步步高（家电）	15 900
2000	19.2	61	步步高（家电）	12 600
2001	21.6	61	娃哈哈（饮料）	2 211
2002	26.3	66	娃哈哈（饮料）	2 015
2003	33.2	64	熊猫手机（通信）	10 889
2004	44.0	81	蒙牛（食品饮料）	31 000
2005	52.5	88	宝洁（日化）	38 515

续 表

年 份	中标额度/亿元	中标企业数/个	标 王	中标价/万元
2006	58.7	96	宝洁（日化）	39 400
2007	68.0	—	宝洁（日化）	42 043
2008	80.3	—	伊利（食品饮料）	37 382
2009	92.5	—	纳爱斯（日化）	30 500
2010	109.6	—	蒙 牛	34 334
2011	126.7	—	美 的	60 000
2012	142.6	104	茅 台	49 778
2013	158.8		茅 台	62 316

（资料来源：根据网络资料整理）

（3）传播品牌核心价值，强化或改变品牌定位。在同质化市场中，广告是实现市场细分测量，打造品牌差异化的重要传播手段（见图7-2）。通过反复诉说品牌的核心价值，品牌定位在消费者心中的印象得到强化。因品牌成长的需要而改变定位时，广告又是宣传新定位的有力手段。例如，沃尔沃车体广告均将"安全"作为主要表现元素，叠加效应使沃尔沃成为安全的代名词，沃尔沃安全的核心价值深入人心。

图7-2 广告塑造品牌形象

（4）提供购后支持，培育品牌忠诚度。持续性的广告投放是品牌实力的展现，消费者往往认为能够在权威媒体上斥资投放广告的品牌有着雄厚的资金实力，且通过媒体筛选的广告信息更值得信任。消费者心理学认为，消费者为了寻求购后平衡心理，往往会更多地关心他们使用过或正在使用的品牌的广告。将他们已有的关于品质认知的体验与广告中的品牌承诺进行对比和联系，如果相互吻合，则会加深原有的好感度和信任度，增加重复购买和使用的可能性，最终形成品牌忠诚。

（5）传播形式丰富多样，具有多种传播功效。广告的形式多样，既可借助视觉、听觉，也可借助味觉、触觉等感官体验；既能使用文字、图片，也能使用视频、声音等表现元素。它不仅可以借助传统的传播媒体，还可以利用新兴的传播媒体。网络作为逐渐发展起来的新兴媒体，它改变了既有的传播方式，将多种传播形式融为一体，它让大多数的消费者通过网络这个媒体参与到品牌所营造的文化氛围中来。当消费者置身其中感受品牌所传递的品牌文化理念时，品牌自然而然地在消费者心灵深处逐渐成长起来，而这种成长已经脱离了品牌的载体——产品层面，到达了品牌的精神层面，因此，消费者与品牌关系更加牢固和长远。面对多样化的传播形式，企业应该围绕品牌个性和传播目标，进行创意表现和组合搭配，以达到最理想的传播效果。在运用广告进行品牌传播的过程中，企业可以根据预定目的组合运用各种媒体，发挥各种媒体的长处（见表7-3）。

广告媒体进行品牌传播的劣势主要有以下几点。

（1）成本较高。使用这种传播方式有较高的成本，包括广告制作费用、媒介费用、调查费用等。企业在运用广告进行品牌传播时，需要衡量投入产出比，优化组合，寻求创新。

（2）传播环境恶化。目前大量广告信息冗余，信息趋同，易模仿、难识别等问题严峻，广告边际效益递减已经是一个不争的事实。广告制作水平良莠不齐、浮夸虚假广告普遍存在，对品牌广告的可信度、格调等产生消极影响，广告传播环境因种种因素而恶化。对广告产生审美疲劳的消费者，自动过滤掉了大量的广告信息，最终被消费者注意和记忆的广告很少。

（3）消费者存在排斥心理。由于虚假广告、浮夸广告造成的恶劣影响，消费者对广告普遍存在怀疑、厌烦等心理壁垒，形成品牌资讯有效传播的障碍。

表7-3 不同媒体的优势和劣势及品牌传播策略

媒体类型	媒体优势	媒体劣势	品牌传播策略
广播	成本低；较强的灵活性；时效性强	缺乏视觉影响；听众分散，覆盖率低；信息短暂；收听率低	具有较强的即时劝服效应，承载的品牌资讯往往针对当地市场，并且被越来越多地用于与出租车司机、私家车主等移动人群互动
报纸	灵活；及时；权威性强；当地市场的覆盖率大；被广泛接受；可信度高	印刷质量较差；保存性差；传阅者少	适用于解释说明，通常作为电视媒体品牌资讯的补充传播渠道
杂志	有一定的权威性，印刷质量高；保存期长；有固定读者群	广告截止日期长；无法保证版面	利用杂志色彩丰富、质地精美的特征，展示品牌形象，且适合与杂志内容进行深度融合，进行植入式品牌传播
电视	综合视觉、听觉和动作进行表达，赋予感染力，能吸引高度注意；收视率高	成本高；干扰多；曝光时间短；观众选择性差	适用于展示、告知，可在较大范围、较短时间内提升品牌知名度或塑造品牌形象
直邮	受众指向性强；灵活；在同一媒体内没有广告竞争；个性化	相对成本高；"垃圾邮件"形象	适合针对性传播，最大限度地利用数据库，根据目标受众的不同需求采取不同的传播策略和服务方式
路牌、灯箱、交通工具等户外媒体	灵活；重复曝光高；成本低；容易形成视觉冲击；信息存在时间长，便于反复记忆	承载信息量、信息表现方式都受到严格限制；受众选择性低	适用于展示品牌形象（见图7-3）
电子杂志，网络视频，博客等网络媒体	高选择性；集文字、图片、视频、音频于一身；受众主动接触信息，互动性极强；成本较低	信息接触存在一定门槛，受众范围有限；信息庞杂；广告信息容易被忽略	适合受众参与、互动，应充分利用网络口碑传播的影响力，有针对性地进行某项品牌传播活动（见图7-4）

媒体类型	媒体优势	媒体劣势	品牌传播策略
数字电视，数字广播	受众定制信息，互动性强，精准到达目标人群	传播内容受到付费定制的限制	需要创新广告形式，积极通过植入等方式融入内容，传达品牌资讯
手机	互动性强，信息承载方式多样，有利于个性化信息的传达	传播效果受到信号质量、屏幕大小及分辨率的限制	利用新颖丰富的形式，如手机视频、手机电视、彩信等制作具有娱乐性的资讯内容
车载电视等移动媒体	吸引乘车人群的注意，是封闭的环境中最便利的消遣节目	传播环境嘈杂，传播效果难以保证	增加电视广告片的播放频次
楼宇媒体	噪声干扰小，准确覆盖目标人群	关注度低，信息整体性因受众行程而受到影响	传达品牌最新资讯，配合其他媒体广告，增加消费者对品牌的接触次数

图 7-3 车体广告

图 7-4 宝洁公司在 Facebook 上的广告页面

2. 公共关系

公共关系（public relations）是指一个企业或组织为改善与社会公众的关系，促进公众对组织的认识、理解及支持，达到树立良好组织形象、促进商品销售的目的的一系列活动。公共关系有助于吸引公众关注，加强品牌认知，并能够巩固品牌形象，强化品牌传播的影响力。Al Ries 和 Laura Ries 指出广告缺乏创建品牌的关键要素——可信度，只有公共关系才能提供这种可信度；广告人员应该通过公共关系来逐步创建品牌。公共关系传播品牌资讯的主要工具见表 7-4。

表 7-4 公共关系传播品牌资讯的主要工具

出版物	企业主要依靠发行的材料到达和影响目标市场，包括年度报告、小册子、文章、企业时事通信和杂志，以及视听材料
事件	企业可以通过安排一些特别事件来吸引目标公众对新产品或者企业的关注，如新闻发布会、研讨会、展览、竞赛或者周年纪念活动，从而到达目标公众
赞助	企业可以通过赞助体育和文化活动以及社会公益事业宣传自己的品牌和企业形象
新闻	企业通过发展或创造对企业及其品牌有利的新闻，争取宣传媒体录用新闻稿和参加记者招待会

续 表

演讲	企业管理人员越来越需要能够巧妙地应付媒体提出的问题或者在某些场合发表演说，增强企业形象
公共服务活动	企业可以通过资助一些公益事业建立声誉
标志媒介	企业可以通过一些手段将自己的形象可视化，如口号、文具、小册子、标识、名片、网站、建筑物、制服和着装要求，使公众能够迅速识别出自己
年度报告	所有公开运营的企业都必须提供财务报告
企业、评论	用于支持识别项目或推广企业观点的广告
影视影像	用于促销企业产品和服务的产品，可用不同种类的背景
展示	在大厅和其他公众聚集场所设立的展位或其他装置，以通过视觉效果来描述一个企业并引发双向传播

公共关系传播品牌资讯的优势主要有以下几点。

（1）传播成本较低。公关宣传的资讯在大众媒体上占用的时间和空间一般是不收费的。这使得公关的传播成本比起大众媒体广告和其他大众传播方式相对低廉。

（2）提升品牌资讯的可信度。广告有助于建立品牌知名度，而公关则有助于提升品牌美誉度。在品牌维护阶段，当品牌通过广告建立起广泛的知名度后，利用公关使品牌保持良好的形象就显得至关重要。公关宣传采用新闻方式，更易强化品牌资讯的可信赖性，带来传统广告所无法树立的美誉度和公信力。

（3）协调关系，优化品牌营销环境。公共关系通过建立和保持同消费者、投资者、政府、媒体及公众之间的良好关系，形成一个和谐的外部环境，从而为组织的运行和营销提供支持。一方面，通过为决策者提供反映公众态度、信仰及其背后的原因的信息，影响企业决策。另一方面，通过传媒公关、资源整合、事件链接、公益赞助等有效方式，积极促进品牌与市场的良性互动，不仅为企业提供反馈信息以预测公众舆论，同时还能影响和引导舆论。

 案例

蒙牛的公共策略

从打造中国乳都到捐奶助学，蒙牛以公关为先导，通过有效掌控媒体资源，利用社会重大事件与公众产生共振。在中国乳品行业众品牌知名度高、美誉度低的情形下，蒙牛依靠对于公关深度理解上的创新性运用，不仅获得了丰厚的市场业绩，更使得品牌美誉度快速成长（见图7-5）。

公共关系传播品牌资讯的劣势主要有以下

图 7-5 蒙牛健康倡议计划活动

几点。

（1）信息需要经过媒体的过滤。营销人员能够控制大部分广告信息以保证它们的内容、到达方式和对目标受众的影响，并通过不断重复加深消费者印象，但是营销人员很少能控制品牌的公关宣传，因为这些信息都要通过媒体的过滤。

（2）传播效果难以测量。在公关领域里，常用被提及的次数、专栏的篇幅或者品牌故事在媒体中占用的时间总量来衡量公关的效果。然而，把这些衡量信息与消费者的行为联系起来非常困难。

3. 销售促进

销售促进又叫促销，它能够强化品牌资讯，使品牌得到增值。当消费者或潜在顾客处在购买阶段时，促销信息能强化品牌接触，尤其在消费者评价品牌和做出最终选择的时候起关键作用（见图7-6）。虽然促销的主要任务仅是对消费者的购买行为施加影响，但它还有助于建立品牌认知和巩固品牌形象。如果消费者面对一个产品类别中的众多商品时很难在短时间内做出选择，那么，也许企业就需要更多的促销信息来帮助更多的消费者和潜在顾客完成选择。这些类型的品牌资讯往往具有高度的说服力，因为它们要在消费者最需要的短暂时段内及时地传递信息，提供有形的增值（见表7-5）。

图 7-6　联想 Think Pad 圣诞促销

表 7-5　销售促进的类型

样　品	向消费者提供一定数量的免费产品或服务，可以采取人员派送、随商品附送、邮寄、消费者索取等方式
赠　品	在购买特定产品时以较低价格或免费提供的用于刺激购买的产品
优惠券	持有人在购买指定产品时可以获得特定的优惠额度的一种凭证
折　扣	消费者在购买产品时在原价的基础上享受一定百分比的减让，即在价格上给予适当的优惠
特价包装	以比正常价格优惠的价格销售的打包商品
现金返还	产品购买活动结束后给予顾客的价格优惠——消费者在购买产品后将"购买凭证"交给生产商，生产商再将部分购买款返还消费者
购买次数计划	针对顾客购买企业产品或服务的次数和数量给予奖励

续 表

奖励（竞赛、抽奖和游戏）	消费者在购买特定产品后有机会获得的现金、旅游或其他产品。竞赛要求消费者参与某种活动，然后由裁判选择表现最好的参与者并给予奖励。抽奖要求消费者进行摸彩。游戏是指消费者在每次购买时可以得到一些奖品
现场演示	在购买地点或者促销地点进行的展览或者演示
协同促销	利用一个品牌为另一个与其不存在竞争关系的品牌做广告

促销信息通常是单向的公共信息，旨在激励交易而设计的针对中间商的促销，不仅是为了让他们更多地购买产品，而且还力图使他们采取其他措施鼓励最终的消费者购买更多的产品。培育顾客忠诚度也是一种促销形式，其关键作用是有助于维持现有顾客，并增加他们的重复购买次数。

促销传播品牌的优势如下。

（1）容易吸引消费者注意，影响其购买决策。促销活动往往具有一定的刺激性和趣味性，能够获得消费者的关注，成功的促销活动能够吸引消费者的广泛参与，形成一定的社会影响，较为广泛地吸引消费者的注意力，影响其购买决策。

（2）互动性强，与目标顾客直接接触。促销可以拉近品牌与消费者之间的距离，直接与消费者进行沟通，因此易于获得消费者的信息和反馈意见，这对于企业的营销战略和品牌传播策略来说都是宝贵的信息。

（3）回应竞争对手的市场行为。为了还击竞争对手的市场行为，可以向消费者提供特别的产品或优惠的价格以促使消费者购买比平时更多数量的产品。

促销传播品牌的劣势如下。

（1）长期使用将影响品牌形象。过度的促销易导致品牌的价格敏感度上升，有损品牌形象，甚至伤害老顾客的情感，破坏品牌忠诚。

（2）很多促销活动并未真正创造价值。虽然促销活动可以促进销售额增长，但并不是所有的促销活动都是经济合理的。据有关资料显示，仅有16%的消费者促销活动能够真正创造价值。

（3）易于模仿。在同类产品中，一旦某个品牌搞了一次非常成功的促销活动，其他的竞争者马上就会竞相效仿。这通常使品牌在附加值上获得的竞争优势化为乌有，并且无形中增加了运营成本。

以上三种类型是品牌大众传播媒体的主要形式，大众传播可以实现面对面传播，但无法使消费者参与品牌传播；口碑传播无法使品牌传播兼顾大多数，但可以实现品牌与消费者之间点对点的传播，关于口碑传播的主要内容将在下一节详细介绍。

7.2.2 品牌传播媒体计划

媒体费用是营销预算中最大的一笔支出，如通用汽车一年在全球范围内花费30亿美元在各种媒体上。如果所选的媒体不能使品牌资讯产生最大影响力，那就会既浪费资金又损害品牌价值。选择媒体的关键是平衡资讯的效果和成本。为达到这一平衡，企业有必要对品牌传播媒体进行策划，形成一个有效的品牌媒体传播计划。品牌媒体传播计划主要有以下几个步骤。

1. 识别媒体受众

信息传播总是有目的导向的，与所有在市场上谋取生存的企业一样，传播者也需要细分市场，寻找到自己的目标消费者，即目标受众。对于"品牌传播"者来说，他所寻找的目标受众，既是目标消费者，又是品牌的关注者，还应该是通过特定媒体积极主动的"觅信者"。因此，确立了明确的目标受众，传播中的受众本位意识才能得到体现，受众的需求才能得到满足，相应的品牌传播才卓有成效。所以，开发有效的品牌媒体传播计划的第一步，是清楚地界定媒体受众，媒体受众主要包括：企业产品和服务的潜在顾客、现实顾客、购买决策者或影响者；个人、团体和社会公众。企业根据确定好的媒体受众选择同他们特征最为匹配的沟通工具。匹配的程度取决于媒体受众与一般人群的差异。企业可以按照人口统计学、心理学（生活方式）和产品使用来划分其受众。媒体受众的共性程度越高就越有可能找到一种媒体可以到达大部分的媒体受众，并且越是紧密地瞄准受众，媒体的传播效果越显著；相反，如果媒体受众的共性较差，大众媒体的成本往往较低。

2. 设定品牌传播目标

营销者在制订媒体计划时需要考虑以下问题。

（1）企业应该确定采用的促销方式，执行时间以及实施人员，例如，优惠券通过印刷媒体分发。

（2）企业还要选择计划采取的直接反应方式，直接反应方式包括直邮和电话营销。同时，还要确定计划是否需要其他媒体的支持。在其他媒体的支持下，直邮与电话营销往往能够提高反应比例。

（3）确定计划的主要宣传活动，以及新闻发布应该针对的目标受众。

（4）在新产品或改进产品上市时，企业如果进行地区性首次展示而不是全国同时上市，那么生产者就能够逐步提高生产效率，并测试传播计划。

（5）企业还应该确定品牌对于不同的媒体受众的重要性。在大多数情况下，营销者必须考虑媒体受众中的不同群体（如经常与较少使用者、已婚和未婚的人群等）。对于活动的总体目标来说，应该为每个群体制定不同的到达率和频率目标。到达率是指在一段时间内特定的受众一次或多次同某一特定传播工具相接触的百分比。频率是指在一定时段中媒体受众接触到品牌资讯的平均次数。有效频率则是为了给消费者留下印象或达到某种程度的品牌认知，而将一条信息重复传播的次数。

（6）其他影响品牌资讯传播效果的因素：媒体自身的关注价值；资讯对注意力的吸引力；媒体受众对品牌了解的渴望程度；个人影响（即口碑，见7.3节"品牌口碑传播"）；竞争品牌资讯的数量；产品的季节性、周期性以及地区差异等。

3. 设计媒体组合

确定媒体组合涉及两个基本决策——采用何种媒体和每一种媒体所占比重。许多品牌媒体传播计划同时包括单向和交互式媒体（见表7-6），大多数品牌传播计划更侧重于单向媒体。媒体组合单一的优点在于方法简单，而采用多种复杂的媒体则易于产生协同效应。媒体的组合因品牌的状况各异，而且还依赖于媒体和品牌传播的目标。概括来说，影响品牌传播媒体组合的因素主要有以下几个方面。

（1）媒体成本/价值。一般而言，到达率以及对目标受众的影响越大，媒体成本就越高；反之，则媒体成本越低。

（2）筹划时间。决定媒体组合的另一个因素是可以利用的筹划时间，它根据制作资讯需要的天数计算。同时，媒体预算还需要保持一定的灵活性。

（3）关注。比较到达率和频率目标以便做出决定，即使用广泛的媒体组合（注重到达率）还是采取集中的媒体组合（注重频率）。

（4）关系的建立。集中的媒体组合往往易于同当前的消费者建立牢固的关系，而广泛的媒体组合则易于到达更多的潜在消费者。

表7-6 品牌接触和品牌传播方向的种类

非人接触，单向	个人接触，互动
• 大众媒体广告	• 人员销售
• 公关关系	• 直接营销
• 销售促进	参与式接触，单向和互动
• 特别事项	• 事件和赞助
• 销售	• 商业展览
• 包装	• 为客户发起的互动接触
	• 电子商务
	• 客户服务

（5）媒体受众的数量。计划中确认的媒体受众越多，越需要一个更为广泛的媒体组合。

（6）目标的数量。传播媒体的目标越明确，通常越需要各种媒体来为不同的目的服务。

（7）协同效应。通过使用各种不同的信息来说明相同的事物或者在各种媒体中采用相同的信息来产生影响。

（8）品牌差异化。集中的组合往往易于使产品或服务为人所熟悉。

（9）制作成本。传播工具越多意味着制作成本越高，因此企业有必要分析媒体预算并决定可利用的制作成本的水平。

（10）资讯的复杂性。品牌资讯越复杂，企业越应当注重其组合的频率和集中程度；反之，则应当注重在广泛的组合中追求更高的到达率。

品牌社区的产生与品牌传播

进入20世纪90年代后，互联网的蓬勃发展给以往的媒介格局带来巨大的震荡，也对品牌传播提出了新的目标，提供了新的展示自己的舞台。特别是在Web 2.0技术成熟后，社会化媒体日渐普及，"去主流""去中心"的碎片化网络社群不断发展壮大。各大品牌商们发现自己第一次有机会如此贴近消费者，与他们建立更平等、更亲密的关系，这是莫大的机遇，也是新的挑战。那种仅仅依靠平面或电视广告就能有效传播的光景已成为过去，传统的Push式的营销手段效果大打折扣，受众获取信息的渠道不再局限于传统媒体和Web 1.0时代的网络媒体，而拥有了诸如博客、论坛、SNS社交网站、微博、微信等多种社会化媒体工具，他们转而自己获取需要的信息,同时还能在同一个平台发出自己的声音。在这样的背景下,如何利用各种可能的手段将品牌信息传达给受众还要让他们觉得新颖、有意思、人性化、不受打扰,成为所有品牌都不得不重新思考的问题。越来越多的研究者和品牌持有者发现,与受众真诚沟通,建立深厚的情感,培养品牌挚爱(brand love)是品牌成功的一大法门,品牌社区应运而生。

7.3 品牌口碑传播

品牌的口碑传播是利用人与人之间直接交流信息的这种沟通方式来传播品牌资讯。由于网络的普及和媒体的多样化,从总体来看,通过广告使"认知转变为关注、兴趣"的过程已经没有以前那样容易了。虽然广告实现了消费者等目标顾客对产品的认知,但由认知转变为购买的比率却在大大减少。这种情况,使得只靠广告来诱发购买变得越来越困难。口碑传播作为一种不同于大众传播的传播方式,开始备受关注。因为家人、朋友的推荐会产生一种亲切感,而且专家、体验者、使用者的推荐会让人放心地接受,因此,购买者、使用者将会呈螺旋式增加。如果采用这样的口碑传播,那么品牌和产品/服务不仅能够被消费者感知,而且还将成为诱发购买的直接因素。随着企业通过广告等媒体发出的信息量的增加,消费者之间交换信息的意义也将越来越大。

小米的网络社区营销

小米社区是小米手机用户交流的平台,也是小米科技公司发布官方动态的媒介,于2011年8月1日正式对外上线。小米社区的口号是"因为米粉,所以小米",旨在于帮助小米用户发现有价值的资源、产品、服务甚至是人。小米社区经过不断的创新和整合,目前成功建立九大板块即小米论坛、酷玩帮、随手拍、小米学院、软件、同城会、爆米花、商城和客服。根据小米社区官网和Alexa数据统计,截至2015年12月,小米社区成员已经突破三千万,日均发帖量超过十万。

小米社区基于强大的社区开放式分众互动平台,以小米论坛、小米学院、酷玩帮为主要载体,综合"技术匹配"和"人工优化"优势,进行分众互动传播,产品的精准研发与营销,打造用户体验一体化流程,使小米手机价值实现最大化。其中,小米论坛和小米学院主要作为小米产品营销平台以及新产品研发数据库,而酷玩帮、同城会和爆米花则成为小米科技公司和用户交流的平台。小米论坛的开通,使得企业获得了更广泛的客户意见,同时塑造了一大批"米粉",为小米手机及其他产品的口碑推广立下了汗马功劳。

(资料来源:https://www.xdsyzzs.com/pinpai/552.html)

7.3.1 口碑传播的定义

在品牌营销领域，口碑的传播者和传播的信息有其特定内容，正如 Emanuel Rosen 在《口碑营销》中所说"口碑是关于品牌的所有评述，是关于某个特定产品、服务或企业的所有的人们口头交流的总和"，它是一种在企业自身、竞争对手、媒体、渠道成员、意见领袖和消费者等各群体内部及群体之间形成的关于品牌信息的非正式的人际传播。根据密歇根大学 Eugene W. Anderson 的定义，口碑传播是指个体之间关于产品和服务看法的非正式传播，包括正面的观点和负面的观点，但不同于向企业提出正式的抱怨或赞赏。口碑传播（word of mouth）是由生产者以外的个人，通过明示或暗示的方式，不经过第三方处理加工，传递关于某一特定或某一种类的产品、品牌、服务、厂商、销售者，以及能够使人联想到上述对象的任何信息，从而导致受众获得信息传播的内容，主要包括：企业、产品及品牌活动的相关信息；消费者对品牌的体验和评价；媒体对品牌的宣传报道，等等。在传播途径上包括直接或间接的口头传播，以及基于互联网和其他通信工具的人际交流。

一般来说，品牌口碑的形成方式有两种：一是纯粹地依靠人们的自然传播；二是借助大众媒体进行传播。在此，将口碑作为品牌传播的工具，一方面需要加强品牌自身对消费者的影响力，另一方面则需要积极地介入传播过程、制造有益于品牌的口碑。

7.3.2 口碑传播的作用

现在的媒体资源往往太过于昂贵，而且由于信息渠道的多元化和可选择的空间增大，无论是电视、报纸、广播还是杂志、路牌，对消费者的影响力都大大降低，品牌资讯传递收效不足。由零点公司进行的一项有关口碑传播的专项调查显示：39.5%的受访者经常会和别人交流关于"购买及使用商品的经验"，这些消费者不仅会相互"介绍购物场所"（48.7%）、"介绍购买和选择商品的经验"（37.6%）、"推荐品牌"（37.4%）、"交流价格信息"（34.8%）、"推荐打折促销活动"（31.8%）、"介绍产品性能"（29.6%）、"推荐具体的产品"（18.0%），也会传播"产品使用中失败的经验或不好的感受"（25.7%）。可以看到，品牌相关资讯及体验是消费者相互交流的重要内容。相对于传统媒体传播渠道，口碑是既节省成本又富有生命力的一种工具，往往能够对品牌传播产生独特的作用。

1. 口碑传播具有可信性

广告和销售人员宣传产品一般都是站在企业的角度，为企业的利益服务，所以人们往往对其真实性表示怀疑。然而，口碑传播者是和自己一样的消费者，与企业没有任何关系，独立于企业之外，推荐产品也不会获得物质收益。因此，从消费者的角度看，相比广告宣传而言，口碑传播者传递的信息被认为是客观独立的，容易为接受者所信任。

2. 口碑传播具有针对性

由于口碑传播是消费者之间一对一的信息交流，传播者对信息接受者的爱好和需求都很了解，因此可以随时调整信息内容，满足对方需求，增强说服力，提高传播效果。

3. 口碑传播具有抗风险性

在交易过程中，消费者和企业之间存在着信息不对称的问题，消费者往往处于信息劣势的不利境地，对产品的真实性能并不了解，需要承担一定的购买风险。消费者有两种方法可以减少购买风险：一种方法是购买少量产品先试用一段时间，这种方法要付出一定的成本，

而且相当多的产品都无法少量购买,如家用电器、手机等;另一种方法是向购买过此类产品的人寻求意见,这些人已经使用过产品,对产品的性能价值有着最直接和最真实的体验,他们对产品的评价将预示着其他消费者使用产品后的感受,因此会对消费者的购买决策产生重要影响。

4. 口碑传播能够发掘潜在顾客

专家观察发现,人们出于各种各样的原因,热衷于把自己的经历或体验转告他人。譬如,新买的家用电器有哪些新的使用功能,刚买的新车的燃油情况,新购房屋的居住情况,物业管理情况等。如果消费者的经历或体验是积极的、正面的,他们就会热情主动地向别人推荐,从而帮助企业发掘出潜在的消费群体。美国的一项调查表明:一个满意顾客会引发8笔潜在的交易,其中至少有1笔可以成交;一个不满意顾客可以影响25人的购买意愿。由此可见,"用户告诉用户"的口碑影响力十分强大。以空调为例,在购买过程中,消费者会较多地关注使用效果、售后服务、价格、品牌和用电量等因素。潜在顾客中对于价格的重视和对品牌的相对忽视主要来自于第一次购买群体的使用体验,第一次购买群体的口碑传播,是最值得潜在顾客信赖的传播形式和执行购买决策的依据。

5. 积极的口碑传播有利于缔结品牌忠诚

有效的信息传播能够改变消费者头脑中对某一品牌已形成的认知与情感,形成新的认知与情感,由此影响人们的购买行为。通过口碑传递的正面品牌信息,将强化消费者已有的正面品牌态度,或是弱化其负面品牌态度,说服其重复购买、形成品牌忠诚。然而,一旦消费者接收到负面的品牌信息,则很有可能会破坏原先良好的品牌体验,导致品牌转换。有关传播对消费者态度和行为影响的研究证实:口碑传播的影响力比媒体广告的影响力高七倍,比人员推销的影响力高四倍。消费者转换品牌更多的是受口碑传播的影响,而非广告的影响,前者的影响力是后者的两倍。在促使消费者态度由否定、中立到肯定的转变过程中,口碑传播所起的作用则是广告的几倍。

6. 口碑传播能够使企业有效地避开对手的锋芒

随着市场竞争的加剧,价格战、形象战、技术战、质量战不断升级,竞争者之间往往会形成正面冲突。口碑传播却可以有效地避开这些面对面的较量。

7. 口碑传播能够有效地节约费用,降低成本

与传统品牌传播方式相比,企业利用各种群体间的口碑开展品牌传播要廉价得多。尤其是在当今传统媒体费用上涨但效果弱化的情况下,口碑传播的成本优势体现得更为明显。据统计,一般的广告投入有50%的费用被浪费掉,在现实生活中,大多数人已对商业广告日复一日的轰炸变得无动于衷,再加之任何产品的广告费用最终都会转嫁给消费者。因此,从消费者的角度来讲,消费者在购买商品时相当于部分的成本花在了产品广告上。与此同时,口碑所运用的人际关系的传播是不需要成本的,或只需要很少的成本,但却能形成巨大的宣传效应。更重要的是,人们对口碑这一信息渠道的信任程度要远远超过其他传播方式。据调查显示,在电器、日用品、房屋等产品的购买过程中,分别有53%、49%和32%的消费者会通过朋友介绍获得相关产品信息,另外,分别有35%、28%和18%的消费者最相信朋友的介绍。

8. 口碑传播更具有亲和力、感染力

口碑传播与传统的传播手段相比,具有与众不同的亲和力和感染力。传统的传播手段通

常只能引起消费者的注意和兴趣，往往并不能促成购买行为的发生，消费者会仔细地在同类产品之间做出对比、比较、鉴别，抱着观望、等待的态度。口碑传播则完全不同，如果有亲戚朋友极力推荐某一品牌或产品，消费者会跳过怀疑、观望、等待、试探的阶段，而充分信任该品牌，因此能够轻易地促成购买行为。

海底捞——你学不会的口碑传播

"昨天在海底捞，无意中提到自己感冒了，服务员立刻端来了菊花茶，结账时还送来了感冒药！"

这条微博最初的源头已经难以追踪，但在陆续的转发中，阅读量至少超过百万次。并衍生了花样繁多的"海底捞体"，其基本模板是：某天我在某海底捞吃火锅，席间我无意间说了一句……（包括但不限于愿望，情绪，抱怨，看法），在我结账时，愿望成真（如送海底捞玉米饼，送贺卡文字祝福，送礼物，免单等）。

这条微博幕后是无心之举，还是推手为之我们也无法准确判断。但可以肯定的是海底捞紧紧抓住了这次机遇，引发了无数在微博、朋友圈中的口碑传播，甚至打造了"人类已经无法阻挡海底捞"的广告语。

有趣而幽默的段子引来了网友的热情参与，并广泛传播，在海底捞体的盛行下，海底捞的品牌知名度得到极大的扩散。好的故事，人人都爱听，听完后自然也会传播，而且在口碑营销中，制造有趣和易于传播的故事是个非常好的策略，因为想引起口碑，必须要有话题才行，而且故事本身就是非常好、非常持久的话题。

总体来说，海底捞的服务超出绝大部分同行的水准，在此基础上，海底捞利用社交媒体制造段子、宣传口碑，更加令人信服。

（资料来源：微信公众号"微文化传媒" http://baijiahao.baidu.com/s?id=1575526303007890&wfr=spider&for=pc）

7.3.3 口碑传播的类型

在口碑传播过程中，已使用过产品的消费者、意见领袖和参照群体是对潜在顾客产生影响的关键人物。

1. 意见领袖

在人际传播过程中，有些消费者会比其他消费者更频繁或更多地为他人提供信息，从而在更大程度上影响别人的购买决策，这样的消费者被称为"意见领袖"（opinion leader）。企业在开展品牌传播时必须重视意见领袖的存在，使品牌咨询通过大众媒体传播后，通过意见领袖进行进一步的人际传播，使得人际传播能一级级地扩散开来，这样不仅能提升品牌知名度，还能建立品牌的美誉度。传播级数的多少，取决于推动人际传播的力量大小。意见领袖对品牌的评价越高，其推动品牌多级传播的力量就越大。因此，企业需要生产出高品质的品牌产品来赢得意见领袖，从而推动多级的品牌人际传播。

人类传播主要包括人际传播和大众传播两种类型，在传播效率上，大众传播要胜过人际传播，但在效果上却明显不如人际传播，所以在传播学中人们往往将两者结合起来研究。传

播学者 Lazarsfeld 等人在 1944 年提出了将大众传播与人际传播联系在一起的"两级传播"理论，并提出了意见领袖的概念。他认为，来自大众传媒的信息，首先是传播给意见领袖，再由他们转达给相对被动的大众，这个次一级的传播就是以人际传播的方式来完成的。事实上，大众传播作为信息传递过程的"信息流"，可以由媒体直接"流"向一般受众，但如果作为效果或影响产生和波及过程的"影响流"，则需要经过人际传播中许多环节的过滤。在社会的每一个阶层都可以发现意见领袖的存在，并且他们与受其影响的人非常相似。意见领袖比非意见领袖更多地接触媒体获取信息，他们将信息经自己解释后，再传播给那些不常直接从媒体上接收信息的人。同时，意见领袖自己也会受其他意见领袖的影响。进一步的研究还发现，意见领袖的影响力也仅仅限于特定的时间和特定的话题。意见领袖之所以有影响力，不仅与他们是谁（社会地位、年龄、性别等）有关，而且还与他们所属群体的结构和价值观念有关。

在人们的日常生活中，年轻漂亮的女性是"时尚"和"选看影片"两个议题的意见领袖；男性主要为"公众事物"的意见领袖；社会接触越频繁，则越有可能成为意见领袖。事实上，除了消费者层面和专家层面的个体型意见领袖外，还存在着消协、质检、科研部门层面的机构型意见领袖。

2. 已使用的消费者

如果已使用的消费者的品牌体验是积极的、正面的，他们则有可能主动地向他人推荐该品牌，帮助企业发掘潜在顾客。

对北京、上海、广州、成都、武汉、南京、西安、沈阳、郑州和大连十座城市 4 851 位 18～60 岁的普通居民进行的一项有关口碑传播的专项调查显示：39.5% 的受访者日常经常会和别人交流关于"购买及使用商品的经验"，仅次于经常交流社会热点问题（50.7%）、子女教育问题（4.45%）及生活小常识（41.1%）的人群比例。在商品购买决策和购买过程中担当重要角色的女性、35 岁以下的年轻人当中，互相交流"购买及使用商品经验"的比例更高，显示口碑在商品信息传播中的重要位置。根据零点调查的相关资料进一步分析可以发现，不同年龄、不同性别的人交流的产品种类在分布上有所不同：越年轻的人越经常谈论有关"服装鞋帽"的信息，尤其在 18～25 岁的受访者中，有 61.7% 的人经常与其他人交流"服装鞋帽"的信息。此外，"手机"（50.7%）、"化妆品"（41.5%）、"计算机"（40.9%）及"音像制品"（38.8%）在 25 岁以下年轻人中间的信息交流程度远远高于其他年龄层的人，随着年龄的增大，"家用百货""食品"及"住房"逐渐成为人们交流的主要产品；"服装鞋帽"（65.3%）、"家用百货"（54.8%）和"化妆品"（44.2%）等产品构成女性最爱彼此交流的话题，而男性则经常谈论"家用电器"（50.6%）、"手机"（45.3%）及"住房"（42.0%）的有关信息。

面对白热化的市场竞争，口碑传播利用已使用产品的消费者进行品牌资讯的人际传播，则可以有效地避开与竞争对手的正面冲突。

3. 参照群体

所谓群体是指两个或两个以上具有特定的共同目标和共同归属感，并以一定的方式联系在一起进行活动的人群。处于该群体中的个体之间具有相似性，这种相似包括信仰、所受教育程度和社会地位等方面的相似。参照群体指的是能够代表人们某种模糊价值观的模仿对象，该群体的看法和价值观被个人作为其当前行为的基础。消费者不是每时每刻都处于自主思考的状态，并且按照自己的自主思考行事。他们深受周边环境及周围人们性格的影响。人们的行为可以相互传染并由某几个人蔓延至整个群体,形成潮流。心理学家认为,人们对人际暗示比对环境暗示要敏感。大多数人看起来好像性格稳定一致,那是因为他们能够很好地控制他们的环境。而事实上,消费者并不是总能够很好地控制他们所处的环境,他们要与不同的人交流信息,要生活在不同的群体中,一旦人们在群体中生活,他们就很容易受到外界的影响。对口碑传播有影响的主要参照群体有三种类型:主要群体,包括家庭成员、亲朋好友、同事、邻居等;次级群体,包括与消费者有关的各种群众团体和组织,他们对消费者行为产生间接影响;渴望群体,主要是消费者渴望加入或作为参照的个人或组织,如电影明星、流行歌手等社会名人及交际圈。参照群体为消费者提供了新的消费模式和生活模式,影响到消费者对某个事物或商品的看法,导致消费者审美观和价值观的变化,促使人们的行为趋于"一致化",从而影响消费者对产品、品牌及使用方式的选择。

7.3.4 口碑传播的设计

口碑传播的设计关键在于:寻找对品牌满意的目标群体;加深消费者对品牌的印象;提供口碑传播的机会和场所;验证口碑传播的效果。

1. 寻找对品牌满意的目标群体

企业首先应该从消费者、权威人士、共同体或社团等人群中找出能够正确地对某一品牌进行口碑传播的目标群体。寻找消费者目标群体的方式如下。

(1) 寻找对品牌满意的目标消费者。企业可以从消费者名单中抽出有希望进行口碑传播的消费者。根据购买记录中的购买频率、购买总金额等推测他们对该品牌的产品或服务的关心程度,通过访谈或问卷调查等来把握他们有无口碑传播的意向。因为挑选的范围是现有消费者,所以这是最有效率的方式。

(2) 寻找对目标市场有影响力的权威人士。如果没有消费者名单,或很难把握消费者对产品的关心程度,那么可以寻找对产品的使用、购买有影响力的权威人士。例如,可以选择医生或大学教授等专业人士和一些权威机构、在杂志或电视上受欢迎的人,等等。企业选择权威人士的关键在于他们对品牌的产品和服务的目标消费者影响力的大小。

(3) 在共同体或社团中寻找。网络的出现,使寻找存在目标消费者的共同体或社团变得更加容易,只要使用搜索引擎输入"驴友俱乐部""育儿会"等关键词就可以找到目标消费者活动的团体。在得到团体成员协作意愿的基础上,还要以潜在消费者、期望消费者等有望成为忠诚消费者的群体为对象,广泛地促进他们对口碑传播的协作。

2. 加深消费者对品牌的印象

企业选出能够进行口碑传播的消费者之后,还必须将企业希望目标消费者传播的信息传递给他们。企业在提供信息时,可以将产品开发的时机、经历的困难、产品的优越性等具有补充价值的信息,通过某些"话题"提供给消费者,让他们成为品牌的忠实拥护者。例如,企业可以使消费者参与到产品开发的过程中,在产品完成之前增加消费者与产品的接触时机,这样不仅创造了消费者需要的东西,而且还增加了这些消费者对产品的了解,同时向他人进行推荐。于是,产品开发过程本身就成为"话题"。

3. 提供口碑传播的机会和场所

受人之托的口碑传播无法产生"自发的推广",因此,消费者需要选出已经了解的东西,"用自己的话表达出来"才有说服力。企业可以通过以下两种方式引入谈论。

（1）让已经选出的目标消费者派发样品，而不是企业。消费者在把样品分发给朋友、熟人的时候，自然会将一系列的派送理由以及推荐该品牌的理由传递给接收方，这样既提供了使用产品的机会，又传播了品牌的正面信息。

（2）举办集会活动。企业可以通过集会活动为消费者提供交流的机会，如厨房集会（Do House）。厨房集会是指让消费者通过网络在自己家中举行理解促进型宣传活动。通过讨论和体验，对产品的软件进行理解、传达，就可以从参加者中派生出口碑传播。以某保险公司为例，公司若想开展关于汽车保险方面的集会，首先要从目标消费者的朋友和熟人中想了解汽车保险详细信息的人群中一次挑选出6人召集到目标消费者家中。然后，以汽车保险为话题开始闲聊，拿出汽车保险策划者准备好的宣传册，在很轻松的气氛中一边学习，一边让大家就保险相关的疑问和不满进行自由发言。而疑问点往往集中在保险费用不透明的地方。如果大家对于保险费用的疑问点感觉一致，则可以通过网上费用比较系统实际体验一下保险费用到底便宜到什么程度。参加者通过该公司清晰易懂的费用比较系统，体验到该公司的保险费用低于现在所缴的费用，则会感到满意，进而转换保险的品牌。类似的集会可以经常举行，由于参加者向他人进行了口碑传播，可以预料到参加者以外的人会更换为该品牌的保险。而且，通过讨论加深了参与者对汽车保险的理解，关于汽车保险的口碑传播就成了他们闲聊时很容易提起的内容。投资信托、寿险、车险等金融和保险产品，或网络服务商、手机等通信、信息类的服务等是需要在销售时进行说明的产品。这些产品和服务不只难以进行比较，还是普通人理解得很浅、很难进行口碑传播的产品和服务，因此，企业可以通过厨房集会的讨论和让人心动的体验来促进消费者转换品牌，并使口碑传播成功地扩散出去。

4. 提供品牌传播的场所

企业不仅要让消费者传播对品牌有力的信息，还要让多数人接受正面的口碑传播。企业可以通过举办座谈会等活动或者在一般消费者面前谈论实际体验、进行试验等方法，还可以把希望人们看到的"口碑传播标题"登载在大众媒体上。除了广告之外，还可以使用主页让消费者、读者留下自己感想的方法。在网络上进行复制、转载非常容易，信息传播到企业网页上也是可以预期的，而且还可以得到长时间保存。

5. 验证口碑传播的效果

企业可以通过问卷的形式，调查口碑传播的程序和效果，并将其作为以后进行口碑传播的参考。调查的主要内容有：定期向目标顾客询问"何时""何地""向何人"进行口碑传播等问题；调查新消费者获得口碑传播的渠道，购买和使用该品牌的原因；在口碑传播前后，对潜在消费者的口碑传播意识进行调查，分析前后的差异。以上信息可以通过问卷调查进行验证，还可以通过搜集、分析消费者的网络留言来验证。

7.3.5 负面口碑传播的消除

在人们对扑面而来的正面信息应接不暇的时候，负面的信息对消费者的影响却在加强。Sweeney等研究指出，相比于正面口碑，负面口碑两倍于对接收者的影响，其本质上更情感化且与不满意相联系。由于有关企业和产品的负面信息相对于正面信息来说是稀缺的，人们对负面的信息更敏感，印象也更深刻，这也正是"好事不出门，坏事传千里"的道理。George Silverman认为："人们往往更愿意跟别人谈起自己的负面经历，而不是正面经历。"正面经历往往在大家的预期范围内，很容易被忘却；而一些未能解决的产品负面问题却往往令人生气，感到沮丧失望，从而激发人们将这些经历拿出来告诉别人，口口相传。一些研究结果还显示，出人意料的特殊服务也能引起人们奔走相告的强烈欲望，从而出现口碑传播的积极信息。事实上，当消费者表现出对产品或服务不满意时，如果供应商能做出一些特殊的反应，使消费者转怒为喜，那么这时会引发消费者最强烈、最频繁的口碑传播。

消费者传播负面信息的主要原因主要有四个方面（Sundaram, et al.）。

（1）购后不满意的消费者希望通过传播负面信息来告诫他人不要重复同样的错误。

（2）消费者通过向别人诉说来减轻自己由于购后不满意而产生的失落感。

（3）购后不满意的消费者由于没有得到企业补偿而希望通过劝说别人不再买该品牌来达到报复企业的目的。

（4）消费者通过别人得到有价值的建议，来解决自己遇到的问题。

由此可见，不断提高消费者满意度、建立完整的消费者档案系统和有效反馈机制，是消除负面口碑传播的关键，对购买的产品不满意是消费者传播负面信息的根源。首先，企业应该从产品质量入手，降低产品出现问题的概率。其次，明确有关产品问题赔偿的承诺。当消费者对索赔的结果感到满意时，就不再向别人传播负面的信息，甚至反而会向别人推荐这个品牌。所以，企业应该在产品包装的显著位置标明产品问题的赔偿条款以及联系方式，为消费者的投诉提供方便。最后，加强危机管理能力，无论多么周密的防范都存在疏漏的可能，企业需要建立危机管理机制来应付可能出现的问题。一旦产品出现了影响范围比较大的问题，企业应该及时通过公开的、统一的信息渠道以统一的口径向公众解释问题出现的原因及公司的解决方案，避免负面信息以口头传播的形式蔓延。

没有任何一个企业能够完全避开消费者的批评与不满——无论这是否属于企业的责任，但如果企业对此予以充分重视，通过对已出现问题的关注和及时加以解决，不仅能使批评和不满造成的潜在危害尽快消除，还能赢得消费者对企业更深的信任。

本章小结

品牌传播是创建和发展强势品牌的有效手段，它既是建立消费者品牌认知度、忠诚度的重要方式，同时也是提高品牌知名度、美誉度的有效途径。品牌传播是指品牌所有者通过广告、促销活动、公共关系、人际沟通等多种传播策略及各种传播媒体，与外部目标受众进行的一系列关于品牌资讯的交流活动。品牌传播的资讯主要包括计划资讯、非计划资讯、产品资讯和服务资讯。

品牌传播就是利用各种传播媒体进行品牌资讯传递的过程。一般而言，品牌传播媒体主要分为大众传播和口碑传播。大众传播媒体主要包括广告、公关关系和销售促进。企业在设计有效的品牌传播媒体计划时，应该首先识别媒体受众，明确品牌传播的目标，然后根据品牌传播的目标来设计媒体组合。

口碑传播利用人与人之间直接交流信息的这种沟通方式来传播品牌资讯。口碑传播的主要作用包括：口碑传播具有可信性；口碑传播具有针对性；口碑传播具有抗风险性；口碑传播能够发掘潜在顾客；积极的口碑传播有利于缔结品牌忠诚，口碑传播能够使企业有效地避开对手的锋芒，口碑传播能够有效地节约费用，降低成本；口碑传播更具有亲和力、感染力。

在口碑传播过程中，已使用的消费者、意见领袖和参照群体是对潜在顾客产生影响的关键人物。设计口碑传播的关键在于：寻找对品牌满意的目标群体，加深消费者对品牌的印象，提供口碑传播的机会和场所，验证口碑传播的效果。

关键概念

品牌传播　广告　销售促进　人员销售　品牌叙事　公共关系　销售促进　口碑传播

案例分析

加多宝借道中国好声音重塑品牌

2012年9月，王老吉商标战终于尘埃落定，这场持续了445天，炒得沸沸扬扬的"红绿之争"，正式以广药集团的完胜而结局。时隔15年后，王老吉商标再度回归广药集团运营，此时其已价值千亿元，加多宝却沦为一代悲情英雄，眼睁睁看着自己塑造出来的品牌被夺走。那么，失去王老吉logo的加多宝未来前途将会如何？"正宗好凉茶正宗好声音欢迎收看由凉茶领导品牌加多宝为您冠名的加多宝凉茶中国好声音……"浙江卫视知名主持人华少的这一分钟"贯口"，以47秒说完350个字的广告词，不仅引发了公众挑战最快语速的热潮，也使得广告词中提到的公司，更加耳熟能详。9月30日的年度总决赛，更是吸引八万人到场观看，收视率高达6.0，在国人传统的中秋月圆之夜，为大家奉献了年度最好听的声音。开启了一场全民共享的音乐盛宴的《中国好声音》，无疑是今年夏天娱乐节目最大的赢家。作为独家冠名商的加多宝集团通过这样一档原版引进的听觉栏目，也在今年的营销较量中拔得头筹，迅速实现了品牌的完美转身。那么，加多宝为何可以如此迅速地成功实现品牌再塑？

未雨绸缪，去"王老吉化"战略迈出品牌重塑第一步

王老吉的成功，其中的绝大部分功劳显然都应该归功于加多宝。于是也就不难想象，在经历此次红绿大战之后，加多宝的心情会是怎样？不过对于已经拥有了丰富市场经验的加多宝来说，对于痛失王老吉的结果，似乎早有预料。加多宝知道在多年精心打造了"王老吉"品牌之后，如今却不得不以最快速度去"王老吉化"，让消费者彻底忘掉"王老吉"，记住"加多宝"，虽然有些黑色幽默，但却是十分现实的问题。加多宝在几个月前就已经开始了未雨绸缪，在广药忙着打官司的时候，加多宝已经从渠道到终端，开始了去"王老吉化"，一场新的品牌重塑行动就此拉开序幕。从2011年年底开始就先在王老吉红罐装的一面上加大"加多宝"字样。从今年3月起，在其最新的广告宣传上，已经不再出现任何和"王老吉"相关的字眼，取而代之以"加多宝出品"的字样，广告语也从以前的"怕上火喝王老吉"变更为"正宗凉茶，加多宝出品"，为自己产品的"正宗"大声吆喝着，加多宝试图利用斥巨资的广告投入对"加多宝出品正宗凉茶"这一理念进行广告轰炸传播，加速去"王老吉"化。与此同时，加多宝从4月20日起正式去掉了瓶身上的"王老吉"三字。在渠道方面，加多宝以每箱追加一元的促销力度，来获取在产品渠道上的品牌迅速切换。而为了使消费者能很自然地从王老吉过渡到加多宝，牢牢吸引住原有消费群体，积极吸纳更广泛消费群体，加多宝同时早早对正宗凉茶的配方进行了改良与深加工，从本质上实现去"王老吉化"。

渠道掌控，全面发力抢占市场，尽显"王者"气势

　　王老吉品牌之战虽然以广药集团胜出告一段落，但是广药拥有了王老吉品牌并不代表就拥有了市场。渠道和品牌维系之争才是竞争的关键核心。广药集团想要进一步维系王老吉品牌，也要抢占扩张渠道。而加多宝的真正优势正是在过去一些年中借助王老吉的热卖形成的渠道运营能力，包括经销商管理、市场管理、终端管理等方面。这并非是广药或其他竞争者在短时间内可以复制的，其超过百亿的销售规模也不是一个商标就能快速实现的。加多宝选择了利用其渠道优势，全面发力抢占市场，重新树立加多宝新品牌的知名度和美誉度，踏出了加多宝品牌重塑之路的关键一步。加多宝一方面巩固其渠道系统，稳住现有渠道商，另一方面通过渠道商掌控终端，避免渠道商投向王老吉，同时积极开拓新的渠道商以填补失去的部分渠道商的市场空白。在加多宝与广药的王老吉商标之争落下帷幕之时，社会对加多宝公司予以了广泛关注和支持。业内多位知名专家都表达了支持加多宝的声音，认为是加多宝造就了王老吉，财经名嘴郎咸平更以"抢得了商标，丧失了品牌"直言广药的霸道。北大及清华总裁班营销专家刘杰克老师指出，各界的力挺在加强了消费者对加多宝信心的同时，也让许多经销商纷纷站到了加多宝的阵营，扛起了支持加多宝的旗帜来表达对加多宝品牌的喜爱，这更加增强了其渠道优势和终端掌控力。虽然赢得了商标之争，但广药并没有在全国范围内迅速将红罐王老吉的销售铺开，多地各大超市均未有红罐王老吉的身影，这为加多宝抢先将产品在全国各大渠道铺展开来提供了绝佳的机会。

重拳出击品牌宣传，密集推广，发动全方位品牌传播攻势

　　对于加多宝而言，有渠道、有经验、有管理能力，重塑辉煌唯一差的就是品牌知名度，如果品牌认同度得到大幅提高，品牌重塑的最后一道障碍也就不存在了。在品牌重塑中，如何在最短时间内加强市场认知，如何加强新品牌与产品品质之间的联系，延续原有品质的生命力，是加多宝化险为夷的关键。拥有了强大的渠道黏性，加多宝下一步需要解决的是市场上消费者的认知问题。在品牌宣传推广上加大力度，加多宝将继续在凉茶业独占鳌头。

　　就在最终仲裁结果公布前后，加多宝对"加多宝凉茶"品牌的推广进入空前密集期。加多宝不仅在凉茶饮料货柜上大面积铺货，还设立单独的品牌货柜在饮料区展示，用抢眼的陈列方式与促销活动吸引消费者的关注。由于消费者今天已处于一个普遍信息过载的社会中，现在的企业营销传播，若只注重单向传播，而忽视与消费者的互动的话，已经很难成功。因此，加多宝在开展电视、地铁广告、发布会等传统营销传播方式外，也同时注重通过QQ、微博等社会化媒体获取消费者支持打造一个立体传播策略，无论是在地面还是空中，都展开了密集的攻势，投入巨资，全方位阻击王老吉的消费导向。

　　加多宝深知2012年的这个夏季对其而言是一个非常重要的战略季，能否让加多宝凉茶成功立足并实现品牌重塑可谓举足轻重。于是，加多宝花费巨资在这个夏天重拳出击进行品牌的大力宣传，联合湖南卫视与浙江卫视，冠名《向上吧少年》《中国好声音》等大型节目，选择这些媒体宣传渠道为去王老吉后的加多宝凉茶品牌重塑保驾护航。随着《中国好声音》火爆全国，也带红了加多宝，人气暴增，打了品牌重塑的漂亮一战。全世界都有好声音节目，而中国的好声音最让人振奋，因为有一个给力的赞助商加多宝，让两季的"红色记忆"不曾断代。正版好声音，正宗好凉茶，这是两季好声音不可复制的娱乐元素。"声音是节目唯一

要素"与"正宗是凉茶不变的坚持"在定位上的完美结合,使加多宝和好声音已经脱离了凉茶和歌喉在产品属性上的低层次结合点。加多宝品牌管理部副总经理王月贵也曾表示,好声音和加多宝两个品牌的合作在于品牌调性上的匹配,提倡的都是一种正版、正宗、原汁原味的内涵,最终形成了"还是原来的加多宝,还是熟悉的好声音"的效果。事实上,细心的人还注意到,两季好声音,加多宝在核心立意上都没有大变化,永远是红罐、正宗的口号。但恰好是这种专注战略,让加多宝的正宗效益不断发散,并与节目实现深度捆绑。无论是每期节目后以学员为对象的"向正宗致敬"系列视觉微海报,还是无处不在的红色正能量"后续加工",都及时地将观众对舞台上的未了情绪发酵,将对学员的爱转化为对加多宝的支持,也使得"正宗"话题不断深入人心。广药虽获得了王老吉的商标,但加多宝却保留了大部分"王老吉"的品牌运营资产,出色的品牌营销团队帮助加多宝打通了品牌的强势重塑之路。商标只是品牌的冰山一角,只是能够被消费者最直观感知到的部分。冰山之下的战略思维、运营能力、经营理念乃至企业价值观,这些才是品牌最有力的支撑。虽然加多宝失去了王老吉的商标,但并没有失去其对价值链的掌控能力,同时更在王老吉品牌的成长过程中积淀了丰富的渠道运营能力与品牌运作经验,而强大的品牌和渠道运作能力正是企业得以在中国快消品行业成功的核心之所在。从这个角度来说,加多宝有较大的可能性在不久的将来创造出新的辉煌。但市场毕竟千变万化,一招不慎即可导致满盘皆输,加多宝能否步步为营,走好品牌重塑之路,还让我们拭目以待!

案例思考
1. 加多宝是如何实现品牌再塑的?
2. 加多宝的品牌推广策略可为其他企业带来哪些借鉴意义?

思考题

1. 品牌传播的含义是什么?
2. 简述品牌资讯的主要类型。
3. 广告媒体的优点与缺点主要有哪些?
4. 简述公共关系传播品牌资讯的工具。
5. 如何设计品牌媒体传播计划?
6. 口碑传播的概念是什么?它主要有哪些作用?

第8章 品牌体验

学习目标

体验经济时代的到来,市场竞争变得越来越激烈,消费者不断寻求能实现梦想和向往的生活方式的体验,仅仅依靠顾客忠诚计划或提高一点点顾客满意度,在这样的环境条件下将于事无补。通过本章的学习,理解品牌体验的含义与作用;了解品牌接触点的概念与方式;掌握品牌体验的类型和设计原则;熟悉品牌体验设计的步骤;熟练运用评估品牌体验的各种工具。

体验经济学研究专家 B. Joseph Pine 和 James H. Gilmore 1998 年在《哈佛商业评论》上宣称"继产品经济和服务经济之后，体验经济时代已经来临，21 世纪已经进入了体验经济的时代"。企业的顾客已不单单满足于所谓的忠诚，他们是品牌的拥护者——他们不仅对企业的品牌承诺赞赏有加，更重要的是对这些品牌提供的顾客体验情有独钟。品牌体验被认为是企业业绩的关键驱动力。从迪士尼的成功，到西南航空公司的创立，再到星巴克的独特体验。这些企业的成功向人们展示：企业通过提供产品和服务以外的品牌体验能够增加消费者情感上的投入，这是一种超越经济层面的力量。积极的体验能够使消费者对品牌产生信赖感并获得全面的品牌价值，达到深度的顾客忠诚。体验为品牌价值的研究提供了新的视角和更为广阔的发展空间。

8.1 品牌体验概述

Bernd H. Schmitt 出版的《体验营销》一书中提出：真正的优秀品牌应该是"体验的提供者"。目前，世界正在加速进入体验时代，这个趋势不仅发生在零售业，也发生在服务业，无论酒店、餐厅还是航空公司，它们的消费者都在寻求不仅能够满足其基本需求还能满足其独特需求的品牌。深为消费者喜爱的一些品牌，如星巴克、W 酒店、iPhone、eBay、哈根达斯等均能将感觉、情感、思考、行动和关联这些要素中的任意一种或全部五种要素的综合体验提供给消费者。具有丰富知识和经验的消费者更容易产生新的联想和独到的见解，他们力求通过某种方式树立起自己的形象，掌握自己的生活方式，实现和表现自我价值。这些需求都可以通过品牌体验来满足，它是一种有目的的、持续的、差异化的、有价值的体验。

8.1.1 品牌体验的含义

何谓"体验（experience）"？体验一词来源于拉丁文 exprientia，意指探查、试验。Aristotole 认为体验是感觉记忆，许多同样的记忆在一起形成的经验即为体验。在营销领域，Schmitt 将体验定义为："主观的、内在的消费者反应(感觉、知觉、认知)和由相关品牌刺激物所引起的行为反应。"体验消费已经成为时代的主流，它超越了产品和服务的功能利益，成为满足消费者深层次需求的经济提供物。企业应以消费者为中心，通过产品和服务，通过创造能够使消费者参与、值得消费者回味的活动来传递各种体验。球迷们不惜代价赶至世界杯等大型体育赛事的现场是为了获得现场刺激的体验；David Copperfield 的梦幻魔术之所以席卷中国各大城市是因为梦想成真的体验；"动感地带"令国内年轻一族随之又感又动是因为他们享受到了酷和 Q 的体验……

在体验经济条件下，企业的营销战略也应有相应的转变：以体验为基础，开发新产品、新活动；强调与顾客的沟通，并触动其内在的情感和情绪；以创造体验吸引消费者，并增加产品的附加价值；以建立品牌、商标、标语及整体形象塑造等方式，取得消费者的认同。一些意识超前的企业已经开始运用体验来设计产品并开展品牌推广活动。例如，微软的 Windows XP 面市时，Bill Gates 曾宣称该操作系统"重新定义了人、软件和网络之间的体验关系"，其中"XP"就来自"Experience"，即体验。

体验营销者将体验这一全新的营销理念运用到品牌之中，创造出个性化、互动的营销方式——品牌体验（brand experience）。品牌体验是在"全面体验消费模式"这一大背景下产生的，它之所以受到消费者的欢迎，是因为消费者已经厌倦了不断接受让人怀疑且由企业本身制造出来的印象，消费者更希望有机会去发掘品牌的优点，在生活中与某些品牌产生关联、互动，并且用心去感觉、体验（Joy，Robin）。因此，企业需要与消费者进行越来越多、越来越复杂的沟通，以制造一个全面性的品牌体验，与消费者建立更多感官上或情感上的有效关系（Turner，Andrew）。Ross 认为品牌体验是顾客在与品牌接触或使用过程中对一系列与品牌相关事件的积累，是一种面对面的沟通，旨在吸引消费者物质及情感上的感觉。Rebekan 等在基于目录广告行业的实证研究分析中提出品牌体验是顾客对品牌某些经历产生回应的个别化感受，包含顾客和品牌之间的每一次互动——从最初的认识，通过选择、购买、使用，到重复购买。Brakus 等将与品牌相关的刺激，如品牌名、标识系统、品牌特点、品牌含义、包装、品牌沟通和环境等，对消费者产生的感官、情感、思考、行为反应称为品牌体验。他指出，当消费者搜寻、购买消费品牌时，他们不仅仅暴露于产品或服务的功能性属性，还暴露于许多与品牌相关的某些刺激如品牌的识别颜色、形状、背景设计元素、口号、吉祥物等，这些品牌相关刺激引起消费者主观的、内在的反应。而且，他们认为品牌体验本身有正面的，也有负面的，有些可能比较长久，也可能比较短暂。总的来说品牌体验就是消费者在与品牌接触的全过程中，该品牌为其带来的印象和经历。品牌体验是一切有关该品牌的经验积累的集合，所有的体验在消费者与品牌的接触过程中得到积累，因此，只有在与品牌的互动过程中，消费者才能获得体验。品牌体验从本质上说也是体验营销的一种方式，其侧重点在于对某一品牌的认知和感受。品牌体验可以看作是品牌的消费者体验，重点强调消费者的受众角色。提供消费者品牌体验的典型代表就是迪士尼世界，它为消费者提供丰富的感官享受，让消费者摆脱购买加工制造产品或者花钱享受服务的传统消费方式，使消费者愿意选择深深吸引他们情感、理性、或精神层面的消费，虽然这种迪士尼的体验无法触摸，但是可以分享和流传（见案例："'迪士尼'的品牌体验"）。

"迪士尼"的品牌体验

迪士尼的创始人即世界动画片泰斗沃尔特·迪士尼创作的米老鼠、唐老鸭、白雪公主等童话动画形象日复一日、年复一年地牢牢占领无数各国儿童的心。然而，迪士尼在产品设计上不以创作卡通为限，而是朝着全方位的家庭娱乐组合方向发展，其根本目的是为了满足人们体验童话作品情境的心理消费需求，让游客"在娱乐中学习知识"。迪士尼还把时尚文化与其自身的品牌文化嫁接融合来渲染游客体验的氛围。例如，制作了新版《米老鼠俱乐部》，与只会吱吱叫的前任不同，而是以电子合成乐器伴奏的快节奏歌曲、疯狂的舞蹈和性感的少女构成新卡通的主要特色。在广告宣传上也以青春时尚劲舞来吸引年轻人。产品是有形的，服务是无形的，而优质服务带给游客的"情感共振"型体验（affectional resonant experience）更是经久难忘。迪士尼不只为游客提供无形服务，而且为游客提供完整的全方位的服务消费经历。服务环境是服务消费体验中的一部分，主题公园的清洁度就是迪士尼非常重视的服务内容之一。例如，在乐园地面上看不见任何饮料罐及包装纸，因

为公园内每隔24~27步距离就设有一个造型与景观相协调、清扫方便的大容量垃圾箱,并要求所有员工只要看到地面有垃圾就立即主动捡起来。事实上,游客的服务消费体验从进入乐园之前就开始了。迪士尼在乐园大门口设有旅客接待站,为携带孩子的游客提供免费的童车和婴儿车服务;狗等宠物是不允许进入乐园的,但乐园特别在门口设有宠物寄养处,既委婉表达了"宠物禁止入内",又可代替游客看管宠物使其放心游玩;进入大门后还有轮椅供残疾人使用等。

(资料来源:周玮,沙润. 浅议迪士尼体验式营销的经典策略[J]. 江苏商论,2006-5:78-79.)

8.1.2 品牌体验的特点

1. 彰显个性

体验是消费者内心的感受,由于人们的心智模式存在差异,所以是同样的情景和参与也会产成不同的体验。品牌体验要吸引消费者充分参与达到互动,就必须体现较强的个性化。当前,个性化消费也成为一股潮流,消费者越来越追求能够表达个人价值、性格、审美情趣的东西,正如一句广告词所言"我选择,我喜欢"。什么是个性?笔者认为个性就是与众不同。品牌只有与众不同才可能给予消费者独特的体验。由于人们往往喜欢与自身相似的个性,所以品牌个性应该和目标消费群的个性相一致,在之后的品牌传播中应集中表现这一点。当前的市场中,定制化服务似乎成为一个热门趋势。2017年美国慢跑鞋品牌 New Balance 也开始为线上线下顾客提供自己参与设计鞋子的定制化服务。不过,仅仅是想通过门店 iPad 设备上的一个软件来为到店顾客提供定制服务,恐怕还不够。在门店里用 iPad 完成定制鞋的过程大概需要25分钟,会这样做的人很少,所以他们在门店引进了 VR(虚拟现实)体验,通过门店向消费者传递一些他们在别处体验不到的东西。通过这种让消费者亲身感受工厂制造过程的体验,New Balance 可以更直接地向他们传递品牌价值。

2. 追求互动

人们的主动参与比被动观察学到的东西更多。品牌体验就是要让消费者以个性化的、互动的方式参与刻意设计的事件,获得深刻的感受。在体验中,消费者处于主体地位,通过亲身参与,可以强化对品牌的认知。互动过程,也是品牌和消费者之间的学习过程。通过与消费者的接触,企业可以深层次、全面地了解消费者,洞察消费者如何体验品牌旗帜下的产品和服务,从而创造出高峰体验。

2017年7月份"淘宝造物节"的举办,给了广大消费者近距离体会淘宝文化和企业品牌形象的机会,在7月22—24日三天三夜时间里,一场聚集90后潮男潮女的"造物节"刷新了人们对淘宝网的认知。TAO(technology、art、original)或许是对这场造物节主题的最佳注解,72家最具原创精神的淘宝店发挥着各种奇思妙想和新奇古怪的原创力,成功地为淘宝网塑造了极富创意的品牌形象。

3. 蕴含情感

在产品和服务越来越同质化的今天,消费者更关注品牌的象征意义。品牌体验强调的是顾客心理所发生的变化,要触动他们的内心世界,目的在于创造喜好的体验,从而对品牌产生强烈的偏爱。如哈根达斯咖啡屋把自己和浪漫爱情联系在一起,在亚洲推出一系列浪漫主题的冰淇淋蛋糕,如"华尔兹的浪漫""幸福相聚"等。以至马尼拉一家报纸写道:"马卡提城区里香格里拉饭店周围挤得水泄不通,年轻人和冰淇淋迷们感到哈根达斯的入驻并没有对本地的冰淇淋市场形成威胁,反而增添了活力……"因为,哈根达斯推销的是浪漫感受,而非冰淇淋。

4. 创造快乐

快乐是人类最原始的体验之一,人们天生都愿意寻求快乐而避免痛苦,几乎没有人会排斥促使其开怀大笑的快乐瞬间。芝加哥大学心理学家米哈里·思科琴特米哈伊认为,最优的体验标准是"flow"(畅或爽),即"具有适当的挑战性而能让一个人深深沉浸于其中,以至忘记了时间的流逝,意识不到自己的存在"。迪士尼乐园为何会让人们流连忘返?因为在那里可以寻求无穷的乐趣。品牌体验就要通过精心设计的具有挑战性的活动吸引人们来参与、来"玩",在"玩"的过程中达到心情愉悦。

8.1.3 品牌体验的作用

品牌体验的作用主要有以下几点。

1. 吸引消费者参与,增强品牌互动

品牌体验的核心是吸引消费者参与,并借助参与产生互动,让消费者真正成为主体。由于人们的主动参与比被动观察学到的东西更多,因此,品牌体验的宗旨就是要让消费者以互动的方式参与刻意设计的事件,获得深刻的感受。互动过程实际上就是品牌和消费者之间的学习过程。在品牌体验过程中,消费者处于主体地位,通过亲身参与,可以强化对品牌的认知。反过来,企业可以通过与消费者的接触深层次、全方位地了解消费者需求。在这种消费者与品牌的互动过程中,既满足了消费者内心的体验需求,又使消费者与品牌之间产生密切的关系。

"苹果"独特的品牌体验观

当我们打开包装,按下电源,甚至不需要多余的设置就能敲打文字或者网上聊天的时候,谁还会抱怨它略微高的价格?当你在上班的路上的时候,听着白色耳机里面的音乐,旋转 iPod 上神奇的旋转触控,你会不会觉得这是忙碌一天里的愉悦时刻呢?当你通过手指就能随意放大旋转图片的时候,也许你会觉得电子产品并不都是冷冰冰的,当你……这就是苹果的产品体验,在所有的苹果产品线,你所获得的感受都是一致的,除了产品、网站等,苹果都将用户感受控制在一个整齐但不生硬的范围。乔布斯说:所有的产品就是体验。苹果也一直以为消费者提供最好的品牌体验为先。没错,就是品牌体验,苹果团队显然对品牌传播有着相当深刻的理解,执行力也足够强。苹果传达出的概念已经超越了产品层面,做的每件事情都是在为苹果这个品牌积累资产。

(资料来源:http://www.globrand.com/2010/459000.shtml)

2. 彰显品牌个性

品牌体验要吸引消费者充分参与达到互动,就必须展现较强的品牌个性。品牌个性代表着特定的生活方式和价值取向,能够与特定的消费者建立起情感上的沟通和联系。企业运用

品牌体验,能够营造一个精神世界、一种生活和文化氛围,从而使得处于感性层面的产品已不仅仅是某种具有自然属性的物品,而是一种精神产品。倘若这种体验所传达的品牌个性恰恰能够引起消费者的共鸣,则有助于使消费者心理发生变化,触动他们的内心世界,从而对品牌产生强烈的偏爱,激发购买行为。

3. 传播品牌创意,建立消费理解和尊重

品牌体验不仅是品牌个性的表现手法,而且是品牌在创意及执行过程中表现出来的一种手段。企业通过新颖、形象的创意思路,借助丰富多彩、生动有趣的执行手段来演绎品牌的风格,表达品牌主张,达到与消费者沟通的目的。当惠普公司并购康柏公司后,新总裁 Carly Fiorina 提出要带领新惠普由传统的产品经济、服务经济全面转向体验经济,为消费者构造"全面顾客体验"。惠普认为企业不仅需要对消费者进行深入和全方位的了解,还应该把消费者的全方位体验凝结在产品层面,使消费者感受到企业的尊重、理解和体贴。

4. 提升顾客忠诚

品牌体验不仅与品牌忠诚有直接的相关关系,还通过其他因素间接影响品牌忠诚。高嫄等在对品牌体验的不同种类实证确认后,研究了不同的品牌体验对品牌忠诚的作用。企业可以通过个性化的产品/服务等增强消费者的品牌体验,营造消费者的品牌忠诚。此外,品牌体验也调节着品牌忠诚的形成机制。企业可以一方面通过广告等方式将品牌资讯有效地传达给消费者,增加消费者外部可获得的品牌资讯,降低消费者的品牌感知风险;另一方面,还可以通过增强消费者的感官、情感、思考、行动、关联层面的品牌体验,增强消费者内部的品牌感受。这样,企业便能够通过提升品牌体验,利用品牌体验的调节效应,来提升消费者的品牌忠诚。

5. 扩大利润空间

在巴黎里昂火车站旁边有一家"蓝色火车"咖啡馆,在这里,一杯看似平常的苦咖啡就要 5 美元,但对于品尝咖啡的人而言,他们所支付的不仅仅是咖啡本身的价钱,他们可以悠闲地躺在豪华的真皮沙发中,静静地欣赏那些足以在卢浮宫展出的洛可可式绘画作品,真切地体会到巴黎"美好时代"的感受。虽然咖啡很快就会喝完,但在如此独特氛围中的体验给人留下终生难忘的回忆,它的价值恐怕已经远远超过 5 美元。

8.2 品牌接触点

随着企业和消费者之间的频繁互动,品牌接触点管理在学术上应运而生,成为企业品牌管理的重要内容。品牌接触能够识别各种品牌资讯,包括:包装、产品/服务、对品牌形象或品牌资产有帮助的直接体验。

8.2.1 品牌接触点的定义

Schultz 认为:"凡是能够将品牌、产品类别和任何与市场有关的信息和资讯,传输给消费者或潜在顾客的'过程或经验',都可称之为品牌接触。"Tom Duncan 则指出每一个与品牌有关的、消费者或潜在消费者与一个品牌之间承载信息的互动都可以被称为品牌接触点。Bames 则将品牌接触定义为现有消费者或者潜在消费者对品牌形象或者某种可传递信息的体验,不管该体验发生于何地，以及该体验是什么。因此，所谓品牌接触点（brand contact point）就是消费者接触到品牌和企业的任何情形。有时候人们也把营销活动发生的时空称为品牌接触点，即消费者可以接触到产品和品牌信息的任何时间、空间。Chattopadhyay & Laborie 为了管理品牌体验开发了一个品牌接触管理工具，即市场接触账户，用以从消费者的角度识别最有效的接触点。与品牌接触点容易混淆的概念是顾客接触点，它是指企业人员与服务对象的互动点，也是通过为消费者创造价值进而吸引消费者的关键点。

事实上，在我们生活中，每一次消费体验都包含了一个或者一系列品牌的接触点，而每一个品牌接触点都在传播品牌信息，同时都会或多或少地影响消费者的购买决策。一般而言，对于复杂程度比较高的品牌，消费者在购买过程中，接触到的品牌接触点就会比较多，因此，这类品牌的品牌传播难度就相应地增大；而对于复杂程度比较低的品牌，接触点就会相对比较少，但是在有限的接触点上影响消费者的购买决策，其难度也是不言而喻的。这就要求品牌管理者，必须找到关键的品牌接触点，然后释放品牌识别等方面的信息，以完成树立品牌形象和提高销量的目的。

8.2.2 品牌接触点的类型

品牌体验就是消费者与品牌接触时所产生的体验，这种体验可以是理性的，也可以是感性的；可以是正面的，也可以是负面的。成功的品牌管理其核心就在于经营接触点来累积正面的品牌体验并减少负面的体验。品牌接触点可以划分为间接接触点和直接接触点。

1. 间接接触点

在间接接触品牌的过程中，消费者主要是通过企业的单向传播渠道传播的有关品牌的资讯来获得品牌体验，这类接触以企业"说"的行为为主。这里的品牌资讯主要包括计划性资讯和非计划性资讯。企业在传播计划性品牌资讯时采用的是单向的沟通媒体（如电视、印刷品、因特网等），销售代表也运用计划性资讯与消费者进行沟通。一般来说，这些资讯对于消费者来说是不可靠的，因为它们是市场营销人员用来说服现有顾客或者潜在顾客购买某种特定产品的手段。相反，非计划性资讯可能更为可靠。企业及其产品的非计划性资讯的发出者是在服务过程中接触了某个特定服务人员的相关消费者、对产品或者企业的好坏做出过口头评价的消费者。此外，还包括报纸、杂志、电视节目中出现的对企业的报道以及其他相关利益人对企业的意见和评价等。

2. 直接接触点

在直接接触品牌的过程中，消费者通过与品牌的互动获得有关产品或服务的质量、服务环境以及服务人员的绩效方面的信息，产品和服务接触是企业"做"的行为，是消费者对间接性经验真伪性证实的过程。产品接触是指除物理外观以外的关于产品生产企业及其产品的信息，如该产品是怎样设计的、功能如何、如何使用等。服务接触是指服务过程中出现的信息，服务人员在互动过程中的表现，是消费者进行信任判断的另一类信息。系统运作方式及该企业的服务环境为服务过程提供支持的方式同样也可以传递信息。有人认为服务接触比产品接触更值得信任，因为与产品接触相比，这类信息更难掌握。

英国维珍航空企业的案例

维珍企业有个极具叛逆精神的创始人——Branson，所以维珍的品牌精髓是打破传统、独特、乐趣与娱乐。Branson 可不是说着玩玩，他领导着维珍企业围绕着品牌定位在品牌接触点上花费了不少心思。

首先，在广告上，维珍十分强调三个方面：服务质量、乐趣和娱乐、友好，通过视觉和听觉向顾客传递这些信息，让顾客在还没有实际享受维珍企业的航空服务时就完成了第一次接触。由于大多数航空企业的广告都比较雷同，维珍航空显得独树一帜，很多顾客就是被广告所吸引，才产生了享受维珍服务的兴趣。

当顾客来到维珍航空，真正接触它的服务时，维珍的品牌特质体现得更明显。比如在登机手续的办理过程中，它可以提供专车接送服务，让顾客体验受尊重的感觉；它还拥有自己的俱乐部会所；更有意思的是，顾客还能驾车通过登机手续办理台，虽然表面上看这并不需要花太多工夫就能做到，但它的作用是明显的：既为顾客提供了方便，又体现出维珍航空的创新性，要知道，世界上还没有哪一家航空企业的登机手续在汽车里就能办理。

维珍的品牌理念在顾客登机以后，在各个接触点继续向顾客传递。客舱里的座椅都是特制的，后面有显示屏，顾客在飞行过程中能看节目，此外还能用耳机听自己点播的音乐。不仅如此，飞机上还设有酒吧间、医疗室和美容院，为顾客提供多样化，又独特的服务。这些努力都在向顾客说明，维珍航空的服务不仅贴心，还能让你在娱乐中享受。

在其他方面，维珍的服务同样匠心独具。比如为了博得儿童的喜爱，维珍在飞机机身上绘制了卡通形象，孩子高兴了，父母自然也会满意，这些都是维珍细致入微的地方。

（资料整理自：http://www.allchina.cn/AdConsult/brand_7780.html）

8.2.3 品牌接触点的设计步骤

企业要以优质的产品或服务品质打动消费者，必须有清晰的品牌定位，并坚定不移地贯彻和体现在每一个品牌接触点上。企业在设计品牌接触点时可以采用以下步骤。

1. 创造消费者渴望的独特的品牌承诺

独特的品牌承诺是将企业与竞争对手区别开来的根本标志。竞争趋同的现象要求企业的品牌定位应当具有差别效应，同时，这种定位还应满足消费者对产品或服务的需求，只有这样才能在竞争中找到自己的一席之地，比如案例中提到的维珍航空公司。航空业的另一个成功例子是美国西南航空公司，它的独特之处在于，当别的航空公司不惜血本地加长航线、提高票价时，西南航空却只经营短途飞行，并且想方设法降低成本，压缩票价。

2. 明确所有能够实现承诺的品牌接触点

在品牌做出承诺的基础上，企业还应该确认在向顾客传递品牌承诺的过程中所有的品牌接触点。任何品牌接触点都会对消费者的购买决策起或多或少的作用，因此，必须尽可能列出所有的品牌接触点。沿着两条线可以穷举所有的品牌接触点：物流线和人流线。物流线，即价值链，主要是指从产品准备生产、原材料采购到产品实现销售、完成价值增值，再到产品最终被消费者使用或消费，直到最后使用价值终结的全过程。所有在这个过程中能够接触到消费者的点，都可被列入品牌接触点进行研究。人流线，即信息链，就是24小时、360度地分析目标顾客的工作、生活、娱乐等行为方式和心理，研究其所有可能接触到产品和品牌任何信息的点。如果说价值链是接触产品实体的话，那么人流线更多的是体现品牌的无形影响力，如产品的广告宣传、产品的使用者形象、产品出现的场合以及消费者口碑等。品牌经营者不可能也没有必要对所有的接触点都进行管理，不过可以根据产品自身的特点和消费者的需要，从战略的角度对影响品牌价值提升的关键接触点进行有效管理，这样才能使企业以最低成本迅速建立品牌，并不断扩大品牌的知名度和影响力。

3. 确定每一接触点如何建构品牌

品牌承诺是需要落实的，它最终体现在企业的各个层面上，正如维珍航空的"娱乐"内涵是通过座椅上的耳机，"创新"内涵是通过允许汽车通过登机手续台实现的一样。企业要想让消费者体会到品牌的承诺，就需要努力将这一承诺在每一个接触点上体现出来。企业还应建立相应的监督、考核机制。为了保证服务质量，简单地制定服务流程和进行培训是远远不够的，企业必须以此为基础建立以监督和绩效考核相结合的管理机制对终端人员进行有效监管，保证优质的服务流程。

4. 突出关键接触点

并非所有的接触点都具有相同的影响力，这是显而易见的。企业应优先关注与品牌定位相关的接触点。消费者与品牌的接触过程归根结底是对品牌资讯的接触和反应过程。因而寻找"关键接触点"实际上就是要寻找一个有效的信息传播媒体适时地将品牌核心价值传达给消费者。只有能与品牌的核心价值及消费者的主要利益诉求点相匹配的品牌接触，才是最佳的品牌体验载体。

5. 品牌接触的执行

前面四个步骤其实都是为最终执行品牌承诺所做的准备，直到这里才正式开始行动。企业需要对品牌接触的进展随时进行监控和衡量，不断纠正偏离品牌承诺的事件和行为，比如员工队伍的散漫、着装不整，这肯定会让消费者产生负面的品牌联想。

6. 售后品牌接触点管理

企业设计品牌接触的目标是与消费者建立长期关系，打造品牌忠诚。因此，企业首先应该完善售后服务，其次增加品牌接触机会，延长品牌接触时间，设计售后品牌接触点。售后品牌接触点服务是逐渐淡化产品概念的增值服务，企业通过与消费者的持续接触，不断强化消费者脑海中的品牌相关信息和联想，提升消费者对品牌的满意度，最终实现消费者对品牌的忠诚。这类接触点的设置可以通过活动和优惠的形式来实现，通过一系列有目的性的活动实现企业品牌与消费者的长期联系和沟通。

8.3 品牌体验设计

8.3.1 品牌体验的类型

从不同的角度出发，品牌体验的类型有不同的划分方法（见表8-1）。

表 8-1　品牌体验的分类

研究者	品牌体验的类型
Pine II 和 Gilmore	品牌体验四维分析：娱乐的体验、教育的体验、逃避现实的体验、审美的体验
Schmitt	品牌体验五维分析：感官体验、情感体验、思考体验、行动体验、关联体验
Bennett Rebekan, et al.	品牌体验两维分析：外部信息获取、内部价值感受
N.S. Terblanche, C. Boshoff	品牌体验五维分析：员工与顾客的交互作用、产品价值、商店内部环境、产品分类及多样性、顾客抱怨处理

1. 根据顾客参与程度及其与环境的相关性划分体验

B. Joseph Pine II 和 James H. Gilmore 根据消费者的参与程度及其与环境的相关性把体验划分为四种类型，即娱乐（entertainment）体验、教育（education）体验、逃避现实（escape）体验和审美（aestheticsm）体验，可统称为"4E"（见图 8-1）。横轴表示消费者的参与程度，被动参与表示消费者并不直接影响事件的进程，消费者在事件中作为观众或听众，如电影的观看者；主动参与表示消费者能影响事件的进程进而影响体验的产生，其积极地参与创造了他们自身的体验，如滑雪者。纵轴表示消费者与环境的相关性，它使消费者和事件融为一个整体，其中吸收表示企业通过让消费者了解体验的方式来吸引消费者的注意力。此时，体验走进了客体，比如看电视时，消费者是在吸收体验；浸入表示消费者成为真实经历的一部分，此时，客体走进了体验，比如在玩虚拟现实的游戏时，消费者沉浸在体验中。根据这两种属性可以把体验分为以下四种。

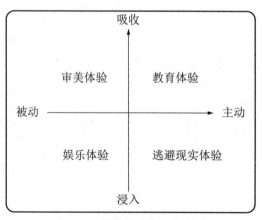

图 8-1　品牌体验的四种类型

（1）娱乐体验。娱乐体验是消费者被动地浸入而获得的一种消遣。在娱乐体验中，消费者被动地通过感觉吸收体验，如观看演出、听音乐和阅读娱乐性文章。人的本性是好娱、趋乐的，因此，娱乐体验是一种最基本的体验，在当今时代也是一种普遍、亲切的体验。几乎没有哪种体验会排斥那些促使人们开怀大笑的娱乐瞬间，因此，娱乐的体验渗透于其他三种体验之中。由于世界各地的文化差异和历史传统差异，消费者对娱乐的理解也不尽相同。从米老鼠、唐老鸭风靡全球到美国卡通明星史努比的流行风暴；从日本的樱桃小丸子到英国的哈利·波特，一个个虚拟人物创造了一个又一个的经济奇迹。中国的孙悟空也走向了世界，娱乐经济从明星到卡通再到宠物，品牌形象在不经意间走进了消费者的心中。在全球市场一体化的今天，消费者群体的休闲消费特征表现得十分突出。人们在紧张的工作压力和激烈的社会竞争中渴望回归人类的天性——希望通过娱乐找回自己的价值和尊严。同时，消费者收入的剧增，使得消费者有能力展现这份天性，进行欢乐消费和休闲消费。

（2）教育体验。教育体验是指消费者积极主动地参与知识的获取过程。品牌为了赢得消费者的青睐及忠诚，需要对消费世界进行必要的引导和教育，教育在品牌体验的创建中发挥着潜移默化的作用。与娱乐体验不同的是，教育包含了消费者更多地参与其中，充分调动消费者的大脑和身体，来扩展他们的视野，增加他们的知识。教育已经成为一种新兴的商业领导模式，通过教育使消费者成为市场活动的积极参与者，并与企业紧密结合在一起。国内外大型的企业在塑造与传播品牌时，不约而同地采用了教育体验的方式。例如，在东京银座的 Sony 概念展示厅里，可以接触到最新的前沿产品（见图 8-2），为 Sony 培养了下一代的消费者。在西方，这种体验营销的市场已构成一个成熟的产业链，从创意到展示厅的营造，从对消费群的细分到声光电的应用，给人留下深刻的体验感受。体验感受越深，对品牌的忠诚度越高，所以企业必须通过令人印象深刻的体验强化消费者的记忆。

图 8-2　Sony 展厅里的机器狗

（3）逃避现实体验，又称逃避体验。逃避现实体验是指消费者不仅完全沉浸在某种体验里，而且还主动积极地参与到某种体验里，这些消费者厌倦了现实生活，希望摆脱日常工作和生活的束缚，以轻松的姿态绽放真实的自己。逃避现实体验比前两种体验更加令人沉迷。事实上，它们与纯娱乐体验完全相反，令消费者完全沉浸在其中，扮演着演员的角色，同娱乐体验者的消极角色不同，这里消费者是更加积极的参与者，并能够影响到消费者的现实行为。典型的逃避现实体验需要一个典型的环境，这个环境应该是远离家庭和工作的第三个地方，是一个人们能和与自己身份相同的社会团体进行交流的地方，这些地方包括主题公园、赌场、虚拟现实的网络、聊天室、酒吧、咖啡馆、餐馆、酒店等。

（4）审美体验。在此种体验中，顾客沉浸在某一事物或环境中，但他们对事物或环境极少产生影响或根本没有影响。审美体验可以是自然景观诱发的，就像在自然公园里漫步一样，也可以依靠人工营造，或者介于两者之间。消费者参与有教育意义的体验是想学习，参与逃避现实的体验是想去做，而参与审美体验是想达到现场。例如，游览"人间天堂"九寨沟、参观书画展、在以热带雨林为主题的餐厅享受晚餐等。

2. 根据消费者情感的参与深度与广度划分体验

Schmitt 提出的战略体验模块（strategic experiential modules，SEMs）为实施品牌体验指明了方向。他根据消费者情感的参与深度与广度把体验分为五种：感官（sense）体验、情感（feel）体验、思考（think）体验、行动（act）体验和关联（relate）体验（见表 8-2）。

（1）感官体验。感官体验是通过视觉、听觉、触觉、味觉和嗅觉五种感觉的刺激而建立起来的体验类型。例如，哈根达斯在冰淇淋大厅准备样品让人们品尝；宝马赞助的网球与高尔夫巡回赛为人们提供试车的机会；装在金色或铂金容器里的机油让人感觉比放在蓝色或黑色容器里的机油品质要高，这些都是感觉体验的成功运用。企业不仅仅要刺激消费者的五种感官，更重要的是要愉悦消费者的感官，通过刺激感官，使之产生美好的享受，从而给消费者留下美好的回忆，产生难忘的体验。这一体验类型适用于区分品牌和产品，增加品牌的价值，激发顾客的购买行为。

（2）情感体验。情感体验主要针对消费者内在的情感及情绪，目标是唤起消费者的情感。情感体验有不同的程度——从温馨浪漫的甜美心情到奔放骄傲的强烈情绪，大部分情感是在消费过程中发生的。情感体验通过触动消费者的内心情感，使之产生快乐的感觉，由此从消费者内心升华出美好的体验。情感体验也可通过使消费者产生痛苦的心理感受，反其道而行之，消费者为回避某一类痛苦的经历而去体验某一事件、消费某一产品或参与某一活动等。但这种体验必须运用得当，否则会适得其反，会使消费者产生逆反心理，企业会得不偿失。痛苦的情感体验属于消极的体验范畴，使用得当有时会产生意想不到的效果。

（3）思考体验，又称创造性认知体验。思考体验诉求的是智力，目标是用创意的方式使消费者获得认知与解决问题的体验。它运用惊奇激发兴趣、好奇心、计谋和诱惑，有时还运用挑衅激发消费者思考，使其沉浸于对某个问题的探索中，引发消费者产生统一或各异的想法，如联想早期的经典广告语"人类失去联想，世界将会怎样"。"幸运52""开心辞典"等一批电视节目非常受欢迎，原因也是因为它们带给观众的思考体验——无论是答题者还是电视机前的观众都在思考主持人的提问，在获得知识的同时，也享受到成功的喜悦。

（4）行动体验，又称身体体验或生活方式体验。行动体验的目标是影响身体的具体感受、消费者的生活方式并与消费者互动。互动营销是近几年来发展起来的一种十分有效的营销模式，消费者通过参与企业所策划的活动，在潜移默化中接受了品牌。而且，因为亲身经历过，所以印象深刻。近几年流行的"超女""好男儿""红楼梦中人"等平民选秀活动中，被大量采用的大众短信投票的方式，实际上就是让观众不只是在一旁观看，而是亲力亲为地参与到活动当中来。在这种体验中企业通过影响消费者的身体行为、生活方式和人际关系等，为消费者展示做事情的其他方法和另外一种生活方式来丰富消费者的生活。

（5）关联体验。品牌体验的最终目的就是要使品牌与消费者结成某种关系，即由具有社会文化意义的品牌与消费者互动，产生有利的体验。这一体验包含感官体验、情感体验、思考体验和行动体验的成分，但它超越了"增加个人体验"的私有感受，把个人与理想中的自我、他人和文化联系起来。关联体验正是利用消费者希望完善自我、希望被他人正确看待这一心理，与广泛的社会体系联系起来，使消费者产生独特的体验。

事实上，很多著名的品牌，其创业之初是以感官体验得到消费者的认可的，而随着品牌的不断成长，品牌在消费者心中的体验得以提升，最后形成著名的品牌。但品牌体验的提升并不意味着低层次的品牌体验不重要，它作为一种基本的体验固化在品牌之中。下面从可口可乐广告语的变迁看品牌体验的变迁（见表8-2 可口可乐的品牌体验变迁）。

表 8-2 从可口可乐广告语变迁看品牌体验的变化

时间	核心广告语	品牌体验
1892	理想的大脑滋补品，令人爱不释口的冬夏皆宜的饮料，可治疗头痛、解除疲劳（美国市场）	感官体验
1930s	清香爽品，精神抖擞（美国市场） 令你精神振奋一刻（美国市场） 享受这清凉一刻（美国市场）	感官体验
1940s	真正的口味（美国市场）	感官体验
1950s	可口可乐，给你一个真实的世界（美国）	感官体验
1960s	喝可口可乐，事事如意（美国）	情感体验
1971	愿全球一起歌唱（全球）	精神体验
1979	可口可乐添欢笑（中国）	情感体验 + 精神体验
1982	就是可口可乐（全球）	情感体验
1985	古典可口可乐（美国）	情感体验
1989	可口可乐，挡不住的感觉（全球）	感官体验 + 精神体验
1997	永远的可口可乐（全球）	品牌体验
1998	新春新意新鲜新趣，可喜可贺可口可乐（中国）	精神体验 + 情感体验
1999	活力永远是可口可乐（全球）	精神体验
2001	可口可乐，活出真精彩（全球）	精神体验

3. 体验的其他划分方法

Bennett Rebekan 等人认为品牌体验有两个方面：一方面，品牌体验是外部信息获取的过程，是消费者对品牌从最初的认识，通过选择、购买、使用到坚持重复购买的信息获取过程；另一方面，品牌体验也是消费者的内部价值感受，消费者对品牌的个别化感受有程度高低的区别。

基于品牌忠诚的阶梯性理论基础，N. S. Terblanche & C. Boshoff 在对零售业的品牌忠诚进行实证研究时，将品牌体验划分为员工与顾客的交互作用、产品价值、商店内部环境、产品分类及多样性、顾客抱怨处理五个因素来测量对品牌忠诚的影响作用。

8.3.2 品牌体验的决定因素

从图 8-3 中可以看出，除政治、经济、道德、法律和文化等宏观环境对品牌体验的效果有影响外，影响品牌体验效果的主要因素还包括顾客需要、体验策略和个体行为差异。

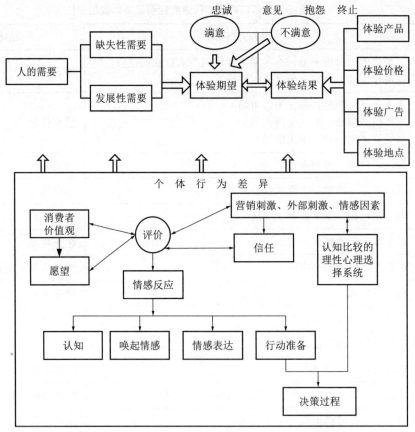

图 8-3 影响个体体验的消费心理——个人行为模型

1. 顾客需要

根据 Abraham Harold Maslow 的需要层次理论，可以把人的需要分为五个层次，从低到高依次为生理需要、安全需要、社交需要、尊重需要和自我实现需要。需要一般从低级向高级渐次发展。前三种基本需要被称为缺失性需要，这种低级需要未得到满足时动机很强，基本满足后动机急剧消退，表现为人们的一种趋利避害的行为，每个个体都有这种需要，主要使个体能够生存和繁衍。后两种被称为发展性需要，主要依靠内在的激励使个体动机更强，它起到个体人格发展、个性完善和个体心理安宁的作用。根据 Maslow 的观点，不同的个体对体验需要的要求不同。同一个个体的需要也会不断地从低到高渐次发展，需要和体验都是个性化的。因此，对品牌体验而言，必须找到潜在顾客的个体差异及其需求层次，进而细分目标市场，提供个性化的服务，实现个性化品牌体验活动，进而带来品牌溢价。缺失性需要具有重复性和周期性的特点，如人们渴了需要喝水，饿了需要进食等。在满足纯粹的缺失性需要时，人们一般对价格比较敏感，除非赋予发展性需要的含义。由于人们对尊重和自我实现的追求是永无止境的，因此，如果消费者在餐饮时，融入一种特别的气氛或情调中，则能够增加品牌的体验性。然而，由于人们的发展性需要是不断变化的，所以品牌的体验活动必须不断地创新，即通过品牌的产品和服务形式、消费环境的改变，使消费者产生新的品牌体验。

2. 体验策略

（1）体验的产品。不同的品牌体验对体验结果的影响是不同的，因此，正确地认识品牌体验的产品类型是十分重要的环节。企业应对自身品牌所提供的产品和服务的体验类型做出明确的定位，以便制定其他策略来配合品牌体验的传递。

（2）体验的价格。体验类消费的定价应主要按顾客心理和需求定价，如消费者根据自己对某个品牌的认知衡量出来的价格与该企业的定价不符，特别是当消费者认为购买所支付的成本大于购买获得的总价值时，品牌体验活动的效果则会受到很大的影响。因此，必须通过加强与消费者交流使其认识到物有所值。最成功的定价是消费者能够通过产品或服务的价格不断回忆起品牌体验的价值。

（3）体验的广告。广告本身是对品牌体验的一种描述，对消费者起引导作用。消费者很多时候是通过企业广告了解品牌体验活动的内容的。当广告带有欺骗性或由于环境的变化（如旅游中季节不同或天气突变等）导致与广告中的品牌体验不符时，特别是当消费者无法感觉到品牌体验时，将对品牌形象和顾客忠诚产生极大的影响。因此，广告本身应主要作为一种客观描述，不要带有主观感受，企业应该把这一部分留给顾客发挥（如在企业BBS上交流品牌体验后的感受等）。消费者之间的交流往往能修正和丰富一些消费者对体验的认识和感受，增强品牌体验的效果，进而提高对品牌的满意度，这也可以认为是一种规范性的广告。

（4）体验的地点。从根本上讲，体验所在的位置也会影响到品牌体验的结果。当消费者离品牌体验的距离较远时，一方面会造成消费者体验品牌的总成本上升，使消费者购买该品牌的次数减少；另一方面也会带来文化上的差异，进而给消费者带来品牌体验的差异化，网络的流行正是因为其一定程度上克服了地点的限制，而且大大增加了品牌体验的可选择性。如何让消费者在消费中身临其境，也是品牌体验活动的关键环节。

3. 个体行为差异分析

消费者的情感心理对购买行为具有重要的影响作用，产生消费者行为差异的主要影响因素有以下几点。

（1）消费者的价值观。价值观是影响消费者偏好的最主要因素，它指导着消费者的生活方式和消费观念。价值观是消费者是否接受产品的判断标准，与价值观相符会引发人们的正面情感，相反则会产生负面情感。在购买过程中消费者自然会选择与预期价值观相一致的产品。

（2）营销刺激、外部刺激、情景因素。以上因素是引发情感的典型因素，不同的刺激会引发消费者不同的购买情感。消费者主要通过以下四种途径来接受刺激物：①看，信息受众是通过广告和公开场合的传播获得感受，它可以给你一个充分的想象空间；②听，从他人之处得到的信息。听到的往往比看到的更容易让人产生信任。听说效果非常具有杀伤力，因为这种传播的载体有着受众看重的人际信用；③用，包括他人使用和自己试用，他人使用是一种间接的品牌体验，自己试用是企业向消费者展示产品的途径，而实际使用的效果则影响着重复购买的可能性；④参与，包括情景设置和实物展示。情景设置，包括路演和展会展示，它是企业设置的一个情景，使消费者参与到设置好的情景中，这样就会带动消费者的购买欲望，在设置好的情景下会促使人们很自然地产生应景性的需要。因此，在情景参与过程中所产生的娱乐感比在"看"与"听"的环节中产生的娱乐感更强，更容易产生购买行为。

（3）信任与愿望。购买是建立在信任的基础上的，品牌信任就是消费者认为品牌是可以信赖的。愿望是消费者对某种品牌产生需求的原因。当消费者信任某个品牌，并产生拥有它的愿望时，消费者就希望通过品牌的产品或服务来满足他的愿望。

（4）评价。评价是情感过程的核心，因为情感是对上述几个方面评价的反应。价值观是做出评价的参照标准，消费者的评价采取价值判断的形式。事件和行为构成了引发情感产生过程的刺激物，而信任和愿望形成了特定情感作为结果的回应。如果消费者在购买过程中产生了好的评价，就对品牌形成了良好的情感，易于产生品牌偏好。

（5）情感反应。消费者评价之后，就会激发情感，引发一系列的情感反应，包括：认知效果、唤起情感、行为表达/展示和喜好引导的消费者行为以及选择过程本身。这些情感反应则会引发对品牌的购买意图，产生购买行为。

（6）理性心理选择系统。消费者的理性对决策同样起着重要的作用，获得最大的利益或承担最小的成本是每个人的追求。有逻辑的、合理的理性心理制约着消费者的购买行为，避免消费的盲目性。

（7）决策过程。感性与理性的消费心理行为在选购过程中的共同作用决定了消费者的心理行为模式，其中感性消费心理更容易受到各种因素的影响，最终会影响消费者对品牌的购买行为。

8.3.3 品牌体验设计

为适应体验经济时代的营销新环境和消费者需求的新趋势，企业必须合理地设计品牌体验，通过情感打动、价值体验，给消费者留下美好的品牌印象，使消费者在心理和情感上得到满足，从而建立品牌偏好，促成其购买行为。

1. 建立顾客体验数据库，分析顾客需求

企业通过建立顾客体验数据库，可以加强对消费者心理需求和内心感受的分析。建立顾客体验数据库在品牌体验过程中占据非常重要的地位，它不仅是品牌体验设计前的重要准备工作，而且也是消费者体验后必须及时做好的一项工作。顾客体验数据库不仅要有通常的顾客数据库所含的基本资料（如姓名、年龄、电话等）、交易资料（如货款、数量、时间等），而且还必须包含从中挖掘出的顾客体验性资料，这就要深入分析消费者心理。消费者心理是消费者购买行为、消费者行为的主要影响因素，对消费者心理的分析能有效地预测消费者的行为方式，以便企业可以根据消费者的行为方式设计体验营销方案。因此，在进行期望分析时，企业应关注消费者内心变化的每一个细节，并把相关的影响因素考虑到品牌体验设计过程中。

品牌体验的设计还应特别强调满足消费者的个性化需求。当今社会，人们追逐鲜活的个性化需求，以满足自身日益增长的"自我实现"的欲望。由于人的知识、智力、情感、经历、经验各不相同，所以在进行体验消费时，感受也不尽相同。因此，企业应紧紧抓住消费者的多样化、娱乐性需求，广泛地开发消费者与品牌体验的接触点，让所有的消费者都能找到自己体验的实现途径。在美国，购买通用汽车的消费者，可以走进该企业的经销商店，坐在计算机终端前，选择自己喜爱的汽车颜色、发动机、座位、设备等，在经销人员帮助下进行汽车的外貌设计。

2. 品牌体验情境的设计

品牌体验情境是指品牌体验发生时周围的环境。品牌体验所提供的品牌与消费者之间的互动活动发生在品牌体验情境之中。情境对体验过程与消费者的体验感觉有潜在作用，尤其会影响身处其中的消费者和员工的行动和互动。另外，情境的背景设备配置、装饰风格能帮助消费者形成对体验及品牌本身的印象，并影响品牌体验在消费者头脑中的真实反应。情境体验设计包括环境设施设计、顾客导向设计、服务人员设计。例如，很多消费者在饮食上不太注重食物的味道，但非常注重进食时的环境与氛围。要求进食的环境"场景化""情绪化"。因此，餐馆应力图营造出各具特色的、吸引人的种种情调，或新奇别致，或温馨浪漫，或清静高雅，或热闹刺激，或富丽堂皇，或小巧玲珑。有的展现都市风貌，有的则显现乡村风情。企业的产品和服务最终面对的是终端消费者。现代消费者所追求的不仅仅是产品和服务本身，他们在购物时往往运用其五种感觉——视觉、听觉、触觉、嗅觉、味觉来体验。因此，仅在品牌体验现场写上"体验中心"等字样是不够的，产品的陈列位置、服务人员的亲切问候、背景音乐、广告物等可以打动消费者五官的感觉并体现品牌个性的各种因素，都应该显现出来。

3. 产品的设计

为了使产品具有品牌体验的价值，企业可以突出任何一种产品的感官特征，使其容易被感知，来增加消费者与产品相互交流的感觉。这就需要企业首先弄清楚哪种感觉最能打动消费者，从而针对这种感觉重新设计产品，使其更富有竞争力。企业还可以创造一种强调体验的品牌形象，使消费者蜂拥而至，争相购买、使用并拥有该品牌。例如，耐克公司就成功地将价值 20 美元的帆布鞋变成价值 100 美元的越野训练工具。企业若想成功地塑造这种形象，首先要明确自己所销售的不是产品的使用价值，而是通过生活方式、消费观念的倡导，增加产品的品牌内涵，以此强调品牌的体验感受。哈雷—戴维森的标志能被消费者文到身上，正是企业倡导某种生活方式的体验策略的成功。

同时，企业还可以策划展示产品的体验活动。企业可以通过间接的方式进行产品体验展示，比如建立博物馆、主题公园等。耐克公司建立"耐克城"以提供消费者活动的空间，"耐克城"的建立和运作极大地促进了耐克鞋的销售，并给消费者留下了深刻印象和美好回忆。在"耐克城"鞋城里展示了以往各年代的耐克鞋，还展示有著名的运动员穿耐克鞋的杂志封面，同时还开辟了半个篮球场，供消费者试穿耐克鞋进行运动。据美国媒体报道，"鞋城建造得像一家剧院，顾客就像参加活动的观众"。通过这些示范店，"耐克城"树立了自己的品牌形象，促进了耐克鞋在各地的销售。这样做的目的是把消费者吸引到从产品设计到生产、包装、再到运输的一整套流程之中，除了产品本身，消费者也同样重视他们拥有这种品牌的感觉。世界著名的迪士尼乐园可谓体验活动最成功的运用者。

星巴克：顾客体验的制胜之道

星巴克创始人霍华德·舒尔茨是最早提出"第三生活空间"概念的人，他希望通过咖啡的气味和环境让人们将星巴克当成家和公司之外的第三个去处。舒尔茨认为，通过良好的体验，顾客才能体会和感受到星巴克的追求，因此他在店面设置和数字媒体上进行了大量投资，通过和顾客的链接，了解他们的喜好、消费行为，以提供更好的体验服务。

2008 年 3 月，星巴克推出 My Starbucks Idea 网站，通过互联网收集用户意见，改善服务，增强顾客的"正面"体验。Idea 可以分为三大类：一类是和产品有关的，例如新产品、咖啡味道等，一类是和体验有关的，例如店的环境、音乐、付款方式等，最后一类是和社区有关的,例如社会责任、社区互动等。不过,单是做个网站出来收集意见是远远不够的,必然要有一批忠实的顾客,才能产生足够的凝聚力,因此,星巴克始终推进免费Wi-Fi服务,根据全美Wi-Fi报告,星巴克是全国最快的免费Wi-Fi提供者,网速是第二位麦当劳网的两倍。免费Wi-Fi虽然会导致不少顾客延长停留在店内的时间,但也同时开拓了一群"三五成群"一起来的顾客。他们除了品尝咖啡外,也希望有个地方让他们可以聚会、上网、分享照片和一些有趣的YouTube影片。在用户体验方面,不但提供顾客方便,还成功打造"休闲"的生活空间,让顾客可以自由舒适地上网。

与此同时,手机App也成为星巴克移动策略的重心。手机是顾客最贴身的工具,如果App做得好、功能够、使用方便,不但用户的使用率会相应提高,还可以通过App产生的数据来分析消费者行为,增加对用户的了解。App与奖励计划、POS系统、预付卡、移动支付等结合,形成一个良好的循环。没有奖励计划,就没有那么多人使用移动支付;没有整合POS,就没法做交易处理和消费分析;没有预付卡,单靠信用卡就没法支撑移动支付;没有移动支付,整个Mobile App就失去最大的意义。这种深度结合所带来的用户体验非常的棒,除了在服务速度上有所提升外,所产生的数据也非常珍贵。

移动支付最值得投资的地方,在于用户习惯的培养和数据的收集。一旦星巴克的顾客习惯了以手机支付,等于将自己的相关信息,包括地理位置、交易明细、对产品的喜好等开放给星巴克。掌握这些资料,将为星巴克省下不少钱。相对其他餐饮业的会员计划,星巴克的奖励制度比较像航空公司的奖励计划,不同级别的会员有不同的优惠待遇,而且每年更新,因此必须不断消费才可维持会员的优惠。目前,奖励分为三个级别,包括新星级、绿星级和金星级,按照会员账户中累积的"星星"数目决定会员级别,达到具体级别,就会收到适用于该级别的各种奖励。

(资料来源:http://yn.winshang.com/news-458481.html)

4. 服务体验的设计

人们在消费产品的过程中同时也消费着服务,服务体验表现的许多要素发生于后台而不为客户所知,或被前台所掩盖。在服务体验的设计中,服务流程的设计最为重要,完善而到位的服务流程能使人们感到全程的美好体验。另外,相对于有形产品,服务产品的稳定质量更难保持,而严格、标准和优质的服务流程是保证服务质量一贯性和稳定性的重要手段。美国哈佛商业杂志发表的一项研究报告指出:"企业利润的25%~85%来自再次光临的客户,而吸引他们再来的因素,首先是服务质量的好坏,其次是产品本身,最后才是价格。"这就要求企业设计出一套与众不同的服务模式,通过设计服务流程、服务人员、服务词语、顾客关系管理来提高消费者对品牌的体验。企业可以通过会员卡等形式获得顾客资料,并充分利用顾客资料与顾客沟通,并做到热情、周到、反应迅速。比如顾客生日,可以寄生日贺卡;企业搞主题活动,可以短信通知等。

5. 互动体验的设计

互动体验通常是由消费者对品牌的直接观察或是参与形成的。不论事件是真实的,还是虚拟的,任何一种体验都是消费者个人的心智状态与那些有意识的筹划事件互动作用的结果。由此看来,互动过程是品牌体验的本质,丰富而令人难忘的体验就在于参与其中,消费者在交流沟通中发挥自己的能动性去了解和体验品牌,从而体会到互动的乐趣。因此,在体验现场传递品牌体验信息的同时,企业最好能组织体验活动让消费者参与进来。消费者在获得快乐体验的同时，在感性的驱使之下，则易于产生对该品牌的购买行为。虽然，目前的营销活动铺天盖地，但真正能够影响消费者心理的还是那些与品牌紧密关联的、消费者可以亲自参与的活动。如哈根达斯、摩托罗拉、耐克、可口可乐和百事可乐等公司大力策划的体验活动，都成功地促使消费者积极参与进来，形成了强大的市场穿透力。

8.4　品牌体验实施

施密特教授提出的 SEMS（战略体验模块）为实施品牌体验指明了方向，即按照消费者心理认知过程，从感觉、情感、思维、行动和关联五个层面来提供体验。

1. 感觉

品牌体验要给消费者全面的感官刺激。如果消费者的视觉、味觉、嗅觉、听觉、触觉不时受到刺激，那么他们的感受将更深刻。像哈根达斯在冰淇淋大厅准备样品让人们品尝，宝马赞助的网球与高尔夫巡回赛为人们提供试车的机会，衬衫制造商托马斯·平克的商店里充满了亚麻织物的气味，装在金色或铂金容器里的机油让人感觉比放在蓝色或黑色容器里的机油品质要高，这些都是感觉体验的成功运用。

2. 情感

在这一层面，要使用情感刺激物（活动、催化剂和物体）引出一种心情或者一种特定的情调，来影响消费者的情绪和情感。星巴克咖啡店堪称提供情感体验的典范。起居室般的家具摆设、典雅的色调、清雅的音乐、热情的服务、浓浓的咖啡香味、嘶嘶的煮咖啡声，这一切让每一位走进星巴克的顾客无不体验到优雅、安静、和谐、舒适与温馨。

3. 思维

以上两种体验都是感性的，而思维体验则是理性的。它要启发的是人们的智力，创造性地让人们获得认识和解决问题的体验。它运用惊奇、计谋和诱惑引发顾客产生一系列统一或各异的想法。比如微软"今天你要去哪里"的宣传，目的就是启发人们去理解"计算机在20世纪90年代对人们的意义"。

4. 行动

人们的主动参与将会获得更深刻的感受。在此阶段，品牌体验要通过吸引人们主动参与，提高人们的生理体验，展示做事情的其他方法和另一种生活方式来使品牌成为人们生活的一部分，像耐克的"just do it"广告家喻户晓，潜台词是"无须思考，直接行动"，颇具煽动性。

5. 关联

品牌体验的最终目的就是要使品牌与消费者结成某种关联。要建立关联必须对消费者有深刻的了解。首先，要找到他们的动心之处——他们生活的一部分，能够表现出自我观念和认同；其次，把其当作一个个体而非群体来了解品牌是如何与消费者的自我观念和生活方式发生联系的，最后，要观察消费者的价值观、信仰、行为、兴趣和所拥有的物品。哈雷摩托车车主们将哈雷的标志纹在胳膊上或全身，哈雷摩托已成为车主生活的一部分，象征着一种自由、洒脱、叛逆的生活方式。正如《纽约时报》写道："假如你拥有了一辆哈雷，你就成为兄弟会一员；如果你没有，你就不是。"

8.5 品牌体验效果评估

品牌体验效果评估（brand experience results assessment），是指利用有效的数据模型来监测和计算品牌体验的效果。它可以被用来激励员工之间的相互交流，在组织中创造一种氛围，共同为消费者传递品牌体验。下面介绍几种品牌体验效果评估的工具。

8.5.1 品牌体验矩阵

Schmidt 认为结合战略体验模块和体验媒介可以构建一个品牌体验矩阵（见表 8-3）。在该矩阵中，战略体验模块相当于体验的内容，而体验媒介相当于体验的途径。企业通过体验媒介能为消费者创造各种体验模块，如此形成的二维组合被称为体验矩阵单元。任何一种体验模块都可以用所有的媒介来创造，但某一种媒介可能比另一种媒介更适合创造某种体验。例如，视觉标志、网站、产品包装、空间环境等更适合创造感官体验，人员、广告、公关更适合创造情感体验，品牌名称、广告、联合品牌更适合创造思考体验，赞助、网络社区更适合创造行动体验，人员更适合创造关联体验，等等。因此，在设计品牌体验矩阵的时候，企业需要选择某个体验模块，也需要考虑最适合该体验模块的几个体验媒介。

表 8-3 品牌体验矩阵

		体验媒介						
		沟通	识别	产品	联合品牌塑造	空间环境	网站	人员
战略体验模块	感觉							
	情感							
	思维							
	行动							
	关联							

案例说明了如何判断特定的体验媒介是否适合特定的战略体验模块。Schmidt 介绍的品牌体验矩阵主要是二维矩阵。不过他建议可以增加一维，形成三维的体验矩阵。这一维可以是接触的次数，用以设计不同消费者和品牌关系阶段下的体验模块和媒介；也可以是不同文化价值观下的国家，用以设计全球营销下品牌体验的战略。当然，也可根据企业实际情况找出这第三个维度。

体验矩阵的评估工具

美国哥伦比亚商学院的施密特教授及其博士生 Josco Brakus 一起建立了一个简单直接的测量标准，可以测量特定的体验媒介（如徽标、广告、内部信息或网站）是否适合特定的战略体验模块。这种标准由每种体验媒介的几个方面构成，同时由"非常不好"到"非常好"之间有七个层次。根据常规的测量实践。这种测量标准被证实是可靠而有效的。请注意有些测量标准使用消极负面的措辞，因此要以减号标示，而措辞积极正面的测量标准以加号表示。

下面是一些标示。

感官模块：
- 体验媒介激起我的感受。（+）
- 体验媒介引发我的兴趣。（+）
- 体验媒介对我缺乏吸引力。（-）

情感模块：
- 体验媒介让我有某种感情。（+）
- 体验媒介让我产生某种情绪反映。（+）
- 体验媒介对我的情感没有影响。（-）

思考模块：
- 体验媒介激发我思考。（+）
- 体验媒介引起我的好奇心。（+）
- 体验媒介没有启发我的创造性思维。（-）

行动模块：
- 体验媒介让我思考我的生活方式。（+）
- 体验媒介让我想起要做的事情。（+）
- 体验媒介没有使我产生行动或行为的动机。（-）

关联模块：
- 体验媒介让我想到人际关系。（+）
- 通过体验媒介让我和其他人有了联系。（+）
- 体验媒介没能让我想起社会规范和安排。（-）

（资料来源：施密特.体验营销：如何增强企业及品牌的亲和力 [M]. 北京：清华大学出版社，2004.）

8.5.2 顾客体验计分卡

顾客体验计分卡由若干个彼此相关的数字组成，是一个能够预测未来结果的有机系统。它是一种使业绩评价系统更加有效并获得及时反应的管理框架，也是一个将组织的目标集中于为消费者创造价值的战略工具，并提供简洁有效的沟通渠道以保证所有的员工了解这一战略。它有助于每一位员工了解什么对企业及客户而言是最重要的，这将最终影响员工的行为。

导入顾客体验计分卡有助于形成训练有素的、敏锐的思考能力，以发现什么是驱动顾客价值的真正动因以及是什么导致了顾客忠诚。当企业发现其评价系统显得力不从心而且无法调节企业的经营和员工的行为时，就应当考虑采用计分卡。当组织（或组织中的某一部分）开始战略调整时，也可以考虑。其优点主要有以下几点。

（1）有助于企业从整体上管理企业业务。
（2）以战略的眼光看待顾客价值。
（3）根据战略目标调整组织，并将业绩评价与战略和目标相联系。
（4）便于员工交流实施顾客体验战略的感受，并在整个组织中扩散和推广。
（5）有计划地采取变革行动。
（6）提供测量顾客体验改进活动的投资回报率的方法。

计分卡可被引入到组织中的不同层次。企业首先应该在整个组织内部树立导入计分卡的意识，然后再在不同的地区、功能以及业务单位水平等方面建立相应的标准。高层管理团队应该积极参与整个组织范围内的计分卡创建工作。创建计分卡的管理团队应该在组织内部拥有相当大的权力，能够确定计分卡上每一部分的计量标准。采取顾客体验计分卡主要有以下几个步骤。

1. 考察顾客体验计分卡的主要元素

企业应主要考虑以下几个问题。

（1）员工：我们的员工该如何表现？

（2）产品/服务：我们的产品和服务应如何表现？

（3）业务流程：我们的业务流程应如何设计？

（4）顾客体验：我们应提供怎样的价值来鼓励期望的顾客行为？

（5）顾客行为：我们的顾客应怎样行动才能实现我们的增长目标？

（6）顾客增长目标：我们的战略/财务目标是什么？

2. 确定计分卡的主要内容

根据企业情况确定计分卡中的主要评价内容，如人员、产品或服务、顾客体验、顾客行为和企业业绩。企业应尽量确保每一计分卡中的所有元素都满足表8-4中的要求。表8-5是计分卡工作表的模板。

3. 调整计分卡内容

在团队条件下，或在选定个体的小组中，在填充计分卡的同时，还应讨论卡中的具体事项，可以询问团队以下问题：你喜欢计分卡的哪些方面？它是否能反映出经营的动态性？有什么地方不清楚？我们需要改变什么？

如果企业已着手实施，就将目标、衡量标准和根据上述标准设置的每个方框中的具体指标填在相应位置。同时考察各项指标之间的因果关系，并且解释计分卡中所有测评项目的含义。

企业采用顾客体验计分卡时应当关注那些对成功体验产生重要影响的少数关键指标。企业还必须理解用以设定目标的基本数据如何计算，同时，定期检核计分卡，特别注意检验那些表征关键的导向性指标之间的关系。顾客体验计分卡示例见图8-4。

表8-4　计分卡中元素应满足的要求

目标	• 期望的结果
评价标准	• 目标价值的可测量性
	• 目标价值的可获得性
	• 目标价值的可靠性
	• 目标价值的精确性
	• 用数字来表示目标价值
	• 目标价值的可控性
指标	• 充分考虑底线、能力、竞争、流程限制和顾客期望
	• 可以达到但需要有相当的难度

表8-5　计分卡工作表的模板

目标	评价标准	指标	驱动力
保持现有顾客	保留率	85%	收　入
获得新顾客	新顾客增长率	10%	订　单
提升顾客利益	顾客的单位利润	1 500元	税后净利润

8.5.3 顾客接触线

顾客接触线是由若干个代表着产品或服务与顾客"接触"的点连接起来的一条线,它能够直观反映顾客与企业之间的交易互动。其目的是为了了解员工是否提供了顾客所期望的甚至超越顾客期望的服务,以及在传递品牌体验时哪些做法有效,哪些做法欠妥,以确保组织能够最好地为最重要的客户传递价值。

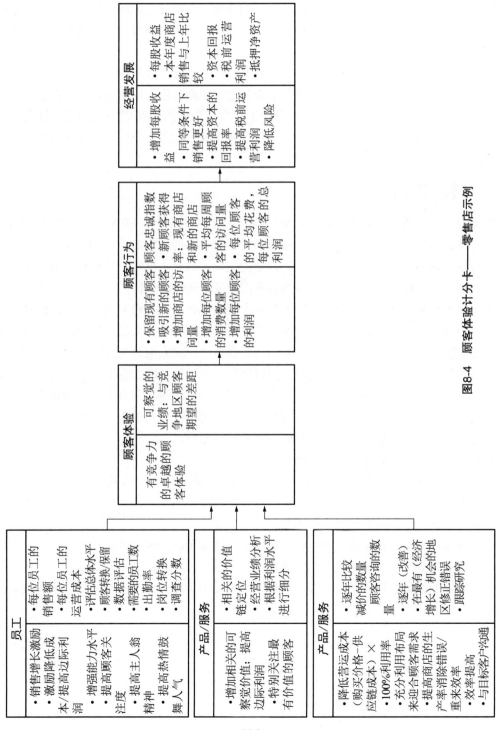

图8-4 顾客体验计分卡——零售店示例

首先，企业应确认最重要的顾客最重视的价值是什么。企业可以把自己置于顾客的位置，假设自己正在体验企业的产品/服务，以便了解顾客可能经历的过程。要考虑到全部的接触点和整个过程，即从顾客接触企业开始到最后一个接触点。注意要从顾客的角度来看，而不是从企业的角度。

其次，描述所有顾客与组织直接的接触点（如面对面会谈、电话、电子邮件等），然后绘制一条接触线，连接顾客体验的全过程，从顾客与企业最初接触的一点到最后一点。以航空公司为例，公司若要绘制一条顾客商务旅行的接触线，就要考虑到从航班预约到行李托运的全过程。而移动电话公司的业务流程可以分解为几个独立的步骤：开立新账户，购买电话，电话挂失，账户查询。

最后，使用接触线来识别企业的产品/服务过程中无效、多余和不协调的品牌体验，提升、改善，或调整顾客体验的方式。企业要充分考虑对顾客所做的承诺，以及在接触线上的每一点如何有效地传递这些承诺，还要充分了解最有价值的顾客以及他们所关注的能提升顾客价值的产品/服务的所有方面。图8-5的示例展示了航空企业全程旅行体验的一个部分，描绘了乘客的飞行体验。

8.5.4　得失问询工具

得失问询工具是在顾客主要的采购决策制定之后，与顾客交谈的过程，是倾听顾客声音十分简捷有效的方式。得失问询能为企业获得比平时更多的顾客对企业的意见和建议。它是通过销售程序为企业的品牌体验提供充分数据的工具。而且，这种工具提供了明确的反馈信息，易于操作，并为企业如何有效传递品牌承诺提供了清晰的指标。

得失问询往往由参与整个销售过程的高级经理来执行。在与顾客交谈之前，经理人员应首先听取销售团队主要成员报告背景情况，还要准备一些与此相关的其他问题。会谈开始时，经理应向顾客做自我介绍并感谢顾客的光临。在会谈中，双方应讨论保密要求并合理地解释原因。经理从会谈中收集的信息应反馈给销售团队，同时提供给企业的其他部门。在问询过程中，一定会涉及保密问题，如果顾客认为某些问题过于敏感，问询人员必须尊重顾客的意见。得失问询的具体情况会公布在企业的局域网上，每当一个新的得失问询结束，很快就有相关情况出现在网上。最后，以书面形式向客户致以谢意。

访谈的主要内容包括以下几个方面。

（1）顾客对企业经营方面的看法。还可以问询顾客从销售团队搜集到的信息，以检查信息的真实性。

（2）顾客在此次交易中最看重的因素。

（3）在顾客看来，企业的竞争者都有哪些？形成竞争的原因又是什么？

（4）企业得到或失去这宗生意的主要原因。

（5）顾客的决策过程，以及在决策过程中最重要的因素、真正的决策者和决策依据的关键标准。

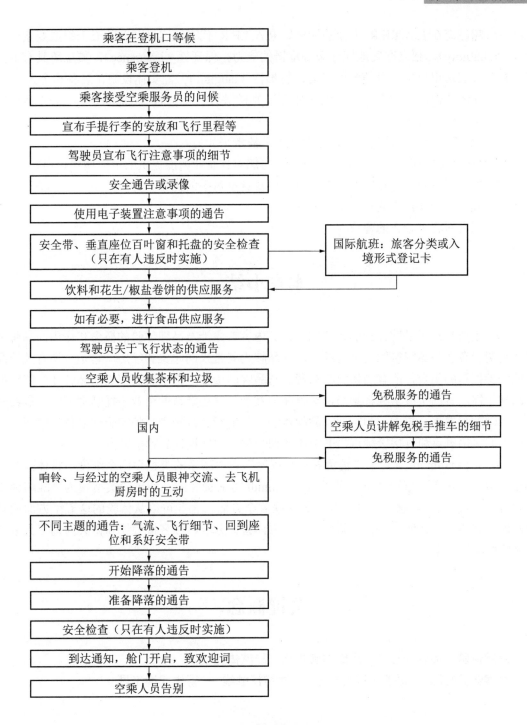

图 8-5 顾客接触线示例

（6）询问顾客关于销售过程的一些细节问题。

① 企业销售人员的关系管理质量如何？

② 在销售过程中，是否与本企业中的其他人员见过面？如果有，对他们的印象如何？您是否觉得我们恰当地利用了资源？

③ 关于销售，您是否认为我们在充分了解您的情况之前就匆忙地做出了结论？我们是

否满足或超越您在 R.A.T.E.R. 方面的期望？R.A.T.E.R. 代表顾客满意度的五个组成要素：可靠性（reliability），独立准确地履行服务承诺的能力；保证性（assurance），员工所具有的知识、礼节及表达出自信与可信性的能力；有形性（tangibility），实体设施、装备和个人表现；移情性（empathy），为顾客着想和给予顾客特别的关注；回应性（responsiveness），帮助顾客并提供快捷服务的愿望。

④ 我们给您提供的建议、解决方案和演示的水平如何？

⑤ 对价格您如何看待？我们的定价是否与您对我企业所能提供的价值期望相当？

（7）顾客对本企业和竞争对手的评价，以及竞争对手的优势和劣势。

（8）顾客对企业提供的相关材料的评价。

（9）顾客对将来合作的建议。

本章小结

本章主要介绍了品牌体验的相关知识，其内容首先涉及品牌体验的概念和作用。品牌体验就是消费者在与品牌接触的全过程中，该品牌为其带来的印象和经历，它是一切有关该品牌的经验积累的集合，所有的体验在消费者与品牌的接触过程中得到积累。品牌体验能够彰显品牌个性，有助于吸引顾客参与，增强品牌互动。它还能帮助企业传播品牌创意，最终建立消费理解和尊重，扩大利润空间。品牌接触点是消费者接触到品牌和企业的任何情形，可以分为间接接触点和直接接触点，书中还详细介绍了如何设计品牌接触点。

Pine II 和 Gilmore 选择了"消费者参与程度"和"联系的类型"两个维度，将体验分为娱乐、教育、审美、逃避现实四种类型。Schmidt 将消费者的种种体验类型视为"战略体验模块"，包含感觉、情感、思维、行动与关联五个方面。企业可以从体验的这五个方面构建全面的品牌体验，并通过品牌体验矩阵、顾客体验计分卡、顾客接触线和得失问询工具来评估品牌体验的效果。

关键概念

品牌体验　品牌接触点　品牌体验矩阵　战略体验模块
顾客体验矩阵　顾客体验计分卡　顾客接触线　得失问询工具

案例分析

iPod 的整体化品牌体验

其实，iPod 不是一个新的创意，它是一个很好的整合，是一个整体化的体验。iPod 给人一种特别个性化的感觉，产品设计很清晰，产品的消费使用也都特别方便，它没有那么多按钮，一般产品都会有很多按钮，iPod 只有一个音量控制按钮，它不会提供低音高音的选择、流行乐或古典乐的选择，这其实就是满足消费者的感觉。这些都是从体验方面做的，而不是靠品牌的广告宣传。iPod 直观地带给消费者全新的音乐播放概念及模式。世界纷繁变化，产品要与时俱进，在这个经济消费多变的时代，只有适者才能生存，谁能满足消费者的情感需求，谁就可以占领市场。

在日常生活中，有好多的消费者，他们有不同的肤色，不同的口音；不同的穿着，不同的兴趣；不同的背景，不同的待人接物的方式。这些都不尽相同，但是，他们在车上，在排队等待或在打发时间的时候，都会使用同样的一个东西，它，就是——iPod，不同颜色，不同型号，人手一个，他们摇头晃脑，独自沉醉在自己的世界。iPod 改变了消费群的生活及意识形态。如今，无论日常生活、运动、工作和娱乐都离不开它了。

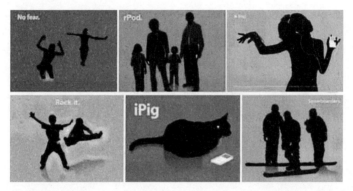

iPod 的顾客体验营销是最强而有力的证明，也是它的成功之道。它不单风靡了美国、欧洲、亚洲。众所周知，苹果电脑给人们最深的印象莫过于它令人拍案叫绝的工业设计，iMac 是，iBook 也是，到了 iPod 更加把这种气质发挥到了极致。当初第一代 iPod 的出现牵动了不少人的眼球，由它衍生出来的产品线，iPod mini、iPod nano、iPod video，还有新出台的 iPhone，将对所有国际及国内手机生产商构成一定的市场威胁。

它们成功的共性是音乐，也是消费者亲身体验产品提供给他们的情感与精神食粮。小小的 iPod 易随身携带，轻轻打开按钮……澎湃动感的音乐响起，消费者闻歌起舞，陶醉在音乐动感当中。iPod 的电视广告片与平面广告一样精彩，音乐打动了消费者的内心世界，引发激情与时尚活力。广告片及平面创意用了消费者的亲身体验，小小的 iPod 产品，可以存储 7 500 首歌曲，放在你的口袋中，随时随地播放，带给消费者动感的生活乐趣与享受。看，广告不单影响了新一代年轻人和家庭成员，连小猫也来聆听音乐了。

案例思考

1. iPod 给予消费者哪些具体的品牌体验？
2. iPod 的品牌体验通过哪些体验媒介传递出来？又是如何整合到一起的？

思考题

1. 什么是品牌体验？它的主要作用有哪些？
2. 品牌接触点的概念是什么？它主要有哪几个类型？
3. 企业应如何设计有效的品牌接触点？
4. 简述 Schmidt 的体验分类的区别。
5. 举例说明如何构建全面的品牌体验。
6. 简述品牌体验效果评估的工具。

第9章 品牌战略

学习目标

随着品牌重要性的不断提高,品牌战略日益成为企业关注的重大问题。制定正确品牌战略的企业,往往具有良好的经营状况。随着人们对品牌战略认识的不断深入,品牌战略的内涵也发生了深刻的变化。通过本章的学习,要求学生理解品牌战略的含义及意义、掌握品牌延伸战略、多品牌战略和新品牌战略的内涵和特征及各自的使用条件和影响因素,并熟悉各自产生的背景,掌握基本理论并运用于实践之中。

9.1 品牌战略的含义及意义

品牌战略是企业总体战略的重要组成部分,因此品牌战略的实施是增强产品竞争能力的必然选择。适应当前市场经济发展的需要,做好品牌战略选择,是我国企业营销工作的一项急迫的任务。品牌战略是市场经济发展到一定阶段的产物,制定正确的品牌战略不仅可以为企业获得经济、战略和管理优势,同时对于提升品牌资产及提高品牌的市场竞争力具有非常重要的现实意义。

9.1.1 品牌战略的背景与内涵

品牌作为一种经济形态要受制于一定的社会经济条件。因此,品牌战略在企业经营管理中地位的迅速上升有其深刻的社会和经济背景,同时品牌战略的发展历程也反映了市场经济的演变历程。

商品经济初期,生产力水平较低,卖方市场特征突出,消费者的消费行为简单,没有必要强调产品与服务的外在特征,因而,产品的品牌化程度较低。买方市场的发展,引发了消费革命,企业产品的同质化要求开发产品功能之外的能使消费者动心的异质特色,品牌的文化标志功能得以彰显,品牌战略初露端倪。由于市场发展的反复和不平衡性,早期的品牌仅仅是市场营销的基本工具,甚至仅仅处于营销策略层次。即使企业进入战略经营后,企业管理仍然紧紧围绕营销的四大要素:产品、价格、地点、促销展开,品牌战略与企业组织战略、人才战略、投资战略、产品战略、技术战略、跨国经营战略等并列,成为企业诸多战略选择的一种。现代生产力的发展推动了市场的进程,市场的主动权从企业进一步转移到消费者手中,企业传统的经营管理方式面临严峻挑战。

"战略"原本是军事术语,意指将帅通过对战争形势和敌我力量等因素的分析,对整个战争所做的主观的、全局而系统的谋划和军事力量的部署及实施。国内外很多学者对品牌战略进行了定义,归纳起来如下。

笼统地说:品牌战略是企业以品牌的塑造、使用和维护为核心,在分析研究自身条件和外部环境的基础上所制定的企业的品牌总体行动计划。

品牌战略(brand strategy)是指公司将品牌作为核心竞争力,以获取差别利润与价值的企业经营战略。具体来说,品牌战略是企业以品牌的营造、使用和维护为核心,在分析研究自身条件和外部环境的基础上所制定的企业总体行动计划。品牌战略的关键在于摸清消费者的内心世界,熟悉消费者的偏执喜好,掌握消费者在购买此类产品时的原动力,以及同类产品品牌的核心技术。品牌战略是市场经济中竞争的产物,近年来,一些意识超前的企业纷纷运用品牌战略的利器,取得了竞争优势并逐渐发展壮大。战略的本质是塑造出企业的核心竞争力,从而确保企业的长远发展。在科技高度发达、信息快速传播的今天,产品、技术及管理诀窍等容易被对手模仿,难以成为核心竞争力,而品牌一旦树立,则不但有价值并且不可模仿,因为品牌是一种消费者认知,是一种心理感觉,这种认知和感觉不能被轻易模仿。

9.1.2 品牌战略的特征

品牌战略具有长期性、风险性、相对稳定性、创新性等特征。

1. 长期性

品牌战略是未雨绸缪，变被动管理为主动管理的谋略及相应对策；它不是针对目前的问题所采取的就事论事式的解决方案，而是着眼于品牌的未来发展和永续经营，目标是塑造强势品牌；如若品牌的短期利益与之有冲突，则会牺牲短期利益而为品牌的长期发展服务。品牌战略短则5年，长则可达10年，甚至20年。

2. 风险性

科学技术的突飞猛进、市场竞争的日趋激烈、全球化趋势的不可阻挡，使任何一个品牌都处在瞬息万变的环境当中，因而，在对外部竞争环境变化趋势预测的基础上的品牌战略面临很大的风险性。一个正确的品牌战略，只有经过长期坚持不懈的努力经营和管理才能塑造出一个强势品牌。预测正确、策略得当，品牌成长的可能性就大，否则就小，甚至破产。也就是说，正确的品牌战略并不能保证品牌的成功，只能增加成功的概率系数；而没有正确的品牌战略，就不可能塑造出强势品牌。

3. 相对稳定性

品牌战略涉及面广，关系到品牌的生死存亡，而成效不可能立竿见影，在短期内实现，因而必须具有稳定性，不能"朝三暮四"、频繁变动。但是，品牌战略不是静态的，而是一个动态的实践概念；随着外部环境的变化，尤其是当整个社会经济因素发生了较大变动时，其品牌战略也必须随之修订、调整，企业的品牌战略应与社会发展趋势相一致。

4. 创新性

企业的品牌战略不可能与竞争对手的相一致，必须是在自己的核心竞争力基础上的具有创新性的东西；差异化是一个品牌成长和发展的必要条件，亦步亦趋永远不可能战胜对手。制定品牌战略的过程是一个创新过程，每一个企业所处的市场环境以及面对的竞争对手不同，必须有针对性地制定品牌战略。品牌战略是现代企业经营战略的核心，它的价值在于有别于他人的独特性。

9.1.3 品牌战略的内容

品牌战略的内容包括六个方面：品牌化决策、品牌模式选择、品牌识别界定、品牌延伸规划、品牌管理规划与品牌愿景设立。

1. 品牌化决策

品牌化决策解决的是品牌的属性问题。无论企业是选择制造商品牌还是经销商品牌，是自创品牌还是加盟品牌，都要在品牌创立之前解决。不同的品牌经营策略，预示着企业不同的道路与命运，如"宜家"式产供销一体化，"麦当劳"的特许加盟。总之，不同类别的品牌，在不同行业及与企业所处的不同阶段有其特定的适应性。

2. 品牌模式选择

品牌模式的选择解决的是品牌的结构问题。企业是选择综合性的单一品牌还是多元化的多品牌，是联合品牌还是主副品牌，品牌模式虽无好与坏之分，但却有一定的行业适用性与时间性。如日本丰田汽车在进入美国的高档轿车市场时，没有继续使用"TOYOTA"，而是另立一个完全崭新的独立品牌"凌志"，这样做的目的是避免"TOYOTA"给"凌志"带来低档次的印象，从而使其成为可以与"宝马""奔驰"相媲美的高档轿车品牌。

3. 品牌识别界定

品牌识别界定确立的是品牌的内涵,也就是企业希望消费者认同的品牌形象,它是品牌战略的重心。它从品牌的理念识别、行为识别与符号识别三个方面规范了品牌的思想、行为、外表等内外含义,其中包括以品牌的核心价值为中心的品牌识别和以品牌承诺、品牌个性等元素组成的基本识别。如 2000 年海信的品牌战略规划,不仅明确了海信"创新科技,立信百年"的品牌核心价值,而且提出了"创新就是生活"的品牌理念,立志塑造出一个"新世纪挑战科技巅峰,致力于改善人们生活水平的科技先锋"的品牌形象,同时导入了全新的 VI 视觉识别系统。一系列强调品牌核心价值的营销传播,一改以往模糊混乱的品牌形象,以清晰的品牌识别一举成为家电行业首屈一指的"技术创新型"品牌。

4. 品牌延伸规划

品牌延伸规划是对品牌未来发展领域的清晰界定。明确未来品牌适合在哪些领域、哪些行业发展与延伸,在降低延伸风险、规避品牌稀释的前提下,谋求品牌价值的最大化。如海尔家电统一用"海尔"牌,就是品牌延伸的成功典范。

5. 品牌管理规划

品牌管理规划是从组织机构与管理机制上为品牌建设保驾护航,在上述规划的基础上为品牌的发展设立目标,并明确品牌发展各阶段的分目标与衡量指标。企业做大做强靠战略,"人无远虑,必有近忧",解决好战略问题是品牌发展的基本条件。

6. 品牌愿景设立

品牌愿景是指品牌未来所要达到的目标,也是企业的理想。一个拥有强大的品牌的企业,必定有它的理想,显示出这个品牌在社会上的意义。品牌愿景描绘了"我们的品牌想要创造什么"的美好蓝图。品牌愿景指引企业深入洞察市场和消费者,以时刻把握市场和消费者需求的变化,迅速调整产品、服务,以满足消费者未被满足的需求。

9.1.4 品牌战略的关键

1. 品牌类别的甄别

品牌规划是一个系统工程,不是完全理论性的东西,其中几个关键点是不容忽视的。在没有搞清楚这是一个什么品牌的前提下,品牌规划无从谈起。由于各级政府与企业中,对品牌的了解,特别是对品牌结构的了解还很少,还有很多主观的因素在其中,他们往往会根据自己的需求或理解来塑造品牌。

2. 品牌定位的厘定

定位不光在品牌上,在商业、工作、社会、人生各个方面都是不可或缺的。在品牌规划当中,在搞清楚品牌类型之后,首当其冲的就是定位,要清晰地定位这个品牌的各种关系,将关系理顺,用组织来落实。关系是什么?定位是一个系统的事,定位并不是人们常理解的一句话,而是多个维度的相互交合,从而形成一个完整的定位系统。

3. 模式是品牌管理的组织构成

不同的品牌有不同的品牌管理模式,不同的管理模式会产生不同的管理效果。战略规划中,是使用多品牌模式还是单一品牌模式,是要根据这个品牌的现实处境与竞争状态来决定的。什么模式最便于管理、便于发展,就选择什么模式,况且,很多模式并非一劳永逸,还需根据细分品牌适时调整。一旦品牌选定,也就是形成品牌管理的基本之道。使品牌按照预定的轨道前行。模式选择就是品牌管理的基本组织形式，有了它，品牌就可以在一个有效的组织中运行了。

4. 品牌文化的核心关系制定

品牌文化是品牌竞争的高级形式，是变品牌形象管理为文化管理的高级形态。品牌文化要有形化，也就是"物"化。所谓的"物"化不是自然之物，而是人"化"之物，其实质就是将品牌价值的信息内涵物品化、有形化、观念有形化，可感知，可触摸。有了这样的品牌物化，品牌终端和物理环境都变成了品牌思想、愿景、品位的展览馆。

注意品牌文化与企业文化的区别，千万不要将两者混同起来，更不要以企业文化代替品牌文化。很多企业都将企业文化混同于品牌文化，使品牌的核心利益得不到有效的表达。品牌文化是外向型文化，是消费者文化；企业文化是内向型文化，是员工文化。一个是与消费者进行沟通，一个是向员工宣导。

5. 品牌传播系统的制定

传播系统是品牌规划管理中最外化的一部分，是看得见，感受得到的，而且是人人所见的部分，也是品牌核心价值的外在表现。

9.1.5 品牌战略的意义

企业制定和实施品牌战略是社会营销观念的必然要求，也是企业立足现代社会的根本。品牌战略的意义主要表现在以下几个方面。

1. 品牌战略可以树立良好的企业形象

所谓企业形象是指企业自身在消费者心目中的地位和价值的体现。良好的企业形象是企业的一项重要无形资产，也是企业在市场竞争中取胜的有力武器。品牌战略与企业形象息息相关，知名品牌往往就是企业形象良好的具体证明。通过实施品牌战略，从而树立良好企业形象的企业数量众多，如可口可乐、海尔等知名企业。品牌战略有助于企业形象的改善，良好的企业形象也有助于品牌战略的实施，二者相互促进、相互保障。

2. 品牌战略可以促进产品销售

品牌战略作为一种促销手段有助于实现企业预订的销售目标。当前消费者日益认识到品牌的价值所在，对品牌也越来越情有独钟。企业如不能抓住品牌战略这一有力武器，就很可能被消费者所遗弃。事实证明，品牌产品的市场占有率和销售额都高于非品牌的同类产品。

3. 品牌战略可以提高员工向心力

现代企业管理要高度重视内部团结，利用各种方式把职工个人目标和企业目标结合起来，使企业在经营过程中不断满足员工日益增长的物质和文化需求。品牌战略是企业文化的一部分，也是增强企业凝聚力的黏合剂。一个具有知名品牌的企业在内部组织管理中更容易统一意志、协调行动。企业员工的团队精神和对企业的忠诚度也可以通过品牌战略来培养提高。这种向心力是企业的宝贵财富。品牌战略对内还可以提高员工精神上的满足感和归属感，调动员工的积极性，提高劳动生产率。同时，品牌战略也有助于企业其他工作的顺利开展。

4. 品牌战略有助于提高经济效益

品牌本身是一种无形资产，因此企业可以利用品牌的效应在生产运营阶段降低成本，如低价采购、低成本筹资等；可以在销售阶段利用品牌战略提高产品单价和销量，从而增加销售额和利润总额。这种潜在的品牌效应是企业经营过程中可利用的有价值资源，并不逊于有形资产的作用。

5. 品牌战略是区域经济发展的龙头

品牌战略可以振兴一方经济，使地区优势得以发挥，并以企业品牌为核心，形成"互联网络"。具体而言：可以优化产业结构，促进资源的优化配置；可以振兴一方经济，形成新的经济增长点，开创区域经济发展的新局面；可以借品牌产品的名气，提高地区知名度，树立地区形象，改善本地区的软环境，促进区域经济整体发展。对企业而言，品牌战略可以形成品牌产品系列，促进相关产品的崛起。

9.2 品牌延伸战略

9.2.1 品牌延伸的背景

在当今的市场竞争中，品牌经营已成为企业发展的重要方式，品牌延伸策略被许多相对有实力的企业所应用，但同时也有许多企业在其品牌延伸中并没有获得相应的成果，走入了品牌经营的误区，为其决策的失误付出了惨重代价。中国企业正面临着经济全球化、竞争无国界的崭新格局。各国市场逐渐趋于国际化，一些发达国家著名企业的名牌产品已经大量涌入我国并且在我国市场占有较大市场份额，如麦当劳、肯德基、可口可乐、百事可乐、宝洁、联合利华、宝马、奔驰等。这一局面势必引发我国企业品牌战略的深刻变革与创新。

品牌延伸是技术进步及市场经济不断发展和完善的必然产物，原因如下。

1. 市场竞争加剧，产品之间的差异缩小

随着企业能力的普遍提高，市场竞争更加激烈，企业之间的同类产品在性能、质量、价格等方面的差异化越来越小，企业有形营销手段的作用大大减弱，品牌资源的独占性使得品牌成为企业之间竞争的一个重要筹码，品牌营销成为企业形成产品和服务之间差别、寻求竞争优势的重要手段。据联合国工业计划署统计，占全球品牌不足3%的名牌产品，却占了全球市场份额的40%，全球销售额的50%。商品的市场份额正向少数品牌集中。在2016年《商业周刊》评出的全球最佳品牌100强中，前100强的总价值达到3.4万亿美元，品牌榜中排名第一的苹果公司2016年销售额达到2 156亿美元，可见世界名牌的市场优势十分显著，在市场上处于垄断地位。高价值的品牌以其强劲的市场渗透力和高额投资回报率成为企业高速成长的动力。随着改革开放和市场经济体制的逐步完善，我国已完成了两个重大的转变：一是告别了"短缺经济"，二是实现了从"卖方市场"向"买方市场"的过渡。随着产品数量激增，品种增多，产品同质化倾向日益显著，供求矛盾加剧，市场竞争日趋激烈。消费者在选购产品时，更多地把目光投向品牌，企业间的市场竞争已步入品牌竞争时代。

2. 培育新品牌的难度加大

品牌的建立，需要投入大量的包括宣传在内的营销费用，而且还不一定成功。研究表明，在欧美市场，创造一个新品牌，至少需要两亿美元的广告投入，而成功率不到10%。北京名牌评估事务所研究中国最有价值品牌的广告投入后指出，在中国要创出一个新品牌，一年投入至少要1亿～2亿元人民币。1997年国内的白酒厂家在中央电视台展开了广告角逐，以至创下了电视广告"标王"——3.2亿元的纪录。这个纪录直到2005年才被新的"标王"——宝洁以 3.85 亿元打破。昂贵的品牌建立和培育成本，高风险及较长的培育时间，使得企业在建立新品牌时不得不仔细掂量，转而将目光投向品牌延伸。

3. 产品寿命周期的缩短

21 世纪与工业时代相比的一个最大区别就是高科技的发展极大地影响着人类的生产方式和生产领域，数字化的经济模式使得产品生产不仅越来越多样化，而且越来越容易。技术的高度发展，一方面，降低了生产成本，使得市场上出现越来越多同质性很强的产品；另一方面，先进的技术也加速产品的发明创造，使得一种新产品在市场上停留的时间越来越短。工业时代早期的产品寿命周期少则数年，多则几十年甚至上百年，而 2006 年，以电脑为代表的电子产品其寿命周期已经缩短到了半年为一个周期，而有些软件产品寿命周期仅有几个月。产品开发上市节奏加快，产品的多样化满足了消费者个性化的需求，同时也加剧了市场竞争的激烈程度。

9.2.2 品牌延伸的内涵与类型

1. 品牌延伸的内涵

1981 年，Tauber 在 *Business Horizon* 上的文章 *Brand franchise extension: new product benefits from existing brand names* 中首次使用品牌延伸这一术语，认为品牌延伸是指使用某个产品类别的品牌向市场引进在总体上与原产品类别不同的新产品类别。品牌延伸的内涵有狭义和广义之分。狭义的品牌延伸是指企业在产品经营中将现有的某一品牌或某一具有市场影响力的成功品牌使用到与成名品牌的原产品完全不同的产品上。如丰田利用其品牌从摩托车扩展到汽车、滑雪车、割草机、雪地车等产品上。

营销大师 Philip Kotler 的观点正是如此，他认为品牌延伸是指"企业决定利用现有品牌名称来推出产品的一个新品目"。他认为企业制定品牌战略时，有四种选择（见表 9-1），显然，他未将产品线扩展视为品牌延伸。

表 9-1 四种品牌战略

品牌名称 \ 知识目录	现 有	新 的
现 有	产品线扩展	品牌延伸
新 的	多品牌	新品牌

品牌延伸从广义上可以分为两类：产品线延伸和产品种类延伸。所谓产品线延伸（line extension）是指利用母品牌在同一产品线下推出新的产品项目，具有不同的成分、不同的口味、不同的形式和尺寸、不同的使用方式；所谓产品种类延伸（category extension）是指利用母品牌推出属于不同种类的新产品。

品牌延伸战略日益成为企业发展战略的核心。英国 TERBRAND 品牌公司指出，美国每年有 1.6 万余种新产品推出，而其中 95% 是作为现有品牌的延伸推出的。有人比喻："在西方国家，品牌延伸就像当年成吉思汗横扫欧亚大陆一样，席卷了整个广告和营销界。"确实，过去十年来发展的十分成功的品牌，有 3/2 属于延伸品牌，而非新上市品牌。

品牌延伸属于企业的战略问题之一，它属于品牌战略的范畴。品牌延伸的实质就是企业

经营战略的多样化和多元化。品牌延伸战略相对于其他的品牌决策来说有它自身的特点,它关系到新产品能否尽快地为市场所接受并获得竞争优势,而且新产品上市后其形象又会对母品牌起到强化或削弱的作用,从而反过来影响企业原有产品的市场地位。可见品牌延伸的影响是巨大的、长期的,牵涉面广,关系到企业长期的市场地位和整体盈利。例如,在国外"皮尔·卡丹"这个品牌以服装起家,当它发展成一个世界性的品牌后,就逐渐扩展到其他相近或不相关的领域;同样,在国内深圳三九集团从制药(三九胃泰)延伸到了食品业,推出了三九啤酒;此外,还有生产儿童乳酸饮料的厂家娃哈哈,推出了延伸品牌的纯净水,成为中国纯净水行业的巨头。

2. 品牌延伸的类型

对品牌延伸类型的划分,有助于更好地了解品牌延伸的特点。可以从不同的角度对品牌延伸进行划分。

(1) 根据品牌延伸领域与原品牌领域的密切程度划分,可以将品牌延伸分为三大类型:专业化延伸、一体化延伸和多样化延伸。所谓专业化延伸是指品牌延伸的新领域与其原领域处于同一行业并有一定的关联性。例如,企业基于专业技术、目标市场、销售渠道等方面的一致性,利用原有品牌的声誉吸引消费者选择新产品,从而节约新产品进入市场的成本。例如,娃哈哈公司从儿童营养口服液起家,利用"娃哈哈"这个品牌,逐步延伸到娃哈哈果奶,再到娃哈哈八宝粥、纯净水。所谓一体化延伸是指现有市场的品牌向更高档次或更低档次延伸,以获得更大的市场覆盖面。品牌向上延伸,即在产品线上增加高档次产品生产线,使商品进入高档市场;品牌向下延伸,即在产品线中增加较低档次产品生产线,利用高档名牌产品的声誉,吸引购买力水平较低的顾客慕名购买这一品牌中的低档廉价产品。例如,阿曼尼品牌最早推出的是乔治·阿曼尼高级时装,之后又推出厄普里奥·阿曼尼二线成衣品牌。所谓多样化延伸是指品牌延伸的新领域与原有领域完全不相关的品牌延伸行为。例如,皮尔·卡丹象征着身份和高贵,在该品牌名下有高档服装、香烟、家具等跨度很大、关联度很低的延伸产品,皮尔·卡丹依靠原有品牌的影响力,包容这些物理属性和产品类别都相差甚远的产品,并得到消费者的认同。

(2) 根据品牌是向同一品类还是不同品类延伸,品牌延伸分为两大类型:品种延伸和品类延伸。所谓品种延伸是指现有品牌向同一品类的不同品种(或性能、款式、规格、档次等)的延伸。品种延伸通常伴有副品牌的命名,即用副品牌表示不同的品种(或性能、款式、规格、档次等)。如科龙空调有两个品种:高效型和节能型,科龙在品种延伸时,用双效王和节能两个副品牌分别表示这两个品种,并形成两个延伸品牌:科龙双效王和科龙节能。所谓品类延伸是指现有品牌向不同品类的延伸,如科龙电冰箱向空调机、冷柜和小家电的延伸,就是品类延伸。品类延伸通常不另外引入副品牌名称,而把品类名作为副品牌与主品牌复合,如科龙电冰箱、科龙空调机、科龙空调柜和科龙小家电等。

(3) 基于新产品与原有产品的相关性角度,品牌延伸分为:强关联延伸、弱关联延伸和无关联延伸。所谓强关联延伸可以描述为延伸产品与原有产品处于同一行业、满足的是同一市场需求的品牌延伸。企业在发展过程中,往往是首先以某种产品在市场上获得知名度和竞争优势,当企业具备了一定的实力之后,其多元化发展容易在与原有产品关系密切的产品上取得成功,因为这种多元化发展可以充分利用原有的技术和市场经验。而推出新产品时使用原有品牌是很多企业的选择。例如,国内"雷达"品牌的蚊香加热器、电蚊香片、蚊香水、防咬水等都是采用"雷达"品牌。所谓弱关联延伸是指延伸品牌下的产品处于同一行业,产品满足的是同一大类的需求,但不同产品满足的具体需求种类有差别。使用这种品牌延伸策略的企业往往已经有了相当的规模和实力,它们为了进一步拓展发展空间,充分利用已有的资源,在实行多元化发展的过程中,业务单元逐渐增多,但依然使用同一品牌。如在食品行业,国外的亨氏、凯落格,国内的康元、伊利等。所谓无关联延伸是指延伸品牌涵盖了不同行业、不同种类的产品,满足多种需求。这种品牌延伸模式较为少见,通常是一些大公司的做法。如日本的三菱公司既开设银行又生产车辆和家用电器;雅马哈涉足摩托车、钢琴、吉他及计算机声卡等多种不相关的产品。

9.2.3　品牌延伸的优势与劣势

品牌延伸作为企业扩张的一种经营策略,在品牌延伸过程中,既存在优势,也存在劣势。因此,全面正确地识别品牌延伸的利弊,对于何时、何地及如何延伸品牌有重要的意义。

1. 品牌延伸的优势

品牌延伸不仅能够提高新产品成功的机会、降低产品进入市场的宣传成本,而且能节省包装和标签费用,具体来讲,具有以下几方面优势。

(1) 提高新产品成功的机会。在激烈的市场竞争中,企业为了自身的发展,需要不断地开发新产品,采用品牌延伸可以将开发的新产品冠以原品牌,分享"品牌伞"的效应。品牌伞效应是由知名品牌带来的一种超越商品实体以外的价值部分,它可以培养消费者对品牌的忠诚,促使其产生重复购买行为。原品牌使企业不必从零开始建立品牌的知名度,缩减消费者认知产品的时间,提高消费者对新产品的认知度。

1990年,欧洲OC&C咨询公司比较了两类不同品牌产品的成功率,一类是新品牌产品,另一类是品牌延伸产品,如图9-1所示。研究表明,只有近40%的新品牌在市场竞争中得以生存,而运用品牌延伸策略导入的新产品生存率达到70%以上。

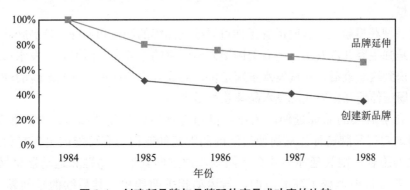

图9-1　创建新品牌与品牌延伸产品成功率的比较

(2) 减少新产品的推广费用和提升促销效果。据估计在全美国的市场上推出一个新产品要花费3 000万~5 000万美元,而品牌延伸产品则可节省40%~80%的费用。而且如果是使用家族品牌做品牌延伸以推出新产品,可以在多种产品之间分摊品牌的广告费用,大量节省了新产品的广告费。针对家族品牌的广告还可形成规模效应,即针对延伸产品的广告效应会有利于同一品牌下的其他产品,使产品之间形成协同效应,比针对单一产品所做的广告收效更大,成本更低。

（3）节省包装和标签费用。如果延伸产品使用与主导产品相同或相似的包装与标签，就不必对包装、标签进行重新设计和印刷，以使单位产品的成本下降。尤其是礼品性商品和要求精美外观包装的商品，包装和标签占产品成本的很大一部分，这种策略会使产品成本下降更为明显。例如，可口可乐不断地通过品牌延伸，在世界范围内统一使用腰形瓶，使顾客在黑暗中也能辨认出这是可口可乐，这种独特的包装并没有随着专利的到期而失去作用，而是成为可口可乐品牌的识别标志之一。通过品牌延伸可口可乐公司使这种包装全球化了，从而进一步为品牌延伸提供了明确的标志，使可口可乐公司在过去、现在的品牌延伸中节约了大量的包装成本，也为其在将来的品牌延伸中提供节约大量包装和标签成本的可能。

（4）满足顾客多样化的需求。当今顾客的需求是多变的，顾客希望不断地使用"新的"东西，如果一个品牌下的产品缺乏创新和变化，顾客就会寻找其他的品牌。而使用品牌延伸不断推出新产品、宣传新的形象（核心价值不变），满足顾客不断变化的需求，可以吸引顾客，提高顾客对该品牌产品的购买率，从而形成顾客对品牌的忠诚。如果一个产品仅仅满足顾客对某些基本功能的需求，而忽视某些次要的需求，那么顾客也是不满意的，这就需要企业通过产品线延伸，增加产品的花色品种，以达到顾客的满意。不同顾客对同一产品有不同的要求，如牙膏，有的人追求洁齿，有的人则追求防酸、消炎，通过产品线延伸推出不同功能诉求的产品，可以满足不同细分市场的需求。在原有的产品大类中开发出新的品种、花色、规格等，与原有产品形成系列，从而扩大产品的目标市场，如系列化妆品等。

（5）提升品牌形象和品牌价值。成功的品牌延伸不仅可以通过加强品牌联想、增加品牌联想中的有利因素或者增加新的品牌联想的方式来提高品牌形象；同时还可以提高品牌价值，丰富品牌内涵，进一步拓展品牌延伸的范围，让品牌延伸走得更远。如娃哈哈、海尔、TCL等企业通过不断地进行品牌延伸，使品牌内涵日益丰富，品牌延伸的领域不断扩大；耐克产品线从跑鞋向其他运动鞋、运动服、运动设备的延伸，加强了对"高品质"和"运动"这两个属性的联想。

（6）使品牌获得新生。有时品牌延伸可以改变品牌的利益和偏好，使品牌获得新生。成功的例子就是强生婴儿洗发水，随着美国婴儿出生率的下降，美国婴儿洗发水市场日趋缩小，强生公司认识到这一点后，对洗发水重新定位，向成人推销这种不刺激眼睛的洗发水并被接受。通过市场延伸使强生婴儿洗发水品牌获得新生。

（7）有利于后续的品牌延伸。企业可以通过逐步增加新的品牌联想，挖掘新的品牌核心价值等来实现品牌延伸，从而使后续的品牌延伸变得更有可能或更为有利。如果"耐克"只定位为跑鞋，则其延伸力就会受限制，通过向其他运动鞋和运动器材做品牌延伸，使其在消费者心目中形成了高品质的、与运动相关的印象，其后续的延伸领域就大大加宽了。

2. 品牌延伸的劣势

品牌延伸在提高新产品成功的机会，降低产品进入市场的宣传成本等方面存在优势的同时，也存在很多劣势，具体来讲，有以下几个方面。

（1）损害原品牌的高品质形象。如果把代表高档产品的品牌使用在低档产品上，就可能损害原品牌的形象。早年，美国的"派克"钢笔质优价高，是身份和体面的标志，许多上层人物都喜欢带一支派克笔。虽然由于款式单调后来失去了一部分顾客，但"派克"仍不失为"钢笔之王"。然而，1982年詹姆斯·彼特森上任后，不是把主要精力放在改进款式和质量上，而是盲目地进行品牌延伸，把"派克"品牌用于每支售价仅3美元的低档笔。由此损坏了"派克"在消费者心中的高贵形象，而其竞争对手则趁机侵入高档笔市场。结果派克公司非但没有顺利打入低档笔市场，反而失去了一部分高档笔市场，其市场占有率下降到20%，销售额只及其竞争对手克罗斯公司的一半。

（2）品牌淡化。品牌淡化是指某一品牌由于自身管理不当或市场环境发生变化而导致品牌市场形象的模糊或品牌市场影响力的减弱。品牌淡化破坏了品牌的独特个性，损害了品牌资产，影响企业品牌战略目标的实现和企业经济效益，对企业的发展不利，应予以高度重视。若干年前，美国美能公司推出了一种洗发精和润发乳二合一的产品，取名为"蛋白21"，它很快在市场上打开销路，并取得了13%的市场占有率，成为知名品牌。美能公司为了进行品牌延伸，又接连推出"蛋白21发胶""蛋白21润发乳""蛋白21浓缩洗发精"等产品，结果事与愿违。由于品牌延伸模糊了"蛋白21"作为二合一洗发护发用品的特征，从而也就淡化了消费者的独特偏好，结果"蛋白21"的市场占有率从13%降为2%。

（3）引发品牌不良联想，降低了品牌美誉度。品牌联想指记忆中与品牌相连的每一件事，即一提到品牌名称，消费者脑海中出现的所有事物。品牌联想源于企业的品牌传播、口碑和消费者的品牌体验。美好、丰富的品牌联想，意味着品牌被消费者接受、认可、喜欢，增加消费者的购买信心，丰富品牌的价值和品牌资产。一般而言，品牌联想对于品牌延伸的成功具有重大作用，如海尔的品牌延伸就是一个好的品牌联想。然而，品牌延伸运用不当也可能降低品牌的美誉度。如三九集团以"999"胃泰起家，企业的品牌经营非常成功，以至于消费者把"999"视为胃泰这种药物的代名词。三九集团随后进行了品牌延伸将其品牌延伸至啤酒上，从而导致消费者看起"999"啤酒就联想到"999"胃泰药而有所顾忌，这样的品牌联想冲突不仅不利于新产品的市场推广，而且还会导致消费者对原有品牌的质疑。

（4）跷跷板效应。所谓跷跷板效应是指一个名称不能同时代表两个完全不同的产品，当一种产品的市场地位上来后，另一种产品的市场地位就要下去。在美国，Helinz原本是腌菜中的名牌，而且它占有最大的市场份额。后来，公司使用Helinz代表番茄酱，做得也十分成功，使Helinz成为番茄酱品牌的第一位。但与此同时，Helinz失去了腌菜市场上的头把交椅，被Vlasic所取代。

9.2.4　品牌延伸的条件与影响因素

品牌延伸作为品牌战略的一种手段和选择，对于企业具有非常重大的意义。企业能否进行品牌延伸，应根据其具备的条件并考虑品牌延伸的影响因素进行判断。

1. 品牌延伸的条件

（1）品牌应当具有深刻的品牌内涵。品牌的建立和其品牌资产的增值是一个系统工程，需经过长期培育，花费大量的人力、物力、财力，并且需要在产品开发、分销渠道、销售能力、服务水平等方面紧密配合。品牌延伸的重要条件之一是该品牌已经为广大消费者所熟悉和认可，品牌忠诚度高，能够形成名牌效应，在市场上已经具备了良好的品牌形象和独特的品牌个性，具有较高的市场占有率、超额盈利能力和超越文化与地理界限的能力。

（2）延伸产品应与原有品牌个性相适应。每一个成功的品牌往往都有其自身个性特征。只有将该延伸品牌使用到与其个性特征相吻合、接近的产品上，品牌延伸才更有可能获得成功，

否则就会破坏原有品牌的定位，损害其形象。因此在进行品牌延伸时，必须对延伸产品与原有品牌的适应性进行分析。企业可以通过多种途径使延伸产品与原有品牌个性相适应。在多种途径中，对于某一具体的产品，起决定作用的可能只有一个或两个途径。在进行适应性分析时，能否找准具有决定性作用的途径非常重要。如果缺乏对产品的了解，被一些看似适应却起不了决定性作用的途径所迷惑，那么所进行的延伸是注定会失败的。如果一个宠物浴液的品牌被延伸到儿童浴液上，人们虽不会怀疑其技术上的可行性，但在感情上肯定是不能接受的。

（3）品牌延伸应当有助于增强原有品牌的内涵。延伸产品应在品牌的核心概念范围之内，因为消费者只对企业品牌领先的、独特的概念产生印象并固定化。这个概念一般是品牌的核心概念。如"金利来——男人的世界"是属于成年男性的，其产品概念是高档男士用品。如果延伸过度，超出了核心概念的范围，将有可能淡化、模糊消费者对该品牌的认识，分散其内涵，导致失败。

（4）延伸产品与原有产品之间应有一定的关联度（consistency）。延伸产品和原有产品应当具有互补关系，即能在共同场合同时被消费者消费和使用，或者与原有产品开发相联系的技术、技能、知识等有助于延伸产品的制造和生产，或两者在技术制造和最终用途方面存在一定的关联性。同时，延伸产品与原有产品应在同一水平上，即产品的档次一致。如果不是同一档次，进行垂直延伸，则风险较大。如"派克"品牌就是延伸失败的典型案例。

（5）延伸产品的形象应当与企业形象保持一致。如果一家企业的名声非常显赫，那么企业形象的定位对于品牌延伸而言，就成为至关重要的因素了。比如行为特征非常明显的"中国一汽"如果去生产服装或食品，消费者就会难以接受；而"四通"集团虽以生产计算机等电子产品为主，但其企业形象强调高科技、现代化、综合实力强等特征，而不受行为特征的限制，所以哪怕"四通"延伸到自行车上，人们也不会觉得奇怪（见案例："无印良品——打开品牌的边界"）。

无印良品——打开品牌的边界

无印良品——这是一个简单而又不简单的品牌。说它简单是因为它是一个提倡简单生活理念的品牌，所有的产品都追求返璞归真的设计，甚至连品牌 Logo 都省略了。说它不简单，是因为其独特的品牌营销方式使得无印良品的品牌在世界品牌中屹立群芳。

无印在日文中是没有花纹的意思，"无印良品"的意思就是"无品牌标志的好产品"，它由最初提供价廉物美的日常用品，逐渐发展成通过设计理念、美学主张、素材的选择、流程的检点、简洁包装、形象宣传等方式，来创造和推广一种新的生活方式，如今已经被认为是日本当代最有代表性的"禅的美学"。

定位理论之父艾里斯曾说过："品牌是根橡皮筋，你多伸展一个品种，它就多一份疲弱"。目前像无印良品这样能将品牌轻易延伸到了几千种的品牌，实属凤毛麟角。服装、家具、家电、家居、日化、文具、办公用品、食品、酒店，尽管显得离经叛道，但无印良品的成功依然有迹可循。关于品牌延伸有研究表明：品牌延伸的成功取决于多方面的因素，其中包括原品牌的产品、服务、技术以及市场各自的关联度、品牌知名度、产品质量、品牌联想等因素。

有的品牌因为产品品类的细分和功能性烙印强烈,品牌联想主要集中某一类产品,这样延伸就比较困难。可是无印良品这个名字却让消费者联想到所有的优良产品,没有行业和具体品类的局限,这为品牌延伸提供了很好的前提。

高品质保证也是无印良品延伸成功的重要原因。Muji 全部以自有品牌作为品质担保,通过完善的质量控制系统,增强了消费者的信心。当然这是一把双刃剑,对无印良品的管理水平要求极高,因为任何一个品类、一个环节出了问题,都会对整个品牌产生不良影响,一损俱损。此外,无印良品在日本拥有相当高的知名度和顾客忠诚度,并且拥有自有销售渠道等,这也为品牌延伸创造了有利条件。

品牌创始人木内正夫说:"到目前为止,我们没有进行过任何商业促销活动。我们在产品设计上吸取了顶尖设计师的想法以及前卫的概念,这就起到了优秀广告的作用。"最有效的促销是让产品促销产品,最有效的传播是让消费者传播给消费者。

当顾客买了一件无印良品的产品,会发现其他东西和它放在一起很不协调,于是就会再次购买更多的无印良品的产品去搭配。无印良品没有代言人,"良品精神"就在为其代言。日本杂志 *CasaBrutus* 曾制作了一整本特刊介绍无印良品成功的秘诀:无印良品从不主动强调,连平面广告也未见"王婆卖瓜"的宣传字样,它宁愿多花点力气,找到让生活更便利、更有味道的方法。

(资料来源:http://doc.mbalib.com/view/ef8815a1b1bd8d4370e4671c29c18987.html)

2. 品牌延伸的影响因素

品牌延伸不仅能提高新产品的成功率,还可以强化原品牌在顾客心目中的地位,提升知名度和美誉度、增加原品牌的市场覆盖等。因此,从 20 世纪 90 年代以来,中国诸多企业进行了大量品牌延伸尝试。但成功者少,失败者多,诸如多灵多品牌由脑黄金延伸至水饺,活力 28 品牌从洗衣粉延伸至纯净水,燕京品牌从啤酒延伸至酱油,茅台品牌从白酒延伸至啤酒等,不仅没有取得西方学者认定的品牌延伸的正效应,却在一定程度上伤害了母品牌。可见,品牌延伸具有马太效应,其成功会使母品牌更成功,其失败会导致母品牌更失败,损失比没延伸还要大。因此,如何取得品牌延伸的成功以及哪些因素对品牌延伸的成功有影响,成为理论界和实践界关注的话题。影响品牌延伸成功的因素是多种多样的,为了成功地进行品牌延伸,必须对这些因素进行全面、综合的分析和考虑。以下将全面阐述影响品牌延伸的各种因素(见图 9-2)。

(1)品牌竞争力。品牌竞争力是指品牌本身固有的,是通过与竞争对手比较所具有的竞争优势。品牌竞争力与品牌强势度、品牌的核心价值直接关联。品牌的强势度是品牌延伸的决定性因素,是指品牌竞争力强弱和势能的度量,它既是品牌资产价值的集中表现,又是一个品牌区别于其他品牌的核心特征。一般而言,核心品牌越强大,品牌延伸的成功率越高。品牌的强势度又受到品牌的美誉度、品牌定

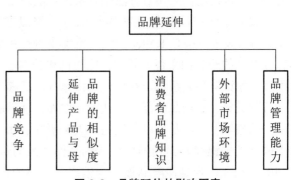

图 9-2 品牌延伸的影响因素

位和品牌知名度三个因素的影响。

所谓品牌美誉度是指产品在消费者心目中的赞美程度,是消费者对品牌的感知质量,也是消费者对品牌所传达的质量、信誉、服务等信息与同类产品相比较的优势综合体验,也是对品牌的主观质量评价,品牌美誉度源于品牌拥有者的精心呵护。具有较高美誉度的品牌,消费者才会对其延伸品牌产生好感从而激发购买欲望。企业可以积极主动地通过公共关系等手段引起消费者共鸣,博取消费者的好感,从而提升品牌的美誉度。品牌美誉度是一个动态指标,其评价最易变化。

所谓品牌定位是指品牌的独特性与个性特色,是企业将自己的产品推向市场,对其特性、品质和声誉等给予明确的界定。任何品牌都有定位,都是特定定位的展示。消费者对品牌定位的评价始终是与品牌自身共存的,是构成品牌强势度不可缺少的因素。成功的品牌定位有助于企业建立声誉,培育品牌竞争力,赢得顾客的青睐。品牌定位可分为产品导向定位、利益导向定位、目标市场导向定位、档次导向定位、竞争品牌导向定位、情感导向定位、文化导向定位。根据 Kapferer 提出的品牌延伸力模型,品牌延伸能力与产品导向定位、利益导向定位密切相关,如图 9-3 所示。

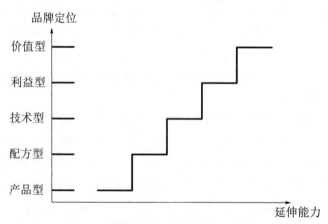

图 9-3　品牌延伸能力与品牌定位的关系

所谓品牌的知名度是指品牌在消费者群体中的知晓熟悉程度。它体现了品牌在创立过程中投入市场宣传的人力和物力大小,它是形成品牌强势的基础。由于品牌的知名度在一定程度上反映了消费者对品牌已有的经验知识程度,因此它对消费者的初期购买决策行为有着重大影响。可以用问卷调查方法来测量评价品牌知名度的大小。

(2) 延伸产品与母品牌的相似度。相似度是预测品牌延伸成功的关键变量,Dowid A. Aaker & Kevin L. Keller 用三个维度来构造相似度,分别是互补性、替代性和迁移性。具有互补性的产品如牙膏和牙刷、照相机和胶卷等。替代性是指消费者将两种产品相互替代的程度,如饮料与矿泉水、香皂与沐浴露等。迁移性是指消费者对生产第一类产品的公司是否具备制造第二类产品的能力的认识。例如,能够制造电冰箱的企业也能制造空调,那么这两种产品相似度高,是可以延伸的。大量研究表明,延伸产品与母品牌的相似度是品牌延伸能否成功的关键要素。当消费者认为延伸产品与母品牌高度相似时,对延伸产品的推论是有利的;相反,当延伸产品被认为偏离了公司的传统专业范围时,消费者就会对延伸产品产生怀疑。

（3）消费者品牌知识。消费者品牌知识是指消费者对核心品牌了解和认识的程度以及由此建立的品牌联想程度。品牌延伸的成效最终取决于消费者对其的评价，因此消费者品牌知识是影响延伸结果的另一个重要因素，它对消费者接受延伸品牌起着重要的作用。

（4）外部市场环境。品牌延伸与外部市场的状况密切相关，在不同的市场环境下同一品牌延伸的结果也不一样。影响品牌延伸的外部环境主要有市场容量、市场竞争程度、产品生命周期。一般来讲，市场容量大，企业只要有实力，就可以把一个品牌做大做强，因此企业就可以用品牌延伸；当延伸产品所在行业的市场竞争程度缓和时，品牌延伸较容易成功，竞争对手实力雄厚时，品牌延伸较难成功；当产品处于生命周期的投入期时，不适宜采用品牌延伸；当产品进入成长期、成熟期时，适宜采用品牌延伸。具体如表 9-2 所示。

表 9-2　市场竞争状况对品牌延伸决策的影响

	弱	强
弱	A 适合品牌延伸	B 可以进行品牌延伸，要保持主导市场的地位
强	C 可以进行品牌延伸，但在延伸产品市场要有差异性	D 不适合品牌延伸

（5）品牌管理能力。品牌延伸到一个新行业时，仅靠品牌的知名度和核心价值是远远不够的，还必须对品牌延伸进行管理，使品牌具有良好的竞争能力。所以，企业的品牌管理能力也是决定品牌延伸的重要因素。品牌管理能力一般取决于品牌营销能力和品牌管理人员的素质。

通过以上分析，可以得到影响品牌延伸决策的因素，如表 9-3 所示。

表 9-3　影响品牌延伸决策的因素

第一层面	第二层面	第三层面
品牌延伸决策	品牌竞争力	品牌美誉度
		品牌知名度
		品牌定位
品牌延伸决策	延伸产品与母品牌的相似度	消费者群体相似度
		产品关联度
		产品互补度
		产品可替代度
		品牌核心价值相似度
	消费者品牌知识	品牌认知度
		品牌联想度
		品牌忠诚度
	外部市场环境	市场容量
		市场竞争程度
		产品生命周期
	品牌管理能力	品牌营销能力
		品牌管理人员的素质

9.2.5 品牌延伸战略的实施

对于具体的延伸产品，首先要根据延伸产品与品牌之间的关系，决定采用何种品牌延伸策略。可供选择的品牌延伸策略包括前面所说的产品线延伸、产品种类延伸、副品牌延伸、特许经营品牌延伸等。在对品牌延伸进行分析后，要真正使品牌延伸付诸实施，就要把产品生产出来，并向市场推出，让消费者接触到产品，并购买产品。

1. 选择延伸模式

品牌延伸模式大体分为两大类：基于行业差异化的品牌延伸和基于产品差异化的品牌延伸。按照品牌涵盖产品所处行业的相关度，行业差异化的品牌延伸又可分为同行业品牌延伸和跨行业品牌延伸。同行业品牌延伸有两种情况：一种是原产品和延伸产品处于同一行业，满足的是一种共同的需求；另一种是母品牌涵盖同一行业的不同种类的产品，满足不同种类的需求。跨行业品牌延伸模式是指母品牌涵盖不同行业、不同种类的产品，以满足多种需求，这种模式较为少见，通常是一些大公司的做法。这些企业产品虽然很多，但都使用一个总的牌号。根据差异化的来源不同，产品差异化品牌延伸可以分为水平延伸和垂直延伸。水平延伸是指原产品和新产品处于同一档次的延伸，由于产品处于同一档次，品牌形象和个性定位容易统一，原产品对消费者的影响很容易影响到新产品。垂直延伸是处于不同档次的原产品与新产品之间的延伸。具体可分为高档品牌向下延伸、低档品牌向上延伸和中档品牌向两头延伸三种方式。

企业最终选择哪种品牌延伸模式视企业的具体情况而定，在企业战略目标的指导下，根据品牌延伸战略的不同，考虑延伸产品与品牌之间的关系和其他因素，然后做出决定。比如进行一个新产品与主导产品差异较大的品牌延伸（假若海尔集团打算借助海尔品牌推出某种药品，以进军制药行业），如果想尽可能避免延伸产品对原有品牌可能造成的损伤，则应考虑采用副品牌延伸策略（以海尔作为母品牌，为该药品制定一个新的副品牌名称）。

2. 延伸产品上市

企业首先组织产品生产，在产品生产过程中，企业要注意使产品的质量符合既定的标准，产品的质量不仅要保持稳定，而且要和母品牌下的其他产品的质量保持一致，使消费者不会对延伸产品的质量失望。生产人员要注意营销人员所反馈的顾客意见，对产品进行改进，以更好地满足顾客需要。

延伸产品的定价应考虑原品牌的形象和向上向下品牌延伸的适应范围。对于高品质形象的品牌，在实施品牌延伸时可以采取适度的向下延伸，通过减少新产品的某些内涵和功能，制定相对较低的合适的价格来吸引消费者的眼球，但是其定价不应过低，否则极易引起消费者对品牌形象的怀疑，造成高品质品牌形象的贬值。而对于普通形象的中低端品牌，在实施品牌延伸时多采取向上的品牌延伸和定价策略，其延伸产品如果在功能和质量上较原有产品更完善更好，则可以先高价进入市场，以改善和提高原品牌的形象，然后再根据市场竞争状况的变动调整价位，在竞争过于激烈时，可以适度降价促销。因此，在对延伸产品进行定价之前，应对原品牌的形象有充分的了解，并要慎重选择定价方式，同时应采取相应措施来减少高定价或低定价可能带来的潜在的不利影响。

延伸产品一般会使用主导产品的分销渠道，以便使延伸产品顺利上市，又可以充分利用企业的资源。由于企业与分销商的长期合作，相互之间比较了解，使用原来的分销渠道可以节约交易成本,而且分销商容易理解企业的意图,企业与分销商的合作顺畅,会使延伸产品的上市速度加快。在品牌延伸时,企业可以减少渠道级数、精选现有分销商,以加快延伸产品的上市或提高上市的成功率。如果企业向上或向下延伸,就要考虑重新选择分销渠道,一方面是符合延伸产品上市的要求;另一方面也要逐步改变品牌形象,达到企业对品牌形象的要求。

9.3 多品牌战略

随着消费者需求的多元化,一个消费群体可能会分离成具有不同偏好的几个群体,单一品牌策略往往不能够很好地迎合消费者偏好的多元化趋势,而且容易造成品牌个性不明显及品牌形象混乱的局面,而多品牌战略正好解决了这一问题。

9.3.1 多品牌战略的定义和类型

1. 多品牌战略的定义

对于多品牌战略(multibrands strategy),不同的人给予不同的界定,本书在综合前人研究的基础上,从狭义和广义两个角度阐述多品牌战略的定义。

狭义的多品牌战略是指企业对同一或同类产品或服务使用两个或两个以上的品牌的战略。如上海某饮料厂,对同一产品使用了两个品牌,以成人为对象的叫乐口福,以儿童为对象的叫阿华田。宝洁在中国对其洗发水就使用了飘柔、海飞丝、潘婷、沙宣、润妍等多个品牌。人们一般常说的多品牌战略多是指狭义的多品牌战略。

广义的多品牌战略是指一个企业的产品或服务基于自己的某种目的或消费者的不同需求而使用多个品牌的战略。它包括"一品多牌"和"多品多牌"两种战略。"一品多牌"是指同一或同类产品使用多个品牌战略。"同一种产品"是指在原理、结构、技术、材料和功效等方面大体相近的产品。"多品多牌"是指多种不同类产品使用多个品牌。"不同类产品"是指在原理、结构、技术、材料和功效等方面不同的、满足不同需求的、具有不可替代性的产品。

美国的宝洁公司是多品牌战略最成功的推广者之一。宝洁旗下的品牌多达300个,每个品牌都有其独特属性,且知名度很高,如日化产品有洗衣粉、香皂、洗发水等。其不同的产品线及不同的产品项目也有不同的品牌,如洗发水有飘柔、海飞丝、沙宣、伊卡璐、潘婷等;洗衣粉有汰渍、碧浪等品牌。

科龙电器也实行了多品牌战略,对同一家电类推出了三个不同的品牌:科龙、容声和华宝,并利用它们在质量、性能、档次、价格、渠道、目标使用者和市场定位等方面的差异化以及互补效应,实现科龙电器整个品牌资产价值的最大化。

2. 多品牌战略的类型

根据企业产品结构的不同,可以把企业的多品牌战略划分为三种类型。

(1)一种产品多个品牌。即在各品牌产品之间差异不大,甚至没有明显差异的情况下创建多个品牌。从现实来看,采取这种策略的企业是很少见的。

(2)一类产品多个品牌。即各品牌产品属于同一类型的产品,但不同品牌之间有较大的差异，各品牌有相对独立的细分市场。

（3）不同类产品多个品牌。即在同一企业的不同类型产品间实施不同的品牌，这种现象在现实中是最常见的。

在上述三种情况下，企业也可以实施单一品牌战略。企业实施多品牌战略的根本目的，就是要提高产品的销售量和市场份额。因此，从理论上来看，企业实施多品牌战略必须具备两个前提：市场的可细分性和产品的差异性。企业只有满足了这两个前提，才能针对不同的市场需求，树立不同的品牌个性，满足更多的消费者的个性化需求。

9.3.2 多品牌战略的影响因素

在影响企业多品牌战略决策的内部和外部因素中，内部因素包括企业文化、组织结构、创新能力、资源、品牌决策（市场细分、品牌定位、品牌个性），外部因素包括顾客和竞争者两个方面，具体可分为原品牌形象、顾客忠诚度和竞争者实力。

（1）企业文化。企业文化代表了企业的精神气质，企业战略选择使企业具有明确的前进方向，而企业文化则是企业战略实施的关键，为其提供成功的动力，两者应相互适应和协调。注重变革的企业文化更加支持多品牌战略的实施。

（2）组织结构。企业实施多品牌战略，必然会打破现有的组织结构。由于人们都有规避风险的倾向，这必然会在一定程度上产生抵制组织变革的力量。柔性的组织更加适应环境的变化，富有灵活性，组织变革时受到的抵制较少，因而更加适合多品牌战略的需要。

（3）创新能力。创新能力是品牌的生命之源。坚持提高创新能力能为企业和顾客带来巨大的价值。技术、知识、产品等要素的创新能力较强，可以为企业进行多品牌经营提供强大的支持，持续的创新可以为顾客带来更多的感知价值。

（4）资源。推出新品牌、品牌的推广和维系都需要资源的大量投入，因此，资源是否充足及有效地整合对能否成功地实行多品牌战略具有重要的影响。

（5）品牌决策。它包括市场细分、品牌定位和品牌个性三个方面。企业可以通过市场细分重点挖掘有价值的客户，市场细分不明确会造成新、老品牌的客户群重合、顾客认知度下降；相对于竞争性品牌或企业的原有品牌，新品牌必须能在消费者头脑中占据独特的位置。如果品牌定位模糊，会出现自相残杀现象，即企业在新品牌上收获的利润是以牺牲原品牌的利润为代价的。所以，明确而行之有效的品牌定位有利于多品牌策略开拓市场。品牌个性可以解释为一个特定品牌拥有的一系列人性特色，可以加深人们对品牌的感受和态度，有助于形成差异化品牌识别、与消费者进行沟通和创建品牌资产。

（6）原品牌形象。当新品牌与原品牌相关度较高时，如果原品牌形象较好，新品牌也会比较容易得到顾客的认可；当品牌间相关度较低且原品牌已在人们头脑中形成固定的形象时，新品牌的推广就有些难度了。

（7）顾客忠诚度。一个成功的品牌会有一定忠诚度的顾客群。高忠诚度的顾客会去尝试购买该企业推出的新品牌。但是，这样也会带来失去部分忠诚顾客的风险。如果新品牌未被他们接受，有可能会导致企业失去部分忠诚顾客。

（8）竞争者实力。如果企业要进入的细分市场没有竞争者或竞争者的实力较弱，则企业就比较容易凭借其良好的原品牌形象获得顾客的认可，成为市场的领先者，相反，如果竞争者实力较强，则企业争夺此细分市场的难度就会很大，除非新品牌具有独特的差异性，能够向顾客传递比强大的竞争对手更多的品牌价值。

此外，针对不同的行业和企业，还会有其他的一些因素影响企业的多品牌战略决策，应在分析具体的企业战略决策时予以考虑。

9.3.3 多品牌战略的优势与劣势

多品牌战略之所以被一些企业采用并取得成功，关键是充分利用了多品牌战略的优势。一般来说，多品牌战略的优势可以体现在如下几个方面。

（1）实行多品牌战略的企业在同一产品上设立两个或两个以上的品牌，品牌之间既相互独立又相互竞争。不会因某一品牌的产品在市场上出现问题而影响本企业的其他产品，因此起到了分散风险的作用。

（2）多种不同的品牌只要被零售店接受，就可以占有更大的货架空间，竞争者占有的货架空间自然会相应地减少，从而提高了消费者的购买概率。

（3）多种不同的品牌可以吸引不同的顾客，提高市场占有率。这种战略是为了迎合不同地区、不同民族、不同宗教和不同生活习惯的消费者的需要，分别满足不同消费者的需求，占领更多的细分市场，从而避免因品牌的单一而影响销量。

（4）发展多种不同的品牌有助于在企业内部各个产品部门、产品经理之间开展竞争，提高效率，从而提高企业的经营绩效。

从效果来看，多品牌战略可能会影响原有单一品牌的销量，但企业拥有的多个品牌的销量之和会超过单一品牌的销量，从而使企业获得更多的利润。实施多品牌战略可以增强企业自身的竞争实力，挤占竞争对手的市场份额，吸引更多顾客的同时，有利于在企业内部各个产品部门之间展开内部竞争，相互促进。但需要特别指出的是实行多品牌战略，目的不是自己的品牌相互竞争，而是击败竞争对手。因此，企业在实行多品牌战略时必须及时放弃那些不具竞争力的品牌，并严格选择竞争力强，且有发展潜力的新品牌。

多品牌战略为企业带来更多机遇的同时，也伴随着风险。因此，企业如果实施多品牌战略除了考虑多品牌战略的正面影响，也不能忽略其负面影响。多品牌战略的劣势主要体现在以下几个方面。

（1）多品牌战略会增加品牌的成本。开发新的品牌的成本高，没有充足的财力支持，企业就无法实施。

（2）多品牌战略容易造成企业资源的浪费。实施多品牌战略的企业，品牌之间互相争夺资源，不愿意进行更多的资源共享。浪费的资源包括很多方面，如人力资源、资金、原有品牌资源等。

（3）多个品牌之间相互分流客户，造成品牌间的相互竞争。品牌之间不存在绝对互补，互补只是相对的。就连目前在业界认为多品牌成功的企业宝洁公司也曾经遭遇过这样的困扰。

（4）实施多品牌战略增加了品牌管理的复杂程度。多品牌的管理是极困难的，无数仿效宝洁品牌经营模式的企业最终都归于失败，原因就是低估了管理难度。

9.3.4 多品牌战略的使用条件

多品牌战略一般用于企业同时生产和经营两种或两种以上不同种类甚至性质截然不同的产品的情况，同时也适用于企业的同类产品在质量、性能上存在较大差异的情况。多品牌战略相对于品牌延伸战略来说，具有很多优点，但并不是所有的企业都适用。一个企业采用多品牌战略至少需要具备以下两个条件。

（1）目标消费群的需求差异大，有一定的市场规模。消费者需求的差异化是实施多品牌战略的基础。没有差异化的需求，就没有多品牌营销；并且需求差异必须要达到一定的程度，才能进行多品牌营销。例如，消费者对汽车的需求有高中低档、家用、商用等，并且各个档次需求的差异比较大，这就构成了汽车企业进行多品牌营销的基础。丰田汽车拥有皇冠、花冠、卡罗拉等多个不同层次的品牌。需求差异是进行多品牌营销的前提条件。

市场具有较大的规模也是进行多品牌营销的一个重要条件。由于进行多品牌营销要对市场进行细分，把整个市场按不同的消费需求分为若干个子市场，如果市场规模本身比较小，那么进行市场细分以后的市场规模更小，可能会不足以支持多品牌营销的相关费用，就没有必要采用多品牌战略。

（2）企业管理能力强，实力雄厚。实施多品牌战略，对企业的管理能力提出较高的要求。首先，企业的高层领导者必须对品牌与营销有深刻的认识，并在品牌战略方面足够重视；其次，企业要具有合适的组织结构，对整个品牌组合进行合理的规划和协调；再次，企业需要构建与实施多品牌战略相适应的内部企业文化，支持品牌的运作；最后，对企业的人力资源管理提出更高的要求，能够培养适合本企业品牌管理的优秀人才。以上几个方面是紧密联系、不可脱离的，这些方面共同体现了企业的综合管理能力。

实施多品牌战略的企业要有足够的资金实力。企业对不同的品牌进行不同的广告传播和营销，需要花费大量的资金。据统计，在美国打造一个新品牌需要 5 000 万~1 亿美元，并且新品牌的成功率较低，因此，这是一般的中小企业无法承受的。

因此，实施多品牌战略能否成功，市场需求差异是基础，企业的管理能力是关键，细分市场规模与企业资金实力是重要的前提条件。

9.3.5 实施多品牌战略应注意的几个问题

从品牌创建的过程来看，实施多品牌战略需要注意以下几个问题。

（1）各品牌之间应进行严格的市场细分。市场细分是实施多品牌战略的前提条件，企业引入多品牌战略的目的是用不同的品牌去占领不同的细分市场。如果引入的新品牌与原有品牌没有明显的差异，就会造成新品牌与原有品牌的相互竞争。每个新品牌都应该有自己的发展空间，这样市场才不会重叠。

（2）在产品定位和营销手段上应充分体现各个品牌之间的差异。以宝洁公司在中国推出的洗发水为例，海飞丝的个性在于去头屑，潘婷的个性在于对头发的营养保健，而飘柔的个性则是使头发光滑柔顺。为使这些特性被广大消费者认知，宝洁精心设计海飞丝海蓝色的包装，首先让人联想到蔚蓝色的大海，带来清新凉爽的视觉效果，而"头屑去无踪，秀发更出众"的广告语，进一步在消费者心目中树立起海飞丝去头屑的信念，飘柔从品牌名称上就让人明白了该产品使头发飘逸柔顺的特性，草绿色的包装给人以青春美的感受，潘婷杏黄色的包装，首先给人以营养丰富的视觉效果，而"使头发健康、亮泽"的广告语，则从各个角度突出了它的营养型个性。从这里可以看出，宝洁公司多品牌战略的成功之处，不仅在于其善于在一般人认为没有缝隙的产品市场上寻找到差异，生产出个性鲜明的产品，更重要的是能成功地运用营销组合理论，将这种差异推销给消费者，并取得消费者的认同，进而使他们成为忠诚的购买者。

（3）对各个品牌的价格、渠道进行规划，实行单独的管理与维护。高端品牌定高价，在专卖店销售；低端品牌定低价，在超市或者采用传统的销售渠道。同时，为每一个品牌配备品牌经理，负责一个品牌的营销管理。

（4）顺应市场的需要及时调整品牌数量与定位。随着社会经济的发展，消费者的需求在不断地变化，有些品牌细分市场可能会随之萎缩。当萎缩到一定程度时，企业就要剔除这一品牌或对品牌进行再定位。

本章小结

品牌战略是市场经济发展到一定阶段的产物。实践表明，战略问题已经成为企业发展的头等大事。制定了正确的品牌发展战略的企业，其经营状况的各项指标均良好；而没有制定品牌发展战略的企业，其经营状况的各项指标上升缓慢。本章主要介绍了品牌延伸战略和多品牌战略，主要内容有品牌延伸的背景、内涵和类型、优势与劣势和多品牌战略的内涵、影响因素、优势与劣势以及如何实施多品牌战略。

信息时代的到来和技术更新换代速度的加快，使得品牌延伸的重要性越来越突出。本章重点介绍了品牌战略的实施背景及其内涵，实施品牌战略无论对于提升企业形象、促进产品销售还是提高员工的向心力都具有非常重要的现实意义。

品牌延伸是指企业在产品经营中，将现有的某一品牌或某一具有市场影响力的成功品牌使用到与成名品牌的原产品完全不同的产品上。品牌延伸作为企业扩张的一种经营策略，在品牌延伸过程中，能最大限度利用已有的品牌优势，把握稍纵即逝的市场机会，有效地降低成本，同时可以占领更多细分市场，在防止顾客流失，快速切入市场等方面发挥重要的作用，但同时如果品牌延伸应用不当，有可能损害原品牌的高品质形象，造成品牌淡化，引发品牌不良联想，降低了品牌美誉度等。本章节重点阐释了实施品牌延伸战略的背景和内涵，企业实施品牌延伸战略要满足的条件等核心问题。

多品牌战略是指企业对同一或同类产品或服务使用两个或两个以上的品牌的战略。根据企业产品结构的不同，可以把企业的多品牌战略划分为三种类型：一种产品多个品牌、一类产品多个品牌、不同类产品多个品牌。多品牌战略对于企业扩大市场覆盖面，提高企业抗风险能力等方面具有重要的作用；虽然多品牌战略具有多方面的优势，但是它并不是万能的，不是在任何情况下都适合使用多品牌战略，而且实施多品牌战略也具有一定的局限性，本章详细阐述了多品牌战略的使用条件以及如何实施的问题。

关键概念

品牌战略　品牌延伸　多品牌战略

案例分析

宝洁公司：多品牌战略托福三大王牌

  品牌延伸曾一度被认为是充满风险的事情，有的学者甚至不惜用"陷阱"二字去形容其风险之大。然而，综观世界一流企业的经营业绩，我们就不难发现，这其中既有像索尼公司那样一贯奉行"多品一牌"这种"独生子女"策略的辉煌，更有像宝洁公司这样大胆贯彻"一品多牌"策略，在国际市场竞争中纵横捭阖，尽显"多子多福"的风流。

  宝洁公司是一家美国的企业。它的经营特点一是种类多，从香皂、牙膏、漱口水、洗发水、护发素、柔软剂、洗涤剂，到咖啡、橙汁、烘焙油、蛋糕粉、土豆片，到卫生纸、化妆纸、卫生棉、感冒药、胃药，横跨了清洁用品、食品、纸制品、药品等多种行业。二是许多产品大都是一种产品多个牌子。以洗衣粉为例，他们推出的牌子就有汰渍、洗好、奥克多、波特、时代等近十种品牌。在中国市场上，香皂有舒肤佳，牙膏有佳洁士，卫生巾有护舒宝，仅洗发水就有飘柔、潘婷、海飞丝多种品牌。要问世界上哪个公司的牌子最多，恐怕非宝洁莫属。

寻找差异

  如果把多品牌策略理解为企业多到工商局注册几个商标，那就大错特错了。宝洁公司经营的多种品牌策略不是把一种产品简单地贴上几种商标，而是追求同类产品不同品牌之间的差异，包括功能、包装、宣传等诸方面，从而形成每个品牌的鲜明个性，这样，每个品牌都有自己的发展空间，市场就不会重叠。以洗衣粉为例，宝洁公司设计了九种品牌的洗衣粉，汰渍（Tide）、洗好（Cheer）、格尼（Gain）、达诗（Dash）、波特（Bold）、卓夫特（Dreft）、象牙雪（IvorySnow）、奥克多（Oxydol）和时代（Eea）。他们认为，不同的顾客希望从产品中获得不同的利益组合。有些人认为洗涤和漂洗能力最重要；有些人认为使织物柔软最重要；还有人希望洗衣粉具有气味芬芳、碱性温和的特征。于是宝洁就利用洗衣粉的九个细分市场，设计了九种不同的品牌。

  宝洁公司就像一个技艺高超的厨师，把洗衣粉这一看似简单的产品，加以不同的作料，烹调出多种可口的大菜。不但从功能、价格上加以区别，还从心理上加以划分，赋予不同的品牌个性。通过这种多品牌策略，宝洁已占领了美国更多的洗涤剂市场，目前市场份额已达到55%，这是单个品牌所无法达到的。

制造"卖点"

  宝洁公司的多品牌策略如果从市场细分上讲是寻找差异，那么从营销组合的另一个角度看是找准了"卖点"。卖点也称"独特的销售主张"，英文缩写为USP。这是美国广告大师罗瑟·瑞夫斯提出的一个具有广泛影响的营销理论，其核心内容是：广告要根据产品的特点向消费者提出独一无二的说辞，并让消费者相信这一特点是别人没有的，或是别人没有说过的，且这些特点能为消费者带来实实在在的利益。在这一点上宝洁公司更是发挥得淋漓尽致。以宝洁在中国推出的洗发水为例，海飞丝的个性在于去头屑，潘婷的个性在于对头发的营养保健，而飘柔的个性则是使头发光滑柔顺。在中国市场上推出的产品广告更是出手不凡：海飞丝洗发水，海蓝色的包装，首先让人联想到蔚蓝色的大海，带来清新凉爽的视觉效果，"头屑去无踪，秀发更出众"的广告语，更进一步在消费者心目中树立起海飞丝去头屑的信念；

飘柔，从牌名上就让人明白了该产品使头发柔顺的特性，草绿色的包装给人以青春美的感受，"含丝质润发素，洗发护发一次完成，令头发飘逸柔顺"的广告语，再配以少女甩动如丝般头发的画面，更强化了消费者对飘柔飘逸柔顺效果的印象；潘婷用了杏黄色的包装，首先给人以营养丰富的视觉效果，"瑞士维他命研究院认可，含丰富的维他命原B_5，能由发根渗透至发梢，补充养分，使头发健康、亮泽"的广告语，从各个角度突出了潘婷的营养型个性。

从这里可以看出，宝洁公司多品牌策略的成功之处，不仅在于善于在一般人认为没有缝隙的产品市场上寻找到差异，生产出个性鲜明的商品，更值得称道的是能成功地运用营销组合的理论，成功地将这种差异推销给消费者，并取得他们的认同，进而心甘情愿地为之掏腰包。

能攻易守

传统的营销理论认为，单一品牌延伸策略便于企业形象的统一，减少营销成本，易于被顾客接受。但从另一个角度来看，单一品牌并非万全之策。因为一种品牌树立之后，容易在消费者当中形成固定的印象，从而产生顾客的心理定式，不利于产品的延伸，尤其是像宝洁这样的横跨多种行业、拥有多种产品的企业更是这样。宝洁公司最早是以生产象牙牌香皂起家的，假如它一直沿用象牙牌这一单一品牌，恐怕很难成长为在日用品领域称霸的跨国公司。以美国 Scott 公司为例，该公司生产的舒洁牌卫生纸原本是美国卫生纸市场的佼佼者，但随着舒洁牌餐巾、舒洁牌面巾、舒洁牌纸尿布的问世，使 Scott 公司在顾客心目中的心理定式发生了混乱——"舒洁该用在哪儿？"一位营销专家曾幽默地问：舒洁餐巾与舒洁卫生纸，究竟哪个品牌是为鼻子设计的？结果，舒洁卫生纸的头把交椅很快被宝洁公司的 CHARMIN 卫生纸所取代。

可见，宝洁公司正是从竞争对手的失败中吸取了教训，用"一品多牌"的策略顺利克服了顾客的"心理定式"这一障碍，从而在人们心目中树立起宝洁公司不仅是一个生产象牙牌香皂的公司，还是生产妇女用品、儿童用品，以至于药品、食品的厂家。

许多人认为，多品牌竞争会引起经营各个品牌企业内部各兄弟单位之间自相残杀的局面，宝洁则认为，最好的策略就是自己不断攻击自己。这是因为市场经济是竞争经济，与其让对手开发出新产品去瓜分自己的市场，不如自己向自己挑战，让本企业各种品牌的产品分别占领市场，以巩固自己在市场中的领导地位。这或许就是中国"肥水不流外人田"的古训在西方的翻版。

从防御的角度看，宝洁公司这种多品牌策略是打击对手、保护自己的最锐利的武器。一是从顾客方面讲，宝洁公司利用多品牌策略频频出击，使公司在顾客心目中树立起实力雄厚的形象；利用一品多牌从功能、价格、包装等各方面划分出多个市场，能满足不同层次、不同需要的各类顾客的需求，从而培养消费者对本企业的品牌偏好，提高其忠诚度。二是对竞争对手来讲，宝洁公司的多品牌策略，尤其是像洗衣粉、洗发水这种"一品多牌"的市场，宝洁公司的产品摆满了货架，就等于从销售渠道减少了对手进攻的可能。从功能、价格诸方面对市场的细分，更是令竞争者难以插足。这种高进入障碍无疑是大大提高了对方的进攻成本，对自己来说就是一块抵御对手的盾牌。

综上所述，从宝洁公司的成功中看到了多品牌策略的多种好处，但并非是坦途一条。俗话说"樱桃好吃树难栽"，要吃到多品牌策略这个馅饼，还需要在经营实践中趋利除弊。

一是经营多种品牌的企业要有相应的实力，品牌的延伸绝非朝夕之功。从市场调查，到产品推出，再到广告宣传，每一项工作都要耗费企业的大量人力、物力。这对一些在市场上

立足未稳的企业来讲无疑是一个很大的考验，运用多品牌策略一定要慎之又慎。

二是在具体操作中，一定要通过缜密的调查，寻找到产品的差异。有差异的产品品牌才能达到广泛覆盖产品的各个子市场、争取最大市场份额的目的。没有差异的多种品牌反而会给企业加大生产、营销成本，给顾客的心理造成混乱。

三是要根据企业所处行业的具体情况，如宝洁公司所处的日用消费品行业，运用多品牌策略就易于成功，而一些生产资料的生产厂家则没有必要选择这种策略。

案例思考

1. 结合案例，试分析宝洁公司是如何成功运用多品牌战略的？
2. 相对于品牌延伸战略而言，多品牌战略有哪些优势与劣势？
3. 你认为企业在实施多品牌战略时，应注意哪些问题？从该案例中，你得到哪些启示？

（资料来源：http://jgx.zjwchc.com/qygl/anlie/view.asp?id=222）

思考题

1. 何谓品牌战略？
2. 品牌战略的特征和作用是什么？
3. 简述品牌战略的核心内容。
4. 何谓品牌延伸战略？
5. 谈谈影响品牌延伸的因素有哪些。
6. 何谓多品牌战略？多品牌战略有哪些优势？
7. 如何实施多品牌战略？

第10章 品牌忠诚

学习目标

品牌忠诚度是近年来营销界研究的热点问题之一，品牌忠诚度作为重要的无形资产，对企业的发展起着重要的作用，是企业发展的巨大财富。通过本章的学习，要求学生掌握品牌忠诚的定义、分类和作用，了解品牌忠诚的影响因素，掌握如何对品牌忠诚进行测量及其具有的战略价值，以及如何制定品牌忠诚策略。掌握品牌忠诚的相关理论，并能在实际的操作中达到运用的目的。

10.1 品牌忠诚的内涵

毫无疑问,建立品牌忠诚对于企业来说是获得持续性竞争优势的重要策略。企业总是希望能吸引更多的对其品牌具有忠诚度的客户或提高顾客对品牌的忠诚度。同行业同类产品的品牌竞争日趋激烈,一些品牌消失,一些品牌崛起,因此对品牌进行维护,不断提升品牌的竞争力,形成顾客对品牌的忠诚,这也是企业的一项长期而重要的任务。

10.1.1 品牌忠诚的定义

品牌忠诚从20世纪60年代已成为消费者行为领域的研究热点,延续至今。但是学者们对其概念的定义一直没有统一,很多学者从自己的观点出发,对品牌忠诚下了各种各样的定义(见表10-1)。Brown指出品牌忠诚是消费者偏爱特定品牌,而且购买产品时依赖这一品牌的倾向。Day主张真正的品牌忠诚不仅包括顾客反复购买同一品牌的行为,还包括对此品牌的良好态度。Newman和Werbel认为品牌忠诚是消费者只购买自己信任的某一品牌,对其他品牌不进行信息搜索的行为。David A. Aaker认为品牌忠诚是品牌资产的核心,它指的是对特定品牌的持续的依恋感。Dick和Basu强调品牌忠诚除了有重复购买的表现外,还必须有一个对品牌强烈持久的积极态度,只有那些持续购买率高且与其他品牌相比,更喜欢本品牌的顾客才是真正的忠诚者。Oliver对品牌忠诚下了这样的定义:是一种对偏爱的产品或服务的深深承诺。忠诚顾客在未来会持续、重复购买或光顾,因此产生了反复购买同一个品牌或一个品牌系列的行为,不顾周围的各种状况和营销努力,都不会产生转换行为。Oliver的定义是迄今为止较为成型且被普遍接受的品牌忠诚的定义。

表 10-1 品牌忠诚的定义

学 者	定 义
Brown	消费者偏爱特定品牌,而且购买产品时有依赖这一品牌的倾向
Tucker	消费者再次购买特定品牌的意愿
Day	真正的忠诚不仅包括顾客反复购买同一品牌的行为,还包括对此品牌的良好态度
Newman and Werbel	消费者只购买自己信任的某一品牌,对其他品牌不进行信息搜索
Jacoby and Chestnut	消费者对某一种或几种品牌的持续的、偏向的购买行为
David A. Aaker	对特定品牌的持续的依恋感
Grover and Srinivasan	消费者经常购买自己喜爱的特定品牌的行为
Kevin L. Keller	在某一产品品类中,只购买特定品牌的消费者的偏好
Dick and Basu	由顾客对本品牌产品和服务的持续购买率与顾客对本品牌的相对态度共同决定
Jones and Sasser	反复购买特定品牌的产品或服务的消费者的意愿

续 表

学 者	定 义
Oliver	不顾周围的各种状况和营销努力，都不会产生转换行为的，对偏爱的产品或服务的承诺
Macintosh and Lockshin	对特定品牌依恋或爱恋的情感状态
Bowen and Shoemaker	顾客再次购买某一品牌，并将自身视为企业伙伴的可能性
Assael	消费者对特定品牌的偏好和这一偏好导致的反复购买行为
Chaudhuri and Holbrook	消费者对具有独特价值的某种品牌的承诺，并持续、反复购买此品牌的意愿

从上述定义中可以看出，品牌忠诚的定义可由态度论观点和行为论观点解释。态度忠诚是消费者对特定品牌情感上、心理上的依恋感；而行为忠诚则是持续、反复购买特定品牌的行为。

总之，品牌忠诚是消费者对品牌的情感量度，是对品牌的依恋程度；即当消费者持续购买同一品牌时，其他品牌更好的产品特点、更多的方便和更低的价格等不会对其购买产生任何影响，并使其改变购买习惯。任何一个品牌在市场上都拥有不同的消费评判和消费层级，哪怕是可口可乐这样的品牌也无法保证它的消费者的恒久感情态度。消费者对品牌情感上的差异，表现了其对品牌购买、消费、选择方式上的差异。因而，通常将消费者的品牌忠诚度分为以下层级，如图10-1所示。

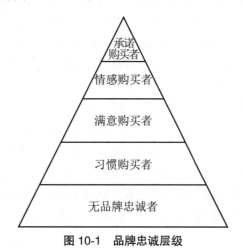

图 10-1 品牌忠诚层级

1. 无品牌忠诚者（no brand loyalty）

消费者对品牌的认知完全没有差异，他们对品牌漠不关心，产品品牌对其购买决策几乎不起作用，选购哪个品牌的产品只取决于价格高低、是否打折、有无奖品等因素。

2. 习惯购买者（habitual buyer）

处于第二忠诚水平的购买者被称为习惯购买者。这一忠诚水平的购买者对所选品牌比较满意或至少没有什么不满，出于惰性而坚持使用所选品牌。这类消费者虽然易被竞争者的明显优势所吸引而发生品牌转换，然而由于没有感到寻求替代品牌的必要，缺乏了解竞争品牌的热情，他们很少转换品牌。

3．满意购买者（satisfied buyer）

第三忠诚水平的购买者被称为品牌满意者。品牌满意者对所选品牌比较满意，但是这种满意只是消费者较为正面的态度评价，并没有涉及消费者的信念与强烈的情感，因此这个群体相对于后面承诺购买者而言，更容易转向竞争对手。

4．情感购买者（like a friend）

第四忠诚水平的购买者被称为情感购买者，即真正喜欢所用品牌的消费者。他们的品牌喜爱往往基于品牌与某种象征的联结，或是出于消费者对该品牌较高的感知质量。消费者对品牌的喜爱实际上是一种感觉，与任何具体事物无密切关联。

5．承诺购买者（committed buyer）

最高水平的品牌忠诚者被称为承诺购买者，即为使用某品牌而感到自豪、骄傲的消费者。对他们来说，该品牌无论在功能上还是在自我表现方面都十分重要。他们对该品牌充满信心，不仅自己使用，还推荐给他人。

以上五种品牌忠诚并非总以单纯的形式出现，有的消费者可能是几种忠诚的组合。以上五种忠诚度描述了不同形态的品牌—消费者状况。

10.1.2　品牌忠诚分类

要对品牌忠诚进行深入的理解，必须对其进行归纳和分类。按照不同的分类标准，有以下几种不同形式的分类。

（1）按照消费者对品牌忠诚的数量分类，品牌忠诚有唯一品牌忠诚和多品牌忠诚。Sharyn 指出唯一品牌忠诚是指消费者在某一类商品中，只忠诚于一个品牌。而多品牌忠诚则是指消费者在某一类商品中，同时有多个品牌的偏好，可能有不断轮流的购买行为。这种情况的发生往往与环境有关，如产品缺货导致的顾客品牌转换，也与消费者本身寻求产品多样性的特征有关。

（2）按照消费者心理行为来分类，品牌忠诚可以分为态度忠诚和行为忠诚。Kahn 提出，消费者不断地重复购买某一品牌，就是行为上的品牌忠诚；消费者稳定的品牌偏好、信仰和购买意图就是态度上的品牌忠诚。Arjun 和 Morris 研究发现行为忠诚导致更大的市场份额，态度忠诚导致更高的相对价格。Dick 和 Basu 也认为忠诚有两个维度：态度和行为，他们将忠诚分为四种类型：真正的忠诚，潜在的忠诚（较少光顾，积极的态度），伪装的忠诚（经常光顾，漠然或敌对的态度）和无忠诚。以上任何一种都反映了品牌忠诚是心理态度和重复购买行为两个变量的组合。

（3）Spiros 和 Vlasis 根据情感归属、社会影响和购买行为三个维度对品牌忠诚进行了比 Kahn 更为细致准确的分类，他们认为品牌忠诚可以分为四种，如图 10-2 所示。

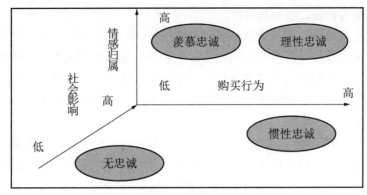

图 10-2　Spiros 划分的四种品牌忠诚

无忠诚是指消费者对某特定品牌没有购买，也没有情感上的偏好，因此也极少受到社会的影响和压力；羡慕忠诚是指消费者对某特定品牌没有购买，但情感上却高度认同，对该品牌也有很多的了解，他们这种忠诚在一定程度上是受到社会影响的结果；惯性忠诚指消费者对某特定品牌产品不断重复地购买，但情感上不一定偏好，这类消费者忠诚多发生在经常购买的日用品上。出于方便和不愿过多地考虑，消费者只是不假思索地习惯性地选择某一品牌，但是对这个品牌本身并没有很好的评价。因此，这样的忠诚实际上并不牢靠，只要外部条件发生改变，这类消费者就会轻易改变他们的忠诚；理性忠诚是指消费者对某特定品牌高度重复购买，情感上也高度偏好，这类消费者的忠诚是品牌选择经验总结后的结果，当所忠诚的品牌一时买不到时，他们会主动寻找该品牌，或者以后再买。因此，这类品牌忠诚者最为可靠和持久，也是企业应该作为主要定位的一类消费群体。

（4）根据产品的类型及消费者购买频率的不同，Sharyn 和 Rebekah 认为品牌忠诚可分为日用品市场品牌忠诚、耐用品市场品牌忠诚和服务市场品牌忠诚。由于日用品消费者购买频率高，日用品市场品牌忠诚有一个十分明显的特征，品牌忠诚十分分散，几乎每一个品牌都会拥有一批忠诚的消费者，而每一位消费者对一个特定品牌的忠诚度也很有限，他们往往同时购买几个品牌的产品。对于耐用品市场品牌忠诚而言，由于耐用品的价值较高，消费者购买频率低，购买后使用时间较长，不会经常变换品牌，因而消费者往往对某一品牌具有较高的忠诚度，并且品牌忠诚的持续时间长。虽然目前对服务市场品牌忠诚研究较少，但是其重要性并不比有形产品市场差。相反，有时显得更加重要，如餐馆业、美容美发行业、信息产品、咨询行业都能受益于品牌忠诚。

10.1.3　品牌忠诚作用

品牌忠诚是一种战略资产，如果对它进行适当的管理和利用，就可以发挥重要作用。具体包括以下几个方面。

1. 降低营销成本

维持一个老顾客比获得一个新顾客的成本要少得多。潜在的新顾客通常缺乏改变品牌的动机，因此，要接触到他们需要付出更高的代价。即使他们能够接触到新的品牌，但要他们冒着风险去购买和使用一个新的品牌，需要有足够的理由。所以忽视老顾客而重视新顾客的做法是应避免的。对于老顾客来说，只要他们没有什么不满意的地方，要维持他们并不太困难。消费者对品牌越忠诚,越容易维持。

2. 品牌忠诚与高回报、增加市场份额相联系

品牌忠诚者使企业获得更多的利润,从短期看是因为有更多人购买,从长期看是因为良好的口碑。品牌忠诚消费者由于能够保证一个稳定的消费群而直接影响利润。由于品牌忠诚者现在的和潜在的价值,理所当然地成为企业产品最具价值的消费群体。

3. 吸引新顾客

当购买存在风险时,老顾客的重复购买起到了为新顾客提供担保的作用。在新产品领域,情况也是一样。一大群消费者重复购买一个品牌,会给人如此印象,即该品牌是一个人们普遍接受、成功的品牌,是一个能够支撑得起售后服务的和产品改进的品牌。1989年戴尔在广告中宣称拥有10万顾客,这对新顾客来说无疑是一大购买诱因。

4. 提供给企业对竞争对手反应的时间

品牌忠诚让企业有时间对竞争者的行动做出反应。当竞争者开发出更优越的产品,在他们将顾客吸引过去之前,企业可以改进产品以达到与竞争对手相当的水平。所以许多老牌企业,由于有大量的忠诚顾客做后盾,它们总是在市场上采取跟进策略,以规避新产品市场开拓中的巨大风险。

5. 品牌延伸时风险较小

一个品牌要做大做强,往往要进行品牌延伸。企业在品牌扩张和延伸时,那些忠诚消费者信任这个品牌,因此很大程度上也会购买其新产品。这样该品牌推出新产品的风险就比较小。例如,著名品牌耐克,最早只是一个运动鞋的品牌。很多耐克的忠诚者认为,既然耐克运动鞋是优质的,那么耐克运动服、耐克篮球、耐克体育器械也应该是优质的,所以耐克公司在推出这些新产品时,几乎没有遇到什么大的障碍,成功率很高。

6. 品牌忠诚是品牌资产的主要决定因素

我们通常将品牌看成是资产,但实际上真正的资产是品牌忠诚消费者。如果没有忠诚于品牌的消费者,品牌只不过是用于识别的符号。高度忠诚的消费者实际上是品牌资产的最终来源。现在不少学者在评估品牌资产价值的时候,已经把该品牌拥有多少品牌忠诚者作为一个重要的计算指标。

10.1.4 品牌忠诚的影响因素

目前对品牌忠诚影响因素的研究还不多,根据现有的研究主要讨论了以下影响因素。

1. 产品类别

消费者的品牌忠诚因产品类别的不同而异。Alsop的研究发现,像盐、调味品、蜡纸等产品,购买单一品牌的使用者超过80%,而像汽油、轮胎、罐头等产品,购买单一品牌的使用者超过40%。Kevin L. Keller认为,相比于非知名品牌,知名品牌赋予了产品价值及更高的广告诉求回忆率,吸引顾客选择购买该品牌并形成更高的品牌忠诚度。除此之外,不同的产品价格、质量和设计也会影响品牌忠诚。

2. 时间

消费者的品牌忠诚也因为时间的不同而异。北京麦肯特市场推广咨询公司对312名居民的调查发现,消费者夏天喝得最多的饮料前五个品牌依次是:可口可乐、百事可乐、统一、露露、旭日升;而冬天喝得最多的饮料前五个品牌依次是:露露、可口可乐、统一、三元牛

奶、椰树牌椰汁。

3. 竞争对手的数量

有一项采用三种方式测量品牌忠诚的研究发现，消费者购买他们能够想起来的各种品牌。在一个产品类别中，可接受的品牌越多，消费者忠诚于某个品牌的可能性越小。相反，在那些竞争品牌较少的产品类别中，品牌忠诚更高（Exter）。

4. 企业营销的因素

广告、促销、公共关系都是企业管理者经常运用的营销工具。大多数研究者发现，广告能成功地产生基于忠诚的品牌资产，广告是象征产品质量的一个重要的外在线索（Milgrom, Roberts），重度投入广告表明企业对品牌的投资，这又意味着更优越的产品品质（Kirmani, Wright）。另外，Archibald, Haulman 和 Moody 发现广告投入水平不仅意味着高质量，也意味着好的销售。Jacobson 和 David L. Aaker 也发现广告投资与感知的品质之间有积极的关系。在关于促销对品牌忠诚的影响方面，自我认知理论认为，价格促销一般很难有助于提高内在购买动机（喜欢品牌或品牌忠诚）；相反，有可能淡化这种内在动机，对表现个人身份、地位和生活情趣的高价值品牌，情况更是如此。对非品牌使用者，促销活动可能促使他们购买，但深度折扣的价格促销会在他们心中形成不良的品牌形象；对品牌忠诚者，则会打破他们内部参考价格的"公平感"。这些负面结果将导致品牌转换行为的产生，降低品牌忠诚。在公关对品牌忠诚的影响方面，Frederick 和 Reicheld 的研究表明，公共关系不会直接影响品牌忠诚，但是良好的公关可以通过对企业内部关系的管理，间接影响消费者忠诚，可以整合社会信誉资源服务于品牌形象，维持品牌活力，形成品牌个性。

5. 消费者自身的因素

消费者的特征，如性别、年龄、经济收入、教育程度等会不会影响其品牌忠诚？Aslope 在对 25 种产品的研究中发现，近 25% 的 60 岁以上的被调查者对 10 种以上的产品有很强的品牌忠诚度，而被调查者年龄在 8～29 岁这一数字的仅为 9%，同时他还发现，收入高的人们对品牌更加忠诚，他推测富人可能有更大的生活压力，从而没有时间了解更多的产品信息，对忠诚品牌的购买行为则保证了一个可以接受的最低价格质量；Ingrassia 和 Patterson 发现，女性消费者比男性消费者有更高的品牌忠诚度；Frank 和 Douglas 发现，品牌忠诚与教育程度负相关。

10.2　品牌忠诚度测量

为了能更好地留住忠诚顾客，培养品牌忠诚度，需要对品牌忠诚度进行测量。

10.2.1　品牌忠诚度测量原理

根据品牌忠诚的含义，品牌忠诚度的测量一般包括行为忠诚度和情感忠诚度两个维度。

1. 行为忠诚度

从行为忠诚角度来说，主要测量消费者忠诚购买行为，表现在消费者购买使用产品的频次上。品牌忠诚表现为消费者在某个产品类别的多个品牌里，多次重复消费某一个品牌，重复消费包括重复购买和重复使用，重复购买和重复使用在一定程度上是一致的行为。行为忠诚度大多根据消费者实际发生的品牌购买行为加以统计,使用重复购买率、顾客对价格的敏感程度、转移效用和转移成本、消费者传播该品牌的次数和规模等测量指标。

(1) 重复购买率。在一定时期内,顾客对某一品牌产品重复购买的次数越多,说明对这一产品的忠诚度越高,相反则越低。由于产品的用途、性能、结构等因素也会影响顾客对产品的重复购买次数,因此在确定这一指标的合理界限时,必须根据不同产品的性质区别对待,不可一概而论。

(2) 顾客对价格的敏感程度。顾客对价格都是非常重视的,但这并不意味着顾客对产品价格的敏感程度相同。事实表明,对于喜爱和信赖的品牌,消费者对其价格变动的适应能力强,即敏感度低;相反,则敏感度高。因此可以根据这一指标来衡量顾客对某一品牌的忠诚。运用这一标准时,要注意人们对于产品的必需程度、产品供求状况及产品竞争程度三个因素的影响。只有排除上面三个方面因素的干扰,才能通过价格敏感度指标正确评价顾客的品牌忠诚度。

(3) 转移效用和转移成本。已经对某品牌具有忠诚的消费者,把偏好转移到另一个品牌,会遇到很大的阻力,例如心理阻抗、支付的费用等。这种阻力可称之为"转移成本"。当然,当消费者的偏好转移到另一个品牌后,也会产生一定程度的满足,这就是"转移效用"。衡量品牌忠诚度时,可以用上述两个指标来衡量,转移成本高,转移效用低,品牌忠诚度高,反之,则品牌忠诚度低。

(4) 消费者传播该品牌的次数和规模。对于一些耐用消费品,如冰箱、彩电、空调等,由于重复购买次数有限,品牌忠诚并不表现在重复购买上,而是表现在消费者对传播该品牌的次数和规模上。次数越多,规模越大,说明消费者对该品牌的认可度越高,品牌忠诚度就越高,反之,则品牌忠诚度越低。

研究发现,高度行为忠诚者的产品购买量占到总销售量的70%,而低度行为忠诚者的产品购买量只占到总销售量的5%。这就要求企业在维持高度行为忠诚者的同时,也要争取把低度行为忠诚度者变成高度行为忠诚者。

2. 情感忠诚度

品牌忠诚的另一个维度是情感忠诚度,该指标是从消费者对品牌态度的角度加以考察,它不一定最终导致购买行为。对情感忠诚的分析只是对消费者未来可能发生的购买行为的预测。情感忠诚是衡量消费者忠诚不可缺少的方面。行为忠诚代表的是消费者过去的购买行为,而情感忠诚则揭示了未来。因此,对品牌忠诚的分析需要将两者结合起来,才更加符合实际。

运用品牌行为忠诚和情感忠诚组成的坐标系,可以把忠诚度分为高、中、低三类,从而可以建立一个品牌忠诚度方格图。将图分为九个格,对应的是不同的品牌情感忠诚和行为忠诚的组合,大体划分为三个区域,如图10-3所示。

(1) 脆弱的忠诚者,即行为忠诚高于情感忠诚的消费者。这类忠诚者的品牌忠诚不稳定,容易成为中低度忠诚者。

(2) 潜在的忠诚者,即情感忠诚高于行为忠诚的消费者。这类忠诚者主要拥有良好的态度,因此更具有持久性,并且容易向真正的品牌忠诚者转变。

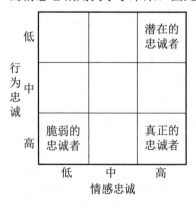

图10-3 品牌忠诚度方格图

(3) 真正的忠诚者。这类忠诚者倾向于对品牌的持久忠诚。

因此，企业要保持品牌的健康发展，不仅要维持真正的忠诚者，而且要尽力挖掘品牌潜在的忠诚者，将更多的品牌潜在的忠诚者转变成真正的忠诚者。

10.2.2 品牌忠诚度测量指标

为了详尽地测量品牌忠诚度，可以采用以下六个指标来测量。

(1) 消费者对品牌的认知状态，即消费者对于品牌的了解、认知及熟悉程度，包括同类竞争产品中，该品牌作为第一品牌首先被联想的比例；无提示状态下对于该品牌的回忆率，即无提示知名度；提示状态下对于该品牌的回忆率，即提示知名度；传播该品牌的媒介状态与特征等子指标。

(2) 品牌在消费者心目中的位置。即品牌在消费者心目中处于什么样的位置，包括对品牌的总体评价以及对产品各属性的综合性评价；与同类竞争品牌相比，该品牌在主要的产品特征方面、产品好处方面给消费者的联想；与同类竞争品牌相比，该品牌主要的优势特征、品牌个性、情感联想方面的表现等子指标。

(3) 消费者对该品牌的价值评判。包括对品牌实际价格的认知、对该产品价值的认知、价格需求弹性、价格的延伸性、消费者购买该品牌的愿望五个指标。

(4) 消费者使用该品牌的经验。消费者对于品牌的经验要通过消费者对该品牌的使用来获得，具体包括使用该品牌的时间、品牌满意度及其原因、不满意的表现形式等子指标。

(5) 消费者行为测量。包括消费者的购买频率、继续购买该品牌的意向性、在同类产品中选择该品牌的倾向性、购买竞争品牌的频率、从竞争品牌转向购买该品牌的意愿程度等子指标。

(6) 向其他消费者的推荐与介绍。推荐与介绍行为主要以信息传达的方式出现，一般是首先向亲朋好友或同事进行推荐与介绍，甚至进行购买劝说。测量指标有：向其他消费者推荐的意向与强度，向其他消费者推荐的产品优势与理由，向其他消费者介绍的消费经验、消费方式与购买渠道，代人购买的意向强度等。

10.2.3 品牌忠诚度测量步骤

目前，对于消费者的品牌忠诚度的定性研究和测算方法研究成果颇为丰富，可以追溯到最早的文献是 Copeland 首次提出的"品牌保持"概念，其内涵与现在的品牌忠诚概念基本一致，强调"品牌对消费者消费行为能够起到的稳定作用"，并将其归纳为"品牌保持消费者行为与习惯的能力"。在此之后，行为科学的发展使得营销学者对品牌忠诚的作用有了更多的解释，最终由 Brown 提出了品牌忠诚的确切定义，并构思了从消费者对同一品牌购买的次数和概率进行测试的想法。在实际操作中，品牌忠诚度的测量主要包括以下步骤。

(1) 收集数据，并建立消费者资料数据库。收集消费者个人相关数据，如消费者年龄、收入、教育程度、家庭状况、购买习惯、重复购买率、消费者传播该品牌的次数和规模、生活方式、品牌认知、品牌联想等，并建立尽可能全面、详细的顾客资料数据库，为深入了解顾客购买行为提供保证。

(2) 抽样调查消费者品牌行为忠诚度。对消费者品牌行为忠诚度的分析采用抽样调查的方法，对抽样的顾客进行追踪调查，收集数据，运用前面提到的相关指标对收集的数据

进行分析。在分析消费者行为忠诚度时,要考虑转移效用和转移成本。因为转移效用和转移成本很大程度上决定了消费者行为忠诚。转移成本和风险越高,消费者改变品牌的动机越小。

(3) 调研消费者品牌情感忠诚度。对消费者品牌情感忠诚度的分析是从消费者的品牌认知、品牌联想、品牌文化与消费者生活方式的契合程度、个人兴趣爱好等方面进行分析的,并根据分析的信息预测消费者未来的购买行为,并将其分成高、中、低度的情感忠诚者三类。由于情感忠诚度是一个很抽象的概念,量化测量并不现实,因此可以采用定性的方法进行测量。首先,测量消费者对品牌的喜爱程度,根据程度的不同,将其分为喜欢、尊敬、友好、信任和忠贞五类。其次,测量品牌与消费者的生活方式、消费者的价值观念是否符合,从而判断消费者对该品牌的认同感的强弱以及相应的情感忠诚度。最后,观察消费者观念的演变。因为情感忠诚是一个相对长期的概念,它必然和消费者的观念变化交织在一起,所以有必要研究目标市场消费者观念在其成长过程中的演变规律。

(4) 建立品牌忠诚度分析矩阵。通过上面对品牌行为忠诚和情感忠诚的分析,将分析结果填入品牌忠诚度方格图,得出每个区域所代表的忠诚者绝对数及占样本总量的相对比例,统计出真正的品牌忠诚者、潜在的品牌忠诚者和脆弱的品牌忠诚者各自所占的比例。

(5) 制订品牌营销战略计划并实施。根据第(4)步的分析结果,如果潜在的品牌忠诚者远少于脆弱的品牌忠诚者,企业应当加强企业品牌文化建设,强化品牌传播,以提升品牌忠诚度。如果潜在的品牌忠诚者比脆弱的品牌忠诚者多,那么企业就要采取减少渠道费用、降低产品成本、降价等措施来吸引潜在的品牌忠诚者向现实购买者转变。

10.2.4 品牌忠诚测量的原则与注意事项

1. 品牌忠诚测量的原则

品牌忠诚一般采用品牌忠诚度指标来衡量。品牌忠诚度是反映品牌忠诚的一个量化指标,可以对其进行测量。品牌忠诚度是一个抽象的概念,它因具体行业的不同所涉及的测量手段、测量权重也不同。在测量过程中,应该遵循以下原则。

(1) 测量方法应能反映品牌忠诚的真正意义,并保证其全面性。测量系统的建立基于对品牌忠诚的理解,并选择能反映品牌忠诚度的各方面变量。

(2) 品牌忠诚是品牌资产的核心,正因为品牌忠诚的存在,消费者对企业才具有了非凡的价值。而品牌忠诚的价值体现就是企业未来销售量及利润的增长,因而测量变量应该会对企业市场业绩表现产生直接或间接的影响,并最终影响企业的销量及利润。

(3) 测量中所选的变量具有敏感性,即当品牌忠诚发生变化的时候,这些变量能有效地识别这一变化。当品牌忠诚度因企业策略失误或市场竞争而降低时,测量变量应能反映这一变化;当品牌忠诚度保持稳定时,测量变量的结果应保持稳定性。

(4) 测量模型系统具有广泛的适用性,它在被适当修改后,可以被应用于不同的企业。在对具体的品牌忠诚进行测量时,此测量模型系统中的变量可作为备选变量,选择其中的一些变量并赋予一定的权重,也可以根据情况,适当增加一些变量。

2. 需要注意的事项

测量品牌忠诚度时,有几点需要注意。

(1) 品牌忠诚度的模式是人们总结出来的,随着时间的推进,消费者的心理和行为也会变化，这种模式必须具备相应的弹性，否则基于该模式所进行的品牌忠诚度研究便不能适应市场的发展变化。

（2）对消费者品牌忠诚度的测量，要基于两个重要的条件，即研究工具的有效性和抽样的准确性。没有这两个条件的保证，所谓的忠诚度测量也只不过是无谓的数字游戏。研究工具的有效性即研究手段本身能够调查出消费者对品牌的忠诚度，消费者的回答能够客观地反映他们的真实情况，并且在不同的背景下，这种研究工具都能够保持一致的调查结果。测量中一般要结合问卷调查的方式，所设计的调查问卷必须具有很高的可靠性，能够使消费者积极配合测量工作的进行。抽样的准确性即所测量的消费者必须真正代表这种类型的消费者群体，没有严重的误差，选择消费者样本时，各层消费者的抽样误差也要有相应的控制措施，尽量降低各层抽样的误差比例。

（3）品牌忠诚度的测量是一种长期的跟踪测量，而不是一次性的测量结果，一次性的测量结果只能代表某一时间段的消费者的心理和行为，而不是长时间的对于该品牌的忠诚。

10.3　品牌忠诚的战略价值

品牌忠诚对于消费者和企业来说都具有重要的意义，是品牌资产的重要组成部分，如果对其进行适当、有效的管理和利用，它可以发挥巨大的价值。

10.3.1　品牌忠诚对消费者的战略价值

现有消费者的品牌忠诚是一种战略资产，对于消费者而言，在以下几个方面发挥重要的战略价值。

（1）减少时间压力。时间是一种宝贵的资源，在商品和品牌选择上，消费者总是尽可能地节省时间。但时间的节省和信息的搜寻却是相互矛盾的，解决这一矛盾的有效办法，是形成品牌忠诚。形成品牌忠诚可以增强消费者的购买信心，减少信息搜集、评价和产品比较等方面的时间成本，保证购买决策的质量。随着社会的发展，时间的机会成本增加，消费者购买商品时自然不愿花太多的时间搜寻信息，因而更彰显出品牌忠诚的价值。

（2）降低购买风险。消费者在购买过程中总是会遇到一定的风险，当消费者在其知识和经验范围内意识到这些风险时，必然会主动地采取应付这种"认知风险"的办法。其中最有效的方法有三种：一是继续搜寻与选择和购买问题有关的信息；二是从众购买，或是选择全国性品牌和著名品牌；三是形成品牌忠诚。美国学者罗斯纽斯的调查研究发现：形成品牌忠诚是应试者认为行之有效和乐意采用的最好办法。可见，品牌忠诚在减少消费者购买"认知风险"中具有很大的价值。

（3）维护自我形象。自我形象是指消费者基于价值标准、价值判断、个性特征、理想和追求等对自己形成的一种自身评估和形象塑造。市场上的消费者都有各自的自我形象。当产品或品牌形象与消费者的自我形象一致时，他就会做出选择这种产品或品牌的决策。消费者还会不断地重复购买该品牌的产品以维护自己的形象。

10.3.2 品牌忠诚对企业的战略价值

1. 降低营销成本，为企业带来丰厚的利润

相对于新消费者而言，保持现有消费者比赢得一个新消费者成本的要低得多。潜在的消费者不仅缺乏更换品牌的动力，而且不愿冒险进行改变。相比之下，如果现有消费者没有不满意的话，要保持他们就相对容易得多了。具体来说，包括以下几点。

（1）吸引一个新消费者所花费的成本较高。这些成本主要表现在针对新消费者展开的广告宣传、向新消费者推销所需的佣金、销售人员的管理费用、让新消费者了解产品而产生的存货费用，以及对新消费者信用调查的费用都会大大高于老消费者。另外，新消费者交易量少，交易时间又长，交易成本明显高于老消费者。正如国外研究表明的那样，吸引一个新的消费者所花费的成本是保留一个老消费者的成本的 5～6 倍。

（2）忠诚的消费者保留时间长，带来的利润多。吸引新消费者的成本是企业前期投入的，不管后面的因素如何变化，其都是一个恒定值。维系老消费者的成本是随着时间的延续，即消费者保留的时间的延长而逐渐减少的，在大多数行业，消费者的消费量会随着消费者保留时间的延长而增大，一个比较稳定的行业的利润率一般也是比较稳定的，因此，企业可以从忠诚的消费者那里获得利润的时间较长，获得的利润较多。

（3）忠诚的消费者流失率低。消费者的流失率越低，企业的长期利润就越高。而忠诚的消费者是不会轻易离开自己喜爱的品牌的，忠诚程度越高，流失的可能性就越小，给企业带来的利润就越大。一个公司如果将其消费者流失率降低 5%，利润就能增加 25%～85%。

（4）忠诚消费者的营业成本低。这种营业成本的降低主要体现在当老消费者熟悉一个企业后，消费者便不再过多地来了解情况、进行咨询了。此外还可以节约消费者管理费用，新消费者的信息、喜好、其拥有的产品的特性，都需要管理，管理费用显然要比老消费者多。

（5）忠诚消费者较少看重价格优惠。忠诚消费者支付的价格实际上要比新消费者的高。例如，一家零售商调查发现，向全体消费者发放一种优惠券，老消费者反而不像新消费者那样爱用。忠诚的消费者熟悉企业的办事程序，也了解其所有系列产品，因而企业可从这一买卖关系中获得较高的价值。

2. 帮助企业实现品牌扩张

品牌忠诚对于企业吸引新的消费者、扩大满意的消费者群体数量、降低新产品进入市场的成本及实现品牌延伸等发挥重要的作用。

（1）吸引新消费者。现有消费者的品牌忠诚之所以能够吸引新的消费者，原因在于以下几点。第一，当购买存在风险时，现有消费者对某一品牌的认可，可以有效地推动新消费者的购买行为；第二，一个相对大的、满意的消费者群体给品牌提供了一种成功的、被认可的产品形象，使之能够担负起支持售后服务及产品改进的任务；第三，消费者群体能够产生品牌认知。品牌要比广告等手段更具有说服力。当消费者看到某一品牌的产品时，可以有效地使潜在消费者将产品品牌与使用环境和用户联系，从而强化对品牌的记忆。

（2）扩大满意的消费者群体。企业要想在竞争中生存、发展、增加销售额、提高利润、增强实力，必须要不断扩大满意的消费者群体。在许多后继服务及对产品的支持非常重要的行业中（如计算机、汽车等行业），消费者经常会出现这样的忧虑：当需要的时候，公司是否有足够的保证，使用户及时得到服务。如果一个企业有了一个相对较大的忠诚的消费者群体，往往会扩大其售后服务的范围；另一方面，较大的忠诚消费者群体意味着该产品已经被认可，从而消除了其他消费者的顾虑，进而使企业赢得这一消费者群体，如此进入一个良性循环，不断扩大满意的消费者群体。

（3）降低新产品进入市场的成本。消费者的品牌忠诚，为品牌的新产品上市扫清心理障碍。一定数量的具有品牌忠诚的消费者为企业提供了稳定的消费者群体，从而保证了该品牌的市场占有率。因此，当企业进行品牌扩张时，就可以利用消费者对该品牌已有的知名度、美誉度、信任度及忠诚心理，以最少的广告、公关、营业促销等方面的投入，迅速地进入市场，提高新产品进入市场的成功率。

（4）有效实现品牌延伸。品牌忠诚是品牌延伸的一个重要要素。品牌忠诚的消费者容易产生爱屋及乌的心理，喜欢甚至也忠诚于延伸品牌，延伸策略容易取得成功。因此，企业在进行品牌延伸时，可以充分借助已有的品牌忠诚，尽可能恰当地进行品牌延伸。

3. 为企业赢得竞争优势

当面对同样的竞争时，品牌忠诚度高的品牌可以获得更多的时间和空间去做准备，反击竞争对手，使企业在面对激烈的市场竞争时赢得竞争优势（见案例："从'知名度到忠诚度'的品牌路径"）。

从"知名度到忠诚度"的品牌路径

在腾讯汽车看来，购车行为是一个理性与感性同时发挥作用的过程：消费者从对某个汽车品牌产生认知到形成好感，最后变成忠诚甚至乐于向朋友推荐，在其与品牌情感由弱到强的整个过程中，一个整合的在线营销平台都能以最有效的方式发挥作用，而这正是其他媒体平台所不能比的。

腾讯的汽车频道首先是一个以潜在购车者为中心的资讯新闻平台，购车者需要了解的最新资讯，都能在这个平台上找到。对于汽车厂商，这个资讯平台同样成为与潜在消费者沟通的桥梁。由于内容充实、信息量大、传播速度快，覆盖中国90%的网友，能在最短的时间把最新的产品资讯带给潜在用户。同时，Live等流媒体平台也能够提供新车上市的视频，更丰富了潜在消费者感受新车的方式和渠道。以此为基础，腾讯开发出数字接触点广告投放工具，以Banner和Richbutton为资源，使面对潜在用户的精准告知成为可能。

当消费者对特定的品牌从认知向喜爱，并最终向忠诚发展时，就需要能够承载更多情感互动的网络应用。这时候，"IM和ZONE"在沟通和分享上的价值，就比单纯的门户更能满足品牌主的深度沟通要求。用户在群里分享对某个汽车品牌的整体感受，并组成车友会、训练营，进行自驾游等活动，通过人与人的沟通和交流，加深和强化人与车之间的情感联系，这也是打造品牌忠诚的必经之路。如果没有腾讯整合平台对用户强大的黏合力做保证，要进行这种深度的情感分享，就无处下手。正因为如此，基于Web 2.0的沟通与分享渠道，也逐渐成为汽车厂商对网络营销平台最为看重的核心价值点，也恰好是腾讯的竞争优势所在。

（资料来源：http: //wlyx07104039.blog.163.com/blog/static/133313036200910249152662/）

（1）品牌忠诚有利于企业阻挡竞争者的进入。要改变一个品牌忠诚者的态度是很难的，

要想打进那些消费者已有品牌忠诚的市场，需要花费大量的精力，因而新进入市场的企业盈利能力就降低了，使得品牌忠诚成为新进入者的有效障碍。

（2）品牌忠诚有利于企业面对竞争的威胁。在激烈的竞争中，新产品层出不穷，如果竞争者开发一种更能令消费者满意的新产品，那些对该品牌忠诚度不高的消费者很可能会倒向竞争品牌，这对企业来说无疑是一种损失。但那些忠诚于该品牌的消费者即使要改变品牌也需要经过一段时间的选择、适应，才会真正成为竞争品牌的消费者，企业可以抓住这段时间，改进自己的产品，将消费者吸引回来。所以说，消费者忠诚为企业响应竞争活动提供了一定的回旋余地。

（3）品牌忠诚有利于企业抢占有利渠道。赢得消费者忠诚的品牌，往往会有优先的货架空间，因为商场知道消费者对这些品牌是喜爱的，具有较好的销路。换句话说，品牌忠诚会影响甚至控制商场的选择决策。如果一家店面缺乏消费者所忠诚的品牌产品，消费者将转向其他店面。尤其是当引进新规格、新种类的产品或品牌扩展时，企业就可以最大限度地扩大铺货面，同时可以在经销商的选择上取得主动权，从而抢占到有利的渠道。

（4）品牌忠诚有利于企业找准目标市场。通过对忠诚消费者的市场调查，企业可以了解到原先的营销意图在市场上有多大程度的体现。如果企业的营销意图在品牌忠诚消费者身上体现较为明显，就说明原先的营销策略基本上是正确的。在这种情况下，企业就要进一步找出消费者自身的特点、购买特征与企业预先设想存在的差距，并以此为依据进行产品改造和技术革新，使企业的产品和所做的营销策划更加符合市场实际；如果发现消费者自身的特点及购买特征与企业预先设想大相径庭，则说明企业的营销策划失败。企业要果断地改变营销策略，改进产品或调整价格，寻找理想的目标市场，以便获取更高的效益。

（5）品牌忠诚有利于企业分享消费者知识。知识经济时代，知识在经济发展中起着越来越重要的作用。消费者知识和思想这一企业的外部知识正成为企业最重要的资源之一，它从产品的开发到销售阶段都能起到重要的作用。在消费者透明度较高的情形下，消费者关于产品、服务乃至企业本身的看法、意见或建议就可以传递到企业中去；否则企业就难以了解到消费者关于企业的真实的观点。有研究表明，消费者在对产品或服务不满意时，只有不到20%的人会投诉，更多的人选择的是不重复购买。因此，企业需要创造出透明的消费者，以了解他们真实的意见。而忠诚消费者是最好的透明消费者，构建良好的品牌忠诚关系有助于消除消费者的顾虑，培育品牌对消费者思想的体验力、直觉力和洞察力。品牌企业与忠诚消费者的紧密互动可以为企业获得利用消费者知识、吸收消费者知识、合作开发知识的机会，充分运用消费者专有知识；同时消费者也会积极主动地为企业吸收知识创造条件。

10.4　品牌忠诚策略

品牌忠诚是企业最重要的财富，品牌忠诚者越多，企业的发展就越平稳，发展就越有后劲。保持老消费者对品牌的忠诚度，提高新消费者对品牌的忠诚度，不断为企业的发展赢得竞争优势。

10.4.1 保持消费者品牌忠诚的策略

从经济学的角度来看,赢得一个新消费者的成本是保持一个老消费者成本的 5～6 倍,因此保持现有的老消费者能够为企业节约成本,赢得更多利润。为了保持老消费者,降低消费者流失率,企业需要采取保持消费者品牌忠诚度的策略。

(1) 减少不满意因素。一个完善的消费者保持计划,一方面要了解消费者离开的原因,有针对性地减少消费者的不满意因素,留住老消费者;另一方面要奖励消费者,增加消费者的满意因素,建立转换成本。例如,某书店通过开展"优先读者"计划,来奖励消费者,并增加他们改变忠诚消费的成本。优先的读者将得到一张优惠卡,同时获得多方面的奖励:

① 所有购书优惠 10%;

② 每 100 美元的消费,可得到一张 5 美元的赠券;

③ 当场试用,包换包退;

④ 接通免费线路,通过电话订书。

"优先读者"计划不但吸引了众多新消费者,而且使老消费者在重新选择时考虑将要失去的现有的诸多利益。

(2) 完善品牌忠诚测量指标。大多数情况下,很少有人改变品牌,以至于保持率变成一个不敏感的测量指标,有必要使用诸如满意、不满意和改变品牌决策的可能性等测量指标。

(3) 使用相应的分析方法,判断消费者保持与标准盈利能力之间的关系。以目前每年度保持水平为基础,如果年度保持水平以 1%、5%、10%、20% 递增或递减,年度收益将会改变。在某一范围内,应考虑可变成本。通过保持率变化获得的年利润,需要转化成当前净值。基本上,年利润是指将来的年利润,然后用公司的资本成本和保持率贴现。假设资本成本是 90%,保持率是 90%,今年利润是 5 000 美元,那么明年的利润是 4 050 美元。不忠于该品牌的消费者减少 5%,会导致平均消费者利润大幅度增长。

10.4.2 提高消费者品牌忠诚的策略

培育及提升品牌忠诚度是一个极为复杂的系统工程,每个企业都应根据自身的具体情况和特点,创建适合自己的品牌忠诚体系,以适应激烈的市场竞争。

(1) 提高消费者让渡价值,通过品牌满意来实现品牌忠诚。品牌满意是品牌忠诚的基础和前提。对于企业来说,要想使品牌满意,就要比竞争对手向消费者让出更大的价值。只有不断提高消费者购买商品所得到的包括产品价值、服务价值、人员价值和形象价值在内的消费者总价值,降低消费者购买商品所付出的包括货币成本、时间成本、精神成本和体力成本在内的消费者总成本,从而不断提高消费者让渡价值。促使消费者对产品和企业产生良好的感知效果,实现品牌满意的目标,进而提升品牌忠诚。

(2) 善待消费者。消费者要更换品牌是需要理由的,通常留住消费者的关键点非常简单,即不赶走消费者。要做到并不难,但要持之以恒也并非一件易事。在确保消费者获得积极体验的诸多因素中,培训文化尤为重要。"培训,再培训,反复培训,这就是成功的关键。"在这方面,日本企业做得很好,消极对待消费者的少之又少,企业的培训活动频繁,突出细节,以消费者为导向。

(3) 降低转换成本。转换成本是指消费者因转换品牌而发生的成本,如果他们继续保持同现有品牌的关系,这种成本就不会发生。消费者的忠诚转变,通常是由转变时的风险来决定的。冒的风险越大,转变的可能性越小;在无风险的情况下,消费者可自由转换购买品牌。随着转换成本的提高,消费者对满意度的敏感性降低。由于转换成本使消费者在转换现有品牌的过程中感知较高的成本,因此其在消费者维系中发挥着重要的作用。

(4)提供附加服务。通过为消费者提供一些附加的、未预料的附加服务,将消费者的一般接受心态转化为对品牌的热情,通常是容易做到的(见案例:"妮维雅如何撒豆成兵")。例如,电器买到家后,商家负责安装调试,并为消费者清理好安装环境等。附加服务往往是微不足道的,甚至是不费任何金钱的,但附加服务所传达的信息却是无价的,它能达成与消费者间的情感沟通,加深双方的交融和理解,附加服务更多体现的是情感问题。

妮维雅如何撒豆成兵

具有忠诚度的消费者是企业重要的资源。一方面看到妮维雅公司巧妙地将400万支润唇膏撒豆成兵的高超的促销应用技巧;另一方面也看到,能够撒豆成兵的关键,是文中所提及的"这400万支润唇膏的背后,有接近400万个消费者"。

像妮维雅这样的快速流转消费品,产品在市场上成功的关键是具有明确的市场定位,而且能够吸引并维持忠诚的消费者不断地重复购买。正如文中妮维雅中国区市场总监所提到的这样,"妮维雅会坚持它的平民化定位,需要的只是用过再回头的家庭主妇随时可以方便买到"。而要达到让你的目标消费者对你的产品不断地重复购买,形成忠诚度,必须要经历消费者对产品的试用—采用—续用这个过程。妮维雅正是坚持明确的市场定位,清晰地锁定产品的目标消费群体,巧妙地通过买A赠B这一传统的促销方式,既有效而且低成本地达到目标消费者对新产品的试用;同时又由于附加赠品而增加了原有润唇膏产品的销售,吸引和维持消费者对润唇膏的续用,可谓一举多得。

(资料来源:http://www.globrand.com/2009/202232.shtml)

(5)培养忠诚的员工,赢得消费者品牌忠诚。没有忠诚的员工就没有忠诚的消费者。要想提高消费者的品牌忠诚度,把消费者留住,企业的员工具有关键的作用,特别是与消费者直接接触的一线员工,他们代表企业的形象,为企业赢得消费者的品牌忠诚;企业对自己的员工要有亲和力,得到员工的信任和忠诚,员工才会真正善待消费者,进而为企业创造更多利润。具有高度消费者忠诚度的企业一般也具有较高的员工忠诚度。如果一个企业的员工在与客户接触时,表现出对企业的极度不忠诚,那么企业所拥有的消费者也不会对企业表示忠诚。所以,企业要致力于培养以消费者忠诚为导向的员工。

(6)测量并管理消费者满意度。如今是一个沟通的时代,而不再是推销的时代。对消费者满意度的常规调查有助于企业了解消费者的感受,调整产品与服务。此类调查必须按一定的频率及时、全面,以便企业及时认识到消费者综合满意度发生的变化及其原因。要使消费者满意度测量发挥作用,就必须将其与企业的日常管理结合起来。比如万豪酒店根据每周对消费者满意度的调查结果,找出企业存在的问题,并采取相应的措施。例如,大堂经理会关注消费者对等候时间、入住及结账后离开等问题的调查。要确保满意度调查发挥作用,可以将其作为薪酬体系的一部分。例如，达美乐比萨连锁店每周通过电话方式，调查消费者对快速反应时间、面团的发酵程度、馅饼的口感、意大利香辣肠的新鲜度及外卖人员的态度等方面的意见；每月汇总调查结果之后，给每个分店评分，并根据这些数据发放每月奖金或进行处罚。这种方式促使员工重视满意度测量，从而使其改进企业的服务质量，有利于品牌忠诚度的提高。

本章小结

品牌忠诚是消费者对品牌的情感量度，是对品牌的依恋程度。根据消费者对品牌情感上的差异，将品牌忠诚分为五个层级：无品牌忠诚者、习惯购买者、满意购买者、情感购买者和承诺购买者。要对品牌忠诚进行深入的理解，必须对其进行归纳和分类。本书根据不同的分类标准对品牌忠诚进行分类。按照消费者对品牌忠诚的数量来分类，品牌忠诚有唯一品牌忠诚和多品牌忠诚之分；按照消费者心理行为来分类，品牌忠诚可以分成态度忠诚和行为忠诚等。

品牌忠诚作为重要的无形资产，对企业的发展在以下几个方面具有非常重要的作用：减少营销成本、提高品牌忠诚、增加市场份额、吸引新消费者、降低品牌延伸的风险等。产品类别、时间、竞争对手的数量、企业营销的因素、消费者自身的因素都会影响品牌忠诚度。

为了能更好地留住忠诚消费者，培养品牌忠诚，需要对品牌忠诚进行测量。本章分四个方面对如何测量品牌忠诚进行了重点介绍，分别是品牌忠诚测量的原理、测量指标、测量步骤及在测量过程中应该运用的原则和注意事项。

本章的第三部分从两个方面对品牌忠诚的战略价值进行了介绍。通过前面的分析和阐述，得知品牌忠诚对于消费者和企业都具有重要的战略价值，具体表现在营销成本、竞争优势、品牌扩张等方面。为了提高消费者的品牌忠诚度，本章重点介绍了保持、提高消费者品牌忠诚策略，包括建立转换成本、减少不满意因素、提高满意因素、善待顾客等方面。

关键概念

品牌忠诚　品牌忠诚测量　品牌忠诚价值　品牌忠诚策略

案例分析

羚锐制药：运用情感营销培养品牌忠诚度

当消费者对自我的主权意识不断提升，消费者对于不加修饰或者修饰过度的广告形式越来越嗤之以鼻，这样的发展形式就迫使广告投放者必须放下以往高高在上的身段，寻找突破，开始尝试情感牌，以情动人，不遗余力地寻找消费者的情感共鸣点，以温情、亲切的情感元素戳到人们"内心最柔软的部分"，从而牵住消费者的情感，扣住消费者的心。2013年春节期

间,羚锐制药公司通络祛痛膏新广告《父亲版》《女儿版》在 CCTV-1 综合、CCTV-3 综艺、CCTV-10 科教、CCTV-13 新闻等央视重点频道热播。新广告一改过去单纯的产品宣传,以情感为主线,从"情"入手,以"情"动人,成为近期情感营销的典型案例。

在情感消费时代,消费者购买商品所看重的已不是商品数量的多少、质量的好坏及价钱的高低,而是为了一种感情上的满足,一种心理上的认同。企业在进行品牌营销时,应从消费者的情感需要出发,唤起和激起消费者的情感需求,诱导消费者心灵上的共鸣,寓情感于营销之中,让有情的营销赢得无情的竞争。这些新广告《父亲版》《女儿版》从"情"入手,以"情"动人,处处体现亲情关爱。属于情感诉求类广告,是一种软性广告,羚锐制药公司希望以情感营销培养消费者对羚锐品牌的忠诚度。

事实上情感营销并不是包治百病的灵丹妙药。面对挑剔的现代消费者,情感营销同样讲究"适可而止",戳的力度要适当,过了就变成煽情,同样遭人反感。在进行情感营销时,羚锐制药公司从两个方面进行思考。①情感营销成功的关键在于企业能够站在客户或者消费者的立场上来思考问题,这需要摒弃以往的"我生产,你来买"的陈旧的营销思路,必须充分地考虑消费者需求。企业与消费者的这种互动,让双方不仅仅局限于一种买卖关系,而逐步过渡为一种立足于长远的伙伴关系,从而能够让企业和消费者共同成长。②情感营销是一种长期的营销策略和行为,选择了情感营销,必须持续做好之后一系列的情感服务。不单是广告,在现实的服务中也应对消费者投入真情和挚爱,让消费者感受到亲情和关爱,进而赢得消费者的信赖和忠诚。

春节期间,羚锐制药公司通络祛痛膏新广告《父亲版》《女儿版》在 CCTV-1 综合、CCTV-3 综艺、CCTV-10 科教、CCTV-13 新闻等央视重点频道热播,日播出次数最高达 29 次。羚锐制药公司产品经理吴延兵谈起此次广告投放策略时表示,央视作为全国最大、最权威的电视媒体平台,其影响力不仅覆盖到我国的大陆、港澳台地区,而且还能辐射到东南亚、欧美等地区,尤其是春节期间,央视春晚将进一步提升收视率,另外,结合产品属性和使用人群,中老年人还是目前电视媒体的最大受众。所以以"唯一"和"第一"为准则,选择央视是非常精准的。

案例思考

1. 试分析在本案例中羚锐制药公司如何运用情感营销培养顾客的品牌忠诚度。
2. 羚锐制药公司的案例为国内其他同类企业培养品牌忠诚度带来哪些启示?

(资料来源:http://www.czways.com/Brand/2008121/20081211040464411.shtml)

思考题

1. 什么是品牌忠诚?
2. 品牌忠诚有哪些类型?
3. 简述品牌忠诚的作用及影响因素。
4. 如何对品牌忠诚度进行测量?
5. 品牌忠诚对企业有何价值?
6. 如何提高消费者的品牌忠诚度?

第11章 品牌关系

学习目标

通过本章的学习,加深对品牌关系的了解。旨在理解品牌关系的相关概念,包括品牌关系的含义、特征、发展过程、类型和结构,掌握品牌关系质量和关系利益的内容及其相关概念,并了解品牌社区等方面的内容。

11.1 品牌关系概述

过去营销的重点在于推销产品的功能和特性，强调营销为企业带来的利润和回报，但随着产品差异性越来越小，关系营销日益受到企业的重视，营销实践者不仅应关注这种关系能够为企业带来的利益，更应该关注关系为顾客带来的利益，建立、维持和强化消费者与品牌的关系已成为现代企业营销活动的重点，良好的关系最直接的结果是消费者忠诚、购买增加、溢价支付、积极的口碑、消费者资产或商誉，有助于帮助企业形成市场竞争优势。

11.1.1 品牌关系的含义

品牌关系的概念是由 Research International(RI) 市场研究公司的 Blackston 根据人际关系理论提出的，他将消费者与品牌的关系类比成人际关系，认为品牌关系是"消费者对品牌的态度与品牌对消费者的态度之间的互动"。品牌关系是基于顾客与品牌之间的双向的互动反应，包括两个部分：顾客对品牌的态度、品牌对顾客的态度。品牌关系的建立和发展的途径是双向沟通，包括顾客主动收集品牌信息和品牌对市场反馈信息的反应过程。

Blackston 对于品牌关系的定义是将品牌关系"拟人化"，赋予其人的个性、情感，把品牌当成与消费者进行互动的另一个"人"；认为品牌作为关系伙伴能够自发地与消费者之间建立相互依赖的关系，而且在关系形成的过程中，品牌不是一个被动的参与者，而是一个积极主动为关系做出贡献的参与者。

除了消费者与品牌的关系，广义的品牌关系还涉及消费者与产品、消费者与公司、消费者与消费者之间的关系。本书继续沿用 Blackston 对于品牌关系的界定，将品牌关系界定为消费者与大众消费品品牌之间的互动关系，对于其他品牌关系的内涵不再论述。

11.1.2 品牌关系的特点

品牌关系具有以下特点。

1. 因果性

外界环境因素的变化会直接影响品牌关系。例如，替代产品增多或产品伤害危机事件的发生都会导致消费者与品牌关系的终止。因此，外界环境影响是因，消费者与品牌关系的变化是果。

2. 矢量性

外界环境因素的影响具有方向性，例如，品牌宣传投入的增多会促进品牌关系的发展，是正向力；消费者的喜新厌旧、替代产品的竞争等会阻碍品牌关系的发展。

3. 瞬时性

当外界影响力量改变时，品牌关系会立刻发生改变。例如，产品伤害危机一旦爆发，原本稳定持续的品牌关系也会瞬间变为衰退。

4. 独立性

外界的各种影响力量，都会对消费者与品牌关系的变化产生影响，消费者与品牌关系变化的趋势取决于各种力量的较量。

11.1.3 品牌关系的发展过程

人际关系会经历建立、发展、维持、恶化和瓦解等阶段，同样地，消费者与品牌的关系也会经历动态的发展轨迹，从接触、相识、逐渐熟悉、加深了解并最终达成信赖。消费者与品牌关系的动态发展过程呈金字塔的层级关系，分别是品牌识别、品牌含义、品牌反应和品牌关系，随着双方关系由疏离到亲密，品牌关系也逐渐变强。首先，消费者知道该品牌的存在，并且已经是消费者的选择之一；然后发展为，该品牌对消费者有价值，消费者愿意购买该品牌；进一步，消费者主动与品牌沟通交流；最后，消费者向别人积极推荐该品牌并成为品牌忠实者。在这一过程中，消费者与品牌的关系水平逐步深入强化。

Franzen 将品牌关系的发展分为五个阶段：无品牌使用经验、使用一次或多次购买、品牌成为备选、经常购买、品牌忠诚。我们也可以根据消费者忠诚的程度将品牌关系发展阶段分为品牌试用、品牌喜好、多品牌忠诚、品牌忠诚和品牌沉溺，此过程涵盖了品牌关系的建立和维持阶段。

品牌关系还有可能经历破裂的过程，甚至有可能需要修复从而重塑品牌形象，度过危机。有学者提出品牌关系的发展过程就可能经历品牌受到关注、消费者与品牌相互熟悉、共同成长、相互陪伴、关系断裂和关系复合六个过程。

总而言之，品牌关系的发展是一个动态而逐步深入的过程，企业必须致力于持续发展和维护品牌关系，将这种关系发展推到最高的层次，并且应避免关系出现恶化。正如同人际关系，如果双方疏于维系或者客观因素有变，朋友关系就会变得疏远，友谊就会终止，新朋友就会代替旧朋友。

11.1.4 品牌关系的类型

消费者与品牌关系的类型是品牌关系研究的重要内容，目前，品牌关系类型包括互动论、角色论和交换论。互动论是指不同的互动会产生不同的品牌关系形态；角色论是指不同的角色将导致不同类型的品牌关系，它主要研究品牌关系是在什么角色的关系上建立起来的；而交换论则主张关系是一种交换，关系交换的基础决定了关系形态。

1. 互动论

Fournier 首次通过深度访谈研究发现人际关系理论在消费者与品牌关系领域的适用性，提出了描述品牌关系强度的 7 对维度：自愿与被迫、深入与肤浅、正式与非正式、长期与短期、对等与不对等、积极与消极、公开与私下；经过探索性分析得到了 15 种消费者与品牌关系的形态：普通朋友、忠实伙伴、包办婚姻、分场合的友谊、轻率的婚姻、求爱、亲缘、依赖、回避、最佳友谊、童年友谊、敌对、短期尝试、奴役关系和秘密关系，将这 15 种关系形态归纳为四种关系类型：友谊、婚姻、暗面关系和暂时导向关系。

2. 角色论

角色论实质是探讨品牌关系建立于何种角色。在品牌创立的最初阶段，品牌只是判断产品质量的参照物；随着营销人员在品牌中增加了情感成分，品牌逐渐发展出品牌个性；当品牌与消费者建立起密切的联系，品牌可以视作一个偶像；后来，消费者变得更加容易受企业营销活动的影响；最后，品牌可以视为企业的代表，在社会责任中要承担更多的责任。

如本书前文所述 Jenniffer L. Aaker 提出品牌个性包括真诚、激动人心、能力、精细和粗犷五个维度；品牌个性的五个维度的人际关系角色决定了五种品牌关系。其中，真诚个性的品牌往往与消费者建立和睦的家庭成员型关系，激动人心的品牌反映了愉快的聚会朋友型关系，能力品牌代表尊敬的商业领袖型关系，精细的品牌形成权势的上司型关系，粗犷的品牌则容易与消费者建立依赖的伙伴关系。比如，一位年轻有为的经理早上去上班，他自豪地穿上 Armani 西服，因为他感到该品牌符合他高贵的身份，而到了晚上与朋友聚会时，他便穿上 Levi's 牛仔裤与 Polo 衬衣，从而显得更具活力和与众不同，消费者与品牌的关系取决于品牌在顾客人际关系中起到的作用。

3. 交换论

交换论采用社会交换的观点，主张关系的基础是交换，交换基础决定了关系形态。Aggarwal 将品牌关系划分为交换关系和亲密关系两种形态。交换关系的动机是取得回报，主要表现在陌生人之间和企业伙伴之间；而亲密关系则超越了仅强调自身利益的交换，更注重对他人的关心和他人需要的满足，主要表现为家族关系、浪漫关系和友谊，通常发生于朋友、家庭成员或情侣之间。两种关系的建立基础不同，交换关系以互惠为基础，亲密关系是以情感为基础。

11.1.5 品牌关系的结构

除了品牌关系的概念和类型，品牌关系的结构也是品牌关系的重要内容，明确品牌关系的结构，能够为企业提供评估、维持和强化消费者与品牌关系的依据，目前，西方学者提出了以下几种品牌关系结构。

1. 二因素论

品牌依恋和品牌承诺是品牌关系的两个重要方面。品牌依恋是消费者对品牌特殊的情感纽带关系，就是消费者对品牌强烈的情感依附，品牌承诺是品牌对消费者所做的关于功能利益和情感利益的承诺。例如，海尔品牌根据自己的能力对消费者做出承诺，起初以"砸冰箱"告诉消费者它的质量好，后来又以服务创品牌，很好地履行自己的服务承诺。正因为有了消费者的品牌依恋和品牌对消费者的承诺才形成消费者与品牌之间积极的互动关系，构成良性循环的品牌关系。

2. 三指标论

南非 Markinor 市场调查研究公司于 1992 年开展的"顶级品牌大调查"的研究中发现品牌关系分值包括知名度、信任度和忠诚度三个维度。

3. 六要素论

哈佛商学院助理教授 Susan Fournier 提出用品牌关系质量来全面衡量品牌关系的强度、稳定性和持续性。品牌关系质量包含六个维度：相互依赖、爱与激情、个人承诺、自我联结、亲密感情和品牌伴侣质量。

4. 八指标论

1999 年美国营销学者 Tom Duncan 和 Sandra Moriarty 从企业实际运作的角度提出品牌关系的八个评价指标：可信度、接触点、一致性、知名度、回应度、亲和力、热忱心与喜爱度来评价。但由于这些指标来自于两个管理顾问的经验，缺乏逻辑性和实证检验，因此更适合企业日常的管理。

5. 五级金字塔模型

　　品牌关系要经过认知、认同、关系、族群、拥护等五个阶段才得以形成。五级金字塔模型是依据品牌关系发展的五个过程而构建的，包括品牌接触、品牌体验、品牌承诺、品牌共鸣和品牌强化五部分。品牌接触是构建品牌认知的基础平台；品牌体验是品牌认同的催化剂，它通过满足消费者物质和情感的需求，为顾客带来难以忘怀的感官和心灵体验来激发顾客的购买欲望；品牌承诺是将品牌的功能利益和情感利益传达给消费者，从而使消费者对品牌产生共鸣；品牌共鸣是最能打动消费者的，消费者在心理和情感上对品牌的价值观产生认同；品牌强化是品牌经营者不断从心理、行为、态度、情感方面对消费者实施正强化从而最终产生品牌忠诚。耐克"Just do it"的口号为美国人带来了坚持体育运动、锻炼身体的动力，同时该口号也鼓励顾客无所畏惧、敢闯敢为的拼搏精神，从另一方面讲，"Just do it"更是一种精神口号，消费者感受到的这些积极的信息的影响，产生心灵上的共鸣，从而帮助耐克品牌在市场竞争中脱颖而出。

联想与消费者的马斯洛需求层次的品牌关系

　　联想集团位于2012年全球企业第370强，成为全球个人电脑市场的领导者，其秘笈在于与顾客建立一张坚实的关系网。根据"马斯洛的需求层次理论"，联想认为，顾客的需求是不断发展的，随着较低层次的需求得到满足，顾客就会追求更高层次的需求。联想紧跟顾客需求的变化，不断提升关系层次，获得了越来越大的竞争优势和市场潜力。

　　首先是财务层次，这也是顾客需求的最低层次，联想主要通过价格的优惠或免费奖品等来吸引顾客。其次是社交层次，联想重视企业与顾客之间的社交联系，要求企业强调定制化的服务，尽力将顾客转化为常客。如主动与顾客保持联系，了解顾客的需求，企业可以及时发现服务差错，了解竞争对手的动向。最后是结构层次，是品牌与顾客关系的最高层次。联想通过增加技术投资，利用高科技成果，及时收集顾客需求信息，精心设计服务体系，为顾客提供个性化服务，使顾客得到更多的价值和利益。同时，联想重视在各个环节与顾客保持联系，在购买前，联想通过广告宣传、产品发布会、展会、巡展等吸引顾客；在购买阶段，联想不仅提供售中服务，而且帮助零售商店营业人员掌握产品知识，从而更好地为顾客服务，联想还推出家用电脑送货上门服务，帮助用户安装调试等；在售后阶段，联想设立顾客投诉箱，认真处理顾客投诉，虚心接受消费者意见，积极采取补救措施。联想还经常举办"电脑乐园""温馨周末"等活动，向消费者传授电脑知识，解答疑惑。这种层级式的品牌关系模式大大提高了顾客的满意度，给消费者设置了较高的转换壁垒，大大保留了忠诚顾客。

（资料来源：http://www.admaimai.com/zhishi/third.aspx?qid=15615）

11.2 品牌关系质量

11.2.1 品牌关系质量的内涵

品牌关系质量是判断品牌关系是否良好的重要指标，Fournier 认为品牌关系质量是"品牌与消费者之间关系的强度与深度"。品牌关系质量用来衡量品牌关系的深度与持续性，实质就是对品牌关系的好与坏、是否稳定和持久的一种衡量。品牌关系质量包括关系的强度和时间长度两个部分；关系强度包括亲密性、排他性和信任度；关系时间长度则体现承诺和忠诚，对品牌给予更多承诺和对品牌越忠诚的顾客，品牌关系的持续时间越长。

11.2.2 品牌关系质量的构成

Blacksto 通过研究消费者与品牌的关系发现，良好的品牌关系都具有两项元素：顾客对品牌的信任和满意。顾客对品牌的信任程度可从两个方面进行量度：品牌因素和关系因素。品牌因素是顾客主观上对产品质量、品牌能力和公司声誉的评价；关系因素是顾客对于"品牌对我好"的主观评价。而顾客满意度可以从品牌感知质量得到体现。

在品牌关系质量的构成维度划分方面，Fournier 的研究比较具有影响力，他将品牌关系质量划分为相互依赖、爱与激情、个人承诺、自我联结、亲密感情、品牌伙伴质量六个方面。相互依赖是指消费者与品牌的相互依赖程度，顾客与品牌频繁互动，并且扩大互动的范围和深度；爱与激情是指品牌和消费者关系之间情感联系的强度和深度，代表品牌对消费者具有强烈的吸引力和影响力，而且消费者对品牌有依赖的感情；个人承诺指消费者对致力于维持关系的持续性与稳定性的意图；自我联结是指消费者使用品牌构建、强化及表达个体性或社会性自我的程度；亲密感情基于消费者对品牌的绩效有信心，认为该品牌不可替代，并且优于其他竞争品牌；品牌伙伴质量包括消费者对该品牌的评价及消费者感受的该品牌的态度。

"出淤泥而不染"的三元牛奶

顾客的信任和满意是建立良好品牌关系质量的重要因素。2008 年 9 月，由三鹿奶粉引发的三聚氰胺事件引起各国的高度关注和对乳制品安全的担忧，随着中国国家质检总局对国内乳制品生产厂家生产的婴幼儿奶粉的质检报告的公布，该事件迅速恶化，包括伊利、蒙牛、光明、圣元及雅士利在内的 22 个厂家都检出三聚氰胺，国家质检部门抽检蒙牛产品 121 批次，11 批次检出三聚氰胺；抽检伊利产品 81 批次，7 批次检出三聚氰胺；抽检光明产品 93 批次，6 批次检出三聚氰胺。该事件重创中国乳制品制造商信誉。而抽检三元产品 53 批次，53 批次均未检出三聚氰胺。

在此次三聚氰胺风波中，三元牛奶经受住考验，可以说是"出淤泥而不染"，在四大国产知名乳制品品牌中一枝独秀。三元始终坚持生产优质产品的理念，卓越的产品质量是三元品牌对消费者的承诺，北京市民几乎每天都能在电视上看到葛优为三元牛奶代言的广告："欧盟的标准、首都的品质，喝了几十年，还是认三元。"而此次的危机事件，正如乳制品行业的"试金石",使得三元品牌熠熠闪闪,人们更加信赖三元牛奶的品质,并对三元品牌产生顾客满意和忠诚,三元与消费者的关系得到了正面强化。可以说,在北京,几乎每家每户都会选择三元的奶制品,三元的市场占有率遥遥领先,北京市民都是三元的忠诚顾客。

(资料来源:根据网络资料整理)

11.3 品牌关系利益

品牌关系利益是消费者与品牌在维持关系中获得的利益。消费者 70% 的购买决策取决于与企业的相互交往,而仅仅 30% 取决于产品属性,了解消费者的关系利益能够帮助企业深入理解客户的需求,并提供对消费者有价值的产品或服务,对于提升品牌资产和形成品牌核心竞争力具有重要的现实意义。

11.3.1 品牌关系利益的含义

品牌关系利益的概念源于关系利益。关系利益是关系双方都能够从保持的长期关系中获得的利益。早期的关系利益的关注点大多从企业出发,讨论这种关系能够为企业带来的利益。近年来,随着市场主导权逐渐向消费者转移,该领域的关注点已经转移到长期关系给消费者带来的利益。消费者从品牌关系中获得的利益包括两个方面:企业提供的产品或服务本身的功能利益,包括产品或服务的性能、服务质量、价格等与之直接相关的利益;也指消费者从这种关系中获得的社交的、心理的和情感利益等。

目前营销学界普遍接受的品牌关系利益的定义是"消费者从与品牌的长期关系中获得的除产品或服务核心利益之外的那些利益"。

11.3.2 品牌关系利益的构成

消费者在长期建立并维持与品牌的关系中,主要获得的利益包括:信任利益、情感利益、身份象征利益和自我表达利益。

1. 信任利益

信任利益是消费者对品牌的认同,信赖感和购买决策风险的降低。信任利益能够降低消费者的焦虑感并增加舒适感,提升消费者的安全感,面对消费环境的不确定性,消费者通过以往的购物经历,对某个品牌的产品和服务有了充分的了解,能够节约消费者搜集信息和评估选择其他品牌的时间,简化消费选择,降低交易成本,降低决策时的心理压力。比如消费者习惯了 iPhone 手机的产品功能,如语音拨号、键盘和系统,突然让他们换用三星手机,他们就会感觉非常不适应,而且下意识地比较各个品牌的性能,这让消费者觉得非常痛苦,他们不愿意浪费时间和精力,更不愿意去承担购买一个不了解的品牌产品可能造成的损失。

2. 情感利益

情感利益是消费者对品牌的亲切感和依赖感,精神的愉悦,以及人际关系等情感方面的利益。品牌作为一个对关系做出积极贡献、为消费者带来利益的关系伙伴,与消费者建立品牌关系的基础是情感和感情。因此,情感利益是驱动消费者维持关系的关键要素之一。在品

牌关系的双向沟通过程中，消费者主动搜集品牌相关的信息以增进对品牌的了解，从而产生对品牌的亲切感；反过来，品牌还会主动搜集市场反馈信息，消费者感到自己的意见或建议被重视和采纳，从而感到被尊重和认可，并最终对品牌产生积极的情感。情感利益主要包括亲切感、依赖、品牌对个体的认可和尊重、归属感、精神享受、社会支持和友谊。比如星巴克会培训店员记住会员的偏好，在每次点单时为他们提供个性化的服务，在这个过程中让消费者对星巴克产生亲切和依赖，产生对品牌的认同。

3. 身份象征利益

身份象征利益指消费者通过与品牌建立、维持长期关系获得自尊、赢得面子、得到社会认可而获得的心理满足和愉悦感。消费者有时购买或使用某个品牌是因为该品牌能够提升自己在别人眼中的形象，表达自己的某种特质从而突显自己的与众不同，比如职场女性在正式场合穿着 OCHIRLY 品牌的商务套装才显得正规合体，20 多岁的女孩子穿着 maschino 品牌的服装显得年轻活泼可爱，更符合年龄身份。另外，在中国文化背景下，"面子"是中国消费者行为的重要动机，如果品牌能够象征消费者的社会地位，为顾客带来"面子"，就会为顾客带来极大的心理满足和愉悦感，顾客对品牌产生忠诚，愿意溢价购买并维持与品牌的关系；反之，如果"丢了面子"会让消费者感到痛苦并导致品牌关系的终止。

4. 自我表达利益

自我表达利益是指消费者借助品牌关系表达自我的个性特质、价值观和特性。当某个品牌的象征意义与消费者的自我特性匹配时，消费者就愿意选择该品牌，并愿意建立并维持与该品牌的关系，消费者通过购买和使用某个品牌来表现自我风格和特色。例如，互联网公司的程序员小王喜欢用 IBM 的产品，因为 IBM 给人的感觉是严谨、高端和专业，使用 IBM 的产品有助于表达他的敬业精神和一丝不苟的品质。

11.4 品牌社区

11.4.1 品牌社区的含义

品牌社区是指一个特定的、不受地域限制的，基于同一品牌的崇拜者之间结构化的社会关系而自发建立的社区。社区内的消费者会组织起来（自发或由品牌拥有者发起）通过某种仪式，形成对品牌标识图腾般的崇拜和忠诚。

品牌社区突破了传统社区意义上的地理区域界限，是以消费者对品牌的情感利益为联系纽带。简单地讲，品牌社区就是一群品牌用户的聚合，聚合的基础是他们对品牌的忠诚度和品牌提供的产品和服务。这样的社区与其他社区不同，在这样的社区里，消费者不仅分享对品牌的忠诚度，还遵守共同的规则，有共享的道德义务。社区内的消费者对品牌有相同的认同，能够彼此分享品牌所倡导的价值观。消费者感到品牌的理念与自身的价值观、人生观相契合，这种共同的价值观有助于消费者产生心理共鸣，从而引发消费者的归属感，这种归属感能够提高品牌忠诚。品牌社区的核心是共享意识，在品牌社区中，消费者能够从其他有影响力的消费者身上获得知识和技能方面的提升，并能够进行精神交流，分享有趣的体验，获得精神上的享受和愉悦，并缓解工作与生活中的压力和紧张感，消费者甚至能够就自己感兴趣的话题进行交流，获得他人的认可和支持，甚至建立友谊。品牌社区对企业的重要之处在于，消费者参与品牌社区不仅能够影响他们学习、记忆、分类和传播产品信息，而且也能够影响顾客的购买行为和价值。

哈雷·戴维森的HOG

1983年，哈雷·戴维森公司濒临倒闭。25年后，哈雷·戴维森以高达78亿美元身价跻身全球品牌前五十。哈雷凭借精湛的手工工艺制造、卓尔不群的设计理念、自由奔放的文化征服了无数哈雷一族。如果说劳斯莱斯是汽车的翘楚，人头马是葡萄酒的象征，皮尔·卡丹是时装的代名词，那么哈雷·戴维森无疑是世界摩托车领域的经典。哈雷公司之所以能够扭转乾坤就是因为它建立了品牌社区。

哈雷·戴维森于1983年成立的哈雷车主会(Harley Owner's Group, HOG)满足了骑手们分享激情和展示自豪的渴望。他们每年都举行HOG集会，切磋技艺，传授、分享彼此的驾车体验。1985年，49家地方分会在全美生根发芽；迅速发展的势头一直持续。1991年，第一次欧洲HOG集会在英格兰切尔滕纳姆举办，HOG正式成为国际性的组织，拥有685家地方分会和151 600名全球会员；随后，HOG发展到亚洲，新加坡和马来西亚都成立了新的分会；1993哈雷90周年庆典时，哈雷HOG注册会员已经达到200 000人，这一年的哈雷90周年庆典活动参加人数达到10万人；1999年，全球会员数量突破50万人大关，地方分会近1 160个；今天，超过1 000 000的会员人数让HOG成为世界上最大的摩托车组织，而且它的规模还在不断成长。至此，哈雷已经不再是摩托车的代名词了，它作为一种生活方式已经深入人心。同世界上其他著名品牌爱好者一样，世界各地的哈雷车迷们已经超越了时间和空间距离，形成了"哈雷"品牌社区。

哈雷·戴维森重整旗鼓的秘诀就是鼓励消费者亲身体验并分享快乐，创造HOG集会，让消费者决定哈雷未来的前进方向，可以说，哈雷·戴维森是建立品牌社区获得竞争优势的成功典型。可见，建立强大的品牌社群，有助于获取顾客的忠诚，提高营销效率，加强顾客对品牌的信任，提升品牌资产，形成品牌核心竞争力。

（资料来源：http://www.zclw.net/article/sort015/sort023/info-77706.html）

11.4.2 品牌社区的特点

品牌社区具有以下几个特点。

1. 社区成员都认同相同的价值观

崇拜某一品牌是因为该品牌的象征意义与消费者的个性特征相契合，品牌代表了这一群消费者同样的价值观和生活方式，因此品牌社区的成员都共享某种价值观，并具有强烈的归属感。哈雷·戴维森摩托车代表"自由、独立、剽悍、男子汉"的形象和无所畏惧、特立独行的勇者精神，这种价值观与当时美国的年轻人追求刺激、叛逆的性格不谋而合，许多人以拥有这种摩托车为荣。不论是好莱坞的明星大腕，F1赛车手，甚至商界和政界要员无不以哈雷为乐、以哈雷为荣,哈雷是他们的精神依托和价值取向。社区成员只要一开始对某个品牌产生了认同,就会形成品牌忠诚,并对其他的品牌产生排斥。

2. 社区成员拥有共同的责任感

社区成员都有一种责任感,包括吸收符合社区规定的成员进入社区,以及帮助其他有困难的社区成员、资源共享、对品牌主动宣传、对品牌提出建议、参与产品设计等方面,这种道德责任感是一种自发行为。例如,吉普车爱好者对同样开吉普车的人有某种特殊的亲近感,如果他们在公路上碰到开吉普车的人时会闪一闪灯打招呼示意,对遇到抛锚的吉普车主会优先帮忙,在吉普公司的野营会上,那些多年开着吉普车,对驾驶、保养和修理有独到经验的成员会无私地把他们的技巧和心得传授给新成员,共同切磋技艺,经过吉普公司自己进行宣传的效果远比不上这种品牌社区的非正式渠道传播效果好。经过野营会后,这些成员会建立私人关系,从而使他们对品牌社区的忠诚更加牢固。

3. 社区成员共享某种仪式、象征与传统

仪式、象征和传统是社区文化的具体表现形式。以哈雷·戴维森摩托车为例,哈雷的HOG都有他们识别成员与非成员的标识,如服装、发型和文身等,这些个性鲜明的标识如图腾般受到社区成员的崇拜。在品牌社区中,消费者常常使用某种象征符号作为构建他们群体认同的身份象征。

4. 社区成员主动参与社区活动,分享经验

品牌社区常常通过举办社区活动来联系品牌与顾客,为消费者提供平台表达他们对品牌的想法和感受,与其他人分享品牌使用的经验。比如,哈雷·戴维森的HOG每年都举行成员的集会,成员们彼此切磋驾车技艺,传授、分享驾车体验。这些活动可以是围绕品牌展开的,也可以是顾客之间开展的仅基于共同爱好和兴趣、与品牌无关的活动。这些活动既减少了社区成员搜集信息的成本,又满足了顾客社交和情感的需要。

11.4.3 品牌社区的演进

品牌社区的演进经历了以下几种形态模型。

1. 传统品牌社区模型

该模型主要强调品牌与消费者之间的关系。消费者把品牌看作是企业对产品的功能价值和情感价值的承诺和保证。同时,随着消费者的需求不断变化,需要随时调整品牌的定位,该模型强调消费者在品牌社区中的核心地位,品牌是产品核心价值的载体,品牌的发展应始终以顾客需求为导向。

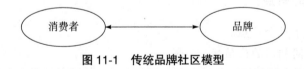

图 11-1 传统品牌社区模型

2. 品牌社区三角关系模型

该模型强调以品牌为媒介的消费者之间的关系。随着产品的差异化越来越小,消费者不再仅仅关注产品的功能价值,他们更关注其带来的象征意义和情感利益。社区成员间的交流满足了顾客的社交需求,成员之间共同的价值观和体验使他们产生心理共鸣,从而使他们对社区和品牌产生强大的情感依附,他们从中获得的情感利益远远大于功能利益。三角关系模

型突破了传统的"消费者—品牌"关系模型中的单一维度，更加注重"消费者—消费者"之间的关系。

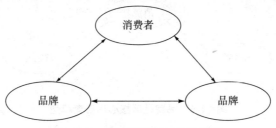

图 11-2　品牌社区三角关系模型

3. 品牌社区利益相关者模型

该模型是在三角关系模型的基础上提出的泛化的品牌社区模型，认为一切与品牌有关的利益相关者，如员工、顾客、股东、供应商、战略伙伴及其他利益相关者，都应包括在品牌社区内。良好的品牌形象是品牌社区存在的基础，获得利益相关者的支持可以提升品牌的吸引力，提高品牌形象及声誉。品牌社区利益相关者模型有机地整合了品牌所面对的众多影响因素，旨在通过建立和维持品牌与各方面的和谐关系，为品牌的健康发展提供稳定健康的环境。

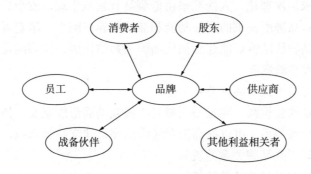

图 11-3　品牌社区利益相关者模型

4. 品牌社区核心消费者模型

该模型强调了品牌、产品、消费者、营销者均为品牌社区的重要组成要素，并将消费者—企业、消费者—产品、消费者—品牌、消费者—消费者这四类关系均纳入品牌社区的范畴。该模型主要突出了消费者在品牌社区中的核心联结作用。根据新产品扩散理论，核心消费者在品牌宣传过程中往往会起到舆论领袖作用，忠诚的顾客是企业利润的主要来源，他们是企业生存和发展的基础。因此，品牌社区核心消费者模型关注消费者的核心地位，对于品牌的发展具有重要的战略意义。

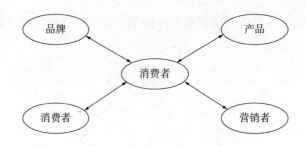

图 11-4　品牌社区核心消费者模型

11.4.4　品牌社区的意义

在如今越来越激烈的市场竞争中，仅依靠产品和市场定位吸引消费者眼球使企业越来越乏力，这种产品优势很容易被竞争者模仿和超越。企业的核心竞争力应该建立在拥有高忠诚度的顾客和完美的消费体验上。这种对关系和特殊体验的诉求可以通过加强和完善消费者与品牌的关系来实现，而品牌社区正是为营销实践者提供了一种帮助企业加强与完善消费者的关系的新思路。建立品牌社区有以下几方面意义。

1. 建立品牌社区有利于提高顾客满意度

按照马斯洛的需求层次理论，人的需求由低到高分别从生理、安全、社交、尊重到自我实现递进。如今，随着品牌所提供的产品功能利益的差异在缩小，消费者更注重品牌的社会价值和情感价值。而品牌社区恰好能起到强化品牌关系的作用，能够满足顾客对社会交往的需要，从而能够提升顾客满意度。

2. 建立品牌社区有助于提高品牌关系质量

品牌作为品牌关系的建筑师，通过与消费者积极互动而形成坚实、持久的关系。品牌社区通过建立与顾客的情感关系，可以提高消费者满意度，建立品牌忠诚，品牌社区作为维系消费者的有效措施可以提高品牌关系的质量。

3. 建立品牌社区有利于提升品牌资产

首先，品牌社区可以促进成员之间的信息交流，会提高品牌的知名度，让消费者更充分地了解品牌，从而提高消费者的购买意愿。其次，品牌社区中的共享价值观、象征、仪式及社区文化能够为顾客带来情感利益，并诱使顾客产生良好的品牌联想。最后，品牌社区增强了顾客之间的情感联系，加快正面口碑传播速度，提高整体的顾客忠诚。

11.4.5　品牌社区的建设与管理

品牌社区建立的初始阶段大多是自发的、少数人参与的，随着社区对消费者购买决策的影响越来越大，更多的消费者开始加入品牌社区。因此，首先企业应善于发现这些品牌社区的"雏形"，并对他们进行有意识的扶植和培养。国外的一些具有影响力的品牌社区，如Michelin 轮胎，Zippo 打火机等，都是企业在刚开始有意栽培的品牌社区，他们注重社区共享价值、仪式、传统及责任感的建立，从而吸引更多的品牌爱好者加入社区。打造品牌社区应关注以下几个方面。

1. 打造品牌社区文化

塑造品牌社区文化应该从三方面考虑：共享的价值观、共享仪式和共享的道德责任感。首先，社区成员应共享同一种价值观。消费者行为研究发现，具有共同的人生观、价值观和生活方式的消费者在选择品牌时具有趋同性。在品牌社区中，成员共享的价值观是其存在的根本前提，也是衡量品牌社区差异性的标准，不同的品牌社区有不同的文化。消费者一旦对某个品牌形成认同，就会很快地融入该品牌社区中去，并对品牌产生忠诚。其次，社区成员应共享某种仪式。仪式是品牌社区文化和价值观的体现形式，仪式对于品牌社区非常重要，它会赋予品牌社区以持久性，品牌社区需要通过仪式来宣告它的存在、并推动其发展。仪式可以强化品牌社区成员的共同价值观，增强社区成员间的凝聚力。最后，社区成员应具备共同的道德责任感。社区成员应具有自发的责任感，积极吸收符合规定的新成员，帮助其他成员解决产品使用过程中遇到的问题，相互切磋使用方法，与其他社区成员交流和沟通，分享品牌使用体验和经验。共同的道德责任感会使新成员更快地融入社区中，并使老成员对品牌社区的忠诚更加牢固。

2. 关注"焦点消费者"

焦点消费者是指品牌忠诚度最高的那一部分消费者，他们是品牌社区的中坚力量。他们之所以成为焦点消费者，首先，产品所带来的效用必须能满足他们的需要，品牌形象和品牌所表达的文化和价值观必须得到焦点消费者的认同。焦点消费者在品牌社区中往往起到"意见领袖"的作用，许多潜在消费者正是受到这些焦点消费者的影响，才决定开始接触和使用该品牌。

3. 运用体验营销策略来经营品牌社区

未来学家阿尔文·托夫勒在《未来的冲击》中将人类经济的发展历史划分为三个阶段，分别是产品经济时代、服务经济时代和体验经济时代。Joseph Pine II 和 James H. Gilmore 也在《哈佛商业评论》中称"体验式经济时代已经到来"，并认为产品的经济价值已由商品、服务阶段演变到体验阶段。以往，消费者更多关注的是产品的功能利益，如产品的价格、质量等，而在体验经济时代，消费者需求重心已转移到消费体验是否愉悦等情感方面。而品牌社区的产生正是对消费行为转变的一种响应。品牌社区可以为消费者带来多种体验，体验可以划分为感官体验、情感体验、思考体验、行动体验和关联体验等方式。在实际应用中，企业可以运用多种体验营销策略，如感官营销、美学营销、情境营销、情感营销、参与营销等，发挥它们的整合效应，通过给消费者传递不同凡响的品牌体验来提高消费者忠诚度，塑造品牌的竞争优势，提高品牌竞争力。

在体验营销方面，可以借鉴很多品牌的成功案例，比如星巴克咖啡店弥漫的高雅、亲切和舒适的氛围远远超过咖啡本身的产品体验，起居室般的家居摆设、典雅的色调和浓浓的咖啡香使每一位消费者都沉浸其中，所以，即使星巴克的咖啡价格高出一倍，人们还是会乐此不疲地光顾。星巴克充分调动了消费者的视觉、听觉、触觉和嗅觉等感官体验以使自己与其他品牌区别开来，激发消费者购买动机，增加品牌的附加价值。

本章小结

品牌关系是品牌研究的新领域，它是消费者对品牌的态度和品牌对消费者的态度双向的互动过程，对提升品牌核心竞争力具有重要作用，是实施品牌战略的重要内容。品牌关系具有因果性、矢量性、瞬时性、独立性等特点。同人际关系一样，消费者与品牌的关系也会经历动态的由接触、相识、逐渐熟悉、加深了解并最终达成信赖的过程。目前学术界对于品牌关系的类型多从互动论、角色论和交换论三个视角进行阐述。对于品牌关系的构成，营销学界有二因素论、三指标论、六要素论、八指标论和五级金字塔模型。

品牌关系质量是判断品牌关系是否良好的重要指标，是品牌与消费者之间关系的强度与深度，包括关系的强度和时间长度两个部分内容。品牌关系利益是指顾客从与品牌的长期关系中获得的除产品或服务核心利益之外的那些利益，包括信任利益、情感利益、身份象征利益、自我表达利益四部分。

品牌社区是营销学科较新的概念，它指一个特定的、不受地域限制的、基于同一品牌的崇拜者之间结构化的社会关系而自发建立的社区。社区成员都认同相同的价值观和共同的责任感，他们共享某种仪式、象征与传统，并主动参与社区活动，分享经验，品牌社区有助于提高顾客忠诚度，提升品牌资产。品牌社区形态的演进经历了传统社区模型、品牌社区三角关系模型、品牌社区利益相关者模型到最终的品牌社区核心消费者模型的演进过程，品牌社区概念的提出为企业营销者提升顾客满意度和忠诚度，以及提升品牌关系质量等方面都提供了新思路。

关键概念

品牌关系　品牌关系质量　品牌关系利益　品牌社区

案例分析

地球人无法阻止的海底捞

海底捞是一家以经营川味火锅为主的民营餐饮企业，经过19年艰苦创业，逐渐从一个不知名的小火锅门店，发展成为在北京、上海、西安、郑州、天津、南京、沈阳等全国多个城市拥有五十多家直营店，在2008年5月12日被中国烹饪协会授予"中华名火锅"的荣誉称号。

海底捞每150个顾客中就有130个是回头客，超高的顾客满意度是海底捞成功的王牌之一。海底捞总能让顾客找到上帝的感觉，"顾客至上、服务至上"一直都是海底捞的经营理念，以创新为核心，改变传统的单一化、标准化的服务模式，提倡个性化的特色服务，致力于为顾客提供贴心、温心、舒适的服务，赢得了社会和消费者纷至沓来的赞誉和认可。

海底捞把"服务好每个客户"作为一种信念，并切实践行，体现在整个服务流程中的每个细节。等位区里人山人海是海底捞最常见的场景。但是海底捞却让原本痛苦的等待过程变成一种愉悦的体验，海底捞总是预先考虑顾客需要什么，提前为他们准备好。顾客等位时可以食用免费的水果、饮料、零食；还可以和朋友打扑克牌、玩儿桌游；或者到餐厅上网区浏览网页，甚至还可以享受免费的美甲、擦皮鞋。海底捞让原本无聊的排队等候无形当中变成一个服务招牌。不让等候的顾客流失，从而有效地挽留客源，有效地提升了海底捞的营业额。海底捞的服务不仅为顾客解决问题，而且还让顾客心情愉悦，为顾客带来宾至如归的美妙感觉。

火锅店铺之间产品的价格和质量几乎无差异，但服务的质量大相径庭。除了等位服务之外，在点菜、就餐期间，海底捞也无处不体现出服务的细节。待顾客坐定点餐时，围裙、热毛巾已经一一奉送到顾客眼前了，服务员会主动询问顾客是否需要豆浆或茶水，赠送免费的水果和果冻，并把菜单和纸笔放在餐桌上。细心的服务员还会为长发的女顾客递上皮筋和发夹，以免头发垂落到食物里；戴眼镜的顾客可以得到擦镜布，以免热气模糊镜片；当服务员看到顾客把手机放在台面上，会不声不响地拿来小塑料袋将它装好，以防油污。在顾客点菜期间，很多顾客为了面子特别是在请朋友吃饭的时候，会点很多的菜品，换成一般的餐饮店，客人点的菜越多越好，但海底捞的服务员会对客人进行善意的提醒，让客人感觉很温暖，面子上也过得去，让顾客感觉到店家为自己着想，更增添了对海底捞的好感。海底捞在店内建立了专供儿童玩乐的场所，这样做是让带儿童前来就餐的父母们能够专心用餐，而不用担心小孩破坏就餐的氛围，甚至海底捞的服务员还可以带这些小孩玩，喂饭给小孩吃，充当起了这些孩子的临时性"保姆"。海底捞员工还亲自为过生日的顾客送上生日蛋糕和祝福，使顾客感到被爱和被尊重。诸如此类的例子数不胜数，海底捞待客之道可谓深入人心。海底捞员工设身处地为顾客着想，以顾客的眼光来看待各项服务。他们不仅是被动地解决顾客的问题，更努力对顾客需要、期望进行充分的了解，注重与顾客的情感交流，想顾客所想，与顾客积极互动，最大限度地满足顾客需要，充分发挥餐厅员工的主观能动性，提供量身定制的服务，真正满足顾客的尊荣感和自我价值，充分满足顾客的情感需求。给予员工最大的做主权利，海底捞的这些服务细节恰恰是最能打动顾客的地方，并使顾客与海底捞产生情感共鸣。

(资料来源：黄铁鹰《海底捞你学不会》2011 中信出版社)

案例思考

1. 试分析在本案例中，海底捞是如何通过服务细节来打动消费者的？
2. 海底捞的成功案例为国内其他同类企业培养与顾客良好的关系带来哪些启示？

思考题

1. 简述品牌关系的定义和发展过程。
2. 品牌关系的特点有哪些？
3. 简述品牌关系质量的定义。
4. 简述品牌关系利益的定义，说明品牌关系利益包括哪几个方面，并举例说明。

5. 什么是品牌社区?
6. 简述品牌社区概念的演进模型。
7. 简述品牌社区对于营销实践的意义。

第12章 品牌资产

学习目标

在企业的品牌竞争中,品牌资产起到了十分重要的作用。通过本章的学习,了解品牌资产的含义,企业在激烈的市场竞争中如何建立强势品牌资产,掌握品牌资产评价的各种方法,以及如何主动维持和加强基于消费者的品牌资产。

12.1 品牌资产的含义

品牌资产（brand equity）是 20 世纪 80 年代出现的最流行和最有潜在价值的营销概念之一。然而，对品牌资产概念的理解却因人而异，有的学者称之为品牌价值，有的学者称之为品牌权益。国际知名的权威品牌专家 David A. Aaker 认为：品牌资产是指"与品牌、品牌名称和品牌标识等相关的一系列资产或负债，包括品牌忠诚、品牌认知、感知质量、品牌联想、其他专有资产（如专利、商标、渠道关系等）五个方面。斯坦福商学院的终身教授 Kevin L. Keller 认为，品牌的企业价值来源于其品牌对消费者的价值，即所谓的基于消费者的品牌权益。

尽管人们对品牌资产看法不同，但是大多数研究者都认为品牌资产应该是品牌所具有的独特的市场影响力。也就是说，品牌资产解释了具有品牌的产品或服务和不具有品牌的产品或服务两者之间营销结果存在差异的原因。下面是一个品牌影响力的典型案例。

也许你不相信，一个普通的足球与贝克汉姆沾上边后身价也会倍增。2004 年夏天，著名球星贝克汉姆在英格兰与葡萄牙的欧洲杯四分之一决赛点球大战上踢飞的那粒点球，被一位西班牙球迷收藏并在网上拍卖，价格达到 1 000 万欧元。在那场比赛中，小贝把那个点球踢到里斯本光明体育场观众席的 Q 排，25 岁的拉科鲁尼亚球迷保罗·卡拉尔随即将球揽入怀中。这个泰国生产的皮球上写有两支球队的名称，还有比赛日期及赛场名。卡拉尔本想将其作为纪念品收藏，但有一天一家英国报纸提出愿以 1.2 万英镑（约 2.2 万美元）的价格收购，卡拉尔突然意识到这是个发财的好机会，于是将皮球拿到互联网拍卖商 eBay 的西班牙网站拍卖，以一欧元的价格起拍，结果这只"金球"价格失控，最终飙升到 1 000 万欧元（约 1 234 万美元）。没有贝克汉姆的品牌效应，很难想象这粒足球在跳蚤市场上的售价能够超过几百美元。

（资料来源：根据网络资料整理）

所谓基于消费者的品牌资产（customer-based brand equity）是指：消费者品牌知识所导致的对营销活动的差异化反应。品牌影响力存在于消费者对品牌的知识、感觉和体验中，也就是说品牌影响力是一个品牌随着时间的推移存在于消费者心目中的所有体验的总和。因此企业进行各项工作的目的就是设法保证消费者对于品牌具有与其产品和服务特质相适应的体验，对于企业营销行为持正面和积极的态度以及对于品牌形象具有正面的评价。该定义有三个重要组成部分：①不同的效应；②品牌的认同；③消费者对营销的反应。首先，品牌资产来自消费者反应的差异。若没有差异产生，该品牌产品就会被看成是其同类产品。竞争更有可能建立在价格的基础之上。其次，这种反应的不同来源于消费者对品牌的认知，因此，尽管受企业营销活动的影响，但品牌资产最终还是取决于消费者对它的认知程度。最后，构成品牌资产的消费者的不同反应，表现在与该品牌营销活动有关的消费者喜好和行为中（如品牌的选择、对广告的回想、对促销活动采取的相应行动或对建议的品牌延伸的评价）。只有建立企业与消费者的互动关系，企业与消费者才能最有效地传递和解读双方所发出的品牌信号，使得品牌信号的信息含量最充分地在企业和消费者之间传递，从而使品牌资产得以生成并在不断演进中增值。

榨菜是我们餐桌上最为常见但也最易被忽视的佐餐食品,消费者在选择榨菜时往往比较随意、不太重视品牌,而整个行业在品牌的塑造方面也相对比较弱。但是,乌江涪陵榨菜集团不甘已有的成绩,在产品质量和品牌塑造上精益求精,开启了榨菜行业的新纪元。

乌江涪陵榨菜成立于1988年,公司成立之后,乌江榨菜产品陆续覆盖全国各地。进入2000年,随着国内经济的发展,市场竞争更加激烈、多变。为了在新的市场竞争形势下进一步巩固领导地位,扩大市场份额,乌江一方面开始走管理标准化道路,在企业内外部、产业链上下游实行标准化管理;同时,乌江集团率先在业内提出要靠打造品牌,提高产品价值和竞争力,巧妙运用文化营销、明星营销与抢占高端媒体资源三大营销策略,加强品牌建设。特别是在抢占高端媒体资源方面,2005年乌江开始投放央视,2007年更是大手笔投放中国最顶尖广告时段——央视招标段,为乌江的品牌传播起到了巨大的推动作用。乌江品牌迅速崛起,飘香华夏。

消费者对标明品牌和未标明品牌的相同产品得出不同结论,是由于消费者品牌知识不同所导致的。而啤酒实验和Intelliquest公司调查所显示的品牌差异,几乎可以在所有的产品中找到。这就有力地证明了消费者对产品性能的感知,很大程度上取决于他们对该产品品牌的印象。换句话说,名牌衣服好像更合身,名车似乎更容易驾驶,大银行里排队时间好像更短等,这些都是特定品牌给消费者留下的印象。

12.2 品牌资产的创建

给产品起一个合适的名字对品牌资产建设固然重要,但是,如果没有相应的营销活动,品牌一样无法树立。建立强势品牌资产,关键在于对品牌价值构成要素的认识和对于品牌建设工具的把握。创建品牌资产的步骤如下:选择品牌元素;设计相关的营销方案;进行整合营销传播;品牌联盟。在全球经济一体化的今天,品牌已成为提高企业核心竞争力的有力武器。因此,面对激烈的市场竞争,如何打造一个强劲的品牌,已成为企业提高自身竞争力的战略性课题。

12.2.1 选择品牌元素

品牌元素(brand element)是指用来识别和区分品牌的有形要素设计。主要的品牌元素有:名称、标识、符号、形象代言人、广告曲、品牌口号、包装和符号。通过对品牌元素进行选择,来强化品牌认知,从而形成强有力的、独特的品牌联想,或者形成正面的品牌判断和品牌感受。选择品牌元素有六条标准。

1. 可记忆性

在消费者购买产品和消费时,该元素能否让消费者很容易记起和识别。例如,李宁体育用品。

2. 有意义性

该元素是否与产品的某些特质有关联，是否能令人想起某种成分或某些品牌使用者。例如，雀巢的"瘦身特餐"（Lean Cuisine）。

3. 可爱性

该元素是否具有美学感染力，在视觉和听觉或其他方面是否具有内在的迷人特性。例如，海尔兄弟（Haier）。

4. 可转换性

该元素能否在相同或不同的类别中引入新产品，它能否跨越地域边界和细分市场增加品牌资产。例如，宝洁。

5. 可适应性

该元素能否被修改或更新。例如，联想 Think Pad 系列笔记本电脑。

6. 可保护性

该元素是否在法律和竞争方面受到保护、很难被仿效。公司能否保住商标权。例如，阿里巴巴。

前三个标准（可记忆性、有意义性、可爱性）可以通过对品牌元素的判断来创建，称之为"品牌建立"，而后三项（可转换性、可适应性、可保护性）更具有"防御"的性质，是关于品牌元素中包含的品牌资产在面对不同机遇和挑战时如何被权衡和保护的。

可能有很多品牌元素可供营销者选择，它们都能不同程度地识别产品。品牌名称是所有品牌元素中最核心的元素。最理想的品牌名称应该做到方便记忆，高度暗示产品等级及特殊利益，富有趣味性，富于创造性，易于转换品类和区域，含义经久不衰，并且在法律和竞争力上都能获得强有力的保护。因此，企业通常需要聘请市场调研公司，采用大量与名称相关的联想、发音和其他特性的计算机数据库，进行集体自由讨论并测试品牌名称。名称调研程序包括联想测试（在头脑中的第一印象是什么，如奔驰汽车、海飞丝洗发水、高露洁牙膏）；学习测试（名称是否容易发音，如苹果 iPod、索尼 PSP）；记忆测试（名称是否容易记忆，如李宁体育用品、宝马轿车）；偏好测试（哪个名称更受青睐，如联想集团之前的标识 Legend 与现今的 lenovo）。

案例

遗憾的是，要找到一个能满足以上所有标准的品牌名称是非常困难的。以两位苹果电脑创始人为例，他们选择"苹果"（Apple）为其品牌名称，并不是出自某种创造性研究，也不是取自某种软件的品牌名。"苹果"，这两位创造天才想出的名字，在价值观上引起了计算机世界一次典型革命。在决定采用"苹果"这一名字时，创始人注意到他们的品牌不遵守习俗的自然特性。这是一种水果的名称，它的视觉符号是被吃掉了一部分的苹果，没什么重要含义，然而这一选择证明了它的价值观，拒绝将计算机神化。苹果是人机关系中离经叛道的先行者，人们将不再崇拜或恐惧计算机，而是将其视为一种娱乐。因此该品牌名称符合后来越变越明显的初始想法——一种新的标准已被确立。

并不是所有的品牌名称都能像"苹果"那样成功，想一下"苹果"作为个人电脑名称的好处。"苹果"一词简单、独特，有助于品牌认知的加强。该名称的含义给公司带来一种友善和温暖的品牌个性。此外，配以一个很容易跨越地域和文化边界的标识，还可以使品牌在视觉上得到加强。最后，该名称还可以充当子品牌的平台，便于品牌延伸。所以，正如苹果案例所示，仔细挑选品牌名称对于品牌资产的创建来说十分重要。

（资料来源：二十一品牌网，《品牌传播的要素》）

12.2.2 确定品牌接触点

为了创建品牌资产，最根本的投入来自产品或服务及为其所做的营销活动。而所有的营销活动，都离不开企业与顾客之间的接触。Schultz、Tannenbaum 和 Lauterborn 根据"接触"提出了整合营销的概念。他们把"接触"（contact）定义为顾客与品牌、品类或该产品（服务）市场相关的信息经历。一个人可以通过多种方式接触品牌。而接触点并不仅仅指媒体接触点，有一些接触点是相当隐蔽且难以控制的，如口碑、未加控制的媒体语言、经销商的个体行为、参与产品销售的某些环节的个人行为、隐藏在正常交易程序背后的一些环节等。这里可以把品牌接触点分为人际接触点、媒体接触点和体验接触点三类，如表 12-1 所示。

表 12-1 接触点的种类

人际接触点	销售人员接触	公司销售人员与消费者的接触
	直接回应接触	以数据库为导向的传播手段
	电子商务客户服务接触	电子商务的客服人员与客户接触
	内部接触	向相关支持人员宣传该营销项目，令项目更能成功开展
	意见领袖接触	由独立的专家或具有影响力者向顾客传达
	口碑接触	邻居、朋友、家庭成员、会员间的口口相传
媒体接触点	大众媒体接触	通过电视、广播、报纸、杂志向大众传播
	分众媒体接触	通过户外、交通、售点、直邮向特定人群传播
体验接触点	公共关系接触	记者招待会、产品发布会、事件、赞助、展览等

在房地产品牌建设中，体验接触起到了不可忽视的作用，"体验"可以使消费者零距离感受品牌，在促进销售、增进企业与消费者感情方面起到重要的作用。体验接触的策略很多，可以从下面三个方面来考虑。一是消费者与产品的亲密接触，如举办小区游览观光、样板房观摩、样板房免费入住一周体验等活动，对于促进现场销售起到了所谓"临门一脚"的作用，证明了"行动"比"语言"更有效。二是企业与消费者的互动，如企业与媒体合作举办房地产论坛、房地产知识讲座，举办"职工、业主运动会"等，这些与消费者互动的活动，可以进一步亲近消费者，与消费者有更深入的沟通，提高消费者的忠诚度，还有可能形成口碑传播。三是企业与公众的互动，如赞助一些公益活动或热点活动等，借此提升品牌的美誉度。消费者对企业的认知、态度很大程度上受到公众的影响，所以企业在品牌的建设过程中不能仅考虑消费者，还要关注公众的看法和态度。

（资料来源：王慧灵. 房地产品牌建设中的 4P 策略分析 [J]. 商场现代化，2006（33）.）

对于体验接触点，1998 年美国战略地平线 LLP 公司的两位创始人 B. Joseph Pine Ⅱ 和

James Hgilmore 提出了体验营销的概念，体验营销是通过看（see）、听（hear）、用（use）、参与（participate）的手段，充分刺激和调动消费者的感觉（sense）、情感（feel）、思维（think）、行动（act）、关联（relate）等感性因素和理性因素，重新定义、设计的一种思考方式的营销方法。这种思考方式突破传统上"理性消费者"的假设，认为消费者消费时是理性与感性兼具的，消费者在消费前、消费中和消费后的体验才是品牌经营的关键。

12.2.3 整合营销传播

在创建品牌资产的各种营销活动中，营销传播是最灵活的一个元素。营销传播（marketing communications）是指公司就自己出售的品牌，直接或间接提醒、告知并说服消费者的手段。从某种意义上讲，营销传播是品牌的"声音"，是与消费者对话和建立关系的手段。虽然一个营销传播方案的核心往往是广告，但就创建品牌资产而言，广告不是唯一的，甚至不是最重要的元素。对中间商的促销，对消费者的促销，事件营销和赞助，公共关系以及人员推销同样重要。

虽然广告和其他传播方式在营销方案中可以扮演不同的角色，但所有营销传播战略都有一个重要的目的，即有助于品牌资产的积累。营销传播可以通过建立品牌认知，在消费者的头脑中产生强有力的、偏好的和独特的品牌联想，促使消费者对该产品形成正面的判断或者感受，建立密切的顾客品牌关系和强烈的品牌共鸣，构成基于顾客的品牌资产。此外，在形成理想的品牌知识结构方面，营销传播方案有助于产生消费者的差异化反应，形成基于消费者的品牌资产。营销传播的灵活性在于它以不同的方式来积累品牌资产，而品牌资产能够帮助营销者决定如何设计和执行不同的营销传播方案。需要有选择地制订营销传播方案，以创建品牌资产。

根据第 7 章品牌传播的内容可以看出，设计营销传播并非易事。媒体环境千变万化，需要了解必要的背景资料，评估一些主要的传播方案及其成本、利益。再讨论如何组合、匹配这些传播方案，也就是如何以协调或者整合的方式设计传播方案，以创建品牌资产。首先，从基于消费者的品牌资产的角度出发，所有可能的传播手段都应当按照它们影响品牌资产的能力予以评价。尤其是基于消费者的品牌资产概念提供了一个可以衡量各种传播手段效果的共同标准：它影响品牌认知及建立、保持或加强积极而独特的品牌联想的效果和效率。不同的传播手段有不同的优点，能够达到不同的目标。整合营销是为建立顾客关系而对品牌进行的计划、实施和监督的一系列流程。因此，重要的是将不同的传播手段进行组合，使它们在创建或维持品牌资产方面能扮演一个专门的角色。其次，营销传播方案的制订要做到整体大于部分之和。换言之，要尽可能地将各种传播手段匹配起来，使它们彼此协调。

总之，需要对各种营销传播手段进行战略性评价，判断它们对品牌资产的贡献如何。为了做到这一点，需要一些理论上和管理上的指导原则，通过这些原则，他们就能判定各种传播手段在单独使用及结合使用时的效果和效率如何。根据 Kevin L. Keller 的研究，列出表 12-2 中的观点。

表 12-2　整合营销传播的一般性原则

1. 分析性：利用消费者行为和管理决策的框架制订合理的传播方案
2. 保持好奇心：通过各种形式更好地了解消费者，时刻想着如何为消费者创造附加价值
3. 主题单一：广告信息聚焦于目标市场
4. 整合：强调信息的一致性，在所有传播手段和媒介中始终出现相同的暗示
5. 具有创造性：用独特的方式表述信息，使用不同的促销方法和媒介，创造强有力的、偏好的和独特的品牌联想
6. 有观察力：通过监控和追踪研究，保持跟踪竞争形势、消费者、渠道成员和员工
7. 具有耐心：从长远的角度看待传播的有效性，建立和管理品牌资产
8. 具有现实性：要理解营销传播中的复杂性

蒙牛的崛起

回顾几年来中国乳业的发展，蒙牛集团无疑是其中最璀璨的明星。1999 年成立之初，蒙牛还只是个一文不名的小企业，市场排名第 1 116 位，开创前三年蒙牛平均每天超越一个同类企业，五年间销售额增长 200 倍，投资收益率大于 5 000%，短短七年时间，它便从一个名不见经传的企业成长为国内首屈一指的乳业巨头。人们不禁惊叹：为什么成功的就是蒙牛？蒙牛凭借什么力量获取消费者的芳心？蒙牛的经验是否可以借鉴？蒙牛通过一系列广告、公共关系、市场营销及促销活动，仅为达到一个目标：在消费者心目中放入一点讯息，以期影响他们日后的购买决策。蒙牛的成功是将整合营销策略本土化传播的一次成功尝试。具体方法如下。

（1）选择最直接的消费者接触点，树立品牌认同感。"一切接触即传播"，在与消费者的直接接触点上，蒙牛除了传达产品本身的信息，同时不忘宣传企业的核心价值。蒙牛的核心使命是：百年蒙牛，强乳兴农。早在 2001 年 4 月份，距离北京申奥成功还有 3 个月之时，蒙牛就已在深圳策划发动了一场"万人签名"活动——"神州共申奥，鹏程大签名"。此后，蒙牛通过一系列软性宣传在社会上产生了极大的舆论效应。电话一个接一个，一些人感动之余，还情真意切地给公司寄来了信件。自此，消费者更深入认识了蒙牛，提升了蒙牛品牌在消费者心目中的认同度。

（2）以广告为源点进行整合营销，确立品牌在业内的领导者地位。①蒙牛与"超级女声"形象的融合首先体现在"超级女声"的标志上。"超级女声"专门设计了带有蒙牛酸酸乳标识的栏目标准字和栏目标识。②借路演提升产品知名度。蒙牛与"超级女声"结盟后，将强势销售区域由一线城市拓展至二、三线城市，并挑选长沙、广州、郑州、成都、杭州五大城市作为赛区，由此展开路演。③利用整合再次扩大影响。通过电视、报纸、户外、网络等多种媒体进行了大量的广告投放。

（3）通过事件营销，树立品牌公众形象，全面提升品牌价值。蒙牛敏锐地把握住"北京

申奥""抗击非典""神五飞天"等备受公众瞩目的民族大事进行事件营销,策划并利用公益事业的知名度和权威性与消费者沟通。通过高曝光、低成本的方式将公众的关注点、事件的核心点、品牌的诉求点结合在一起,三点一线贯穿一致。这不但给蒙牛注入了新的品牌内涵,更增加了蒙牛的爱国心、公益感和责任感,同时向消费者传达了蒙牛产品品质值得信赖的信息。蒙牛集团从起步到发展壮大,不遗余力地执行整合营销传播的策略,将自身资源、媒体资源及社会资源整合配置,统一使用,从而提高自身品牌的资产价值,在消费者心目中,将原先单一的产品品牌形象整合成具有公益心、民族责任感及人文关怀的品牌形象。

(资料来源:王文馨.整合营销传播本土化的成功运用:以蒙牛营销为例[J].当代经济.2008(3).)

12.2.4 品牌联盟

通过品牌延伸策略,可以将一个新产品与一个已拥有丰富品牌联想的公司品牌或家族品牌联系在一起。一个已经存在的品牌,同样也可以通过与本公司其他品牌或其他公司品牌发生关联,从而获得品牌联想的杠杆作用。品牌联盟(co-branding)又称双重品牌或者品牌包,是指将两个或者更多的知名品牌组成一个联合产品的形式共同营销。表 12-3 总结了品牌联盟以及授权的主要优点和缺点。品牌联盟的主要优点是,一个产品涉及多种品牌,可以使其定位更独特、更有说服力。品牌联盟可以为一个品牌树立更具吸引力的差异点或共同点,这是其他手段所无法比拟的。因此,品牌联盟不但能在现有目标市场上增加产品销售,还能开辟新的渠道,开发新的消费群。品牌联盟能降低产品的市场导入成本,因为两个著名品牌形象的结合能增加顾客的潜在接受意愿。同时,品牌联盟也是了解消费者及其他公司如何获得顾客的重要方法。尤其是对差别化不显著的品类而言,品牌联盟是创建特色产品的一种重要手段。

表 12-3 品牌联盟和授权的优缺点

优 点	缺 点
能借用所需要的专长	失去控制
能利用本不具有的品牌资产的杠杆效应	面临品牌资产稀释的风险
降低产品的导入费用	负面反馈效应
将品牌含义扩展到相关品类中	品牌缺乏聚焦性和清晰度
扩展品牌含义	公司注意力的分散
增加接触点	
增加额外收入的来源	

品牌联盟潜在的不利因素在于,一个品牌在消费者心目中与另一品牌结成联盟时,会导致风险和削弱控制力。消费者对于联盟的各品牌的介入度和责任的期望通常很高,表现不好者会对所有相关的品牌产生不利的影响。如果品牌联盟中的另一方签订了多个品牌联盟协定,会使品牌联想的效应稀释;同时,还可能造成与现有品牌核心诉求的偏离。

建立一个强大的品牌联盟,最重要的一点是,达成协议双方的品牌都要具备足够的品牌认知、独特的品牌联想及消费者积极的判断和感受。因而,品牌联盟取得成功的一个必要非充分条件是,两个品牌各自都有一定的品牌资产。同时,两个品牌必须具有合理的匹配性,联盟后的品牌和营销活动能够使各自品牌的优势最大化,劣势最小化。在执行品牌联盟策略时，必须采取谨慎的态度。既要在品牌资产方面达到恰当的平衡，还要在价值、生产能力和目标方面实现相互匹配。在执行过程中，各种活动都必须制订详细的计划。就像 Nabisco 公司的一位主管所说："放弃你的品牌就像放弃你的孩子一样——你希望能将一切都安排得尽善尽美。"双方的目的都是要从共享的品牌资产中受益，提高品牌知名度，带来更大的销售额。通常，品牌联盟（如联合品牌）需要考虑一系列决策因素，具体如下。

（1）不具备哪些能力？

（2）面临的瓶颈资源是什么（人员、时间、资金等）？

（3）增长和收益目标是什么？

在评估品牌联盟的机会时，必须考虑以下因素：

（1）这是不是一个有利可图的商业机会？

（2）如何有助于保持或增加现有品牌资产？

（3）有没有削弱现有品牌资产的风险？

（4）有没有外在的优势（如学习机会）？

红牛和 NBA 的品牌联盟

2003 年 11 月 25 日，红牛维他命饮料有限公司举行了盛大的与 NBA 美国职业篮球联盟的赞助签约仪式，这是 NBA 首次在中国内地单独寻求战略合作伙伴，而且一次合作三年。"困了累了喝红牛"，国际功能饮料第一品牌红牛的这句广告词在中国一打就是八年，由于在品牌策略上的单一性，只强调产品的功能性，而没有赋予其更深层次的价值，与近年来表现强劲的其他品牌饮料相比，红牛的市场表现一直不温不火。在中国市场变化迅猛的今天，随着媒体关注角度、消费者消费习惯，以及人们对品牌内涵及文化价值认识的调整，红牛面临着品牌老化的危机。随着奥运脚步的临近，基于功能饮料与运动的天然联系，红牛认为自身品牌更加需要运动化的价值体现。通过一系列体育营销活动，红牛品牌增加了"活力、动感、时尚"的文化元素。

姚明加入后的 NBA 已成为在中国最具吸引力的运动，最能代表国际化、动感、时尚的潮流。

红牛以三年近亿元人民币成为 NBA 在中国的核心合作机构，并成为 NBA 中国区域指定运动能量饮料，以"我的能量、我的梦想"为中心，展开了一场在公关活动、广告宣传、终端促销、包装创新上全方位进行的整合营销攻势。红牛花重金抢得的这个头彩，无疑对红牛品牌和市场有着极其重要的战略意义。

（资料来源：彭强，朱小明. 打造红牛和 NBA 的品牌联盟 [J]. 成功营销. 2004（2）.）

12.3 品牌资产的评估

12.3.1 Young & Rubicam 品牌资产评估方法

在品牌资产评估方面成果卓著的是扬·罗必凯（Young & Rubicam）公司。该公司是一家大型的跨国广告代理公司，为全球 450 个跨国品牌和 24 个国家的 8 000 多个当地品牌评估其品牌资产。在这套品牌资产评估系统（Y & R 模型）中，除了一些品牌自身特征外，每个被评估的品牌还要接受一个包含 32 个条目的问卷调查，这些条目实际上从品牌差异度、相关度、尊重度和认知度四个维度衡量。在消费者评估结果的基础上，该模型建立了两个因子：品牌强度和品牌高度。其中，差异度和相关度反映品牌的成长潜力——品牌强度（brand vitality），尊重度和认知度则反映了品牌的实现力量——品牌高度（brand stature）。

1. 差异度

差异度（differentiation）指品牌意义的强度（差异性越小，品牌意义越弱）。消费者的选择、品牌本性和潜在市场都是受差异度驱动的。所有品牌开始于差异度，差异度定义了品牌，并且使该品牌区别于其他品牌。差异度是品牌之所以产生和存在的原因。

2. 相关度

相关度（relevance）测量一个品牌对于消费者的个人适应性。单独而言，相关度对于品牌成功并不重要。但是，相关度和差异度结合形成的品牌强度，是品牌未来性能和潜能的一个重要指标（indicator）。相关的差异度是所有品牌的主要竞争力，是品牌健康的第一指标。如果品牌与消费者不相关，对消费者没有个人适应性，那么这个品牌就不足以吸引和维护消费者。品牌资产评估表明，在相关度和市场渗透之间具有明显的关系，相关度驱动产品的销售规模。

Y & R 模型最重要的是差异度。一些品牌如法拉利、苹果、香格里拉都与其竞争对手保持着距离，这为其品牌强度奠定了基础。Y & R 模型假定一个新品牌要成为强势品牌，必须从一开始就着眼于开发自己真正的差异点。相反，失去差异度是品牌资产出现颓势的信号。差异度起决定作用。除非一个品牌与目标细分市场密切相关，否则将难以吸引大批顾客。法拉利（Ferrari）与劳斯莱斯（Rolls-Royce）在差异度方面已经做到极致，但在相关度方面较低，结果很少有人会认真考虑是否购买，主要原因是这些汽车在日常生活中不实用，或者是价格太贵。

品牌强度等于差异度与相关度的乘积。一个品牌要想做强，必须同时具有以上两个方面的特征。然而，兼具这两方面的特征并不是一件容易的事，很少有品牌在这两个维度上同时达到很高的水平。实际中，在差异度和相关度分居前十位的品牌中，很少能在品牌强度方面也排到前十位，而正在成长中的品牌和已经建立多年的品牌，在品牌强度中排名靠前。

3. 尊重度

尊重度（esteem）是消费者喜欢一个品牌的程度，并会把品牌放在重要的位置。在构建品牌的进程中，它排在差异度和相关度之后。尊重是消费者对于品牌构建活动的反映。尊重被两个因素驱动：知觉的质和量。不同国家的文化，知觉的质和量会有所不同。

4.认知度

认知度（knowledge）是消费者对品牌及其身份的理解程度和知识广度。对品牌的认知度高，了解品牌的意味和内涵，显示出消费者和品牌的亲密关系。品牌认知来源于品牌构建活动，认知的形成在前。

尊重度和认知度共同构成了品牌高度，进而构成了品牌力矩阵，可用于判别品牌所处的发展阶段。尊重受认知品质和品牌声望的影响。一般而言，尊重度取决于认知品质，但也有一些品牌声望的增加或降低会影响品牌的尊重度。认知表明顾客不仅认识品牌，而且还理解品牌的含义所在。Y&R模型认为品牌认知是所有打造品牌努力的最终结果。与知名度不同，认知的形成不仅仅依靠频繁的展示，而是产生于消费者对品牌真正亲密无间的感受。

将品牌尊重度与认知度进行比较，可以看到有些品牌在尊重方面的排名要高于在认知方面的排名，这就意味着，尽管消费者确实尊重该品牌，但是他们很少真正理解该品牌的含义。如果能想办法拓展品牌认知度，就会发现一些品牌没有发掘出的潜在优势。相反，一个品牌或许会有较高的认知度，但是尊重度却较低，这就意味着虽然很多人知道该品牌的含义是什么，但对它评价很高的人却不多，大多数烟草和酒饮料的品牌都是如此。处于这种情形的品牌通常正在丧失渗透力，或者是它们服务的市场对该品牌存在偏见。

Young & Rubicam将品牌强度（差异度+相关度）和品牌高度（尊重度+认知度）的两个维度整合到一个形象的分析工具中——"能量方格"，如图12-1所示。"能量方格"在连续的象限中描绘了品牌发展周期中的不同阶段——每个阶段都有其独特的支柱模式。

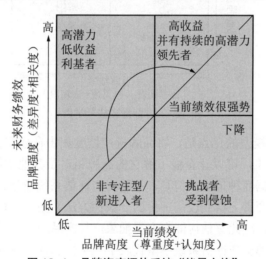

图12-1 品牌资产评估系统"能量方格"

首先，品牌通常从左下方的象限开始，这时，它们的首要需求是发展相对差异度及形成存在的理由。通常情况下，其运动方向是"向上"至左上方象限。差异度和相关度的增加，使品牌强度得以增加。这些变化通常是在品牌获得尊重或者很高的认知度之前发生。这一象限代表两种类型的品牌：对于面向大众市场的品牌，这是一个新兴潜力阶段，在这一阶段中，品牌增加的强度必须转换成品牌高度。但是，专门品牌或者目标市场比较狭窄的品牌，比较倾向于停留在这一象限（从公众的角度看），并能凭借它们的力量占领可盈利的专门市场。从品牌领先者的角度看，新的潜在的竞争者会在这一象限中出现。

其次，在右上方象限，即领先者象限，是众多品牌领先者（拥有高水平品牌强度和品牌高度的品牌）的区域。老品牌以及相对较新的品牌都会出现在这一象限，这意味着品牌领先程度是支柱评估值的一个函数，而不仅仅是品牌存在时间的函数。如果能够对品牌进行恰当的管理，该品牌就能建立起领先优势，并可以长久地保持其领先地位。虽然有时品牌资产的下降是不可避免的，但是那些强度有所下降的品牌（通常是由于差异度的减少）仍被视为位于这一象限中。那些品牌强度下降至品牌高度以下的品牌，出现了品牌变弱的第一个信号，但这一弱势信号很可能被它们依然快速增长的销售量及广泛的渗透力所掩盖。

最后，不能保持其强度的品牌开始退出，并"向下"移动到右下方象限。这些品牌不仅容易受到现有竞争者的挑战，而且会受到折价品牌的冲击。因此，它们经常会通过大幅度的、持续的价格促销来留住它们的顾客，并维持原有的市场份额。这一过程如果能够继续，会对品牌高度产生负面影响，使其开始下降。图12-2显示一些品牌分布在每个象限中的位置，比如与苹果电脑、雅诗兰黛或者美国运通相比，可口可乐有一个相对统一的全球形象。

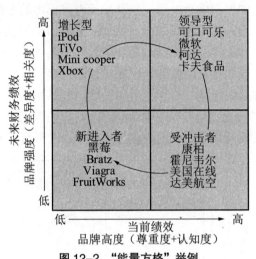

图12-2 "能量方格"举例

品牌资产评估系统模型的优点是，将品牌资产维度集中在建立品牌的四个关键维度上。它所提供的品牌评估结果，可以让企业了解它的品牌相对于其他主导品牌所处的市场位置，以及在不同的市场上占据何种地位。但是，品牌资产评估系统模型的描述性特点，意味着它缺乏对品牌如何在这些要素上得到较高评价的一般性方法。由于评估值体现的四个维度需要与分散的各个品类相关，因此评估可能会变得抽象，与产品的属性及具体的市场营销活动没有直接关系。然而，品牌资产评估系统模型代表了一种标志性的研究方法，企业可以通过这种方法，更好地理解创建顶级品牌资产的驱动力，以及品牌与其他品牌的匹配程度。

12.3.2 David A. Aaker 品牌资产评估方法

David A. Aaker 的品牌资产评估法是对传统会计学方法的挑战，它试图克服使用财务指标的不足。因为品牌属于长期性投资，但销售量、成本分析、边际报酬、利润及资产回报率等指标都是短期性指标，以短期性指标评价品牌绩效，往往会造成品牌投资决策的失误。

根据 David A. Aaker 的理论，品牌资产有五个维度：品牌忠诚度、品牌知名度、品质认知、品牌联想和专有资产，借助市场研究方法可以测量上述维度。针对品牌自身的目标和策略，品牌资产应和其他竞争品牌拥有的资产不同，例如，百事可乐标榜新生代的选择，而可口可乐则着重于与所有人生活息息相关的互动。于是，就品牌认知（即希望消费者对你的品牌应有的认知）可以向目标顾客群做市场调查。

在各种品牌资产评估方法的基础上，David A. Aaker 提出了"品牌资产评估十要素"的指标体系。该指标体系兼顾两套评估标准：基于长期发展的品牌强度指标，以及短期性的财务指标。十个指标被分为五个组别，前四组代表消费者对品牌的认知，该认知系品牌资产的四个维度，即品牌忠诚度、品质认知、品牌联想度、品牌知名度；第五组则是两种市场状况，代表来自于市场的信息。这个评估体系见表12-4。

表12-4 品牌资产评估十要素

品牌忠诚度评估
1. 价差效应
2. 满意度/忠诚度
品质认知/领导力评估
3. 品质认知
4. 领导性/受欢迎程度
品牌联想度/区隔性评估
5. 价值认知
6. 品牌个性
7. 企业联想
品牌知名度评估
8. 品牌知名度
市场状况评估
9. 市场份额
10. 市场价格、分销渠道覆盖

1. 品牌忠诚度评估

品牌忠诚度是品牌资产构成的一个核心维度，拥有忠诚的消费者意味着可以为竞争对手的战略创新赢得反应时间，并抵制恶性价格竞争。将消费者忠诚作为一种标准变量，可以作为评估其他衡量指标的基础。

（1）价差效应。衡量消费者忠诚度的基本指标是与提供类似或较少功能的其他品牌相比，消费者愿意为某一品牌支付多少。例如，一位消费者即使在燕莎商场购物多支付10%，也不愿意去中档百货公司；或者是即使比百事多花15%的钱，他也宁愿买可口可乐。这就是与品牌忠诚相关联的价格优势，它的高与低、正与负取决于所比较的两个品牌。如果一个品牌是与一个高价位的品牌相比，那么该品牌的价格优势就是负数。例如，假定沃尔玛的购物者期望沃尔玛的价格比华润万家便宜20%，那么只要沃尔玛的价格优势达不到20%的水平，那么购物者便会放弃沃尔玛而去华润万家。如果沃尔玛的价格实际上比华润万家的价格便宜25%甚至更多，这种负的价格优势将反映沃尔玛品牌资产的实力雄厚。

在衡量价格优势或者衡量任何品牌资产指标时，按照消费者忠诚度的高低细分市场有很大作用。例如，可以将市场分成被研究品牌的忠诚消费者、品牌观望者及非消费者等三个群体，每个群体的消费者对被研究品牌的观察角度都有所不同。如果仅仅考察忠诚消费者，得出的结果将缺少灵敏性，而且据此做出的有关品牌资产特征的战略阐述会偏离事实。

衡量价格优势要考虑竞争对手的情况，而且还要明确指明是哪些竞争对手。通常的做法是参考一些竞争对手的定价，因为单个竞争对手的品牌资产可能会处于下降之中。在这种情况下，仅仅采用一个处于下降趋势的竞争对手作比较，得出的品牌诊断结果往往会有偏颇。更可靠的测量价格优势的方法是采用联合或权衡分析法，通过设计一些简单的选择性问题由消费者回答，然后对消费者选择的结果进行分析，以确定消费者对不同的维度的重视程度。例如，消费者可能被首先问及：你将购买下面的哪一款手机，3 800 元的苹果 iPhone、4 000 元的 vivo NEX、4 500 元的三星，还是 4 900 元的华为？如果消费者选择 iPhone，再重复刚才的过程，但这次 iPhone 的价格改成了 3 900 元。通过这样的反复研究，品牌的价值就会逐渐显现出来。

（2）满意度/忠诚度。消费者满意度（或喜爱）是衡量消费者愿意坚持购买某一品牌的指标。在过去十几年里，衡量消费者满意度的研究取得了巨大进展，用于直接衡量消费者满意度的指标可以用于现有的消费者，还可以用于使用过该产品或服务的消费者。所涉及的可以是最后一次使用经历，或仅仅是针对消费者使用经验形成的观点：

① 你满意吗？
② 你对使用该品牌的经历感到愉快吗？
③ 这种产品或服务能达到你的期望值吗？
④ 下一次再购买时，你还会选择该品牌吗？
⑤ 你会向别人推荐该产品或服务吗？
⑥ 你在使用该产品或服务的时候还存在什么问题和不便之处？

消费者满意度是一项在服务行业里十分有用的指标（例如房屋租赁公司、酒店业或银行），服务行业的消费者忠诚是使用经验不断积累的结果。消费者满意度可以通过直接询问消费者与忠诚有关的问题来测量。而消费者忠诚是一个相对简单的概念，人们都理解对家庭的忠诚、对朋友的忠诚、对公司的忠诚和对品牌的忠诚。与忠诚直接有关的问题（如你忠诚于该品牌吗？你在决定是否购买时主要根据是什么？）可以将市场细分成忠诚的使用者、价格追逐者，以及介于两者之间的使用者三部分。另一种衡量品牌忠诚度的方法是询问消费者忠诚的品牌数量，看看他们是说 1 个、2 个、3 个还是更多，或者是他们觉得所有的品牌都一样。忠诚于某一品牌的消费者所占的百分比，也是一种可供参考的统计数据。

2. 品质认知/领导力评估

（1）品质认知。品质认知也是品牌资产结构的关键维度之一。一些研究表明，品质认知能够直接影响投资回报和股票收益。此外，它还与品牌识别的其他关键指标高度相关，包括特定的功能利益变量。这样，品质认知就可以作为其他衡量指标的一个变量。品质认知还有一个重要的特征是它可以跨产品使用。如高品质的银行和高品质的啤酒或许毫不相关，但是它们品质认知得分上的差异却很有意义。

品质认知可以通过以下对比来衡量：
① 优质对劣质；
② 产品领域里最好的对最差的；
③ 持续一致的品质对反复无常的品质；
④ 最好的品质对一般及低劣的品质。

（2）领导性/受欢迎程度。品质认知指标对竞争对手的创新活动尤其缺乏敏感性。例如，佳洁士在牙膏市场上取得的强势领导地位是建立在美国牙医协会（ADA）长期对佳洁士品牌支持的基础上的。然而，当竞争对手，例如，Arm & Hammer 推出烘焙粉牙膏和创新型包装时，却让佳洁士失去了部分消费者。即便这样，佳洁士品牌的品质认知仍然很高，但它的品牌资产却受到了损害。因此有必要对品质认知的框架进行补充，使之能真正捕捉到市场的动态变化。

这种结构即领导力，领导力有三方面的含义。第一，它部分反映了"No.1"效应。具体含义是：如果有足够多的消费者能被某种概念打动并购买某一品牌，使之成为市场销售的领先者，这说明该品牌确实有值得称道之处。第二，领导力能捕捉到顾客接受程度的动态变化：品牌是不是越来越受欢迎，人们是否将其纳入考虑采用的产品之一，一直使用该品牌的用户能够代表流行的趋势。第三，领导力还可以影响某一产品族的创新趋势——这表明一个品牌能否始终站在技术的前沿。

领导力指标可以通过考察品牌以下情况获得：
① 某产品大类中的领导者；
② 越来越受欢迎；
③ 因为创新而受到尊重。

3. 品牌联想/区隔性评估

关于什么是品牌资产中的关键联想要素一直以来都备受争议，因为有很多形象识别都只能唯一地与某一产品和品牌联系在一起。因此我们要解决的问题是怎样制定一个能够涵盖所有产品的衡量标准。

品牌联想的衡量指标可以用三个维度来构造：作为产品的品牌（价值），作为人的品牌（品牌个性），以及作为组织的品牌（组织联想）。

（1）价值认知。品牌识别的角色之一是创造一种价值体现。价值体现通常会涉及功能利益，对大多数产品来说，功能利益是最基本的。如果品牌不能产生价值，往往很容易被竞争对手击败。

品牌价值可以通过回答以下问题来测量：
① 品牌所提供的价值是否物有所值；
② 购买时是否有足够的理由说明为什么购买该品牌而不是其他品牌。

（2）品牌个性。联想/区隔性评估的第二个要素是品牌个性。对某些品牌来说，品牌个性体现品牌的情感利益与自我表达利益，同时也奠定了品牌与消费者之间联系与差异化的基础。这一点尤其适用于有如下特点的品牌：它们仅有部分外观上的差异，但消费者在使用这些品牌的时候却能表现出他们各自的不同。举例来说，很少有消费者能将排在前四位的名牌白兰地酒区分开来，而混入咖啡后（这是在欧洲做的一项重要试验），更没人能将它们区分开来。但白兰地酒是有个性的，它专为某一社会阶层的人服务，能反映饮用该种白兰地酒的消费者的地位和特征。从这个意义上讲，品牌个性非常重要。

品牌个性涉及品牌一系列的独特维度。例如，对于 Charlie 香水来说，能给人一种兴奋感非常重要，这种兴奋感不是通过牛仔的形象能表现出来的。也就是说要更多地利用细节给人兴奋感，放弃那些粗放的表现方式。

品牌个性可选的问题如下：
① 该品牌有个性吗？
② 该品牌有趣吗？

③ 我非常清楚什么类型的人会使用该品牌产品。
④ 该品牌有着悠久的历史。

后两条反映的是使用者的形象和品牌的传统，这是构成品牌个性的两个驱动因素，同时也是品牌识别的两个关联维度。

(3) 企业联想。品牌识别的另一个维度是"作为企业的品牌"，这也是差异化的一个驱动因素。尤其是当品牌在某些方面非常相似时，这种联想尤为重要，此时的企业一般是有形的（如耐用品或服务行业），或是涉及公司品牌。

为了影响"作为企业的品牌"，需要考虑以下几个方面：
① 该品牌是由一家我信赖的组织生产的；
② 我推崇该品牌的组织；
③ 能与该品牌的公司发生业务上的往来我感到很自豪。

4. 品牌知名度评估

品牌知名度。品牌知名度可以反映一个品牌在消费者心目中的存在状况。而通常情况下，它在品牌资产中也扮演着至关重要的角色。品牌知名度指标可以部分地反映该品牌的市场占有率情况。提升品牌知名度是扩大一个品牌市场份额的手段之一，而且也能影响消费者对品牌的认知和态度。品牌知名度是品牌认知和品牌特色在消费者头脑中的反映。品牌知名度的衡量可以在以下层次水平进行：
① 认知（你是否听说过奔驰 smart 这个品牌）；
② 记忆（你能记住哪些汽车的品牌）；
③ 心目中的第一品牌（能回忆起来的第一个品牌名称）；
④ 支配品牌（能记住的唯一品牌）；
⑤ 品牌熟悉度（感到很熟悉的品牌）；
⑥ 品牌认知或品牌特色（对某个品牌有自己的见解）。

5. 市场状况评估

品牌资产十项指标里的前八项都要求做消费者问卷调查。品牌忠诚度是个例外，因为它可以通过从扫描仪那里汇总的数据来获得重复购买的数据。

(1) 市场份额。当用市场份额来衡量品牌的表现时，这一指标通常可以有效地反映该品牌在消费者心目中的地位。当品牌在消费者心目中地位比较重要时，该品牌的市场份额应该上升，或者说至少不会下降；反之，当竞争者提高了他们的品牌资产价值时，他们的市场份额也会随之上升。从这个意义上来说，市场份额是衡量品牌资产价值的一个指标，市场份额数据具有容易获得而且精确的优点。

(2) 市场价格、分销渠道覆盖。当通过降价或价格促销获得市场份额的时候，用市场份额作为衡量品牌资产的指标具有欺骗性。因此，考察该品牌销售时的市场价格很重要。考察的价格应该是通过对该品牌不同种类的产品与其销售额之间的加权平均获得。相对的市场价格可以定义为该品牌当月的平均销售价格除以所有品牌出售时的平均价格。

市场份额或销售额数据对分销渠道覆盖率也异常敏感。主渠道是盈利还是亏损，或者是进入一个新的市场区域，都会极大地影响销售额。因此，非常有必要将由于改变分销渠道而产生的品牌价值与通过加强品牌品质认知或形象识别而产生的品牌价值区分开来。因而，渠道覆盖率也作为衡量品牌实力的重要指标，这一指标可以用以下数据来衡量：

① 销售该品牌的商场所占的百分比；
② 接触使用过该品牌的人在人群中的百分比。

综上，品牌资产十要素模型为品牌资产评估提供了一个更全面、更详细的思路。其评估要素以消费者为主，同时也加入了市场业绩的要素。它既可以用于连续性研究，也可以用于专项研究。而且品牌资产十要素模型所有指标都比较敏感，可以由此来预测品牌资产的变化。对于具体某一个行业品牌资产研究，品牌资产十要素模型指标要作相应的调整，以便更适应该行业的特点。例如，食品行业的品牌资产研究与高科技行业品牌资产研究所选用的指标就可能有所不同。

品牌资产十项指标有几十条衡量指标，尽管每一项指标都非常重要，但同时采用这么多指标却很难进行实际操作。考虑到要在很多个市场监控众多的品牌，需要有一个简单的衡量指标来作为是否需要对各种细分指标进行检验的信号。

12.4　品牌资产的经营

有效的品牌资产的经营要求企业从长期来考虑营销决策。营销活动的反馈取决于消费者对品牌的了解和记忆，而短期营销活动只会改变品牌知识。此外，面对外部的环境变化及公司营销目标的内部变动，目光长远的企业可以预先主动地通过不同方法维持并加强品牌资产。

本章小结

品牌资产解释了具有品牌的产品或服务和不具有品牌的产品或服务两者之间营销结果差异化的原因，即品牌所具有的独特的市场影响力。一个品牌的不同组成部分（品牌名称、标识、符号、包装设计等）称为品牌元素。品牌能为消费者和公司带来大量好处，必须作为无形资产认真管理。创立品牌资产的关键是让消费者认识到某个产品类别中各品牌之间有差异。

品牌资产的创建主要取决于四个因素：①组成品牌的品牌元素或标识的初始选择；②品牌与支持性营销项目的整合方案；③通过营销传播建立品牌认知，在消费者的头脑中产生强有力的、偏好的和独特的品牌联想，促使消费者对该产品形成正面的判断或者感受，建立密切的顾客品牌关系和强烈的品牌共鸣；④通过品牌延伸策略，将新产品与已拥有丰富品牌联想的公司品牌或家族品牌联系在一起。

本章介绍了两种品牌资产评估方法，Young & Rubicam 品牌资产评估方法和 David A. Aaker 品牌资产评估方法。通过这两种评估系统，可以为营销经理提供有关品牌资产的及时、准确和可行信息的研究过程，以便他们制定最佳的短期战术策略和最佳的长期战略决策。开发品牌资产评估系统的目标是，全面理解品牌资产的来源和结果，以及二者之间的关系。

有效的品牌管理，要求具有长远的营销决策观念，并认识到品牌支持营销方案的任何变化都可能会改变消费者知识，进而影响到未来营销方案的成败。长远的观念还要求具有前瞻性的战略。通过品牌强化和品牌激活，初步介绍了品牌资产的经营，在外部营销环境和公司内部营销目标、方案发生变化的情况下，能持久地维持和提高品牌资产。

关键概念

品牌资产　品牌联盟　Y&R　品牌资产评估系统　品牌资产评估指标系统

案例分析

老字号的品牌资产

老字号辉煌不再

中华老字号是指历史悠久,拥有世代传承的产品、技艺或服务,具有鲜明的中华民族传统文化背景和深厚的文化底蕴,取得社会广泛认同,形成良好信誉的品牌。老字号往往具有数十年乃至上百年的历史,在民间享有较高的声誉,在一定区域内获得大众的认可和信赖。

根据中国品牌研究院的调查,建国初期全国中华老字号企业大约有16 000家,涉及餐饮、医药、食品、零售、烟酒、服装等行业。但是,由于种种原因,老字号企业经营不善,频频破产。1990年以来,由国家商业主管部门评定的中华老字号只有1 600多家,仅相当于建国初期老字号总数的10%。现在,即使这1 600多家中华老字号企业,多数经营出现危机,其中70%经营十分困难,20%勉强维持经营,只有10%蓬勃发展。同为中华老字号,品牌价值差距相当大。排在《第二届中华老字号品牌价值百强榜》最后一位的楚河,与榜首茅台的品牌价值高低相差1 450多倍。

老字号在历史上曾经是区域的强势品牌,如今的经营困境实质上是品牌资产的流失带来的,因此全面审视老字号品牌资产,是发展老字号品牌的基础和前提。

David L.的品牌资产理论:审视老字号

品牌资产是企业经营关键性的无形资产,品牌资产的概念为数众多,从品牌建设的角度看,David L.的品牌资产理论体系具有更为现实的意义。David L.是基于顾客从营销的角度来完善其品牌资产理论的,目前其理论已经被国际上各大品牌用来指导品牌建设,因此本文采用David L.的理论作为分析的框架。David L.将品牌资产定义为一组能为产品或服务增加价值、并与品牌名称或标志相连的五种品牌责任。David L.构建了一种新的模型来测量品牌资产,包含五个维度:品牌忠诚度、品质认知、品牌联想、品牌知名度、市场状况。品牌忠诚度是指消费者回头再次购买的程度或偏向于品牌的程度;品质认知是指对产品的主观印象;品牌联想则是任何与品牌产生关联的事物,消费者主观的认定品牌的属性;品牌知名度是指对一个品牌的知晓程度;而市场状况则表明品牌营销能力,如市场份额的大小,分销渠道的多少等。

品牌资产的五个维度能够全面地判断一个品牌在市场上的表现,是衡量品牌在市场上是否强势的主要指标,运用五个维度对品牌进行分析将揭示品牌的发展方向和策略。

老字号品牌资产的五个特征

依据David L.品牌资产的架构,老字号品牌呈现出以下特征。

老字号拥有少量的忠诚顾客,忠诚度趋于老化,但忠诚度较牢固。作为历史上的强势品牌，老字号当年拥有相当的数量的忠诚顾客。如创建于清同治元年(1862)的杭州孔凤春，在其鼎盛时期的20世纪二三十年代，杭城的大小化妆品店共计16家，而孔凤春资本数就占总资本数的55%左右，营业额也占到总资本数的50%左右，可以说独占鳌头，垄断了化妆品市场。在当时的杭州拥有大量的忠诚顾客，其中还包括众多的达官贵人和知名人士。然而，由于历史的原因，这些老字号逐渐没落，顾客不断流失，如今，仍然忠诚于老字号的顾客越来越少，并且以中老年顾客为主，忠诚度已经趋于老化。如孔凤春的雪花膏、百雀羚等产品，主要留在中老年顾客的儿时记忆里。而新一代的年轻顾客则对孔凤春没有使用体验，对老字号的忠诚更无从谈起。品牌忠诚是品牌的核心资产，品牌忠诚顾客的数量决定着品牌的影响力，如今忠诚顾客越来越少使得老字号影响越来越小，这种状况根本无法支撑起老字号的发展。必须进一步拓宽老字号的忠诚顾客群，让新一代顾客也能够接受老字号，才能夯实老字号品牌发展的基础。当然，在忠诚度这个维度，虽然老字号忠诚顾客群数量偏少，但这少量的忠诚顾客的忠诚度却比较牢固，这是老字号品牌发展的一个有利因素。如具有117年历史的老字号吴裕泰，许多中老年顾客经常光顾，重复购买率很高，很少有空手离开的。这些忠诚度很高的老顾客，是老字号发展的基因，可以通过老顾客的带动，影响更多的新顾客，从而焕发老字号的青春。

老字号历来具有较高的品质认可度及良好的美誉度。老字号都是过去信誉卓著的品牌，凝聚着传统的商业美德，大都秉承诚信的商业理念。胡庆余堂是清同治十三年(1874年)由晚清"红顶商人"胡雪岩筹建的胡雪岩庆余堂药号，于光绪四年在大井巷店屋落成并正式营业。胡庆余堂以"采办务真，修制务精""戒欺"为立业之本，生产药品质量上乘，竞争上提倡货真价实，"真不二价"，获得广大顾客的高度认可，口碑极好，具有非常高的品质认可度。北京同仁堂是全国中药行业著名的老字号。创建于1669年(清康熙八年)，自1723年开始供奉御药，历经八代皇帝188年。历代同仁堂人始终恪守"炮制虽繁必不敢省人工，品味虽贵必不敢减物力"的古训，树立"修合无人见，存心有天知"的自律意识，造就了制药过程中兢兢小心、精益求精的精神，极高的品质认知使得顾客对同仁堂出品的药品产生高度的信任。老字号在生产经营的各个环节，都严格把关，产品质量享有很高的信誉。全聚德始建于1864年(清同治三年)，至今已有140年的历史，全聚德能够成为有名的大饭馆，首要原因是选料实在，厨工手艺精，操作认真。烤鸭是全聚德的主要经营品种，从选鸭、填喂、宰杀，到烧烤，都是一丝不苟的，形成完善的烤制工艺，其烤鸭已经发展到一个完美的境界。对质量的高度重视，对顾客的认真负责，使顾客对老字号的品质高度认可，这是老字号最具价值的品牌资产，如何从过去顾客的高品质认知度，激活为现代顾客的高品质认知，是老字号品牌发展的关键途径。

老字号都具有深厚的历史文化底蕴，历史品牌联想丰富，但现代品牌关联缺乏。老字号历经数十年、上百年的岁月，其间的人或事都已经沉淀下来，形成题材丰富的品牌故事。比如跟老字号商号有关的故事就很丰富。据传，杭州"王润兴"饭店的金字牌匾"王饭儿"就是乾隆皇帝下江南时的御笔亲书。当时乾隆皇帝化名"高天赐"，微服出巡，住在大井巷的小客栈里，由于店主王永泉小心服侍，又在饭菜上迎合口味，博得乾隆龙心大悦，便提笔为他题写"王饭儿"三个金字，后来王永泉将其做成匾额，悬挂堂口，从此客栈改成饭店，而四方宾客云集，生意兴隆，成为杭城名牌菜馆之魁首。历史文化名人成为老字号品牌的历史品牌代言人，这成为老字号品牌的独特标识。如孔凤春的鹅蛋粉，就曾

经是过去在朝大臣的内眷绣房和皇宫皇后、贵妃、公主和宫女必备的化妆品,且慈禧太后也是孔凤春的忠诚顾客,成为皇家的贡品,著名的革命党人鉴湖女侠秋瑾也曾购买过孔凤春香粉。这些具有深厚历史文化底蕴的品牌故事成为老字号独具特色的品牌资产,是区别于其他新品牌的不可替代的品牌资产。但老字号的品牌故事并不能够自动成为品牌联想,现代顾客对于老字号品牌的联想仍然非常缺乏。现代顾客能够回想起来老字号的事物非常欠缺,不但缺乏对老字号产品的种种使用体验、感受,甚至对老字号的品牌故事也相当陌生。因此,必须一方面进一步强化、加工并传播老字号的品牌故事,提升历史品牌联想的强度,另一方面借助现代品牌传播工具,将与时代紧密结合的品牌联想不断丰富,使之成为广大消费者生活的一部分,这样才能够真正丰富老字号的品牌联想,从而形成老字号独特的品牌个性,形成关键性的差异化优势。

老字号在部分老顾客中享有知名度,具有区域性特征,但在新时代顾客中知名度不够。老字号品牌在历史上曾在某一区域家喻户晓,享有较高的知名度。杭州过去有句俗语"头顶天,脚踏边"。意思就是头上戴"天章"帽子,脚上穿"边福茂"鞋子。可见杭州人对这两家百年老店何等信任,口碑流传有多广。相传边福茂鞋子选料讲究,工艺不苟,所以经久耐穿。不少出外做官、经商的杭州人,虽然长期在外,但都要托人到家乡来买"边福茂"鞋子。自从王文韶穿了"边福茂"鞋子步行追驾这件事传开以后,"边福茂"的生意也就越来越兴旺了。而"头顶天,脚踏边",也就成为杭州人的口头禅。从这句口头禅可以想见"天章"和"边福茂"这两个老字号在杭州享有极高的知名度。但是,从认定的中华老字号来看,绝大多数的老字号品牌当年的影响力主要局限于某一区域,只有极少数的老字号曾经是全国性品牌,这与当时经济发展水平较低密切相关。虽然老字号过去享有较高知名度,但在现代顾客群中,大部分的老字号知名度较低。零点调查公司研究了16个老字号品牌,发现北京的"同仁堂"与"全聚德"属于认知广度与深度俱佳的品牌,而上海"张小泉""上海城隍庙"和天津的"狗不理"属于具有认知广度的品牌。而大多数品牌的认知度在深度与广度两个方面均不够有力。因此,提升老字号在现代市场中的知名度,成为老字号品牌建设的重要环节。

市场份额低,市场影响力小,营销能力薄弱。老字号品牌目前除了少数品牌外,大多数品牌的市场份额较低,市场影响力很小。根据中国品牌研究院发布的中华老字号品牌价值百强榜的数据显示,67位以下老字号品牌的品牌价值在亿元以下,较之一般品牌,可称得上是弱势品牌,不但在全国,就是在所属区域,市场份额也极低,与当年的辉煌不可同日而语。老字号品牌由于体制原因,营销能力非常薄弱,在竞争激烈的市场环境中困难重重。一方面,老字号产品线过于狭窄,无法满足消费者日新月异的需求。提起"王麻子""张小泉",人们想到只是剪刀和菜刀,但这样的低值耐用品现在又有多大的空间?另一方面,老字号坐在老祖宗的金字招牌上,坐等顾客,不主动出击市场,难以获得市场的认可。与建立了强大而覆盖面广的知名品牌相比,老字号的分销系统不健全,营销网点稀少,如此很难获得更大的市场份额。营销能力是老字号品牌发展的短板,不提升营销能力,老字号品牌发展只能是空中楼阁。

案例思考

1.试分析为什么历史上曾经是区域的强势品牌的老字号如今面临很多困境。
2.如何提升老字号品牌的品牌资产并发展性壮大老字号品牌?

思考题

1. 简述品牌资产的定义。
2. 简述选择品牌元素的标准。
3. 设计营销方案有哪些方法?
4. 品牌资产的评价有哪些方法?各有什么优缺点,请简要分析。
5. 品牌资产的经营需要注意哪些问题?

第13章 品牌危机管理

学习目标

随着品牌竞争的日趋激烈，品牌活动影响日益广泛，媒体的日渐强势和经济法规的逐步完善，使得各种因素导致的品牌危机越来越多地出现在公众的视线当中，危机发生的频率、产生的影响力和波及的范围都足以说明中国品牌已进入了危机高发期。危机对于企业有正反两方面的效应，如果处理得当，会增加企业的美誉度及消费者对企业的信赖感，成为提升企业形象的契机；如果处理不当，就会成为导火索，引爆潜伏的其他危机，加速企业的毁灭。通过本章的学习，了解品牌危机的概念，理解导致品牌危机的因素，熟悉品牌危机的特征及类型，掌握品牌危机的防范措施。

实际上，处于市场经济中的企业在经营中会遇到各种各样的危机，有来自于外部的自然灾害；有来自政治、法律、媒体和市场等方面的危机；也有来自内部供应链、生产、销售以及人力资源、财务等各个环节的危机。无论是起源于何处的危机，一旦发生，就会使企业内、外都产生恐惧和怀疑，对企业在公共关系上的应变能力提出严峻挑战。

13.1 品牌危机的概念

13.1.1 危机的概念及重要性

无论企业如何维护自己的品牌，总会有一些意想不到的事情发生。如果对事件没足够的重视，事态就可能进一步扩大，从而引起公众的关注，并演化成危机。

什么是危机？从中文字面上看，"危"是指危险，"机"就是机遇。危险和机遇伴生，这就是所谓危机。Barton 认为：危机是"一个会引起潜在负面影响的具有不确定性的大事件，这种事件及其后果可能对组织及其员工、产品、服务、资产和声誉造成巨大的损害"。英国危机管理专家 M. Regester Michael 认为：危机是"一种能够使企业成为普遍的和潜在不适宜的关注的承受者的事件，这种关注来自国际和国内媒体以及其他群体，如消费者、股东、雇员及其家庭、政治家、工会会员等。"

危机具有以下特征。

（1）意外性。危机暴发的具体时间、实际规模、具体态势和影响深度，是始料未及的。

（2）聚焦性。进入信息时代后，危机的信息传播比危机本身发展要快得多。媒体对危机来说，就像大火借了东风一样。

（3）破坏性。由于危机常具有"出其不意，攻其不备"的特点，不论什么性质和规模的危机，都必然不同程度地给企业造成破坏，造成混乱和恐慌，而且由于决策的时间以及信息有限，往往会导致决策失误，从而带来无可估量的损失。

（4）紧迫性。对企业来说，危机一旦暴发，其破坏性的能量就会被迅速释放，并呈快速蔓延之势，如果不能及时控制，危机会急剧恶化，使企业遭受更大的损失。

一项由普华永道会计事务所（Pricewaterhouse Coopers）于 2007 年提出的调查报告显示：在总部位于美国的跨国企业中，有 49% 的企业在过去三年曾遭遇严重危机，并因此对旗下各事业部门产生重大影响；约有 53% 的企业表示，它们遭遇的危机是由自然灾害引起的，甚至有 31% 的企业因此关闭主要的事业部门；此外，20% 的企业指出，它们的危机与美国证券交易委员会（U.S. Securities and Exchange Commission）或《萨班斯－奥克斯利法案》（Sarbanes-Oxley）有关。另外有 20% 的企业认为危机来自管理阶层的变动。不管你的身份是总裁、股东或员工，此报告都能让你产生危机意识。

危机管理对于不同企业有所不同。例如，宝洁（P&G）的紧急救援人员隶属于公共关系部。宝洁销售的商品包罗万象，从超白含氟抗蛀牙膏到宠物食品市场都有涉足，每年营业额高达 680 亿美元，因此，他们需要事先考虑各种情况，包括产品召回、勒索、内部人员监守自盗所带来的影响等。而提供金融咨询服务的摩根士丹利（Morgan Stanley）公司，其紧急救援小组则隶属于企业通信部。有些其他企业，可能隶属于法律事务部门、人力资源部门或公共关系部门，但无论其确切部门是什么，一旦紧急事件发生，就必须快速掌控。此外，在紧急救援小组到达前，团队领导者也必须具备应对危机的反应力。英特尔（Intel）将那些能够判断潜在危机的人员归属至公共事务部门，即所谓的"事件管理者"。英特尔最担心的事情莫过于汽车仪表盘上的精密芯片瘫痪，系统一旦发生问题，就会导致严重伤亡，而且产品的召回既耗时又费资金。英特尔的竞争对手索尼半导体（Sony semiconductor）在 2006 年 10 月就发生过类似事件，当时约有 600 万件产品被召回，主因是某些采用索尼芯片的便携式计算机电池发生爆炸。

危机会对企业产生不同程度的负面影响：

（1）影响企业声誉，损害企业信用；

（2）使企业销售额下降，利润减少，经营环境恶化；

（3）使员工士气下降，对管理层产生不利影响。

尽管有些学者认为，企业本身具备将危机化解为机会的能力，并可以通过危机发现潜在的经营资源效用，带来新的企业核心技术积累，加强企业人才培养。但不管危机怎样有利，和危机造成的不利影响相比，总是危害更大，企业应力求避免危机。

对危机的衡量，主要是从危机的可见性和复杂性等方面来进行的。危机的可见性是指危机的外在表现特征、方式和现象。可见性越强，人们就越容易应对；可见性越差，就越难以对其进行有效处理。危机的复杂性是指危机事件引起的后续连锁反应后果，危机事件的规模、范围，不断增加的不可见性和不可触及性等因素会造成新的危机。危机情境越复杂，解决危机的时间和物质资源的成本越高。

13.1.2 品牌危机的概念

品牌危机（brand crisis）是指在企业发展过程中，由于企业自身的失职、失误，或者内部管理工作中出现缺漏等，引发品牌突发性地被市场吞噬、毁掉直至销声匿迹，公众对该品牌的不信任感增加，销售量急剧下降，品牌美誉度遭受严重打击等现象，最终导致品牌联想发生改变、品牌关系迅速恶化的状态。对此的解释是，品牌危机的产生一定是使品牌联想发生了改变，而且这种改变一般是朝着不利的方向。由于品牌资产主要形成于品牌联想，因而品牌资产就会迅速乏值。

消费者在做出购买决策前，首先会对品牌所建立起来的形象、声誉做出判断。品牌的形象和声誉一旦出现问题，品牌联想也会受到波及；反之，品牌联想一旦出现问题，品牌的形象和声誉也会随之受到影响，这就是为什么在定义品牌危机时，特别强调品牌联想发生了改变。

1. 品牌危机是形象危机

在品牌危机这个名词出现之前，形象危机、声誉危机经常被提及，这些名词经常被当作品牌危机的代名词，或者是补充。毕竟，很多人不是十分理解品牌，有些人还认为公司名称和品牌是两回事，因此，在公司形象出现危机时，用形象危机一词，而不用品牌危机。品牌危机是品牌联想发生了改变，因此，品牌危机是形象危机。

2. 品牌危机是产品危机

产品是品牌的核心，大多数品牌危机表现为产品危机，而非产品引起的品牌危机多是信誉危机，即企业采取了不当的行为，引起了消费者和社会公众的不满。

3. 品牌危机是信任危机

品牌形象的负面改变，使得消费者不再对品牌有所信任。一种可能是消费者不再信任品牌所提供的产品，消费者可能感到品牌所代表的产品已经没有了以往的内涵，甚至是有害的、不安全的，或质量有问题的。另一种可能是顾客对品牌的信誉产生疑问，认为企业并没有按品牌宣传的那样正确地对待消费者或对待社会，或感到企业不够诚信。

4. 品牌危机是公共关系危机

品牌个性概念的提出，把品牌拟人化，并作为一个人性化的个体与公众发生关系。品牌的公众关系包括品牌与顾客的关系，品牌与社会的关系，品牌与员工的关系，品牌与政府的关系等。品牌危机是信任危机，消费者对品牌的不信任也会导致整个社会公众开始对品牌的不信任，品牌的公众关系受到严峻考验，可以说，品牌危机是公共关系危机。

5. 品牌危机是市场危机

品牌危机既然是信任危机、公共关系危机，那么，在危机发生时由于消费者不再信任品牌，公共关系恶化，市场便会发生剧烈波动，以至于失去大量市场份额，利润降低，严重时甚至可以威胁企业的生存。

综上所述，品牌危机与其他类型的危机并不是互不包容的概念。品牌危机与其他类型的危机，仅仅是研究角度的不同，强调对象的不同。还可以看出，品牌危机贯穿于品牌打造与品牌认知的每一个环节，这有利于深入发现危机产生的深层次原因，从而为危机的防范和管理提供更有说服力的证据。在很多情况下，品牌危机并不是直接由于品牌联想的改变而引起的，但品牌联想的改变却引导着危机的发生和发展。品牌联想是品牌成长的发动机，也是品牌危机的加速器。

当前，中国品牌危机事件的发生非常频繁，这严重阻碍了中国的品牌建设，制约了中国的品牌发展。例如，2008年的三鹿"三聚氰胺"事件，2012年的归真堂"熊胆"事件，2013年的肯德基、麦当劳"福喜"事件均为严重的品牌危机事件，对品牌以及企业造成了严重的负面影响。一方面，企业的品牌危机意识淡薄，危机处理能力不够，不仅会伤害到自身的品牌形象，更会给消费者带来伤害和心理阴影；另一方面，不同企业处理品牌危机采用了不同的手段和方法，没有可以借鉴的处理模式，对后期影响估计不足。在理论上，国内的研究侧重于实用，对危机的内涵、影响危机的各个因素及相互制约关系研究不足，因而缺乏理论上的支持；国外的研究侧重于理论，却没有一套系统的研究将其应用于实际。因此，深入探讨品牌危机，并使其在实践中具有系统的指导作用，是品牌研究中需要解决的一个重要问题。

13.2 品牌危机的成因

品牌危机的发生是一个渐变的过程，如图13-1所示，品牌危机的发生往往都是一个从品牌事件到品牌危机的演化过程。品牌危机总是开始于某个事件，该事件可能会被相关利益群体关注并有一定的影响。如果企业在这个时候没有积极地应对，品牌事件就可能进一步发展，直到演化成品牌危机。

图 13-1　品牌危机发生过程

13.2.1　品牌事件的发生

品牌事件是导致品牌危机的事件。把事件和危机区分开来，是因为往往在事件发生之后，危机并不一定马上发生，从事件到危机，中间还有一段时间。在这段时间里，企业需要及时地、正确地为事件做出回应，以防止事件演化为危机。

首先，品牌事件最早可能是指由一些员工、学者、政府机构、媒体或专家发现并公布于众的，可能带来潜在影响的那些问题。而这些问题和事件迟早也会引发公众要求企业做出回应。如果企业的回应直接、坦率，就通常会引发其他相关部门的针对性举措。

其次，当企业着手采取行动而该行动的结果又会对其他利益团体产生影响的时候，品牌事件的各种因素就基本确定了下来。某些利益团体对事件的了解和关注要求相关各方就此采取行动。事件的框架被确定之后，冲突就会随之出现。

最后，品牌事件在早期可能具备继续发展成为重大事件的潜力。但是，在这个阶段的事件，还不足以引起媒体和公众的足够重视，尽管有些专业人士已经开始意识到了它们的存在。然而这个阶段事件还没有成形，缺乏足够的证据证明外部介入的合理性，一些团体通常已经开始让公众相信他们所关注的品牌存在着某些问题，并且向该品牌的权威人物或组织寻求支持。这个时候，企业开始发现，冲突爆发的可能性已经存在。如果品牌问题在发生之前没有得到很好的控制，那么，冲突迟早要爆发，首当其冲的就是相关利益人或团体的利益。

事件主要有两种类型：基于事实的和基于虚构的。有些事件的内容是事实上发生的，而有些事件的内容仅仅是虚构的。无论事件以何种形式发生，总会存在一些潜在问题，这就要考虑事件是源于企业因素还是外界因素。企业因素和外界因素有时很难区分，一般情况下，企业能够判断事件是基于事实的还是虚构的，也可以认定事件是源于企业因素还是源于外界因素，但公众对事件的判断往往不够真实，他们倾向于认为事件就是事实，而且源于企业因素。这些因素归类如下。

1. 消费者直接受到伤害

无论是企业的潜在问题还是外界的故意陷害造成对消费者的伤害，企业都要承担一定的责任。

2. 媒体报道

媒体调查，可能源于消费者受害事件的披露，也可能源于媒体对一些社会现象的重视。如果消费者在使用产品时并没有发现质量问题，那么被报道出来的问题往往是源于产品的信任属性。媒体还经常对企业的行为进行报道，而这些报道的内容有可能引起相关利益者的重视。

3. 检测发现

政府有关部门会定期对某一类产品进行抽样检测，以确保产品的质量符合国家的有关政

策,从而保护消费者的利益。被检测的属性多为产品的信任属性,比如CCTV的《每周质量报告》。

4. 企业主动坦白

由于产品责任方面的法律,企业会对已经销售出去的产品进行检测,如发现安全方面的问题,企业会主动坦白。这种事件多发生于汽车行业中。

5. 社会团体的压力

企业有时不得不面对社会团体的压力,社会团体可能会强烈抵制某产品或使用某些原料的产品。不管是不是企业的责任,如果社会团体认为企业错了,那么企业就确实"错"了。

6. 社会环境的变化

有时,社会环境的变化会让一个品牌发生危机。如一个地区查出了猪口蹄疫,即使当地的火腿企业没有使用当地的猪肉,公众对其质量的信任度也会一路下滑。

2006年9月4日,国家工商总局通报了近期对奶制品的监测结果,雅士利乳业2006年3月8日生产的一种中老年奶粉,被检出铁、维生素B_1、标签项目不合格。面对突发事件,雅士利公司立即采取闪电般的措施,第二天即对外发布信息:将在两天时间内将市场上所有系列、所有批次和规格的中老年奶粉都撤下。同时雅士利公司积极寻求权威机构的声音。2006年9月7日,国家工商总局在北京出面辟谣,称前段时间曝光的雅士利中老年奶粉,不合格原因是因为标签问题,其产品质量不存在问题。2006年10月9日,广东质监局称雅士利质量不存在问题,拟规范食品标签。同日,中国乳制品工业协会理事长宋昆冈在新闻发布会上给予了雅士利极高的评价:"雅士利乳业公司是负责任、讲诚信的公司,在发生本次质量事故之后,认真进行了整改,使产品质量达到了标准要求,消费者可以放心食用。"雅士利公司通过权威机构为其验明正身,并快速反应,化解了一场有可能蔓延的危机。

2016年注定是三星最难过的一年,深陷在"爆炸门"中难以解脱。8月末到9月初期间,三星Note7爆炸新闻偶被曝出,9月2日,据美国科技博客网站Gizmodo报道,韩国三星电子在首尔举行新闻发布会,证实将在全球范围内召回Galaxy Note7智能手机,但中国市场并不在此次召回范围内。

2016年9月18日凌晨,"国行首炸事件"被曝出,有用户贴吧爆料称,自己在京东购买的国行三星Note7珊瑚蓝版在使用时发生电池爆炸事故。

在三星电池供应商新能源科技有限公司发声明后,9月19日,三星公司也发表对外声明,说法与新能源科技有限公司基本一致——Note7爆炸为外部加热导致,意指是消费者自身原因导致爆炸事故的发生。

此外,三星开始向中国的Note7用户发送系统更新的重要通知——停止使用Note7并联系购买处进行更换新机;出于电池安全性考虑,将最大充电量限制为60%。

三星这次的危机公关是失败的,"爆炸门"的地域性区别对待以及不信任消费者,不仅让国内的消费者信任度急降,而且品牌形象也飞速流失,损失不可估量。

13.2.2 品牌事件的发展

品牌危机的实质是品牌事件在冲突中的升级,表现为企业的反应与公众的期望不相匹配。如果品牌事件在小范围内的冲突没有被处理好,就可能有越来越多的公众关注品牌事件,品牌事件就有发展的趋势。而首先关注这些问题的就是相关利益团体,如消费者群体。

1. 相关利益团体出现

随着相关利益团体的出现,使得其他持有相同观点或可能做出相同反应的个人或群体开始介入,品牌事件就有可能在这个过程中被扩大。该过程最初发生在利益团体、行业或职业等相关特殊领域的媒体内部,或者其他持有相似观点和价值观、关注相似问题的人群中。随着大众媒介对这一问题关注程度的提升,它被逐渐放大,成为一个公共话题,并且有可能进入公共政策程序。绝大多数情况下,压力的提升是一个或多个团体活动的结果,它们尝试把该事件纳入公众议程。

2. 企业介入

在事件发展的这一阶段,企业还相对比较容易介入,并且能够主动阻止事件的发展,或者把它转化成为一种"机会"。但是,企业也不太容易确定事件的紧要程度,因为这个时候管理层的注意力更倾向于集中在那些当时看来更为"紧迫"的事务。企业有可能很难确定局势会平稳过去还是会日趋紧张,也无法确定事件是会限定在某个特定领域还是会日渐蔓延,但无论如何,企业仅仅谋求维持现状是不可取的。

3. 媒体报道

在事件发展阶段,媒体的报道具有决定意义。从网络上的讨论,到专业媒体的关注,再逐步扩展到一般财经媒体,以至于最后到公共媒体,相关力量经常会竭力吸引媒体的注意从而推动事件继续发展。尽管媒体的报道在最初的时候力度较小,但它最终会变成一种常态,因此,在事件向前推进的过程中,必须引起足够重视。企业要尽早监测媒体的行动,主动和媒体进行沟通。

当品牌事件被媒体负面报道出来之后,品牌离危机已经不远了。如果媒体对事件进行了大规模的负面报道和关注,品牌危机就已经形成了。毫无疑问,是否具有新闻价值是导致负面宣传的直接原因。现在,品牌越来越多地成为新闻的主角,新闻机构不仅对品牌进行积极的报道,还想出各种关于品牌的活动来制造新闻,比如对品牌的排名。然而,负面的报道也许更有新闻价值,不管是名牌产品还是名人,只要问题被发现,媒体就会紧追不舍。而下面的案例就是企业在品牌事件发展过程中没有及时介入与媒体沟通的典型例子。

麦当劳"红茶变成消毒水"

2013年中央电视台3·15晚会报道了位于北京三里屯的一家麦当劳发生鸡翅超过保温期后不予取出、甜品派以旧充新及食材掉地上不加处理继续备用等违规情况。

当晚9点左右,北京市卫生监督所数名工作人员赶到现场,对麦当劳三里屯店进行突击检查。约一个小时后,卫生监督所工作人员向媒体公布了检查结果,发现麦当劳后厨有数起

违规问题,并相应提出了《卫生监督意见书》。当天晚上9点50分,距被曝光违规操作仅一个小时,麦当劳新浪官方微博做出回应:央视"3·15"晚会所报道的北京三里屯餐厅违规操作的情况,麦当劳中国对此非常重视。我们将就这一个别事件立即进行调查,坚决严肃处理,以实际行动向消费者表示歉意。我们将由此事深化管理,确保营运标准切实执行,为消费者提供安全、卫生的美食。欢迎和感谢政府相关部门、媒体及消费者对我们的监督。

3月16日,麦当劳三里屯店关门歇业。麦当劳中国一名负责人对媒体表示,目前麦当劳已经对三里屯门店进行了停业整顿处理,将追究相关人员的责任,并同时对其全国1 400多家门店重申了餐厅操作标准,要求各门店进行彻底自查。

3月16日上午,国家食品药品监管局食品安全监管司主要负责人对麦当劳(中国)有限公司负责人进行责任约谈,要求麦当劳(中国)有限公司对3·15晚会媒体曝光的问题高度重视,认真吸取教训,采取有效措施,立即进行整改,强化诚信教育,严防此类事件再次发生,有效维护消费者的切身利益。

3月22日,麦当劳三里屯店正式恢复营业。该店门上不仅贴上了"用心承诺"的字样,在门前还摆放了一封致歉信。"深表歉意""监督""批评""产品质量"等字均用了大号字体。北京麦当劳方面表示,在停业期间,餐厅积极接受并配合相关部门的检查。目前三里屯餐厅已经完成了内部自查和培训,恢复对外营业。

13.2.3 品牌危机的形成因素

正如之前所述,品牌事件和品牌危机是有区别的,品牌事件可能演化为品牌危机,然而的确有一些品牌事件随着时间的流逝而被人们所淡忘。那么,为什么有些事件可以演化成危机,有些却不会成为危机呢?品牌危机的形成有以下因素。

1. 产品因素

如果品牌事件是由于其内在属性发生的,那么事件所涉品牌商品的属性特征将对事件是否升级为危机产生影响。品牌商品的内在属性,有些是搜索性属性,有些是经验性属性,还有些是信任性属性。如果品牌事件涉及的属性是经验性属性或信任性属性,那么消费者在购买商品之前不能觉察到产品的缺陷,此时有关该品牌的负面宣传带给潜在消费者的信息量可能会更多一些,因而更具有新闻价值。

另一个关于产品的因素是消费者在使用该产品的过程中会不会有不安全因素。如果是不安全的,那么这类事件更容易受到媒体的关注。这也是为什么饮料、食品、汽车等行业更容易出现品牌危机的缘故,因为这些行业容易存在人身安全隐患的问题。产品产生质量问题的原因很多:一是由于在原料采购、产品的生产、营销、储存、运输等过程中,对质量的监督、检查等管理不严,引发质量问题;二是由于设计或生产技术方面,不符合相关法规、标准等的规定,造成产品存在缺陷,出现质量问题。可以说产品质量出现问题是引发品牌危机的主要原因。例如,在2008年9月的三鹿奶粉事件中,其重要原因就是企业及有关质量检验部门,事前放松了对产品质量的监督、检查,给不法分子有可乘之机。事后,质检总局在全国紧急开展了对婴幼儿配方奶粉中三聚氰胺含量的专项检查,"共检验了109家企业的491批次产品,有22家企业的69个批次的产品检出了三聚氰胺,检出不合格产品的企业约占20%"。

2. 品牌因素

品牌资产是企业与消费者共同营造的，企业根据市场定位、品牌定位来设计品牌，希望能使消费者产生企业希望的联想，而联想的内容、宜人性及强度形成品牌资产，即品牌形象、品牌声誉和品牌知名度。品牌危机是形象危机，无论品牌危机衍生出来的信誉危机、市场危机还是公共关系危机，都是从品牌联想的改变开始的，因而一个事件是否会升级为危机，品牌联想是主要的标杆；品牌联想是否受到争议，品牌的物质联想和非物质联想是否受到争议，品牌的知名度如何等。品牌营销策略的失误会引发品牌危机的产生，主要有以下几种情况。

（1）品牌的个性定位不正确。有的企业不考虑消费者对其品牌形象风格的感知状况等，造成品牌定位不正确。

（2）品牌的盲目延伸。有的企业为尽可能地开发品牌市场潜力，不遵循品牌延伸的规律，对品牌进行任意的延伸。

（3）品牌传播广告费的过度投入。一些企业单一地依赖广告投入，希望促使品牌快速成长，结果使得企业不堪重负，最终拖垮企业。

（4）过度的价格战。过度的价格战，将导致消费者对价格及产品质量产生疑问，难以建立消费者对品牌的忠诚度。

3. 市场因素

经济、技术、竞争等环境的改变，易导致品牌危机的发生。在经济出现衰退时，消费者的购买力不足，导致品牌产品滞销，产生品牌危机；当一种新技术的出现代替了原有的技术时，使得品牌产品的技术含量降低，使消费者的购买发生转移，从而导致品牌危机；在激烈的市场竞争中，竞争对手往往会采用降价、加强促销等手段，使竞争对手市场占有率、销量等降低，从而产生品牌危机，如常见的可乐大战和电视机大战。然而，在衰退的市场中，一个富有进攻性的企业，也会导致激烈的竞争。竞争进入白热化阶段时，竞争对手会为保护自己的利益而考虑使用品牌事件制造舆论。

4. 管理因素

企业的管理方式同样重要。实践证明，事件发生以后采取傲慢态度的企业管理者常常成为新闻媒体的报道对象。即便企业采取了良好的预防措施，企业及其管理者的作风仍决定着事件解决的成败。因此，危机处理能力是任用管理人员的一项条件。事件是否会转化为危机，受以下四个方面的影响。

（1）企业聘用的管理者的特征与行为方式。

（2）企业文化。

（3）企业危机管理的基础措施。

（4）企业总体策略，如规划方法、管理机制与程序等。

其中，管理者的特征与行为方式与事件是否升级为危机最为相关。对危机很敏感的管理者，通常在事件发生时，会调动全身所有的防守机制，包括否认；大事化小、小事化了；忽视因果；片面；自以为是；寻找借口或指责他人等。

三鹿奶粉事件始末

事件梗概简要如下。

2007年以来，三鹿奶粉采购的部分奶源开始被一种叫三聚氰胺的物质人为污染，其让不合格奶源通过采购检验，奶源供应商因而能从中获利。由于其采购检测技术标准的缺陷，三鹿未能发现问题，问题奶粉源源流向市场。

2008年3月，有消费者向三鹿投诉。其后，三鹿秘密组织了调查，并从7月开始暂停向渠道供货。

6月28日，位于兰州市的解放军第一医院收治了首例患"肾结石"病症的婴幼儿，据家长们反映，孩子从出生起就一直食用河北石家庄三鹿集团所产的三鹿婴幼儿奶粉。

7月中旬，甘肃省卫生厅接到医院婴儿泌尿结石病例报告后，随即展开了调查，并报告卫生部。随后短短2个多月，该医院收治的患婴人数就迅速扩大到14名。

8月初，三鹿基本查明污染成分三聚氰胺，但始终对外界完全沉默。随着患儿日渐增多，问题暴露。

9月11日，《东方早报》A20版以半版篇幅，刊登了一篇长篇报道《甘肃14婴儿同患肾病 疑因喝"三鹿"奶粉所致》。一石激起千层浪，一场震惊全国的"奶粉三聚氰胺"事件蔓延至整个奶制品行业，并引发一场前所未有的信任危机，也由此点燃了全国乳品行业质量安全问责风暴的导火索。

9月14日，卫生部部长陈竺带领有关司局领导及专家飞抵兰州，针对该省有关三鹿奶粉事件应急处置工作展开专题调研。

9月15日，甘肃省政府新闻办召开新闻发布会称，甘谷、临洮两名婴幼儿死亡，确认与三鹿奶粉有关。

10月27日，三元股份首次正式承认正与三鹿进行并购谈判。

10月31日，经财务审计和资产评估，三鹿集团资产总额为15.61亿元，总负债17.62亿元，净资产-2.01亿元，已资不抵债。

12月13日前后，三鹿二厂开工复产，这是三元在"托管"模式下，启动生产的首个厂区。此后传出消息，三鹿集团的7家非核心企业已陆续开工生产，但全部更名。

12月下旬，债权人石家庄商业银行和平西路支行向石家庄市中级人民法院提出了对债务人石家庄三鹿集团股份有限公司进行破产清算的申请。

12月23日，石家庄市中级人民法院宣布三鹿集团破产。

三鹿失败的教训

既然在3月份已注意到端倪，7月开始停止向渠道供货，再到8月初查清污染源问题，为何三鹿却一再对外保持沉默？另外，三鹿12日的第二份官方声明中提及，三鹿集团"已经收回8 210吨问题奶粉，尚有700吨在流通市场正在回收"。然而从9月12日宣布召回不过2天，如此庞大的已回收数量，说明三鹿在媒体曝光前早已开始召回行动。由此可以断定，问题发生后，三鹿集团原本计划表面不动声色，私下回收问题产品，让危机消灭于无形中。然而，实际情况远远偏离了三鹿原先的预计。一场足以颠覆整个企业集团的风暴在短短3天内骤然刮起，让其措手不及。

三过救生圈而不入

首个关键点出现在3月初，从三鹿接到第一例消费者投诉开始到6月质检局网站发布消费者投诉之间。在这3个月间的任意一天，如果三鹿主动发表公开声明，召回并停止供应疑似问题奶粉，便很有可能转危为机——一个诚实可靠的品牌形象，一个对消费者完全负责的姿态，足以抵消召回带来的经济损失。既然对可控的生产环节卫生控制有十分把握，三鹿完全可以在查明污染成分之前同国家相关部门一道，主动展开调查和清理，并实时向媒体和消费者传递进展情况，将主动权牢牢控制在手。然而，如前所述，三鹿将企业利益放到消费者利益之前，导致最初的危机处理方式完全错误，它试图用沉默隐瞒真相，无视消费者遭受的生理、心理折磨和经济损失，让通路中的问题奶粉继续为害婴儿。

第二个关键点是8月初，三鹿通过前期调查和进口检测仪器发现污染成分到9月初事件被媒体曝光前的一个月。"发现三聚氰胺"是利用这个机会点的关键词。如果此时三鹿主动向外界公布发现其产品在采购环节被这种化学物质人为污染，并启动召回和司法调查手段，那么消费者对三鹿之隐瞒问题的方式尚不会太多追究。错过了这个节点，可以说三鹿企业的失败命运基本已经注定。9月8日的媒体报道，将问题（issue）演化成危机（crisis）。在前期问题管理阶段，由于三鹿还握有主动权，的确可以开展各种形式的化解行动。

第三个节点，是三鹿官方发表首次响应。从性质来讲，如果前两个节点是"扭转性"，那么第三个节点只能算作"止损性"，只能在一定程度上降低损失，而已无法扭转大局走势。比之前的沉默更加失败，在8月初就已查明真相的前提下，这次三鹿选择了说谎。在发给媒体的书面声明中，三鹿坚持称其产品"严格按国家要求生产""有质量保证"，三鹿奶粉致病"无证据"，保证"所有产品没有问题"，最后还呼吁媒体"多报道科普教育方面的亮点工作""做好宣传工作"。然而不到一天，谎言便被揭穿。12日，三鹿老总亲口承认"之前已发现问题"的事实，并无法对之前没有采取任何通报消费者的行动给予解释。如果这份声明以尊重事实的态度，承认失误、承诺给予消费者补偿并立即配合国家相关部门开展行动，或许今日三鹿品牌还有一息尚存。

13.3 品牌危机的特征及类型

13.3.1 品牌危机的特征

很多品牌危机的发生，主要是由于企业并未在事件发生之时给予足够的重视，有些企业甚至没有意识到这是一个品牌受损事件，导致事件被公之于众。如果事件处理不当，对品牌产生较大的负面影响，则有可能导致品牌危机。一般而言，品牌危机有以下特征。

1. 突发性

这是品牌危机的首要特征。这些危机事件事出突然，时间紧，影响大，往往置企业于仓促应战的尴尬境地。

2. 蔓延性

俗话说:"好事不出门,坏事传千里。"现代社会高度发达的信息技术为人们的信息交流提供了多种多样的途径,除了传统的电视、电台、报纸外,移动电话、互联网络等新兴通信方式在生活中发挥着越来越重要的作用。而负面消息则更利于传播,影响也更大,这一切使得危机的信息以极快的速度蔓延和传播。

3. 危害性

品牌危机带有巨大的危害性。2000年11月国家医药管理局的一个通知,使中美史克的康泰克一夜之间销售额由6亿元减到了零;而2008年的三聚氰胺事件,直接让三鹿集团最终破产。

4. 被动性

由于品牌危机事发突然,企业往往仓促应战,带有较强的被动性。

13.3.2 品牌危机的类型

品牌危机可以按性质和形态进行分类。

1. 按性质分类

品牌危机按照性质可分为两类:第一类是产品质量问题引发的危机,第二类是非产品质量问题引发的危机。第一类危机事件之所以引人关注,在于其品牌的突出知名度和此前的良好形象,产品的大众日常消费品特征及由此而具有的庞大消费群体,在于其产品直接关乎消费者的身体健康和生命安全。比较而言,对第二类危机事件消费者的关注程度较低。同时两类危机引发的原因和影响有较大区别。第一类是产品质量问题直接引发消费者不信任和不购买,随之造成销售量大幅下滑,引发企业经营危机和困境。第二类是非产品质量问题即企业内部某方面失误而引起的经营危机和困难,如资金问题、法律诉讼、人事变动等,内部问题逐渐向外传递造成客户对品牌的不信任。

2. 按形态分类

品牌危机从形态可分为突发型和渐进型两大类。

1) 突发型品牌危机

突发型品牌危机有以下5种情形。

(1) 形象类突发型品牌危机。该类危机是由负面宣传事件而引发的突发型品牌危机,是指品牌形象力减弱,一般来说主要表现为:品牌美誉度下降,认知度降低和品牌联想度下降。而负面宣传一般有两种:一种是对品牌的不利情况的报道(情况是属实的),如品牌产品生产条件恶劣,企业偷税漏税,财务混乱,贪污舞弊等报道;另一种是对品牌的歪曲失实的报道,对这些不实传闻和报道如不加以及时处理,对品牌形象、产品信誉十分有害,将导致公众对品牌丧失信心。比如近年来百度推广就引发了很大的热议,"魏则西事件"使得百度推广的信誉度受到很大的质疑。

(2) 质量类突发型品牌危机。该类危机是指在企业发展过程中,由于企业自身的失职、失误,或者内部管理工作中出现缺漏,而造成产品在质量上出现问题,从而引发的突发型品牌危机。

(3) 技术类突发型品牌危机。该类危机是指已经投放市场的产品,由于设计或制造技术方面的原因而造成产品存在缺陷,不符合相关法规、标准,从而引发的突发型品牌危机。如中美史克康泰克 PPA 风波、大众汽车的刹车失灵事件等。这类危机与科技有关，它发生在人们认为本应万无一失的尖端科技出现偏差时。

（4）服务类突发型品牌危机。该类危机是指企业在向消费者提供产品或服务的过程中，由于其内部管理失误、外部条件限制等因素，造成消费者的不满，从而引发的突发型品牌危机。此类危机与企业品牌意识、服务意识相对薄弱有关。

（5）品牌的法律权益受到了侵害。品牌资产中的一个重要组成部分就是品牌的法律权益。品牌商标或者品牌名称一旦被假冒和盗用，就会出现严重的品牌危机，甚至被假冒盗用者拖垮品牌。

2）渐进型品牌危机

渐进型品牌危机不容易被重视，其发展是循序渐进的，但一旦爆发则具有毁灭性。渐进型品牌危机来源于以下几个方面。

（1）品牌战略制定和执行失误。从狭义上讲，品牌战略制定失误是所制定的品牌战略本身的失误；从广义上讲，包括品牌战略展望提出的失误、目标体系建立的失误。品牌管理执行的失误包括品牌策略制定和执行的失误。

（2）品牌延伸策略失误。品牌延伸使用得当不仅能使新产品迅速进入市场，取得事半功倍的效果，而且可利用品牌优势扩大生产线，壮大品牌支持体系。但是企业一定要注意品牌延伸安全，否则就会进入品牌延伸误区，出现品牌危机。这主要表现为三种情况：一是品牌本身还未被广泛认识就急于推出该品牌的新产品，结果可能是新老产品一起死亡；二是品牌延伸后出现的新产品的品牌形象与原产品的品牌形象定位互相矛盾，使消费者产生心理冲突和障碍，从而导致品牌危机；三是品牌延伸速度太快，超过了品牌的支持力。

（3）品牌扩张策略失误。品牌扩张策略主要有下面两种：一是收购品牌进行扩张的战略；二是自创品牌进行扩张的战略。两种方式实质都是通过收购、兼并、控股等资产重组的方式，实现产品的规模扩张。品牌扩张的风险有很多方面，如品牌扩张策略本身的失误，消费者需求重心的转移，或者国家及地方政策的影响等。一些代表性的品牌，比如"巨人"和"春都"就是在多元化道路上越走越远，偏离了核心业务，丢弃了赖以生存的根本，结果导致资源分散，战线拉长，管理失控，核心竞争力锐减。

（4）品牌内外部环境的恶化。品牌的内部环境是指品牌持有企业的内部状况，品牌的外部环境主要包括消费者、竞争对手、分销商、市场秩序、舆论和宏观环境等因素。内部环境是对品牌未来发展具有重要影响的一个因素，如果没有一个良好的内外环境，品牌就不可能健康地成长和发展。

13.4 品牌危机的防范

品牌危机的防范模式由建立品牌危机管理组织机构、制订品牌危机防范工作计划、对品牌危机进行有效的控制（即组织、计划和控制）三个部分构成。如图 13-2 所示。

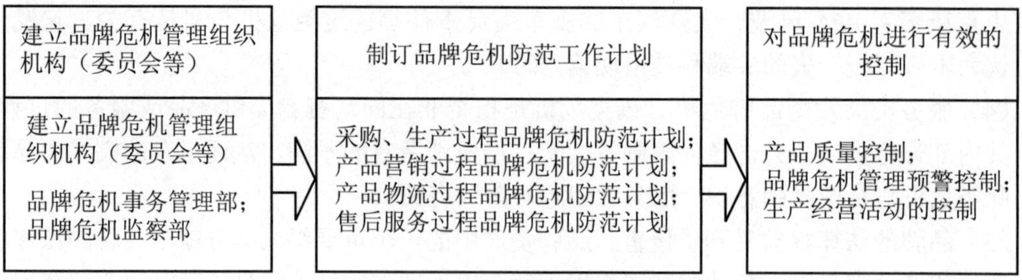

建立品牌危机管理组织机构（委员会等）	制订品牌危机防范工作计划	对品牌危机进行有效的控制
建立品牌危机管理组织机构（委员会等）品牌危机事务管理部；品牌危机监察部	采购、生产过程品牌危机防范计划；产品营销过程品牌危机防范计划；产品物流过程品牌危机防范计划；售后服务过程品牌危机防范计划	产品质量控制；品牌危机管理预警控制；生产经营活动的控制

图 13-2　品牌危机的防范模式

13.4.1　建立品牌危机管理组织机构

建立品牌危机管理组织机构可以使品牌危机管理获得有效的组织保障，根据企业的规模和实际情况，可以设立专门的品牌危机管理委员会。品牌危机管理委员会的下面一般可设立品牌危机事务管理部和品牌危机监察部。品牌危机管理委员会全面负责品牌危机的管理工作，是品牌危机管理的决策部门。品牌危机事务管理部的职责主要是制订品牌危机防范工作计划，做好品牌危机日常事务性管理工作，一旦发生品牌危机，便积极配合品牌危机管理委员会做好危机的处置工作。品牌危机监察部的职责主要是对品牌危机管理的各项工作给予及时的监督、检查，及时发现问题，预防品牌危机的发生。品牌危机管理组织机构应由该企业高层管理人员、有关专业人员、法律顾问等组成，企业内每个关键环节都应有人员参与。

13.4.2　制订品牌危机防范工作计划

品牌危机防范工作计划涉及采购、生产、营销、物流和售后服务等方面。其主要内容有以下几个方面。

（1）在采购、生产过程中，主要包括：原材料的采购渠道、生产环节的质量保障、产品的合格性。

（2）在产品营销过程中，主要包括：产品定位、产品定价、销售渠道、促销等。

（3）产品物流过程中，主要涉及：产品的装卸、运输、储存。

（4）产品售后服务过程中，主要涉及：服务响应时间、消费者的满意度等。

在编制品牌危机防范工作计划中，应特别注意品牌危机处理预案的编制。品牌危机处理预案包括的内容有：可能引发品牌危机的各种因素、各种因素出现后应采取的对策等。

13.4.3　对品牌危机进行有效的控制

对品牌危机进行有效的控制，主要涉及产品质量的控制、品牌危机管理的预警控制和生产经营活动的控制。

1. 产品质量的控制

企业应按照国家有关质量、安全、环保等法规、技术标准的规定，通过事前、事中、事后监督和检查，采用各种统计技术，严把产品质量、安全、环保关，杜绝产品质量问题的发生，若发现产品质量问题，企业应及时处理，把品牌危机消灭在萌芽状态。

2. 品牌危机管理的预警控制

首先，建立高效灵敏的信息收集和监测系统。品牌危机的控制，需要企业不断地收集、整理与品牌建设和发展有关的政治、法律、经济、科技、竞争对手、消费者、企业产品质量、生产、营销、物流和售后服务等多方面的信息，以利于及时发现品牌危机；其次，建立品牌危机评估体系。根据收集的信息，对企业面临的品牌危机进行评估，确定品牌危机监测的内容和达到危机标准的参数及指标；最后，品牌危机预警系统的管理。对品牌危机预警系统中涉及的各种参数和指标，进行观察和监测，对系统发出的危机信号做出及时有效的反应。

3. 生产经营活动的控制

企业从事生产经营活动，必须实施采购、生产、营销、物流和售后服务等各个环节的全方位、系统化管理，防止产品质量、营销策略和市场环境变化等因素带来的品牌危机。企业应自觉依法从事生产经营活动，严禁虚假广告、金融欺诈、偷逃税收等违法经营活动的发生，以免导致品牌危机。

13.5 品牌危机的处理

正确认识品牌危机如何发生，并对品牌所处的危机情境进行评价，是品牌危机管理的基础。品牌危机管理与危机管理一样，都有相应的模式和原则。企业要搭建危机管理的框架，并为之建立团队。品牌危机管理贯穿于品牌事件到品牌危机的始终。从品牌事件发生开始，就要防止品牌事件演化为品牌危机，在这个过程中，要明确如何处理危机，以及如何同相关利益方进行沟通。

13.5.1 危机处理的框架

首先，企业应对品牌事件有一个很好的认知。对品牌事件的认知不应局限在企业的认知水平，而是应把视野放在公众对品牌事件的认知上。只有这样，才能去"改变或迎合"公众的认知，使事件不至于升级。企业相关管理团队应以虚心和坦诚的态度询问和倾听，才能较好地把握事态的发展。在对事态有一个充分的认知和判断后，企业就需要面对目前复杂的情境进行决策。危机决策要有助于事件的解决。然而，很多企业并没有意识到这一点，它们的决策把品牌推到了市场前沿，是认知不够的一种表现。

其次，决策的执行。危机处理团队要充分领会决策的意图，并考虑各种可能出现的情况，以避免执行出现偏差。事态是不断发展的，事件在发生后并不是等在那里直到企业的执行，决策和执行之间的时间差可能使事态发生微妙的变化，甚至发生巨大的变化。因此，执行的过程也是一个决策的过程。

最后，如果危机管理在执行过程中取得了很好的效果，那么品牌就在一定程度上得到了挽救，在危机消退的过程中，企业仍然不可以放松警惕，只有等到危机事件彻底得到解决以后，危机管理团队的人员才可以减少或解散。

Michael Regester 把危机管理的过程归纳为 6 个阶段，包括认知阶段、勘察阶段、决策阶段、执行阶段、微调阶段和结束阶段。在品牌危机管理中，仅仅对危机管理的过程有一个了解是远远不够的。事实上，有无正式的危机管理计划已成为评价一个企业管理水平的标准，缺少危机管理计划的企业通常被认为其发展不稳定，风险也比其他制订了危机管理计划的企业大。危机管理计划应在系统地收集相关信息的基础上制订，要有灵活性，同时要使危机管理计划执行者了解并切实理解计划的内容。危机管理计划的基本内容如下。

（1）企业危机管理的指导原则和目标。

（2）影响企业的各类潜在危机情形。

（3）紧急情况下的工作程序。

（4）危机报告和汇报结构，以及危机处理团队、危机指挥中心、危机发言人等有关人员及其运作机制。

（5）关于危机计划的演练、修改、审计等有关规定。

过去，企业总是在危机发生时建立一个危机管理小组来协调和控制危机及其产生的影响，这种小组的临时组建导致其不具备执行一些特定任务所必备的各种技能，同时挑选小组成员也要花费很多时间。因此，在危机发生前，至少在事件发生之时就应尝试建立危机管理组织结构框架，它主要由三部分组成：第一部分是信息系统，主要负责对外工作，由信息整合部、信息对外交流部和咨询管理部组成；第二部分是决策系统，由危机管理者领导，负责处理危机的全面工作，必须有足够的决策权威，一般由企业决策层担任；第三部分是运作系统，由部门联络部和实战部组成，其中部门联络部负责联络企业内部受危机影响的部门与不受危机影响的部门，是正常经营部门与受危机影响部门的联系纽带，而实战部则负责将危机管理者的策略计划变成实战的反应策略和计划，并通过专业知识来实施这些计划。

企业内部应该有制度化、系统化的有关危机管理和灾难恢复方面的业务流程和组织机构。应对危机首先要有统一、有力的组织指挥系统。处理重大危机事件一般都由三个团队组成：核心领导组（或委员会）、危机控制组、联络沟通组。

最高一层是核心领导组或委员会，其职责是对上与政府部门保持联系，对内决定危机处理的重大事项，对外代表企业与社会公众和新闻媒体进行重要问题的沟通。在核心领导组之下，还应有危机控制组负责在事发现场直接处理危机事件的操作层面工作，随时向核心领导组汇报事态发展情况。联络沟通组则负责与新闻传媒和社会公众进行沟通，真实全面地介绍有关情况。

1. 核心领导组

核心领导组或核心委员会，由企业的董事会、总裁等组成，从战略层面把握危机的动向，对危机处理中的重大问题进行决策，并指挥各部门密切配合危机控制组。核心领导组的具体职能如下。

（1）保证企业业务的正常运转、原料来源和产品供应。

（2）紧急情况下的预算审核。

（3）与政府和特别利益团体进行高层沟通。

（4）对机构投资者、媒体、消费者、员工及其他受到影响的群体传达信息。

（5）明确保险政策，与法律顾问沟通，决定特别抚恤金的支付。

（6）跟踪公众的动向，准备好到相关现场探视。

（7）保证公司董事长或总裁了解事件的总体进展，并且尽快在公关人员的陪同下赶往事故现场，启动媒体沟通程序。

核心领导小组的成员需要在一个类似指挥中心的室内，对事件的处理进行宏观调控。为此，相应的设备应及时到位，如电话、传真、网络、计算机、电视、收音机等。

2. 危机控制组

危机控制组负责危机处理工作的实际运转,一方面向联络沟通组下达核心领导组的决策信息,另一方面向核心领导组及时通报事态的进展。危机控制组要时刻保证核心领导组清楚地知道危机情况,同时从核心领导组那里接收战略建议,并制定危机处理的预算。

3. 联络沟通组

联络沟通组负责与公众、媒体、受害者、企业成员的沟通,应确保企业用一种声音说话。任命两到三个企业发言人负责与新闻媒体的沟通工作,从而保证对某个问题做出统一的判断和解释,并且由获得授权任命的发言人来完成信息沟通的任务。

大量研究表明,在危机管理中,尤其是在危机企业与众多关联利益人的沟通中,危机管理团队(crisis management team,CMT)起着重要作用。要想使危机管理发挥最大效应,势必要加强危机公关的协调指挥工作,其中发挥作用最大的是危机公关的核心领导机构——核心领导组,它的决策水平和预见能力的高低将直接决定危机处理的进程和结果。

在选择团队成员的时候,需要考察他们的人品和才能——视野开阔、遇事冷静、对企业和业务熟悉、对局势把握到位,能够迅速做出措施清晰的决定。Michael Regester 列举了一些危机管理中团队成员的风格。

(1)创意者。有创造力,经常提出新的思路和建议。有些创意可能稍显牵强,但有些的确有巨大价值。团队领导要有能力筛选出可行的建议,抛弃不现实的内容但同时又不给创意过程泼冷水。

(2)沟通者。帮助在团队内外实现顺畅的信息流动(不一定是团队领导,尽管领导者也必须具备极强的沟通技能)。

(3)颠覆者。总是喜欢挑出每一个创意或解决方案的不足。

(4)记录员。把日志和记录整理到最佳状态。这一位置看似要比决策者的位置更容易做,但它同样非常重要。

(5)人本主义者。以人为导向,其方案总是关注问题涉及人的一方面。在问题进入白热化阶段时,这是重要的力量。

强生危机处理艺术

美国强生公司是一家生产和销售着品种繁多的健康用品的跨国公司。1981年,在《财富》杂志的全美500家最大工业企业排名中,强生公司名列第68位,销售额为54亿美元。强生公司的产品包括医用产品、药品、工业用品和消费品四大类。多年以来,强生公司致力于塑造富于责任感和值得信赖的企业形象。在消费者看来,无论贫富长幼,在他们心目中,强生公司的产品总是与周到和安全联系在一起。1982年出现的泰乐诺"致命污染"一案充分体现了强生公司的价值观,更重要的是人们可以从中学到优秀企业的危机管理经验和危机处理艺术。

祸从天降

1982年9月30日,在新泽西州新布伦斯维克强生公司总部大楼的第五层,公司的董事长和总裁正在召开一次会议。因为公司的销售额和利润额都在直线上升,形势一派大好,所以与会的高层管理人员兴奋到了极点。一向以严肃著称的董事长甚至和大家聊起了轶闻趣事。突然，一位常务董事闯了进来，告诉大家：公司的拳头产品泰乐诺胶囊卷入一场中毒死亡事件。一时，在场的所有经理人员都惊呆了。

泰乐诺是强生公司生产的一种乙酰胺基止痛药，在20世纪70年代末和80年代初所获得的成功曾经轰动一时。到1982年，泰乐诺已占据了止痛药店面交易市场销售额的35.3%，总销售额从1976年的1.15亿美元增至1982年的3.5亿美元，占强生公司总销售额的7%。而更重要的是，它贡献了公司总利润中的17%。

1982年9月末一个星期三的上午，一位名为亚当·杰努斯的患者感到有点胸痛，于是买了一瓶特效泰乐诺胶囊。他服用了一粒，当天下午就身亡了。同一天晚些时候，斯坦利·杰努斯和他妻子也服用了那种胶囊，他们没能活过星期五下午。到周末为止，又有四名芝加哥地区的居民死于相同的情况。死亡是由氰化物造成的。药检员们从受害者家中又找回了10粒被氰化物污染的泰乐诺胶囊。每粒样品的外观都变了颜色，并略有膨胀，其通常的白色药粉被换成了一种带有杏仁气味的灰色物质。一般认为此种毒药的致死剂量仅为50毫克。

公司的管理者们是从打来电话要求解释的记者那里听说这一中毒事件的。电话一个接一个，先是各媒体后是药店、医生、医院、毒害控制中心，还有数以千计惊慌失措的消费者。公司迅速收集了有关受害者、死因、有毒泰乐诺的批号、销售该药的零售点、药的生产日期及它们在分销网中所经过的途径等信息。

同时，强生公司立即撤回了成批的产品，并劝告人们事情还未弄清前绝不要购买特效泰乐诺胶囊。全国的药店和超市都从它们的货架上取下了泰乐诺产品。

不久，调查者们得出结论说，毒物污染并不是发生在生产过程中，因为有毒的胶囊为两个工厂生产出的产品，而两个工厂的产品同时受到毒物污染几乎是不可能的。美国国家食品药品管理局怀疑有生产者之外的人在商店购买了泰乐诺，将氰化物掺入其中一些胶囊后又退回了商店。否则，污染的范围会更广，并且不只是在芝加哥地区。为了把事情的真相弄个水落石出，公司为这次特别调查任务动用了100名联邦调查局和伊利诺伊州的侦探，他们追查了逾2 000条线索，研究了57份有关报告。

虽说出现这次中毒事件的责任不在强生公司，但事情终究是发生在本公司的产品身上。为了尽快消除这次危机对泰乐诺及公司本身的影响，强生公司决定把这次危机的处理工作提上公司一级的议事日程上，并制订了一项详细计划。这项计划分三步进行：第一步是澄清事实；第二步是评估并遏制损害的继续；第三步是努力使泰乐诺重振雄风。

作为计划的第一步，一向保持低姿态的强生公司开始求助于各媒体，希望它们提供最准确及时的信息，并帮助阻止恐慌的发生。接着，公司还从其他公司抽调了25名公关专家协助生产泰乐诺的麦克奈尔公司一起处理这次事件。广告宣传一律暂停，所有的泰乐诺胶囊都被收回，共3 100万瓶，总值逾1亿美元。公司还向消费者承诺以新生产的泰乐诺药片换回胶囊，通过发给医生、医院、商家的50万份电报和对新闻媒体的声明及时传达了这些信息，目的是不使形势继续恶化。

在提供证据证明毒害污染并非发生在生产环节后，公司走下第二步棋。在财务上它的损失超过1亿美元，其中大部分是用于从零售商和消费者手中买回未使用的泰乐诺。仅发电报的费用就达50万美元，而可能发生的关于产品可靠性的官司也要花费百万美元。更重要的是，如何减少这次毒害事件对泰乐诺商标本身造成的影响。很多人曾预测泰乐诺作为商标将无法生存,也有人建议强生公司给这种产品换个商标,这样可以使它摆脱中毒事件的阴影,获得新生。

为了掌握真实情况,公司在毒害事件发生后一个月后做了民意调查,其中,94%的消费者知道泰乐诺与那起毒害事件有关。尽管这些人有87%知道毒害并不是泰乐诺的生产者造成的,但他们中还是有61%的人说将来不愿意再购买泰乐诺了。更糟的是,50%的消费者说,他们今后甚至连片装泰乐诺也不会买了。唯一能安慰人心的一点是,经常使用泰乐诺的人中有49%回答他们仍会继续使用这种药。这更让公司进退两难了。毫无疑问,强生是想保留泰乐诺个商标,经过多年的经营它毕竟已具有相当的市场基础。但是,如果在风平浪静前过早地把泰乐诺推回市场,这种产品就会烂在货架上。如果等得过久,让竞争对手占据了市场的稳固领先地位,泰乐诺就再也回不到市场上了。强生并未完全接受市场调查的结果,强生认为:"消费者调查的弊病在于它反映的只是想法而远非实际行动。要知道消费者到底会怎么做,最好的办法是把产品摆回货架上去,让消费者用自己的手来表决。"但是时机如何掌握呢?强生公司采取的策略是,集中力量稳住常客,然后再逐渐渗透到其他顾客群。

为了重新赢得常客们的信任,公司在电视广告中承诺它将尽其所能为消费者服务,以赢得他们的信任。公司还让麦克奈尔实验室(开发泰乐诺产品的实验室)的药学博士托马斯·盖茨在广告中向公众宣示:"泰乐诺深蒙药界同仁和1亿美国人民的信任已历经20载。我们珍视这份信任,不允许对它的任何损害。我们希望你们能继续信任泰乐诺。"强生公司也鼓励泰乐诺胶囊的使用者们能去试用泰乐诺药片,因为后者不容易被人做手脚。在一次广告活动中,公司承诺免费为顾客将胶囊换成药片。另外它还通过一则报纸广告发出了7 600万张面值2.50美元的购物赠券以鼓励购买泰乐诺。为挽回给消费者造成的损失,那些在毒害事件发生后将他们手中的泰乐诺扔掉的顾客,只要打一个免费电话,就可以得到一种面值2.50美元的赠券——这就相当于得到一瓶免费的药。

最后,公司还设计出一种防破坏包装,来杜绝类似芝加哥事件的再次发生。虽然,安全包装使每瓶药增加成本2.4美分,但强生公司希望它能逐渐增强消费者对产品安全性的信赖并促进销售。公司甚至还向零售商提供了超常的折扣——高达订货额的25%。

有备无患

危机发生后,强生公司在止痛药市场上的份额一度由35.3%急降至不足7%,然而,成功的危机处理策略又很快使强生公司东山再起:到1983年5月,泰乐诺已然赢回了几乎所有于1982年9月失去的市场份额,达到了35%,并一直保持到1986年。强生公司真诚的行动有了回报。

(资料来源:根据网络资料整理)

13.5.2 危机处理的原则

当我们有一套完整的框架应对危机时,危机处理的基本原则必须始终贯彻于管理中。无论发生什么样的品牌危机,始终把公众和消费者利益放在首位,采取一系列对社会和消费者负责的行为,就能够增强社会和公众对企业的理解、对品牌的信任感和忠诚度,也就更容易化险为夷。在危机处理时提出了"5S"原则,即承担责任原则(shoulder the matter)、真诚沟通原则(sincerity)、速度第一原则(speed)、系统运行原则(system)和权威证实原则(standard)。

1. 承担责任原则

危机爆发后，公众往往有以下表现。

（1）情绪化，对于媒体的信任度远高于对企业的信任度。

（2）有罪推定，往往有"宁可信其有，不可信其无"的心态。

危机爆发后，公众会关注两方面的问题。一方面是利益的问题。利益是公众关注的焦点，因此，无论谁是谁非，公众都认为企业应该承担责任。即使受害者在此事故中也负有一定的责任，企业也不应该首先追究受害者的责任，否则双方会各执己见，使矛盾加深，引起公众的反感，不利于解决问题。另一方面是感情问题。公众很在意企业是否关注自己的感受。因此，企业应该向受害者表示同情和安慰，并通过新闻媒体向公众致歉，解决其深层次的心理、情感问题，从而赢得公众的理解和信任。

实际上，公众和媒体往往在心目中已经有了评价标准，对企业有了心理上的预期，即企业应该怎样处理才会使他们感到满意。在危机爆发后，企业应该时刻将公众和消费者的利益放在第一位，并采取合适的行动来切实维护公众和消费者的利益，这是赢得公众认可的关键，尤其是可以及时赢得新闻媒体的认可。很多时候，公众希望看到的也正是企业认错与积极改正的态度与行为，而不是要真正地把企业置于死地，因而企业绝对不能选择对抗——态度至关重要。 央视 3·15 报道称，在淘宝网、大众点评和美丽说等电商平台上，部分商户存在刷单现象。只要商家支付商品的本金和刷客的佣金，刷手们就能按照商家的要求完成刷单和刷信誉的任务。据央视报道，在淘宝上，即使没有真实货品的淘宝店也能有高信誉。只要支付给"刷客"千元佣金，便可在三天内立马升级为蓝钻，拥有 200 多条好评。即使店内没有一件真实商品，也可通过网上的"代发空包"服务，完成一件件并不真实存在的包裹的签收。

阿里巴巴回应：

社会共治打击刷单！

（1）感谢央视曝光互联网刷单这一灰黑产业，让更多的人了解和抵制这一毒瘤。

（2）虽然淘宝打击刷单一直处于高压态势，技术不断升级，但刷手通过 QQ 群、QT 语音群、微信群、空包网、YY 语音聊天室、黑快递形成隐蔽而庞大的刷单产业链，利用平台没有执法权的无奈，如同一条肥硕的蚂蟥紧紧地吸附在电商平台及网络世界。

（3）我们呼吁并强烈希望国家有关执法司法部门严厉打击上述环节中的灰黑产业从业者，形成司法判例和有效的打击力度及震慑态势，净化社会诚信环境。

（4）我们也希望给各种刷单行为和组织提供刷单温床和基地的有关平台企业，共同行动起来，齐心协力，共同打击，让灰黑势力失去庇护的平台，共同净化我们的网络和生活。

2. 真诚沟通原则

遇到危机时，企业绝对不可以改变事实，但是可以改变公众的看法。不要试图去掩盖错误。处于危机中，企业是公众和媒体的焦点。企业的一举一动都将受到质疑。企业应该主动与新闻媒体联系，尽快与公众沟通，说明事实真相，促使双方互相理解，消除公众的疑虑与不安。

真诚沟通是处理危机的基本原则之一。这里的真诚指的是诚意、诚恳、诚实。如果做到了这"三诚"，一切问题都可迎刃而解。

（1）诚意。在事件发生后的第一时间，企业高层应向公众说明情况，并致以歉意，从而体现出企业勇于承担责任、对消费者负责的企业文化，赢得消费者的同情和理解。

（2）诚恳。企业要一切以消费者的利益为重，不回避问题和错误，及时与媒体和公众沟通，向消费者说明事情的进展情况，重新获得消费者的信任和尊重。

（3）诚实。诚实是危机处理中最关键，也是最有效的解决办法。公众会原谅一个人的错误，但绝不会原谅一个人说谎。

危机沟通的作用是让公众更好地理解品牌危机，并做出理智的决定。危机沟通不是只告诉人们想要他们做的事，更重要的是要告诉他们，理解他们的感受。

3. 速度第一原则

从管理的角度来讲，危机是从量变到质变的过程；而从传播的角度来看，危机则是从少数人知道到多数人知道的过程。潜在的危机，只有当企业员工、消费者、公众、媒体、投资者、债权人、供应商及经销商都知道了，并且被夸大了其危险性，导致混乱和恐慌之后，才能称其为危机。危机一旦发生，任何人都无法改变。能做的只有两件事。

（1）正确地处理危机，以减少或避免损失。

（2）正确地传播，也就是公关。客观、理性地告知公众，以减少或消除恐慌。

正确地处理危机，是危机管理的前提；正确地公关，则是危机管理的核心。在危机出现的最初12～24小时内，消息会快速传播。而这时候，可靠的消息往往不多。此时，企业的一举一动将是外界评判企业如何处理危机的主要根据，媒体、公众及政府都密切注视着企业发出的第一份声明。而对于企业在危机处理方面的做法和立场，不论舆论赞成与否，往往都会立刻见诸传媒报道之中。一旦爆发严重的危机，企业必须当机立断，快速反应，果决行动，与媒体和公众进行沟通，从而迅速控制事态，否则危机的范围会扩大，甚至企业可能失去对全局的控制。因为危机发生后，能否首先控制住事态，使其不扩大、不升级、不蔓延，是处理危机的关键。

4. 系统运行原则

在进行危机管理时必须系统运作，绝不可顾此失彼。只有这样，才能透过表面现象看到本质，创造性地解决问题，化害为利。危机管理的系统运作有利于及时发现、收集信息，并对信息进行分类、整理、评估、记录，向各个部门提供客观的、重要的信息，并上报决策层，从而开展有效的、严密的公关活动，加强与公众之间的协商对话，避免出现公众对企业的敌视现象，建立起企业与消费者、公众之间新的信任与合作关系，进而顺利地解决危机，在这方面，主要应做好以下工作。

（1）以冷对热，以静制动。危机会使人处于焦躁或恐惧之中，所以，企业高层应以冷对热、以静制动，镇定自若，以减轻企业员工的心理压力。

（2）统一观点，稳住阵脚。要在企业内部迅速统一观点，清醒地认识危机，从而稳住阵脚，万众一心。

（3）组建班子，专项负责。一般情况下，危机公关小组由企业的公关部成员和相关高层领导组成。这样，一方面保证了行动的高效率，另一方面保证了对外口径一致，使公众相信企业处理危机的诚意。

（4）果断决策，迅速实施。由于危机瞬息万变，在信息匮乏的条件下，任何模糊的决策都会产生严重的后果。所以，企业必须最大限度地集中使用资源，迅速做出决策，系统部署，付诸实施。

5. 权威证实原则

在危机发生后，企业要请有影响力的第三方说话，使消费者解除对企业的戒备心理，重获他们的信任。

（1）充分发挥和随时调动新闻媒体的权威传播功能。现代社会中，新闻媒体的影响力越来越大，它已经深入到社会生活的各个层面，形成一股无法忽视的力量。不论在危机中还是危机后，企业都应该处理好与新闻媒体的关系，尽量争取主要媒体的记者和编辑的信任与支持，获得新闻媒体公正对待的机会，这将有利于引导舆论并弱化负面舆论的不利影响，它对企业化解危机是很重要的。如果企业本身没有过错，则可以借助记者的参观、采访，把企业的真实情况通过记者报道出去，这也是有效的新闻公关策划思路。

（2）争取权威机构的支持。危机爆发后，消费者必然会对企业的服务与产品产生怀疑和恐惧心理，特别是在这个舆论导向多元化的时代。这时，如果企业能够和政府机关、行业协会等权威机构保持坦诚的合作，得到它们的认可，通过它们发布有利于企业的权威信息，就可以重新唤起公众和消费者对企业的信任，加快危机处理的速度。

（3）赢得消费者代表的支持。由消费者自己实话实说更加有力。

2011年8月22日 信报报道《记者卧底"海底捞"•揭秘》，直指骨汤勾兑、产品不承重、偷吃等问题，引起社会轩然大波。

2011年8月22日15：02海底捞官网及官方微博发出《关于媒体报道事件的说明》，声明语气诚恳，承认勾兑事实及其他存在的问题，感谢媒体监督，并对勾兑问题进行客观澄清。此微薄被转发1809次，评论690次，用户基本接受海底捞的态度。

2011年8月22日16：18海底捞官网及官方微博发出《海底捞关于食品添加剂公示备案情况的通报》，笔锋更加诚恳，用了"多年厚爱，诚惶诚恐"之类的词语。

2011年8月23日12：00海底捞官网及官方微博发出《海底捞就顾客和媒体等各界关心问题的说明》就勾兑问题及员工采访问题进行重点解释。

2011年8月23日20：00海底捞掌门人张勇的一篇微博："菜品不称重偷吃等根源是流程落实不到位，我还要难过地告诉大家我从未真正杜绝这些现象。责任在管理层不在青岛店，我不会因此次危机发生后追查责任，我已派心理辅导师到青岛店以防该店员工心理压力太大。对饮料和白味汤底的合法性我给予充分保证，虽不敢承诺每一个单元的农产品都先检验再上桌但责任一定该我承担。"此篇微博瞬间转发近4000次，评论1500次，张勇的敢于担当也使消费者的怒气逐渐平息。

随后，海底捞邀请媒体记者，全程记录骨汤勾兑过程，视频、照片瞬间布满网络，事件就此暂时画上圆满句号。

13.5.3 危机处理的方式

构建危机应对机制是品牌危机管理的关键内容，其基本目标是：当企业一旦遭遇品牌事件时，能在第一时间迅速地做出正确反应，以最快速度启动应急机制，及时、准确地判断事件的性质、影响程度及影响范围，并按照危机处置预案，果断采取相应的对策和措施，以求将事件的影响和损失降低到最小，尽可能使事件在可控范围之内。危机处理时，面对不同对象需要有不同的方式，即向谁公关、公关什么、怎样公关，是危机公关处理是否成功的关键。

危机处理的对象包括：内部员工、公众、媒体、政府及行业主管部门、投资者、债权人、经销商、供应商、竞争对手、社会团体等。任何一方没有处理妥当，都可能会引发灾难性的后果。

1. 内部控制

要战胜危机，企业中所有的人都必须团结一致。员工是危机的受害者和承担者。因此，企业管理者在危机管理中必须要稳住军心，建立一个稳固的后方。中美史克公司在经历了PPA风波之后，其总经理杨伟强这样评价："我们最大的成功，应该是没有将外部危机转化为内部危机。"

当危机发生时，企业要对员工做好以下工作。

（1）立即召开员工大会，表明公司的信心、态度和立场。

（2）明确原则性的解决方案，统一认识，增强信心。

（3）开诚布公地告诉员工发生了什么，赢得多数员工的信任与支持。

（4）将坏消息一次性地和盘托出，切勿挤牙膏式地被动披露，以免引起猜测和恐慌。

（5）切实保障员工的利益。

（6）做好企业内部公关工作，协调好各职能部门，使之正常运作。

（7）明确非常时期员工应该做什么，不应该做什么。

（8）明确非常时期员工该说什么，不该说什么。

（9）发布《危机公关手册》，明确非常时期企业的管理制度和运作程序，以此作为非常时期的员工应对指南。

（10）号召全体员工拧成一条绳，与企业齐心协力，共渡难关。

（11）在关键问题上，由独立的专家或其他权威机构来为员工答疑解惑。

（12）表明企业对未来的信心。

2. 公众关系

公众是危机的火源，要解决危机，就必须扑灭火源。社会大众作为企业的外部公众，是企业经营活动现有或潜在的对象，他们对企业会有无形的压力。危机也许只涉及很少的一部分公众，但是，它会影响到所有的消费者，他们会因此重新判断企业产品或服务的价值问题。在危机到来时，企业要注意争取社会公众的理解、支持与信任——防止社会信任的丧失是头等大事，这就意味着企业要积极主动地做出某种行动来挽救企业的声誉。

消费者在投诉时一般在意的是：企业能否与消费者真正沟通，企业是否勇于认错、对自己的失误勇于承担责任，企业对消费者的承诺是否可靠，企业是否以消费者利益至上、灵活变通，产品是否名实相符等。因而，企业如果能从消费者的角度出发考虑问题，会有助于解决危机。

具体而言，企业应做到以下几点。

（1）在处理危机的过程中，由专人与受害者接触。

（2）了解和确认受害者的有关赔偿要求，向受害者及其家属公布企业的赔偿办法和标准，并尽快落实。

（3）如受害者家属提出过分的要求，企业危机管理人员要大度、忍让，切不可与之发生口角和争执。

（4）企业危机管理人员应站在受害者和企业双方的立场上进行协调，争取对方的同情和

理解。

（5）企业危机管理应在合适的场合与受害者单独进行沟通，有分寸地让步。如果拒绝对方的要求，要注意方式与方法。

（6）做好善后服务工作。由企业领导者对受害者进行看望与慰问，并尽可能地提供其所需的服务与帮助。

（7）应尽快处理投诉。消费者在长久等待却毫无结果的情况下，必然会对企业失去信任，转而寻找别的途径表达不满。相关调查表明，若投诉反应时间超过4周，消费者的满意程度会降低一半以上，保护消费者就是保护企业自己。

3. 媒体

媒体是危机爆发的途径，同时也是危机控制的关键。利用得好，可以击退危机的侵犯；利用得不好，则会伤害自身，使自己陷入更为严重的危机之中。媒体在报道企业事件时有两个特点：一是媒体没有义务按照企业的理解和希望去确定报道角度或重点；二是媒体有可能因为不准确的语言描述而背离了企业所想表达的内容。因此，企业必须要有正确的心态，不可把自己推到媒体的对立面，而应该积极地与媒体沟通，得到它们的理解与支持，找到最佳的解决方案。

具体而言，企业应做到以下几点。

（1）一个系统：由专门的部门与媒体进行沟通，建立友好关系。

（2）一个声音：企业对外统一口径，由指定的新闻发言人对外发言。

（3）一个态度：对所有的媒体和记者都坦诚相待。

（4）一个形象：对外形象保证一致。

4. 政府和行业主管部门

危机爆发后，取得政府和行业主管部门的支持和帮助是非常重要的。如果政府和行业主管部门在危机发生后，能发表支持企业的声明，或采取某种支持性行动，则它的权威性往往有助于恢复公众的信心，有助于企业化解危机。

企业作为社会中的一员，要取得持续、良性的发展，离不开好的政治环境。因此，企业应致力于塑造良好的企业形象，证明自身具有社会责任感，响应政府号召，为政府排忧解难。只有这样，企业才会在危机来临时游刃有余。那么，危机发生后，企业应该如何做好政府公关呢？

（1）以最快的速度汇报。危机爆发后，企业切不可心存侥幸、文过饰非，更不能遮遮掩掩、故意歪曲。企业应该以最快的速度将事件的真相如实、全面地报告给相关部门，从而赢得政府的理解和支持。

（2）及时通报事态发展情况。在危机事件处理过程中，企业应主动、定期地向主管部门报告事态的发展情况，将企业的经营状况、媒体和公众的反应及企业下一步要采取的措施详实地进行汇报，使主管部门心中有数。积极配合相关部门的调查，并要求政府或主管部门进行监管、检测，及时发布公正的报告。

（3）进行全面总结，并提交整改报告。危机解决后，企业应对危机和危机的处理情况进行全面、深入和系统的总结，并提出整改办法，送交相关政府部门，从而增强政府部门对企业的信任感。

5. 投资方、债权人

危机爆发后，企业应主动与投资方、债权人接触，与之做好充分的沟通，做好安抚工作。主要是以下三个方面。

（1）及时、坦诚地沟通。

（2）表现出企业的信心和决心。

（3）拿出切实可行的解决方案。

6. 供应商及经销商等上下游合作伙伴

企业需要做的工作有以下几个方面。

（1）对危机的真相及危机可能造成的影响以书面形式进行通报。

（2）对于主要的合作伙伴，企业应直接派员工进行面对面的沟通和解释。

（3）诚恳要求对方给予支持以共渡难关。

（4）定期进行危机处理进展状况的沟通。

（5）将危机的处理结果以书面形式告知合作伙伴，并对其给予的理解和支持表示感谢。

7. 竞争对手

危机的来临给予竞争对手一个难得的机会。危机中的企业，要做好以下几个方面的工作。

（1）把不谈论竞争对手作为企业的行为准则，尤其是在危机中。需要注意的是，企业不可能完全了解竞争对手所做出的决策，而且任何企业也不会乐意让竞争对手剖析自己。

（2）在心态上正确认识竞争对手的反应，做好应对准备。

（3）向竞争对手传达一种公平竞争的姿态。

（4）争取媒体的支持，在宣传上掌握主动。

（5）宣扬"竞合"精神，与竞争对手展开对话，尽量少树敌。

（6）不给竞争对手以话柄。

（7）在公众面前保持高姿态，以一种不计个人恩怨、以公众利益为重的形象赢得公众的好感和支持。

（8）进行有理有节的反击。

（9）邀请独立的第三方或权威机构进行事件评述，使公众能进行客观的判断。

（10）在必要时应争取政府主管部门的支持。

（11）尽快摆脱对手的纠缠，发布利好消息，吸引公众和媒体的注意力。

8. 社会团体

团体组织在危机的处理过程中具有不可忽视的作用，为此企业必须注意以下几个方面的工作。

（1）重视团体的作用。

（2）认真接待。

（3）多倾听意见。

（4）明确表态。

（5）及时通报事件进展状况。

本章小结

品牌危机是指在企业发展过程中，由于企业自身的失职、失误，或者内部管理工作中出现缺漏等，从而导致品牌美誉度遭受严重打击等现象，使品牌联想发生了改变。因而，深入探讨品牌危机，并使其在实践中具有系统的指导作用就非常重要。

品牌危机的发生是一个渐变的过程，一般的品牌危机的发生都是一个从品牌事件到品牌危机的演化过程。品牌危机总是开始于某个事件，该事件可能会被相关利益群体关注并有一定的影响。如果企业在这个时候没有积极的应对，品牌事件就可能进一步发展，直到演化成品牌危机。

品牌危机发生时，如果并未引起企业足够的重视，事件处理不当，对品牌产生较大的负面影响，则有可能导致品牌危机。一般而言，品牌危机有突发性、蔓延性、危害性、被动性等特点。根据品牌危机性质，可将其划分为产品质量危机和非产品质量危机两种类型；根据形态，又可将品牌危机分为形象类突发型品牌危机和质量类突发型品牌危机。

品牌危机的防范模式，由建立品牌危机管理组织机构、制订品牌危机防范工作计划、对品牌危机进行有效的控制（即组织、计划和控制）三个部分构成。

而在品牌危机的处理上，企业应对品牌事件有一个很好的认知。危机处理的基本原则必须始终贯彻于危机管理中，核心内容是无论发生什么样的品牌危机，要始终把公众和消费者利益放在首位，采取一系列对社会和消费者负责的行为。并采用恰当的处理方式，化"危"为"机"。

关键概念

品牌危机　品牌事件

案例分析

处理品牌危机的"金科玉律"

定律一：态度决定一切

当年中美史克遭遇"PPA风波"，之所以能创造"产品不存，品牌依旧"的奇迹，就是因为它们在危急时刻表现出的真诚负责任的态度。2000年11月15日，国家药品监督管理局发布《关于暂停使用和销售含苯丙醇胺的药品制剂的通知》。根据此项通知，国内15种含有苯丙醇胺（PPA）的感冒药被停止使用和销售，中美史克旗下的康泰克作为国内感冒药的第一品牌，首当其冲地被绑上了媒体的第一审判台，当时康泰克几乎成了PPA的代名词。面对这样的突发事件，中美史克公司临危不乱，第二天就迅速通过媒体刊登了给消费者的公开信，表示坚决执行政府法令，暂停生产和销售康泰克，并公开承诺："为切实保障人民群众的用药健康，我公司愿意全力配合国家药政部门的有关后续工作。"表现出了负责任的态度。17日中午，中美史克在全体员工大会上通报了事件的情况，表示公司不会裁员，这一举措赢得了员工空前一致的团结。20日，中美史克公司在北京人民大会堂召开新闻发布会，会上，中美史克表示将全部回收市场上的康泰克，同时也通过媒体传达了这样的观点：在中国销售康泰克的10多年中，还从未有过现在大家最担心的能引起脑中风的副作用报告。另外，中美史克对于有些媒体的不实报道，一律不予驳斥，只是解释；对于落井下石的竞争者，也绝不还击。这样的姿态，赢得了媒体的理解。21日，中美史克的15条消费者热线全面开通，数十名训练有素的接线员耐心解答公众的各种询问。不久之后，中美史克又宣布将全部销毁价值一个多亿的回收及库存康泰克。中美史克的一系列举措，树立了企业勇于承担社会责任的良好形象，赢得了公众和媒体的同情和信任，也为日后重整旗鼓奠定了基础。大半年后的2001年9月，中美史克又推出了不含PPA的新康泰克。正是由于中美史克在"PPA危机"中的良好表现，新康泰克得到了媒体及消费者的广泛支持，仅9月3日上市第一天，单在一个华南市场就拿下了高达37万盒（每盒10粒装）的订单。新康泰克迅速在感冒药市场重新崛起，又成为举足轻重的领导品牌之一。中美史克成功地舞动了"PPA事件"这把双刃剑！

宝洁公司在"SK-Ⅱ事件"中的表现可谓处理品牌危机的败笔。宝洁公司在事件中一直态度傲慢，推卸责任，还多方设卡阻挠消费者退货，这无疑将自己一次次推向媒体和公众的敌对面，使危机越陷越深。"水可载舟，亦可覆舟"，宝洁公司傲慢不负责任的态度最终伤了消费者的心，SK-Ⅱ的品牌忠诚度顷刻间土崩瓦解。SK-Ⅱ从1999年进入中国大陆市场，投入了大量的广告宣传费用，在全国建起了上百个专柜，在中国大陆市场销售额也达到高端化妆品市场前三名。然而"SK-Ⅱ事件"使得SK-Ⅱ产品最终不得不挥泪撤市，大量的市场投入付之东流，历尽千辛万苦建立起来的高端品牌形象轰然倒下。"SK-Ⅱ事件"对SK-Ⅱ的母公司宝洁公司的负面影响也是巨大的，在这次风波中，宝洁公司成为媒体和公众关注的主体，其傲慢的姿态和形象被放大，这对宝洁公司的企业形象伤害是无法估量的。面对这样的惨重代价，宝洁公司最终坦承与媒体沟通合作不够，并承认"我们错了就是错了"。

定律二：速度就是生命

孙子曰："兵贵胜，不贵久"。一般来说，危机发生后，企业应该在24小时内及时做出反应。当然，企业迅速正确的反应，必须建立在充分准备的基础上。2004年4月22日早上7点多，《颍州晚报》头版刊登了三鹿奶粉为不合格产品的当天下午，三鹿集团总经理张振岭带队的处理小组便赶到了阜阳市，通过交涉，与阜阳市达成了"是相关人员工作失误"的共识，阜阳市也同意就此事道歉。4月23日上午，阜阳市召开新闻发布会，对日前错误报道三鹿奶粉为不合格奶粉一事赔礼道歉，并声明：经他们多次抽查，三鹿牌系列产品质量全部合格，将三鹿列入不合格产品名单是工作失误。雅培公司面对"奶粉被污染事件"反应的迟钝，让自己付出了惨重的代价！2002年7月12日，新华社刊发了题为《卫生部责令收回部分疑被污染的培乐婴儿奶粉》的新闻通稿：由雅培制药有限公司进口到我国市场销售的部分培乐婴儿奶粉被怀疑受到污染，卫生部要求禁止进口和销售有关批次的婴儿奶粉。卫生部的公告还说，据丹麦驻华使馆通报，丹麦食品、农业和渔业部评估认为，食用这些奶粉不会引起健康危害。危机发生后，雅培公司反应非常迟钝，未与媒体主动沟通，也没有给公众一个说法，使得国内媒体在报道中都忽略了"丹麦食品、农业和渔业部评估认为，食用这些

奶粉不会引起健康危害",而直接称雅培的培乐奶粉为"被污染奶粉",似乎雅培的所有奶粉都有了问题。媒体在平静了20多天后,2002年8月3日,新华社再次发布了针对雅培奶粉的《中国市场全面清查受污奶粉严防入境禁止销售》的通稿,这一新闻同样又被全国媒体广泛播发,如中央电视台《新闻30分》以《培乐奶粉受调查两种奶粉不能吃》为题作了报道。"第二次打击"等于在雅培的"伤口"上撒了一把盐,使雅培的声誉一落千丈!直到8月5日,美国雅培中国总部市场部经理才就"奶粉受污染"事件接受媒体的采访,告之污染产生的原因是生产线上的零件松动,造成0.5公升的润滑油漏到1110吨的奶粉上了,而且在这1110吨产品中,雅培的产品只占很少一部分。而其他品种的雅培奶粉均产自其他生产线,并未受到污染。雅培公司的解释已经太晚了,雅培奶粉在市场上的销量已大幅度下滑,甚至还带动了所有进口奶粉的市场表现整体低迷。

定律三:让权威机构说话

2006年9月4日,国家工商总局通报了近期对奶制品的监测结果,雅士利乳业2006年3月8日生产的一种中老年奶粉,被检出铁、维生素B_1、标签项目不合格。面对突发事件,雅士利公司立即采取闪电般的措施,第二天即对外发布信息:将在两天时间内将市场上所有系列、所有批次和规格的中老年奶粉都撤下。同时雅士利公司积极寻求权威机构的声音。

2006年9月7日,国家工商总局在北京出面辟谣,称前段时间曝光的雅士利中老年奶粉,不合格原因是因为标签问题,产品质量无问题。2006年10月9日,广东质监局称雅士利质量无问题,拟规范食品标签。同日,中国乳制品工业协会理事长宋昆冈在新闻发布会上给予了雅士利极高的评价:"雅士利乳业公司是负责任、讲诚信的公司,在发生本次质量事故之后,认真进行了整改,使产品质量达到了标准要求,消费者可以放心食用。"

定律四:一个声音对外

光明"回炉奶事件"被电视台曝光后,公司董事长王佳芬在第一时间冲向了"最前线"其实也是发言人选择的失策,王佳芬的回答存在着诸多矛盾之处,然而王佳芬的回答其实代表了上海光明最终的回答,没有任何回旋和调整的余地。

定律五:全员同心协力

2000年11月16日,国家药品监督管理局发布通知:暂停销售含有PPA的药品,17日中午,中美史克公司便召开全体员工大会,总经理通报了事件的详细情况,并表示公司不会裁员的决心,这一举措赢得了员工空前一致的团结。杨伟强事后总结:"我们最大的成功,应该是没有将外部危机转化为内部危机。管理层没有对员工隐瞒任何事实,并且在康泰克和康德全面停产的情况下,坚持不裁员,这一方面团结了员工,使他们更积极地进行新产品研发;更重要的是,磨难使员工们今后对企业更加忠诚。"

案例思考

试分析中美史克成功地度过品牌危机而SK-Ⅱ、雅培奶粉在危机中的表现却是一大败笔。上述案例给你什么启示?

思考题

1. 简述品牌危机的定义。
2. 简述品牌危机的形成因素。
3. 品牌危机的特征和类型都有哪些？
4. 如何防范品牌危机，有哪些原则需要注意？请简要分析。
5. 品牌危机处理都有哪些方式？

第14章 网络品牌

学习目标

网络经济时代的到来,标志着一个以Internet为基础的网络虚拟市场已经开始形成。面对这样一个自身不断变化着的全新的网络虚拟市场,市场的竞争规则、经济的增长方式乃至社会的生活方式都将发生剧烈的变化。人们所熟悉的传统品牌推广方式也将发生深刻的变化。通过本章的学习,应掌握网络品牌的含义及特征;理解网络品牌的设计方法;了解网络品牌传播的特点及应注意的问题;熟悉网络品牌的发展策略。

20世纪90年代初，Internet的飞速发展在全球范围内掀起了互联网应用热，世界各大品牌纷纷利用互联网推出网络品牌提供信息服务和拓展企业的业务范围，并且按照互联网的特点积极改进企业内部结构，探索新的营销管理方法。

14.1 网络品牌的含义及特征

14.1.1 网络品牌的含义

企业注册在通用网址的域名与企业名称、商标一起构成企业的网络品牌。

网络品牌有两方面的含义：一是通过互联网手段建立起来的品牌，二是互联网对网下既有品牌的影响。两者对品牌建设和推广的方式和侧重点有所不同，但目标是一致的，都是为了企业整体形象的创建和提升。

14.1.2 网络品牌的三个层次

1. 网络品牌要有一定的表现形态

一个品牌之所以被认知，首先应该有其存在的表现形式，也就是可以表明这个品牌确实存在的信息，即网络品牌具有可认知的、在网上存在的表现形式，如域名、网站（网站名称和网站内容）、电子邮箱、网络实名/通用网址等。

2. 网络品牌需要一定的信息传递手段

仅有网络品牌的存在并不能为用户所认知，还需要通过一定的手段和方式向用户传递网络品牌信息，才能为用户所了解和接受。网络营销的主要方法如搜索引擎营销、许可E-mail营销、网络广告等都具有网络品牌信息传递的作用。因此，网络营销的方法和效果之间具有内在的联系，在进行网站推广的同时也达到了品牌推广的目的。

3. 网络品牌价值的转化

网络品牌的最终目的是为了获得忠诚顾客并达到增加销售的目的，因此网络品牌价值的转化过程是网络品牌建设中最重要的环节之一，用户从对一个网络品牌的了解到形成一定的忠诚度，如网站访问量上升、注册用户人数增加、对销售的促进效果等，这个过程也就是网络营销活动的过程。

14.1.3 网络品牌的组成

（1）网络域名，如.com，.cn，.net等网站实名。
（2）企业具体的网站。
（3）PR（page rank）值，即网页的级别是网络品牌的重要组成部分。
（4）企业的软文。

14.1.4 网络品牌的特征

网络品牌具有以下几个特征。

1. 网络品牌是网络营销效果的综合表现

网络营销的各个环节都与网络品牌有直接或间接的关系，因此，可以认为网络品牌管理存在于网络营销的各个环节，从网站策划、网站建设，到网站推广、顾客关系和在线销售，无不与网络品牌相关，如网络广告策略、搜索引擎营销、供求信息发布等各种网络营销方式均会对网络品牌产生影响。

2. 网络品牌的价值只有通过网络用户才能表现出来

正如科特勒在《营销管理》一书中所言，"每一个强有力的品牌实际上代表了一组忠诚的顾客"，网络品牌的价值也就意味着企业与互联网用户之间建立起来的和谐关系。网络品牌是建立用户忠诚的一种手段，因此可将用于顾客关系的网络营销方法应用于创建网络品牌上，如集中了相同品牌爱好者的网络社区，在一些大型企业如化妆品、保健品、汽车、航空公司等比较常见，网站的电子刊物、会员通信等也是创建网络品牌的有效方法。

3. 网络品牌体现了为用户提供的信息和服务

Google 是最成功的网络品牌之一，当人们想到 Google 这个品牌时，头脑中的印象不仅是那个非常简单的网站页面，更主要的是它在搜索方面的优异表现，Google 可以给人们带来搜索效果的满意。可见有价值的信息和服务才是网络品牌的核心内容。

4. 网络品牌建设是一个长期的过程

与网站推广、信息发布、在线调研等网络营销活动不同，网络品牌建设不是通过一次活动就可以完成的，不能指望获得立竿见影的效果。网络营销是一个长期策略，用一些短期目标并不能全面衡量网络营销的效果。

14.2 网络品牌设计

14.2.1 网络品牌的市场定位

成功的网络品牌是针对网络虚拟市场采取了成功的营销策略的结果，判定网络市场与企业的关联是实施网络品牌营销策略的基础。一种判定方法是分析企业的目标受众与网络用户的关联，另一种是分析企业业务与网络用户的关联。这是企业采取网络行动的第一步，也是最重要的一步，因为所有的网络策略都将基于这关键的一步。

所谓网络品牌定位，是指确定网络品牌的目标顾客群，即通过分析企业的产品或服务的目标顾客群与网络用户的关联，得出企业的网络业务主要面向的网络用户，即网络目标顾客群范围。

一般来说，企业在采取网络营销时，总是会选择把企业所有的业务都照搬到网上，其实，对于企业品牌塑造来说，这并非是一个最佳的方案。因为企业所面对的网上的消费者受众有可能和传统意义上的不同，作为虚拟市场的消费者，他们的特征、需求和消费习惯都会有别于传统市场的消费者，因此，企业需要对自己所面对的网络顾客群进行筛选和定位，甚至确定对于企业业务来说，最主要的网络顾客群会是哪些，企业应该采取怎样的品牌策略与这部分顾客群建立和发展良好的关系。因此，针对网络的品牌策略也需要进行定位。

没有一个企业能向所有人提供所有的服务。因此，选出企业正在努力做的和能够做得最好的那部分，以最有效的方式提供给企业所选定的目标顾客群，这是最重要的。比如，爱彼迎是一家联系旅游人士和家有空房出租的房主的服务型网站，它可以为用户提供多样的住宿信息，它的目标顾客就是热衷于出门旅行的人群，因此，爱彼迎所有的服务都会围绕旅者的需求展开，例如，网站上推荐的附近热门景区，还会为有共同爱好的旅者提供平台让他们互相交流。

定位网络品牌目标顾客群十分重要。例如，大部分房产行业的企业，都是通过网站简单宣传它们的房产项目的，所有的网站无一例外地把所有的关于该项目的信息照搬到了网上，人们在浏览这些网站的时候就好像是在看一本房产说明书或项目说明书，这显然没有发挥出网络技术及其作为互动媒体的优势。

在品牌推广中，如网络广告应用中对网络媒体的选择，也是基于企业所面对的目标顾客群的考虑。一般情况下，网络媒体都会有自身关于主要受众的分析说明，供企业投放广告时参考，企业也只有在选择了符合自己目标顾客群范围的媒体时，才会达到比较好的网络宣传效果，从而有效推广企业品牌。

网络品牌的目标顾客群定位还体现在品牌对目标受众的理解上，成功的网络品牌能够适当地对受众进行细分，并能采取适当的策略向每个细分类别的受众提供核心的和辅助的信息，从而快速有效地为他们服务。网络提供了一条个性化服务的最佳通道，企业可以根据从传统渠道得到的客户数据资料，也可以利用网络的渠道建立详尽的客户数据库，并对网上客户的行为进行追踪和监测，依此分析客户的不同类型、喜好以至需求，向不同的客户提供不同的服务，以提高客户对品牌的满意度。

14.2.2 网络品牌的命名策略

一般来说，网络品牌的命名要遵循两条原则：准确地针对企业所定位的网络目标顾客群；准确把握企业所面向的网络目标顾客群的特征。

建立真正符合消费者需要的品牌名称，要求对消费者的特征、购买行为、消费方式等有准确的了解。企业在网络品牌定位阶段需要完成上述关于目标消费者的分析，并把这些分析作为网络品牌命名与设计的基础。

另外，企业的网络品牌命名（以网站命名为例）应遵循以下原则。

1. 注意与企业已有品牌名称的相关性

例如，"国美电器"的网站名称为"国美电器商城"，这一方面，便于消费者识别品牌；另一方面，如果品牌已有相当的知名度，便可以借助其已有的影响力在网络空间获得品牌延伸。一般来说，企业的网站名称可以沿用与传统品牌名称一致的命名，或者该命名可以令消费者产生关于企业品牌的相关联想，基于统一的品牌策略的考虑，这种命名原则应是企业首要遵循的原则。

2. 选择独特的专有名而不是通用名作为品牌名称

给品牌起个独特的专有名比使用通用名有效。品牌总有个视觉构成，名称是最重要的元素，并且视觉构成也同样影响品牌购买，如可口可乐瓶的形状，英特尔标志的字体，麦当劳餐馆的外观和选址，等等。

而互联网排除了这些可视部分，你完全可以通过在键盘上敲入字母进入网站，因此，给品牌取个与众不同而又尽可能简短易记的名字,变得非常重要。

通用名一般称一类生物或一类事物中的任一个体的词,如"汽车"就是一个通用名。专有名是称一个特定生物或一个特定事物的词,如"奔驰"就是一个专有名。

在互联网的发展初期,人们往往以为通用名是最有效的,因为人们可能希望通过一个通用名让其他人很快了解网站是做什么的,但这对企业网络品牌的塑造毫无益处,相反,通用名的使用会使网络品牌显得缺乏个性和魅力。

实际的案例也证明了这一点,如搜索引擎的领先品牌,不是搜索网,而是百度;网上书店的知名品牌不是书籍网,而是当当,一个精心构思的专有名,将对网络品牌有重要的作用。即使在互联网发展的初期,也有例证表明专有名比通用名更有效。几个早期的大赢家像美国在线、亚马逊、阿里巴巴、新浪等用的都是专有名而不是通用名。而且,在现实世界,打造品牌的原则也适用这一点,专有名总是胜过通用名。

从品牌保护的角度来讲,通用名因其所具有的通用性,而导致品牌专有性降低,品牌名称不易受到保护。像博客中国就遇到了这样的麻烦,"博客"是一个通用名,而非专有名,现在网络上有数不清的博客站点,而不能阻止它们中的哪一个叫"博客"。通用的品牌名称为品牌的发展和进一步推广带来了麻烦,现在博客中国正试图推出"bokee"的域名以进行品牌推广。但无论如何,由于品牌名称的失误给品牌造成的损失已无法弥补。因此,在品牌创建的初期,企业就应该从品牌发展的长期利益考虑,尽量让品牌拥有一个独特而专有的名称。

3. 品牌名称应具有与目标顾客群相似的特质

这是增强品牌亲和力的有效方式。可以说,网络空间聚集了一群对个性化需求更加强烈,更具有自主消费意识的群体,一个与目标顾客群具有同样特质的品牌名称,其实凸显了品牌的消费者诉求和特色,更容易激发消费者的共鸣,吸引消费者的关注和兴趣。

另外,一个网络品牌还必须时刻保持与时俱进,体现网络消费者的特征与当时的消费文化。

4. 名称应尽量简洁,易于记忆和使用

简洁的名称对于互联网品牌来说,比对非网络的品牌来说更为重要。因为用户通常需要在计算机上输入品牌名或者网址,所以一个简短和易拼写的名称更容易让用户记住和使用。

5. 名称最好能提示所属品类

能够提示所属品类的品牌在虚拟空间的推广中非常具有优势,快节奏和信息过量是网络空间信息传播的特征,一个能进一步提示所属品类的品牌名称,无疑向消费者提供了关于品牌更进一步的线索,能引导消费者进行品牌识别与选择。

6. 名称应该具有独特性,与众不同

名称应尽可能保持独一无二,这不只是在同行业里。重复的品牌名称会影响到品牌识别,网络品牌命名应避免这一现象。

7. 名称应该具有亲和力,有利于口碑传播

口碑传播是所有传播方式中最有效的。尤其是在更具交互性和开放性的网络空间,消费者对品牌的影响力日益增强,口碑传播发挥着越来越重要的作用。网络品牌取一个具有亲和力、易于为大众所接受、易于口碑传播的名字将更加有利于网络品牌的传播。

8.可以尝试让名称具有突出的特色,产生震撼的效果

要想使消费者记住某个网络品牌,就要让品牌名称有震撼力。在网络空间,最佳品牌战略之一就是把有震撼力的名称同所在的品类和优点同时锁定在一起。如亚马逊网站(amazon.com)推广自己是"全球最大的书店"。亚马孙河是全球最大的河流,"最大的书店"的类比使亚马逊网站更容易被记住。

Google 名字的由来

英文里原本没有 Google 这个词。美国斯坦福大学的博士生拉里·佩奇和比他小 1 岁的同窗学友谢尔盖·布林在 1998 年新创建了一家搜索引擎公司,这家私人控股公司在 1999 年 6 月宣布,它已经集到了 2 500 万美元的资金。Google 通过自己的公共站点 www.google.com 提供服务。公司还为信息内容供应商提供联合品牌的网络搜索解决方案。

在他们取名时取的其实是数学名词"古戈尔"(Googol,10 的 100 次方,即数字 1 后跟 100 个零,常指巨大的数字)的谐音。

这显然是一个充满勃勃野心的创业梦想,用创建人佩奇的话说:"我们的任务就是要对世界上的信息编组。"

14.2.3 域名选择策略

由于目前国际通用的 www 的域名大多是英文字母的形式,因此,对中文网站来讲,还需要对网站的 URL 进行命名。一般来说,URL 名称和网站名称或品牌名称是一致的,采用网站名称或品牌名称的拼音、英文直译或缩写。例如,百度(www.baidu.com)采用了网站名称的拼音,联想(www.lenovo.com.cn)、海尔(www.haier.com)直接采用了品牌名称,中国营销传播网(www.emkt.com.cn)采用了网站名称的英文缩写。这种命名方式是最佳方式。也有的网站为其 URL 设计一个跟业务相关的英文字符或中文拼音,这种形式也是可取的。URL 命名最好不要与网站名称或品牌名称隔离开来,很多网站的 URL 与其品牌名称或网站名称大相径庭,这给用户识记其域名造成了困难,最好的办法是让 URL 与网站名称或品牌名称产生某种联系或联想,这样,用户在第一次登录之后会很容易记住该品牌的域名。

很多公司在使用国际域名还是国内域名的问题上犹豫不决,其实所谓国际域名和国内域名的使用对品牌推广的影响是微乎其微的。一个应该注意的区别是,国际域名(如 .com)比较简短,而国内域名(如 .com.cn)多了国家的标识,对于品牌的区域识别比较有帮助。也有很多的跨国公司将其在中国的网站 URL 命名为 .com.cn,作为其本地化或区域化政策的一部分,这和 Google 为了实施本地化品牌策略,将其网站取中文名"谷歌"是一个道理。

域名在互联网上可以说是企业形象的化身,是在虚拟的网上市场环境中商业活动的标识。所以,必须将域名作为一种商业资源来管理和使用。因此,域名命名时还必须考虑到域名的商标资源特性。

(1)域名的选择需与企业已有的商标或品牌名称保持相关性。

(2)域名应尽可能简单易用。

（3）域名的保护性申请。

由于域名命名的限制和申请者众多，极易出现类似域名的现象，这削弱了域名的识别和独占性，导致品牌识别受到影响，因此，企业一般要同时申请多个类似的相关域名以保护品牌资源不受侵害。

14.2.4 网络品牌的形象设计

网络虚拟空间的品牌塑造，企业应研究解决正在兴起的数字化的、在线的媒体形式，以及新型的、交互式的用户关系。也就是说，网络品牌的形象设计应考虑品牌在虚拟空间的形象传播与行为方式两个方面。

这两个方面分别是网络品牌形象识别的两个层次：网络品牌基本形象识别设计与网络品牌行为识别设计。

1. 网络品牌基本形象识别设计

网络品牌形象要素（如网络品牌标识等）的形象设计应凸显网络品牌原创的个性要素，它是网络品牌最基础的形象设计，其作用是从基本形象上将此网络品牌区别于彼网络品牌。主要内容包括网络品牌标识（含网络品牌名称、Logo、标志物或网络品牌形象代表、网络品牌标语、网络品牌主题音乐、宣传片等）、网络应用标准、网络色彩应用标准、网络字体应用标准、网络品牌网站版式设计标准等。其作用是：①为网络品牌在虚拟空间的形象设计提供基本的设计标准，以保持企业线下与线上网络品牌形象表现的统一性和相关性；②使网络品牌在虚拟空间的形象表现统一化、标准化，体现网络品牌的独有个性及原创性，便于网络品牌识别。

（1）品牌标识网络应用标准。品牌标识是品牌最基本的识别要素，标识的设计透露着品牌的品质、个性及形象。

对于那些已形成成熟的品牌标识系统的传统品牌来讲，保持线上品牌标识系统与线下品牌标识的一致性和相关性具有重要意义。品牌标识的网络应用标准，以企业已有的品牌标识为基础，结合品牌网络表现的需要，设计包括品牌名称、Logo、标志物、标语、主题音乐、动画、多媒体等要素在内的一套网络标识系统，并对其应用标准加以规定。

（2）网络色彩应用标准。色彩是人的视觉最敏感的东西，色彩处理得好，可以锦上添花，达到事半功倍的效果。网络是一个靠信息和感知的世界，因此，色彩的作用不可小觑。

网络色彩应用标准主要确定以品牌网站或品牌网络广告等主要网络表现形式为主的网络用色标准。

以下几个用色的基本原则可供参考。

① 所使用的颜色必须服务于品牌个性化和品牌定位，必须对市场和客户有针对性。
② 使用色彩强烈的基色和由基色组合的颜色。
③ 一般来说，适合网页的标准色的颜色有：蓝、黄、橙、黑、灰、白。
④ 在文字和背景颜色间必须有鲜明的对比，并要协调一致。
⑤ 还有一个最终的测试就是把标志、标题和图片都拿走，看设计品是否仍然是特色鲜明的。

（3）网络字体应用标准。文字承载着信息传递的重要使命，也是企业或品牌品质的重要体现。关于网络字体应用的基本原则如下。

① 易读。应用在网页上的字体应使浏览者易于阅读和辨识。

② 字号、字体、用色可用来标识不同的文字的作用，但它们同样应体现出一致性和协调性，给人以美感。

③ 字体可以用于表现品牌的个性风格，但要考虑到所用字体是否是大多数网络用户都可以正常浏览的字体。

④ 品牌可以通过网络上的字体应用标准的设计，创造出独具特色的品牌标识字体，使文字形式成为受众识别品牌的元素之一。

（4）品牌网站版式设计标准。网站版式设计标准化可以带来强烈的视觉冲击，并可以由此形成良好的视觉流程，引导顾客轻松浏览网站的每一部分内容。

为了达到良好的视觉流程，整体设计必不可少。网站是一个有机的整体，网站里的每一个页面，每一个页面中的图标、字体、色彩、音效包括页面间的转换等都必须能够支持整个网站品牌的识别。页面要尽可能地做到使浏览者在不看标志的情况下，通过整体感觉就可以轻易识别网站品牌。

仅做到整体，对于品牌网站的视觉设计来说还远远不够，还应进一步做到不同级别的页面的相对独立，具有清晰的层级结构和导航，才能使网站具有层次感、节奏感的同时，既不单调乏味，又不杂乱无序。每个网站都是由主页、一级页面、二级页面、三级页面以至更多层页面组成。其中每一级页面会有若干的平级页面。具备清晰的层次结构的网站能够让浏览者轻松地在内容繁多的页面中任意穿梭，并迅速获取他们想要的信息。

在实际运用中，上述各要素往往是交叉联系、相互协调的。

2. 网络品牌行为识别设计

一个卓越的网络品牌还有可能创造出在虚拟空间的行为识别，诸如带给消费者快乐、愉悦或满意的体验等，这些行为一旦在消费者心目中留下长期"固有"的印象，便会产生与上述的网络形象设计基本元素一样的效果，成为网络品牌的识别元素。

传统媒体使受众处于被动、机械的接收信息的位置，针对每一个受众所采取的方式是单一的，不能因人而异的，而且也很少有机会能让受众真正地参与其中。而现在网络提供了一种双向投入、双向沟通的方式。它可以使浏览者很容易地参与其中。实践证明这种方式往往也是最有效的途径。"说给我听，我会忘记；展示给我看，我可能会记住；若能投身其中，我就会理解。"这句话很恰当地表述了网络的互动性与传统媒体相比较所具有的优势。而这种互动设计要求设计师不但要把动画、图形、图片、影片和声音等素材进行巧妙的设计，而且还要与程序设计相结合，才能最终达到网站与浏览者的深度沟通。

以下是几个用来描述网站沟通质量的可衡量参数。

（1）回访次数。

（2）访问者平均浏览时间和总体时间。

（3）访问者用于浏览网站主要活动的平均时间。

（4）个人访问者的数目。

（5）用户在网上的行为。

（6）用户最先想到的网站。

（7）消费者发给网站的电子邮件数目。

（8）网站的运转及收入。

如果网络品牌能给消费者带来愉悦和满意的体验，并且可以随时随地享受这种完美体验，那么这个品牌的设计就是成功的。网络品牌的设计者应该同时作为一个品牌的消费者，首先感受品牌设计带来的所有体验，并对其中不合理或不完善的地方进行及时修正或完善，而且，这不仅仅是品牌设计者的责任，还应该成为品牌创建团队每一个人的职责。在网络这个充满创造力和想象力的空间，品牌的表现更加自由和灵活。具有生命力的品牌往往通过不断地探索行动，使品牌具备更加丰富和生动的表现力与沟通力，这是品牌创造者需要不断探索的领域。

14.3 网络品牌传播

14.3.1 网络传播的特点

网络这种新兴的媒体和商务平台，具有其独特的信息传播模式，这种传播模式呈现以下的特点。

1. 即时性

在网络媒体上，往往看不到头版头条新闻在哪里，新闻内容总在不断滚动更新，借助数码摄录设备和手机等现代化影像处理和通信工具，网络新闻记者可以进行事件现场直播，特别是对突发事件，网络编辑比电视编辑的时间更短暂，更迅速，公众在网络上可以即时看到事件每分钟的发展情况，而网络后台的编辑们还可以迅速调出与事件相关的背景图文资料，让社会公众更全面更客观地了解事件真相、新闻后面的故事或细节。

网络这种即时性的特点，缩短了信息传播的周期，拉近了受众与信息传播者或某一事件的"距离"。

2. 互动性

互动性可以说是网络上信息发布的低门槛和信息传播方式灵活性所带来的直接结果。事实上，互动性不仅仅体现在增强传—收双方的交流，还体现在改变整个信息的形成过程上。在一个真正的互动的环境中，信息不再是依赖于某一方发出，而是在双方的交流过程中形成的。也可以这样说，网络上不再有信息传播控制者，而只存在信息传播参与者。

另一个需要指出的问题是，把网络的互动性简单理解为网站与网民之间的互动关系是不够的。事实上，网民之间的互动关系是互动中的一个重要部分，甚至可以说，没有网民之间的互动关系，网站与网民的互动，无论从强度、频度还是效果上看都会是有限的。

在网络虚拟空间，品牌和消费者之间的互动会让品牌提升到一个新的水平。

品牌要达到好的传播效果，不仅要与消费者充分互动，还要使消费者之间产生互动，并借助这种互动的传播效应。例如，品牌的拥护者或信仰者自发为品牌建立起网站或社区，与相同爱好者结成同盟，这些人不仅自己是品牌的忠诚顾客，而且对品牌的传播会产生重要的影响。

当然，品牌也可以为消费者之间的互动施加一些影响或者提供一些条件，网络在这方面应该有无限的利用空间，只是需要充分的想象力和详细的规划。例如，在涉及技术性较强、较复杂的客户服务的领域，如IT行业，企业的FAQ设计可以"大众化"，在网站上公开

FAQ问题及答复入口，使网民可以自由上传问题，也可以回复或解答其他网民的问题，企业在这方面可以设立奖励机制，鼓励网民踊跃提出问题，甚至帮助其他网民解答问题，形成网民自服务体系。这样做不仅充分体现了品牌开放的胸怀，让消费者成为品牌主导者，发挥消费者的主动性，调动消费者参与品牌建设的积极性，而且可以节约企业在客户服务方面大量的人力、资金和资源投入，还可以及时得到消费者的需求和意见反馈，对企业可以说是一举多得。

3. 分众化（个性化）

"精准营销"是"营销学之父"科特勒教授提出的营销概念。由于强调"细分"，与"为网民提供个性化服务"的互联网理念不谋而合。2005年年底精准营销与博客结合后，一跃成为最具发展潜力的互联网营销模式。它以精准定位技术为核心，为广告主直接寻找到适合其产品的目标顾客，并以消费效果来计算广告的付费价格，在网络上的应用有像"窄告"、搜索引擎竞价广告、电子邮件广告等形式。

毫无疑问，精准营销是追求最低成本与最大有效性的传播模式，互联网为这种传播模式提供了很好的技术和应用平台，这是传统媒体所无法比拟的。

事实上，互联网不应该被理解为大众化的媒体，而互联网上的人群终将向小群体化发展，个性化特征越来越明显。以2.0应用为主要特征的BLOG的兴起，使这种分众化的趋势越来越明显，互联网上的人群不仅仅是简单的、自由的群居，而且具有越来越明显的特征。

可以说网络广告联盟便是这种分众化传播的应用。联盟将很多聚集不同受众群体的网站联合起来，形成一个大的广告资源库，然后再把资源统一向不同的广告发布者分配，从而实现分众化传播的最佳效果。

当然，分众化传播是互联网传播的必然趋势，对于企业来说，这种更具个性化的甚至一对一的信息传播模式具有更大的价值。过去，企业是利用媒体向消费者或用户传递一致的信息，而网络时代，企业可以向不同的消费者传递不同的信息，甚至可以同消费者进行一对一的交流与对话，这不仅大大提高了传播效率，也使得企业发现和锁定最具潜力和价值的客户成为可能，同时，分众化（一对一）的传播也有助于增强客户的满足感和归属感。

4. 社群化

网络上的人们大多是"群居"的，这一方面是由于网络的互动性，另一方面则是因为网络能够创造自由的、无时空局限的更大的交流空间，来自全世界的网民在这里都可以寻找具有相同兴趣和爱好的网友，互通消息，交流知识。因此，可以看到很多各种各样的社区、BBS和自由论坛、俱乐部充斥在虚拟空间的各个角落，而且这些社群往往形成一些很牢固的人际互动网络，具有很高的商业传播价值。尤其是房产、IT等行业，网络社群相当活跃，甚至在网络上发挥着重要的信息传播渠道的作用。如何利用好这种社群化的传播渠道是企业在互联网经营中需要考虑的一个问题。

eBay总裁怀特曼在一次接受访谈时曾谈到未来互联网几个关键的发展趋势：电子商务、信息搜索以及社会关系互联。其中的社会关系互联也即社群化，eBay正是凭借其虚拟社区倡导者的身份，在电子商务领域独树一帜，获取巨大成功的。怀特曼曾说，恰恰是一种多元化的用户方式和兴趣促成eBay的成功，而不是简单的一个卖家或一个买家使得eBay成功。

5. 娱乐性

有人说，网络是一座多媒体智能化的娱乐工厂，这无疑更多的是用来描述网络上内容的丰富性及信息传播形式的多样化的。网络是一个多媒体兼容的媒体，这使得信息的传播模式更加多样化，在网络上信息的传递可以图文、声情、影像、动画并茂，企业也可以利用虚拟现实技术请消费者"亲临现场"观看或亲身感受、体验产品或服务，也可以请消费者在线参与产品设计、制作，还可以邀请消费者参与品牌的网上俱乐部活动，网络可以整合更加人性化的服务、个性化的消费体验、娱乐、社交等多项功能，满足消费者多种多样的需求。

同时，网络也创造了自己众多的娱乐模式，并且由于其巨大的需求和市场空间而实现产业化，如游戏、动漫、在线影视、音乐等。专家表示，伴随着宽带时代的到来，"宽带娱乐"将成为互联网未来应用中的新热点。

我国的网民结构等因素造成了互联网应用娱乐化的倾向，娱乐化已被证明是获得流量和收入的有效手段，可以迅速地扩大网站的影响。但是娱乐化也应该有一个"度"的问题，并且娱乐化要为企业或品牌服务，企业就应该考虑自身品牌的特征，选择和创造恰当的传播方式，在扩大品牌影响的同时，增加品牌的忠诚度。

6. 全球化

互联网使人类"地球村"的梦想变成现实。网络的普及为世界各个角落的机构和个人获取信息、输出信息提供了前所未有的便利。在参与网络传播的同时，企业应考虑关于组织信息全球化传播的问题，这可能涉及不同地域、语言、文化背景、道德习俗甚至法律法规等内容。

Burberry 的成功

Burberry 用社交媒体传播风衣艺术，描绘品牌故事，分享产品发布、时装秀等信息，更多地推广英国元素和英国精神，同时还善于和明星、粉丝联动赢得曝光率，打通横亘在奢侈品与大众之间的价格鸿沟。作为数字化营销的主战场，Burberry 的社交媒体矩阵在多个国家都有布局。Burberry 在 2009 年就开通了 Facebook 主页，成为最早使用社交媒体的顶级奢侈品牌之一，拥有超过 1 700 万名粉丝。同时，在 Twitter、Pinterest、Instagram、YouTube 或者新浪微博等社交媒体上也绝不缺席。

Burberry 曾推出一个叫 Art of the Trench 的网站，粉丝们在这里上传自己穿着 Burberry 风衣的街拍照片，分享给其他人，读者可以评论、点赞。这些照片还能链接到发布者的个人 Facebook 或者 Twitter 页面。同时，公司还请了职业摄影师拍照实时上传，保证内容质量。这种由粉丝生产内容的玩法让 Burberry 名声大噪。

14.3.2 网络品牌传播应注意的问题

1. 网络是非常实用的信息传播载体

网络不仅提供了一个集中、全面展示品牌的平台，而且集合了多媒体和互动的优势，使

得信息传播更加有效率。另外，网上的信息传播是跨时空的，全世界任何地区的人都可以随时通过访问互联网看到发布者的信息。不仅如此，网络还可以帮助企业监测信息传播的效果、收集消费者的反馈、与消费者进行互动或更紧密地接触等。企业可以通过网络更有效地传递品牌的信息或提供相应的服务，同时更多地了解消费者的需求。

2. 品牌的宣传，关键是品牌所提供的核心价值

网络是一个高效的传播工具，但同时也是一把双刃剑，在品牌的宣传和推广中，品牌本身的作用至关重要。对消费者来说，没有价值或价值缺失的品牌，推广做得越好，对品牌的负面影响越大。企业应考虑品牌所提供的价值是否符合市场和消费者的需求，品牌是否通过其独特的定位在消费者心中占据一席之地。

3. 认识互联网"自媒体"的特性，充分发挥网络的交互性

Web 2.0 时代的到来，充分释放了网络用户的智慧和创造性，每个网络用户，既是信息的接受者，也可以是信息的创造者和传播者。目前流行的博客充分体现了互联网"自媒体"的特性，也使得网络的交互性和信息传播效率上升到了新的水平。同时，网络"自媒体"的特性彻底改变了信息传播的模式，以往由少数人或机构控制的信息传播方式已成为过去，企业应充分认识到这一点，在网络上，他们只能是信息传播的参与者。

互动性是网络的本质特征，网络的信息传播集合了一对一、一对多甚至多对多的传播模式。企业应注重利用网络互动性的传播优势，创造一个品牌与消费者、消费者之间自由交流的空间。企业还应该加强引导，使这种交流对于品牌的建设具有正向的、积极的意义。

总之，互联网是一个虚拟的空间，品牌应该在这个虚拟的空间里以消费者的朋友或交流者的身份出现，同时应该是具有影响力和独特魅力的，令消费者愿意将它引荐给他的朋友们。并且，企业应在网络上提供尽可能多的途径和渠道以方便消费者进行口碑传播，这时，品牌就发挥了互联网交互性的作用。

4. 品牌网站给人的第一印象应该是简单实用，并注重以技术革新提高消费者满意度

怎样利用网络更高效地传递品牌信息应该是企业需要考虑的首要问题，其中一个重要原则就是让网站更简单、实用。网络加快了信息传播的速度，拓宽了信息传播的流量，而人们却期待更加简单、快捷地获取网络信息。意识到这一点，企业就不会去注重那些花哨而不实用的技术应用，而应该时刻关注和调整网站上那些阻碍消费者直接、快速获取信息的环节和设计，使品牌网站更加简捷、易用。

企业还应该时刻关注网络技术的变革与发展，以新技术为消费者创造更加轻松、愉快的消费者体验。

5. 企业应放弃品牌主导者的位置，在网络上做一个认真的交流者和倾听者

让消费者拥有品牌主导权，意味着企业应更加开放。而将品牌由企业的品牌向大众的品牌推进，对品牌自身的挑战将更加严峻。但无论如何，来自消费者的声音，将会为品牌的前进指明方向。而在网络上，倾听则更为重要，也更容易实现。

14.4 网络品牌发展策略

14.4.1 网络品牌的发展方式

1. 企业网站中的网络品牌形象建设

企业网站是网络营销的基础，也是网络品牌建设和推广的基础。企业网站中有许多可以展示和传播品牌的机会，如网站上的企业标识、网站上的内部网络广告、网站上的企业介绍和企业新闻等。但现在很多企业网站的问题是，缺乏良好的形象设计，难以抓住用户的眼球，或者一味追求美观，忽略了搜索引擎的优化设计。因此，一定要充分了解企业在网站建设方面需要做什么，不能做什么。

2. 网络广告宣传中的品牌传播

企业品牌离不开广告，而将品牌建设为名牌更需要广告的支持。大卫·奥格威曾说过："每一则广告，都是为建立品牌个性所做的长期投资。"网络广告的作用主要表现为品牌推广和产品营销。需要注意的是，网络广告一定要注意目的、方法和实施中的细节。竞争战略大师迈克尔·波特指出："只有不断坚持自己的战略而从不发生游离才能获得最终的胜利。"保持广告主题和形象的稳定，才能在消费者心中留下明确的品牌形象。

3. 搜索引擎营销中的网络品牌推广

搜索引擎是用户发现新网站的主要方式之一，用户通过某个关键词在检索结果中看到的信息是一个企业/网站网络品牌留下的第一印象，这一印象的好坏则决定了这一品牌是否有机会被进一步认知。网站被搜索引擎收录并且在搜索结果中排名靠前，是利用搜索引擎营销手段推广网络品牌的基础。这也说明，搜索引擎的品牌营销以企业网站的营销方法为基础。

利用搜索引擎进行网络品牌推广的主要方式，包括在主要搜索引擎中登录网站、搜索引擎优化、关键词广告等。搜索引擎的网络营销价值不仅体现出网络营销的效果，也体现出企业网络品牌的创建和提升。

福特汽车公司网络推广案例

福特汽车公司生产的 F-150 敞篷小型载货卡车 20 多年来一直是全美机动车销售冠军。在 2003 年年末，福特公司采取新的广告策略，对它的 F-150 敞篷小型载货卡车提出了一个新的概念。如同在同伴案例研究中所描述的，"新的 2004 年 F-150 网络广告拉动销售"商业活动在重大的广告活动中是史无前例的，这一关键事件被福特公司 CEO 威廉姆·福特誉为"福特历史上最重要的广告运作"。在早期的商业活动中，福特就确信互联网能够成为一个重要的广告运作部分。借助这次商业活动，福特想将互联网度量尺度与整个商业活动尺度进行整合，以更好地了解互联网在支持品牌影响力和新产品销售与租赁上是多么有效。这个广告运作用英语和西班牙语通过电视、广播、平面、户外广告及电子邮件进行广泛的宣传。标准单元网络广告（平面、长方形、摩天楼）在与汽车相关的主要网站上出现。此次网络广告活动侧重在主要门户网站的高到达率及访问率的页面，包括主页和邮件部分。"数字障碍"宣传是福特公司在底特律的代理商 J.Walter Thomopon 先生的创意。这些数字化障碍在一个月内两个重要日子分开出现。这次商业活动是福特 50 年以来最大的一次广告活动。

（资料来源：根据网络资源整理）

4. 电子邮件中的网络品牌的建设和传播

由于市场工作的需要，企业每天都可能会发送大量的电子邮件，通过电子邮件向用户传递品牌信息，也就成为传播网络品牌的一种手段。利用电子邮件传递品牌信息时，邮件内容是最基本的，品牌信息的传播只有在保证核心内容的基础上才能获得额外的效果。

5. 网络事件营销中的品牌传播

作为一个需要充分利用网络优势打造品牌的企业，必须十分注重公关活动和事件营销，因为品牌的树立和推广需要高度的品牌忠诚和口碑效应。当然，根据企业规模和实力的大小，在此方面的投入也应有所不同，关键是把握好广告费用和公关费用的平衡。支付宝在大年夜的事件营销就是一个成功的案例，在大年夜的红包大战中，支付宝无疑抢占了风头。大年三十晚上，大家不是盯着春晚，家家户户都拿着手机拼命地"咻咻咻"。集齐五福平分 2.15 亿元的口号一喊出，大家跟抢彩票一样兴奋。需要注意的是，这次集福需要加 10 个好友，支付宝一下子实现了 1×10 的推广速度。

6. 持续不断塑造网上品牌形象

一些年轻的网络企业可以很快建立起品牌，但没有一家公司能够打破传统营销的规律：品牌形象不是一蹴而就的，想要成为网上的可口可乐或是迪士尼，需要长久不断的努力与投资。在瞬息万变的网络世界中，只有掌握这个不变的定律才能建立起永续经营的基石。

14.4.2 Web 2.0 时代的品牌策略

搜索引擎的网络营销价值不仅体现在网站推广和产品促销等基本层面，还表现在企业的网络品牌价值等方面。合理利用搜索引擎可以达到提升企业品牌价值的目的，如果对此不够重视或者方法不当，则有可能让企业的品牌形象受到损害，因此有必要对利用搜索引擎提升网络品牌价值的基本方法进行系统的认识。

利用搜索引擎提升网络品牌价值的基本方法包括：尽可能增加网页被搜索引擎收录的数量；通过网站优化设计提高网页在搜索引擎检索结果中的效果（包括重要关键词检索的排名位置和标题、摘要信息对用户的吸引力等），获得比竞争者更有利的地位；利用关键词竞价广告提高网站搜索引擎可见度；利用搜索引擎固定位置排名方式进行品牌宣传；多品牌、多产品系列的分散化网络品牌策略等。这些方式实质上都是为了增加网站在搜索引擎的可见度，因此，如何提高网站搜索引擎可见度成为搜索引擎提升网络品牌价值的关键。

提高网站搜索引擎可见度也就是让用户在多个主要搜索引擎利用相关关键词进行检索时，用户可以方便地获得企业的信息，主要措施包括基于提高搜索引擎自然检索结果的搜索引擎优化，以及在搜索引擎检索结果页面出现的不同形式的关键词广告等。

搜索引擎优化是通过对网站栏目结构、网站内容等基本要素的合理设计，使得网站内容更容易被搜索引擎检索，并且呈现给用户相关度最高的信息。利用搜索引擎自然检索方式增加网站搜索引擎可见度的基础，是让网站尽可能多的网页被主要搜索引擎收录，这也就是搜索引擎营销目标层次中的第一个层次。

需要注意的是，在实施搜索引擎优化方案时，如果采用不合理的方式，如被搜索引擎视为作弊的手段，则有可能造成网站被搜索引擎惩罚，轻者被视为低质量网页而在用户检索时发挥不了任何优势，重则网站被搜索引擎彻底清除。如果出现了这类问题，那么将严重影响企业的品牌形象，对整个网络营销策略也将是严重的打击。

除了对网站进行必要的优化设计之外，通过付费广告的方式让企业信息出现在搜索结果页面的显著位置也是扩大品牌知名度的一种常用方式。作为自然检索的补充，付费搜索引擎广告可以方便地在更大范围内、以更灵活的方式展示企业的品牌形象和产品信息。付费搜索引擎广告的形式包括竞价排名广告、固定位置排名广告，以及出现在搜索引擎联盟网站上的基于内容定位的关键词广告（如Google、AdSense等）。

14.4.3 在网络空间增强用户"黏性"的技巧

用户黏性就是网站访问者在该网站上的人均访问次数和浏览时间。一个网站的用户黏性是衡量网站质量的标尺，用户黏性高，则说明这个网站的"血液"流动速度快、"脉搏跳动"频率高。由此可见提高用户黏性的重要意义。

1. 网站内容

目前互联网上大大小小的网站成千上万，对于互联网用户来说这就像逛超市，面对琳琅满目的商品，他们会做出怎样的选择？首先肯定是购买自己所需。同理，一个网站能够吸引用户继续浏览网页的就是他们所需要的内容，即网站上的内容要满足用户到来的根本目的。

在互联网上每一分每一秒都很宝贵。据统计，一旦用户在一个网站上找不到他们想要的东西，8秒后他就会离开这个网站。8秒只够在网站首页匆匆看几眼。如果没有用户想看到的内容呈现，他将会毫不犹豫地关闭窗口。相反，如果网站上的内容正是用户想要的，甚至超过他的预想，那么他势必会仔细地浏览下去，并且对该网站产生好感，下次有同样需求时还会选择该网站。

如今在内容上做得比较出色的网站很多，例如，想要查看最近的新闻，新浪、搜狐等综合性门户网站是热门；想要看看高校里的最新动向，可以上中青网；准备出游，携程网是最佳选择，网站上大量的旅游资讯和出游攻略可供参考，并且有便捷优惠的酒店、机票、门票、租车等预订服务。这些网站均能够很好地满足用户特定的需求，因此用户黏性较同类型的网站要高。

2. 用户体验

用户体验就是在策划网站时要考虑到用户的心理与习惯，一切以用户为中心。用户体验的范畴非常广泛，除了网站内容以外，还包括网站设计、操作、结构等方方面面。每一个方面都要站在用户的立场不断地进行优化。要想建立起稳固的用户忠诚度，获得较高的用户黏性，做好用户体验必不可少。

淘宝 PK 易趣

易趣与淘宝为抢夺市场而斗争多年。易趣继承了 eBay 的思维模式，其用户体验方式非

常符合西方国家用户的心理和使用习惯——简洁明了。淘宝则恰恰相反，其采取的用户体验方式，巧妙地迎合了中国人的心理和习惯——热闹喜气。它甚至将客服人员的称呼改为具有中国武侠色彩的"店小二"，这大大拉近了与用户的距离。最终易趣被 tom 收购的事实，证明了淘宝决策的正确。

3. 网站特色

在网站数量高速增长的同时，网站同质化现象也呈现愈演愈烈的趋势。一个网站要想脱颖而出，特色必不可少，或者更确切地说，必须要手握一张制胜的王牌。

近几年国内网站都在一窝蜂地抄袭 Facebook 做 SNS（social networking services，社会性网络服务），到目前为止只有人人网和开心网最为成功。人人网的成功是因为它起步早，而且国内外大学生的需求相似。开心网则在白领受众群里成功了，最主要的原因是它凭借几款优秀的 WebGame（网页游戏）吸引了大量的年轻用户，WebGame 就是它的王牌。

以上三个方面相辅相成，是提高网站用户黏性的重要因素。只有用户黏性提高了，网站的脉搏才可以更有力地跳动。

本章小结

网络品牌主要指企业注册在通用网址的域名与企业名称、商标一起构成的企业的品牌。网络品牌由网络域名、企业具体的网站、网页级别值、企业软文组成。

网络品牌设计包括网络品牌的市场定位、网络品牌的命名策略、域名选择策略和网络品牌的形象设计。

网络这种新兴的媒体和商务平台，具有其独特的信息传播模式，这种传播模式呈现即时性、互动性、个性化、社群化、娱乐性、全球化的特点。

网络品牌发展策略包括网络品牌形象建设、网络品牌广告宣传、搜索引擎营销、电子邮件营销、网络事件营销和塑造网上品牌形象等内容。

搜索引擎营销是通过用户使用搜索引擎，利用被用户检索的机会，以达到尽可能地将营销信息迅速传递给目标用户的目的。

关键概念

网络品牌　网络营销　搜索引擎营销　搜索引擎优化　用户黏性

案例分析

开心网网络品牌推广案例分析

开心网是经营非常出色的一个网站，它的成功之处在哪，又是如何定位的，盈利模式是什么，它的品牌是如何逐步建立的？

案例背景

回顾2008年的中国互联网市场，程炳浩的开心网当属一个可圈可点的经典案例。虽然有很多人不喜欢开心网类似于传销式的病毒营销方式，但无可否认的是：用互联网的标杆（benchmark）去评价开心网时，它的确很成功。下文将着重从几个方面来分析开心网为何能够成功，即开心网的成功取决于什么样的市场营销策略。

一、什么是品牌推广

常规意义的品牌推广（brand promotion），简单来理解就是企业和产品的品牌被广大消费者和受众所耳熟能详。品牌推广的第二个重要任务是提高产品的品牌。其目的在于几个方面，包括提高品牌的知名度、美誉度、独特性。

二、品牌推广的四个周期

无论是企业品牌还是产品品牌，都存在一定的生命周期（这里称为"品牌生命周期"）。品牌生命周期从总体上来讲跟品牌推广的四个周期成正相关关系。常规意义上的品牌推广四个周期分别是：导入期、成长期、繁荣期和衰落期。

三、开心网品牌推广的导入期

开心网的品牌导入期从严格意义上讲与其成长期划分的不很明显，但仍然可以做人为的划分。其主要表现是：其产品原型FaceBook在美国广受欢迎，但FaceBook的非中国本土化产品设计和界面在很大程度上限制了中国普通网民的使用；开心网里一度最火爆的两个游戏"朋友买卖"和"争车位"在美国原版的FaceBook中分别位于前几名，非常受网络用户的喜爱；即时通信工具（IM）QQ和MSN以及电子邮件在中国普通网民里的普及，UCHOME一经推出，在很大程度上从一个对立者的角度促进了开心网的发展。

这就是开心网的品牌导入期，作为一个专业开发网站的团队，开心网的产品定位从一开始就非常清晰，这点不同于同一时期或者早一时期的51.com（用户集中于低端的用户）、360圈（用户集中于90后新新人类）、人人网（用户集中于学生）。开心网的定位就是白领，这个大而广的定义，实际上细化起来就是娱乐性质的SNS，只要用户有娱乐需求，都可以去开心网在争抢车位或者新一代的偷菜中获得满足。

四、开心网品牌推广的成长期

正如很多从事市场推广的互联网人士所言，就算开心网定位再精准，如果不配合其发挥得淋漓尽致的带有传销性质的病毒营销的话，那么开心网到现在依旧是个无名小卒。

所以说，开心网品牌推广的成长期伴随着病毒式营销的爆发。每个人的IM上都有大量的朋友或者网友或者同事，开心网的推广机制非常类似于网络游戏中的"人拉人"推广实践。网游中的"人拉人"是一种非常切实有效的推广手段，其成本低廉，投入产出比高，更加重要的是用户黏性非常高。当一个群组的某一个玩家独立成一个新的群组，就期望组队，这就伴随着大量免费的人拉人推广。从网络营销的角度考虑，当某个产品的定位一经上市，就会受到精准用户的追捧，随后，之前没有听过或者玩过这项产品的用户或者玩家都会被身边的好友拉过去至少尝试一次。尝试一次后，就会有转化率（conversion rate）的产生，也就意味着有一部分用户会沉淀下来，成为忠实用户（loyal users）。这批忠实用户就会自发地充当一个"推广员"。

五、开心网品牌推广的繁荣期

繁荣期也称为"爆发期"。在前期成长的一大批忠实的用户卖力的推广下,几乎所有的网络手段,无论是 IM,电子邮件或者 BBS 之类但凡能够联系到友人的工具都被充分地利用起来,每个人在开心网上搭建自己的圈子。这部分圈子细化起来又抢了上文提到的 51.com,renren.com 等同类的用户。例如,很多人一开始加入开心网时,是受到同学或者同事或者要好的网友不断地催促,但由于圈子的搭建过程尚未完成,会造成一批用户的流逝,随后在"明星用户"的感召下,又有很多人回到了开心网,搭建了各种各样的圈子,比如朋友圈子、同学圈子、兴趣圈子、职业圈子、娱乐圈子等,每个人在开心网上都可以找到适合自己的兴趣点。这也是 SNS 的特质:除了用户和用户的信息外,其他的都不存在。

六、开心网品牌推广的衰落期

品牌推广的衰落期跟品牌推广的成长期同时并存,两者相互矛盾但又相互依赖。在度过了 2008 年疯狂的病毒式营销之后,很多用户已经非常反感开心网,很多人说不出原因,总之就是再也不上开心网了。这就是品牌衰落期的一个个案。与此同时,开心网不断地推出新的"诱惑",那些信誓旦旦永远也不上开心网的网民有一部分就经受不了来自朋友或者产品本身的诱惑而再一次登录开心网。所以说,品牌推广的衰落期跟品牌推广的成长期是此消彼长的,这个过程伴随着一个产品的完整生命周期。

七、是否占有市场越早,品牌知名度就越高?

很多人都有这样的感觉,那些耳熟能详的品牌都是进入市场较早,且发展较快的公司,这就产生了一个错觉,即在进入市场的时间上越靠前,就会带来更好的品牌知名度。一个网站的品牌成功与否,取决于很多因素,其中有几点非常重要。

品牌定位。很多企业都知道品牌定位这个概念,但究竟如何去定位,却一无所知,就知道简单地模仿,比如像爱卡网、中国汽车网和易车网这三家网站的定位,虽然号称都是要做汽车品牌客户,但实际上细细分析,易车网唯独只有二手车交易这个环节是有利润的。

产品定位。产品经理在设计产品本身,在很多情况下带有自发的模仿能力,这一点无可厚非,问题是需要对产品进行细分。比如开心网、51.com 之类的网站,简单来说都是所谓的 SNS,实际上开心网把自己定位成娱乐性质 SNS 本身还不太准确,应该定位的再精准一些。这属于市场细分的要求。

推广定位。近些年淘宝网的网店比较火爆,很多店长都喜欢散发一些纸质的宣传单到各大小区散发。网络游戏方面,很多公司喜欢做新的尝试,在无线领域做推广营销,这些都是可行,问题是投入产出比究竟是多少?这就要求选择合适的推广渠道做合适的推广。

思考问题:

1. 开心网是个什么类型的网站,目标定位是什么?
2. 开心网是怎么做品牌推广的,有哪些可借鉴的地方?
3. 试推断开心网的发展趋势。

思考题

1. 简述网络品牌的定义与特征。
2. 举例说明网络品牌的市场定位。
3. 网络品牌的命名策略有哪些?
4. 如何选择域名?
5. 如何进行网络品牌广告宣传形象设计?
6. 简述网络传播的特点。
7. 网络品牌传播应注意哪些问题?
8. 简述网络品牌的发展方式。
9. 试举例描述如何增强网络用户"黏性"。

第15章 全球品牌

学习目标

全球联系正在不断增强，随着人类生活在全球规模的基础上快速发展及全球意识的渐渐崛起，国与国之间在政治、经济、贸易上趋向互相依存。品牌国际化需要全球消费者的心理认可，可是国际市场环境复杂多变，加之文化差异、关税壁垒、运输成本等限制因素影响，故而企业在跨出国门前必须要对国际市场品牌现状进行充分了解与全面分析，才能真正利于企业国际化营销战略的制定与执行。通过本章的学习，掌握全球品牌的含义及特征；了解全球品牌的优势及风险、一致性和区域差异化；熟悉品牌全球化的策略；学习中国品牌全球化策略。

企业只有积极借鉴发达国家跨国公司和我国海尔等企业的经验,积极实施由名牌国际化向国际化名牌的战略转换,才可能在未来的国际市场上创建出一批享誉世界的中国国际化名牌。

15.1 全球品牌的含义及特征

15.1.1 全球化品牌的含义

品牌全球化是企业在进行跨国生产经营的活动中推出全球化的品牌,并占领世界市场的过程。即企业在全球性的营销活动中,树立自己的品牌形象,达到一个全球化的目标。不仅要利用本国的资源条件和市场,还必须利用国外的资源和市场进行跨国经营,即在国外投资、生产、组织和策划国际市场经营活动。

15.1.2 全球化品牌的特征

全球化品牌主要有以下特征。

1. 具有广泛的知名度、认知度、美誉度、偏好度、满意度、忠诚度等

例如,可口可乐、微软、IBM、通用电气、英特尔、迪士尼、麦当劳、万宝路和梅塞德斯等品牌,可称得上世人皆知。国际品牌在世界市场上大都推行"客户第一""客户永远是对的"等经营理念,在客户群中树立了很高的信誉。

2. 具有巨大的经济价值

品牌价值是衡量国际品牌对其持有者的经济利益的唯一标准。美国《商业周刊》杂志公布了全球最具价值的100个品牌,其中美国品牌占多数。可口可乐占据榜首,IBM紧随其后,微软名列第三。难怪可口可乐公司前总裁Woodruff曾宣称:即使整个可口可乐公司在一夜之间化为灰烬,仅凭"可口可乐"这块牌子它就能在很短的时间内东山再起。

3. 具有较高的国际市场占有率和市场全球化程度

国际品牌在某种程度上可被称为"无国籍品牌",它以世界市场为舞台,利用众多国家的资源,在很多国家进行投资,在世界大多数国家开展市场营销活动。

以耐克公司为例,耐克公司的口号是"Just do it",它传达了肯定个人力量和运动成绩的价值观,无论在印度尼西亚的雅加达,还是美国的杰斐逊城都能产生同样好的效果。实践证明,这种情感投资在西欧和亚洲地区发挥的作用尤其强大。在这些地区,耐克的销量增长幅度最大。

4. 具有高度的超越地理文化边界的能力

品牌的背后是文化,国际品牌的知名度、品质认知度、联想度和忠诚度自然来自品牌所代表的产品内在的质量和性能,同时品牌的文化内涵和魅力所带给消费者的超值享受,正是消费者愿意为品牌付出的价值。品牌文化的丰富内涵支撑着品牌的知名度和美誉度,使品牌的影响深入到消费者的内心,落实到消费的行动上,从而提升了消费者对品牌的忠诚度。苹果公司的创新使其具有难以替代的独特性,这也帮助它走向全球,受到各国消费者的广泛喜爱。

5. 拥有完整的全球化品牌规划

跨国公司或集团成功发展的最关键因素之一，是拥有完善的品牌管理组织体系，拥有制定统一品牌战略的专业人士。

例如，宝洁成功的原因，除了160多年来一直恪守产品的高质量原则外，其独特的品牌管理系统也是重要因素之一。宝洁公司"品牌管理系统"的基本原则，是让"品牌经理"像管理不同的公司一样来管理不同的品牌。品牌管理制度是跨国公司的制胜之道，即一种独特模式的胜利，一种制度创新的胜利。沃尔玛之所以长盛不衰，不是因为所看到的其表面上的产品低价，而是它独特商业模式的成功。戴尔的模式（包括所使用的互联网、电话订货方式和迅猛增长的销售能力）使得它在全球竞争中长期处于不败之地，这很大程度上源于它对全球资源的有效品牌整合。

6. 具有高度的知识产权保护能力

知识产权保护的直接体现就是品牌的价值。一个良好的品牌，不仅仅需要去创建它，也需要精心地去保护它，而最有力的保障就是知识产权的保护。拥有国际知名品牌的跨国公司，通常依托自身或联盟资源优势进行大规模的技术创新，获取尽可能多的专利；以知识产权国际化为背景，这些公司以控制和转让相结合的方式进行专利经营；而专利战略与经营战略互相配合，为其全球市场战略目标服务。

15.2 全球品牌的优势及风险

15.2.1 品牌全球化的优势

1. 在全球行业范围内具有领导优势

当一个品牌发展成为全球化品牌时，这意味着它有潜在的市场、广阔的顾客群和良好的市场形象。如汽车行业的美国通用、福特，德国大众，日本丰田等，饮料行业的美国可口可乐，IT行业的微软公司。

2. 具有很强的品牌亲和力

创造有益的品牌联想，让人感到该品牌实力雄厚。随着顾客在国家之间的流动日渐频繁，全球化品牌在获得品牌认知度方面的优势也就越来越大，广告对跨国游客的影响越来越强。新闻媒体的广泛传播和互联网的发展已涵盖了全世界各个国家，正因为这一点，全球性品牌可以获得更大的展示度。全球性品牌可能引发许多有益的品牌联想，仅仅"全球化"这一概念就表现出了产品的竞争力。特别是轿车、计算机类产品。因为在这些产品的市场上，顾客购买支出大，因而需要所购产品质量有所保证。

3. 具有规模效益、成本领先优势

由于世界经济一体化的逐步加深，各国之间的贸易壁垒逐步减小，促进了资本、技术的进一步流通。由此，世界性经营范围带来规模经济效益——在许多行业，这被认为是获得竞争力的决定性因素。全球化品牌策略使得广告、促销、包装以及品牌的其他方面的设计宣传获得规模效益，促使全球化品牌能获得更大的市场。

4. 一国竞争力的标志

全球化品牌还经常让人想起它所在的国家，使人想到品牌的原产地，这是其品牌基础的一部分。例如，Levi's是美国牛仔装，Channel是法国香水，可口可乐是美国饮料等。这是一种宣传其国家形象的标志，这种标志能进一步有助于其品牌的全球化扩张。

5. 创新优势

创新不仅指技术创新，还包括机制和品牌营销的创新。技术永远是一个企业赖以生存和发展的必要条件。获取核心创新能力，拥有核心技术的自主权，就能使企业在同行业中保持技术上的领先优势。在技术不断创新的同时，还应有机制和营销方法的创新。没有创新的企业机制，企业就不能在市场竞争中具有持久的生命力，企业内部组织结构要适应时代的变化，进行不断调整和改革，如转变观念；扩大科研和对国际市场调研力量的配置，这些是企业内部组织结构适应国际环境的前提条件。品牌的传播和企业信誉的提高都必须依赖一定营销手段和品牌创意的提升，创意营销是品牌永葆青春的根本所在。但是这创意的源泉必须能使消费者产生联想，带来实际的利益，赢得消费者的认同及企业目标的实现。

6. 较高的市场份额

由于上述的优势，全球性品牌无论是在区域性市场还是在全球市场都具有较大的市场覆盖面，有较大规模的销售额和市场份额，如美国的宝洁公司、可口可乐公司、通用公司和日本的丰田公司等世界级的跨国公司，它们的销售收入在行业中处于世界领先地位，其销售收入的大部分来自于海外。

15.2.2 品牌全球化的风险与规避

1. 推行品牌全球化战略的风险

一般来说，不是企业自己要选择全球化的战略，而是市场竞争的驱使。实施品牌全球化（或者从原产地市场到其他的市场），往往取决于是否存在对企业至关重要的战略机会。这些机会包括：新市场规模和吸引力、原产地市场的日趋饱和、可以取代的竞争对手、获得规模经济效应、保持现有的利润、赢得知名度及推动创新等。

许多公司都在进行地域性市场的扩张。但是，这种扩张往往是基于财务的预测，而忽视市场、文化、买方行为，以及品牌忠诚度和其他一些因素，这必然会给品牌向外部市场的扩张带来很多风险。

这些风险包括以下内容。

（1）错误地假定不同市场品牌所传递的含义是一样的，造成了信息的混乱。

（2）对品牌及其管理过度标准化、简单化，导致消极创新。

（3）运用了错误的传播渠道，造成不必要的开销和无效传播。

（4）低估了市场中从认识、尝试到使用品牌所需要的投资和时间。

（5）没有投资建立内部的品牌阵线，以确保本地的员工理解品牌价值和利益，使他们愿意而且能够对外进行始终如一的传播与分享这些价值和利益。

（6）未能根据当地市场的特点及时调整执行策略等。

2. 品牌全球化风险的规避

要规避品牌全球化的风险，应具备以下条件。

（1）认同性。卓越的品牌会赢得顾客和舆论领袖的高度认同。想象一下宝马汽车，它已经成为卓越技术性能和设计的象征,同时也意味着其拥有着达到个人的和专业化的水准。顾客的认同代表了理想和现实的紧密结合,使品牌能迅速在新的市场建立可信度。

（2）一致性。通过整合全球传播的努力,在全球传递一种一致的顾客体验。法国的麦当劳看起来更像咖啡馆,菜单也制作得符合当地的文化特点。浓咖啡随时能提供给顾客,椅子既不是用塑料浇铸的,也没有用螺栓与地面固定住。

（3）情感性。一个品牌只有当它传递了情感才能称为其品牌,它必须能代表一种承诺,一种促使人们想要参与其中的承诺。耐克不考虑人们的体能极限,倡导一种运动的时尚文化,它定位在特定的群体,但在大众市场也表现优异。

（4）独特性。伟大的品牌传递了伟大的理念。这些品牌向所有的内部和外部的听众传达一个独特的诉求,他们有效使用传播组合中的所有要素在全球市场进行定位。苹果创造性地运用它的营销组合,始终如一地确保它的使用者能够体现其品牌所提供的拥有象征和利益期待——创新。事实上,苹果公司已经有形无形地影响了消费者的生活习惯和日常行为。

（5）适应性。全球性品牌必须尊重当地的需求、需要和口味。这些品牌担负全球使命的同时,还要适应当地的市场需求。汇丰银行就吸收了这一理念,在对当地传统和习惯深刻了解的前提下,它展现给客户的是在金融服务领域的出色表现。从本质上来说,它传达了一个"全球化"的优点。

（6）高层管理。组织的高级层领导必须支持这个品牌,最好是由公司的CEO带头。企业高层如果对品牌所传达的理念很明确,那么就可能制定清晰的品牌战略。要充分考虑各区域不同的特点,才能对品牌做出恰当独特的定位,这是管理全球性品牌关键的一步。

15.3 全球品牌的一致性

坚持品牌一致性（consistency）,对于重视及经营品牌的企业来说,几乎是不可动摇的信念;很多无法坚持一致性的品牌,最终无法获得消费者认同。

品牌一致性的内涵应包括三个层次,分别是产品设计的一致性、表现风格的一致性及品牌承诺的一致性。前者是有形的,后两者是无形的。

产品设计的一致性指的是产品的发展要有脉络可寻,例如,iPod走的是时尚设计之路,如果忽然来了一个怀旧的造型,会令人惊艳也会令人错愕,消费者的认知会错乱,会给企业带来极大的风险。对餐饮业而言,就是菜色研发要有一致性,例如,西餐厅就不适合将葱爆牛肉端上桌。行销大师Al Ries也曾告诫,不能现在流行墨西哥食物,就在法国餐厅加入墨西哥菜。

表现风格的一致性即是品牌出现在消费者面前所展现的个性、沟通语调等,有一贯的轨迹可循,例如,耐克风格始终给人一种创新、活力、运动家精神的感官体验,如果忽然间给人以严肃的感觉,就会让人感觉格格不入。

品牌承诺的一致性,就是品牌长期提供给消费者的核心价值要始终如一。例如,迪士尼无论从主题乐园、电影动画或电视节目内容,在全球始终传递一致的"家庭价值"来娱乐消费者。

坚持品牌一致性最大的好处,就是可以令消费者产生信赖感,同时由于它的"重复"让

消费者容易记住。一个缺乏一致性的品牌容易被消费者抛弃。Burberry 在全球扩张的一个阶段里就曾失去了自己的重心：23 家品牌授权经销商经营业务各不相同，导致产品缺乏品牌特性，最终表现为销售额的下滑。

在市场上取得成就的品牌，都能坚持品牌核心价值与表现风格的一致性，这类例子比比皆是。例如，金霸王电池 Duracell 始终用那只跑得更远的兔子来隐喻电池的耐用与亲和力。在现实世界里，由于缺乏品牌管理的概念，很多品牌只专注于某个单独的产品或文案宣传是否更好，最终可能导致缺乏整体的一致性，甚至造成品牌承诺不明确。

品牌缺乏不一致性的例子随处可见，是企业最常犯的错误之一，例如，产品设计与品牌承诺无关，很成功的营销活动却与产品或品牌有关等。

15.4 品牌全球化策略

15.4.1 全球化的品牌承诺

1. 品牌承诺概述

品牌承诺就是一个品牌给消费者的所有保证。品牌承诺包含产品承诺，又高于产品承诺。一个整体的产品概念包括三个方面：核心产品、形式产品和延伸产品，一个产品在这三个方面的标准就是产品承诺。

一个品牌向消费者承诺什么，反映出一个企业的经营理念；一个品牌的终极追求，反映出决策者超越产品的品牌规划能力和企业经营者对企业未来的规划能力；而一个品牌的广告语往往反映出品牌向消费者做出的品牌承诺。可以从品牌的广告语的变化看出企业的品牌规划和建设的过程和能力。

2. 品牌承诺的思路

（1）承诺要找准点。品牌是需要有特定的消费群体的，品牌的承诺也一定要结合产品的定位，找准承诺的群体和承诺的点。例如，星巴克的品牌承诺就是为白领提供一个忙中休闲的场所，所以它非常重视服务质量和室内的艺术设计；戴尔电脑承诺更低的价格和个性化配置，所以它采用直销的方式，实现了成本的大幅下降和自己的品牌承诺；苹果公司靠创新、惠普公司靠科技，不同公司实现品牌承诺的方式也是有差异的。

（2）承诺要量力而行。不到位的品牌承诺导致消费者有上当的感觉。对于品牌承诺而言，重要的不是承诺了多少，而是做了多少、兑现了多少。

海尔品牌的打造，就是根据自己的能力和行业的发展进行承诺。最初海尔以"砸冰箱"塑造品牌形象，告诉大家海尔的质量好；后来海尔走服务路线，以服务创品牌，并且很好地履行了其服务承诺，服务成为海尔品牌非常重要的特点；现在，海尔非常关注创新对品牌的支持，不用洗衣粉的洗衣机让海尔的创新承诺变成了现实，且赚足了眼球，成为企业新的增长点。

（3）承诺要细致，且能够兑现。承诺容易兑现难，一旦产品真的出现了质量问题，客户要退要换的时候，企业却找出种种理由拒绝。

要让企业兑现品牌承诺，关键是让企业对品牌塑造有正确地认识，品牌的宣传、承诺固然重要，但是产品和服务的质量是基础，做不好这些，品牌的承诺就悬在了空中，经不起风吹雨打。做品牌要有"细水长流"的心态,不要浮躁,急于求成,要有耐心,要细心,多关注消费者关注的东西,通过各种渠道与消费者沟通,切实满足他们的需求,这样才能让品牌从知名度走向美誉度和忠诚度。

15.4.2 全球化品牌传播

1. 全球化还是本土化——品牌传播所面临的策略选择

20世纪90年代以来,全球化与信息技术的飞速发展正在把世界推向一个日益融合的社会,年轻一代中的语言障碍、习惯差异正日益缩小,世界各地的人们不论身在何处,都渴望得到共同的产品,寻求相同的生活方式。如今生活在东京的18岁青年与生活在纽约的同龄青年有着比他们父母更多的相似之处。他们穿着同一品牌的服装和运动鞋,听着同样的流行音乐,喝着同样的可乐。正是在这样的消费基础上,品牌传播的全球化策略大行其道。

品牌传播全球化是指企业以全球市场为目标,其广告策略、表现方式、品牌个性形象等都采用统一化战略,通过品牌形象国际化元素的融入,以获取公众的认同与支持。实施品牌传播全球化策略的优势在于以下几方面。第一,可以降低营销成本。品牌传播全球化在传播沟通方面实施统一的活动,使得广告、促销、包装以及品牌的其他方面的设计宣传成本大大降低,形成巨大的规模经济效益。如百事可乐的全球化广告宣传,在不同国家市场播放同一广告片,每年大约可以节省1 000万美元。第二,全球品牌向世界各地的消费者传达这样一种信息:品牌产品在全球范围内有忠诚的顾客群,其产品被广大消费者所欢迎,因此可形成对消费者大范围的感染力。第三,品牌传播的全球化策略有助于树立品牌统一的全球形象。卫星通信覆盖全球之后,统一的全球形象变得日益重要。飞利浦公司赞助世界杯足球赛,同一个广告用6种语言在44个国家播放,对其全球品牌形象产生了巨大的影响。

然而,全球经济一体化并不能消除不同国家之间文化、宗教、语言等方面的巨大差异,在世界走向融合的同时,人们同时看到了对同化的拒绝。正如未来学家Naisbitt所说:"我们的生活方式越统一,我们对内心深处价值观——宗教、语言艺术和文化的执着也就越坚定。由于我们的外部世界正变得更相似,我们也将更加重视其内部孕育的传统习惯。"文化是一个地区特有的精神财富,是历史形成的特定价值观,是无法从根本上消除的。所以,文化的差异将继续存在并会被进一步扩大。品牌的一半是文化,由于品牌具有强烈的文化特征,这种文化特征必然要经受来自各国文化差异所带来的考验。世界各国文化的差异性决定了实行品牌传播本土化策略的必要性。品牌传播本土化策略的理论支点是:各国有自己独特的文化,不同国家与地区的消费者处于不同的文化背景中,由于长期的潜移默化,在语言、信仰、爱好、习俗等方面都存在着差异,面对这种文化差异造成的不同消费行为,国际品牌在进入一个国家和地区进行传播时,其广告策略、表现方式、品牌个性策略等要迎合当地的文化传统特性和审美口味而采取差别化策略,使品牌与当地的社会文化环境有机地融合起来。麦斯威尔速溶咖啡在刚进入美国市场时销量低迷,经过调查,生产者发现美国人认为喝速溶咖啡和"懒惰"是联系在一起的,所以他们调整了宣传策略,强调速溶咖啡的方便和快捷性,使百忙之中的人们能不费时地喝到一杯香浓的咖啡。众多跨国公司正是通过推行其本土化策略,进一步彰显其品牌的市场活力,在本土化的过程中最终实现企业全球化的目标。品牌传播既要考虑创立统一而又独特的品牌形象,又要考虑多样化的文化需求,行之有效的方法是将全球化策略与本土化策略相融合,在"全球品牌精华"和"本地相关性"之间寻求平衡。星巴克的随行杯在各个城市都有不同名字的专属款,在杯体印上当地的城市特色,将代表星巴克的马克杯很好地和当地的文化结合了在一起。

2. 品牌传播中全球化策略与本土化策略的融合

(1) 从全球化视角出发传播品牌的核心价值及统一形象。品牌的核心价值是品牌的精髓,代表了一个品牌最重要且永恒的要素,也是品牌传播的核心内容。它能让消费者明确、清晰地识别并记住品牌的利益点与个性,是促使消费者认同、喜欢乃至爱上一个品牌的主要力量。可口可乐、雪碧的品牌个性承载着美国文化中"乐观奔放、积极向上"的精神内涵与价值观。尽管可口可乐、雪碧的广告经常变换,人物、广告语、情节等都会有很大变化,但任何一个广告都会体现出上述品牌个性,如雪碧广告中,以"我终于可以做一回自己了""我就是我,雪碧"等广告语演绎着雪碧"张扬自我、独立掌握自己命运"的品牌价值与内涵。国际一流品牌成功的秘诀就是以非凡的定力在全球范围内维护和宣扬品牌核心价值。如宝洁公司在推广全球性品牌时,特别注重使品牌在各个国家与地区的消费者心目中有一个清晰且始终如一的识别。从一个国家到另一个国家,尽管品牌传播的方式是多种多样的,但品牌核心价值定位是一致的。如潘婷品牌的核心价值是"健康亮泽",广告中的代言人在换,但"拥有健康、当然亮泽"的承诺总是一脉相承。护舒宝是"一种更清洁、更干爽的呵护感觉",该品牌在不同国家传播时都坚持这一诉求点,只不过根据不同国家的文化调整了广告表现形式。耐克的成功之道就在于无论在世界上任何一个地方进行品牌推广,都始终如一地表现品牌的核心价值,传达品牌准确的市场定位。在亿万消费者的心目中,耐克的"勾"已成为人类征服自然、超越自我的精神的象征。而万宝路所体现的"阳刚、豪迈、激情、勇敢的男子汉气概",被世界上不同种族、不同肤色、不同年龄和阶层的消费者所钟爱。可以说,如果品牌的核心价值能体现永恒的人性,那么它就会穿越时空被人们广泛认同。

麦当劳——"我就喜欢"

全球知名品牌无一例外地极力在世界范围内树立统一的品牌形象,麦当劳堪称这一策略的典型。麦当劳对其标识、店面装潢和布局进行标准化,无论处在哪个市场,麦当劳都使用相同的标识、相同的包装容器、相同情调的餐厅格局。麦当劳是美国快餐文化的典型代表,以优质、快捷、卫生、方便吸引着人们的目光,更主要的是那种无拘无束的快餐氛围。可以说,诞生于美国的麦当劳已经完全国际化,它跨越了地理空间和文化的界限,黄色"M"代表着舒缓的音乐、绚丽的色彩、自由的环境、童话般的世界、卡通世界的天真烂漫,这些吸引着无数儿童和他们的父母。

(2) 从本土化视角出发建立品牌与消费者的关系。品牌传播的过程实际上是与消费者进行沟通、建立关系的过程,在这一过程中品牌应努力适应当地文化环境。

① 品牌代言人选择的本土化策略。品牌代言人是塑造品牌形象、推广品牌价值的关键因素,从本土化角度出发确定品牌代言人可以拉近不同市场消费者的距离,使品牌与消费者之间建立更亲密的联系。百事可乐请名人做其形象代言人之所以能成功,就在于事前进行了充分的市场调查,在不同国家与地区选择在当地最具有影响力与号召力的明星来充当百事可

乐的品牌宣传使者。可口可乐公司的一个电视广告表现了一名橄榄球运动员在艰苦的比赛之后把他的运动衫赠给了一位给他一瓶可乐的小男孩。当这个广告在南美洲播映时,广告的主角已变成了阿根廷的一名世界足球明星,而在亚洲则又变成了一名泰国的足球明星。这些广告内容极大地迎合了各销售区域的不同消费者,加强了其与当地民众的沟通效果。

② 品牌传播中结合本土文化的广告诉求。品牌的本土化,也就是使品牌富有本土化的文化气息。在品牌传播中结合本土文化进行广告诉求,使产品品牌与当地的文化有机地融合起来,无疑会对消费者产生强大的品牌亲和力,从心理上赢得当地消费者的认同。海尔在美国本土建立了"海尔生产中心",在广告方面,海尔最新的 DVD 广告与美国 NBA 历史上最杰出的球员迈克尔·乔丹的影片宣传放在一起的电视广告,已在美国电视的黄金时段播出。NBA 已成为美国文化的一部分,而迈克尔·乔丹则是这种文化的灵魂人物,这种宣传攻势无疑是向人们展示海尔品牌的美国特质。

可口可乐的广告策略

可口可乐作为一个全球品牌,在执行一些全球统一的广告的同时,更注重在品牌传播中融入本土文化色彩。体育运动是可口可乐广告的常见表现形式,在欧洲,可口可乐的广告中增加了孩子、长满草的院子、屋墙上简陋的圈圈、校园、居家前的街道等表现元素。这是因为欧洲人喜爱运动,是与乡土、故里、旧友之情联系在一起的,这些创意元素所蕴含的精神内容深深地打动了欧洲人的心。在印度,可口可乐广告中的体育运动都改成了打板球,自然取得了较好的效果。可以说,可口可乐品牌传播国际化的过程是不断与当地文化相融合、极力渗透的过程,这也是可口可乐品牌传播成功的秘诀之一。

③ 开展本土化公关,建立良好的品牌社会形象。在品牌传播的过程中,通过开展本土化公关建立良好的品牌社会形象,已成为一些跨国公司的共识。如宝洁、大众等公司积极资助中国的"希望工程"、大熊猫保护、环保等社会公益事业;可口可乐从体育、教育、文娱、环保到促进中国企业改革等,只要有利于扩大自己的知名度与美誉度的活动都积极参与。当人们喝下一瓶瓶可口可乐时,似乎品尝到了这一国际品牌所包含着的"深深的中国情,真诚的可乐意"。

总之,品牌传播全球化策略与本土化策略的融合,应遵循以下原则:品牌传播理念上要全球化,但具体的传播手段要本土化;在品牌内涵传播上要全球化,在品牌表现元素上要本土化;品牌传播视野上要全球化,体现的营销文化要本土化。

15.4.3 品牌全球化发展战略

全球化品牌并不是指战略或策略上对全球市场实行统一化策略或差异化策略,而是立足于全球市场发展自己的品牌,从而成为全球性知名品牌。即企业要有在全球范围内的战略眼光,凭借海外市场的力量,努力把企业做大,扩大影响面,成为世界知名品牌,它可以在不同国家市场实行不同的跨国战略。

一般跨国公司或企业在全球市场的总体发展战略为"思考全球化,行动本土化",即在全世界市场有一个相同的基本定位，但可视当地具体情况进行战略重组。其具体战略形式如下。

1. 产品无差异化，广告诉求形式多元化

在面向全球市场的营销活动中，将全球策略加以细分成各个小区域范围内的策略，注重与当地文化的交流与沟通，这样，才容易被当地消费者所接受，使全球化战略更容易实施。如万宝路香烟，其广告主题根据各地市场环境，随机应变，在全球有20种不同配方以满足消费者口味。广告宣传的侧重点放在"美国销量第一"这一信息上，并以"万宝路给您一个多彩多姿、包罗万象的动感生活"为广告标准语。20世纪70年代，万宝路广告开始向中国香港拓展。香港人对其优美的情景和音乐虽然持欣赏态度，但对于终日策马牧牛的牛仔形象却没有什么好感，因为在香港人心目中，牛仔是低下劳工，因而在感情上格格不入。这时，万宝路的广告魔术师般地改变了，香港电视上出现的不再是美国西部文身的牛仔，而是年轻、洒脱，在事业上有所成就的牧场主；在日本，它的广告则是一个日本牧民，在没有现代化技术的情况下征服自然界，过着田园诗般的生活；而在中国内地，万宝路广告展现了山丘、树林、海滨、沙滩，在优美的音乐声中伴随着出现一幅幅豪迈策马纵横的画面，在这个场面中，每个人可以去遐想，去创造一个自己心目中的"万宝路世界"。

青岛啤酒的国际化之路

中国青岛啤酒集团在开拓国际市场当中，对于销往不同国家和地区的产品，在保持明显青岛啤酒特征的前提下，根据当地特色和风土人情，在包装的颜色、图案组合及产品规格等方面，尽量满足当地消费者的需求，找到了最好的、最能引起消费者认同的包装形式，这样，包装的形式既具有了统一性，又具有了多样性。产品形象是品牌情感性利益的一个主要表现。在多元价值形态下，人们越来越重视感觉消费，注重将酒文化融入品牌的宣传和推广中，使人们的品位得到提升。给顾客的定位是畅饮青岛啤酒、领略世界级品牌所带来的超爽感觉是人生一大享受。青岛啤酒已成为该行业内国内外知名度和美誉度最高的中国名牌之一。

2. 产品无差异化，促销全球化

产品在全球推广过程中，由于科学技术的日新月异，新产品的不断出现，使得产品生命周期的更新速度加快，产品差异化减少，消费者需求共性增加。特别是21世纪品牌营销虚拟化时代的到来，为扩张全球化品牌战略带来了机遇和挑战，它打破了传统的地域营销、广告促销的概念，将品牌推广置入一个虚拟的没有国界的网络空间。世界上网络客户可以直观、便捷地了解企业的产品和服务。同时，企业还可以更为直接地从顾客那里获得信息反馈，掌握第一手资料，调整发展战略。目前，企业要积极地抓住这一时代机遇，抢占网上市场，为今后的产品营销获得更大的空间。

3. 生产基地的无国界化，人才的本土化和社会贡献当地化

可口可乐公司、宝洁公司等世界级的跨国公司在中国投资经营中，它们不仅拥有当地较高的市场份额，建立了品牌忠诚度和美誉度，而且十分注重使用当地资源、积极为社会做出贡献。它们在聘用中国人才，提高中国原材料的本地化程度，为中国带来税收收入、解决就业、提高经营管理水平和造就人才方面都做出了很大的贡献，它们已成为

中国经济发展中的重要力量。这种战略方式的不断深入，正是跨国公司全球品牌化经营的成功所在。

品牌全球化成长的道路是艰辛和持久的，只有企业成为国际化企业、拥有国际销售网络和一流的国际服务营销体系，才能成为全球化品牌。

15.4.4 品牌全球化的趋势及启示

1. 品牌全球化的趋势

（1）全球化品牌是"质量"的象征。过去"美国制造"或"日本制造"的产品代表高质量的概念已逐渐淡薄，反而由个别的品牌所取代。

（2）全球化品牌反映正面的国际属性。不管在任何一个国家，苹果计算机给大家的印象就是"酷"。

（3）全球化品牌已成为社会责任的一种工具。因此，消费者需要的是更多的全球化品牌。同时也说明了为什么英国麦当劳雇用员工政策及雀巢在非洲销售不良的婴儿奶粉配方饱受社会舆论严厉的谴责；时至今日，这两起事件仍在持续挫伤两大品牌的声望。

2. 品牌全球化趋势的启示

（1）对品牌策略专家来说，品牌全球化管理不再只是将全国性产品送入国际市场那般简单，全球化品牌已变成一种独特的图腾，它并不是单属于一个国家的品牌，而是属于每一个国家的品牌。因此，它必须很有技巧性地在全球文化背景下取得需求平衡，同时还能满足本土消费者不同的品味。

（2）一般消费者对国际品牌的认知态度，通常是"大品牌的""漠不关心社会的""只对自己或利润有兴趣"。但这些负面的认知，是可以透过营销及公关活动加以改变的。因此，国际品牌介入当地的社区公益活动也是必要的。

（3）国际品牌必须存有"为消费者利益牺牲自我利益"的品牌概念，因为，消费者对自己国家的跨国性品牌所做的公益贡献，多数人心存质疑。尽管如此，国际品牌还是可以透过一些履行社会责任的各种活动，创造顾客与品牌双赢的格局。

15.5 中国品牌全球化策略

15.5.1 中国企业在品牌全球化中遇到的问题

1. 难以满足高成熟度的市场环境对品牌差异化的要求

从经典的理论来看，品牌的价值是由理性价值和感性价值两种价值构成的，其中，理性价值的形成有赖于产品和服务本身，而感性价值的形成则源于消费者对所购买品牌的联想。

目前中国品牌国际化的目标市场大都是以欧美发达国家市场为目标。与中国高速发展的市场不同，欧美国家的绝大多数市场已经进入成熟期，总体增长要比中国缓慢。在这样的市场中，要求新进入的品牌具备为消费者提供真正差异化的价值，而有差异化的产品或者服务则是构成品牌价值的来源，也是企业获取消费者的根本所在。提供差异化和创新的产品不仅需要企业可以敏锐地发现客户的潜在需求，还要求在产品开发和创新方面进行相应的投入。

但是，长期以来中国企业处于"重市场、轻研发"的状态，中国企业更多的是技术追随者，而非行业标准制定者。有限的技术和产品创新也只是集中在非核心环节，对市场和行业发展的影响力非常有限。在这种状况下，中国企业要想在理性价值方面实现差异化、在技术和产品的差异化方面超过现有对手必然是困难重重。

另外，到目前为止，与早期日、韩品牌进入欧美市场的情况相似，"中国概念"还仅仅停留在廉价、低质量的印象上，并不能为中国品牌提供强有力的来自国家层面的价值支撑。

2. 在中国形成的品牌价值难以复制到发达国家市场

许多中国品牌在中国市场中打败了国外品牌，取代国外品牌成为市场的主导。但是中国品牌可以在国外市场打败国外品牌吗？在现今社会中，中国年轻的以及相对高收入的消费者仍然更加钟情于国际品牌。绝大多数消费者认为，如果在近似条件下（如相同价格、质量、款式、技术等），他们会选择国际品牌的产品。同时，国际品牌更加让消费者感觉到品质优良、性能卓越，也更加有身份感。由此可见，中国品牌虽然已经具备了很高的知名度，占据了市场份额方面的主导地位，但却并非真正意义上的强势品牌，尚未形成清晰的、可持续的品牌价值定位。换言之，其未来发展的可持续性令人忧虑。

这其中主要原因如下。第一，众多国内企业尽管在品牌方面进行了大量的投资，但往往是形成了响亮的品牌口号或精美的广告宣传，但是品牌的形象仍然较为模糊，没有形成鲜明的品牌个性。究其原因，还是在于品牌的塑造缺乏来自于消费者体验层面的支撑，品牌口号与消费者的实际体验没有任何关联，最终导致品牌价值流于空泛。第二，在国内的众多行业中，中国企业大多是凭借价格、渠道和服务等优势占据较强的市场地位，但在已经非常成熟的主流产品市场，在需要挖掘或引导消费需求的前沿领域则处于劣势。在竞争更加激烈的国际市场上，是否可以挖掘消费者的潜在需求，从而开发出新的产品或者开拓出新的细分市场则是生存的关键。在这一点上，中国企业目前的状态无疑处于非常不利的地位。第三，过分追求价格战、企图以价格获取市场份额的做法又把中国企业拖入一个恶性循环：低价格和低利润导致企业缺乏研发投入，研发投入的匮乏又进一步导致产品缺乏竞争力从而更加依赖于价格战。此外，价格是品牌塑造的杀手锏，对价格战的依赖将带来品牌的大幅度贬值，价格战与高端品牌永远无法共存。因此，在这样的恶性循环中，强势品牌的树立更加无从谈起。

中国企业在塑造品牌的时候，其核心诉求点仍然集中于较为基础的元素，突出产品优良的品质、可靠的质量或高水平的服务。而欧美发达市场由于长期的发展和充分的竞争，已经超越了简单地以品质或服务取胜的阶段，可靠的品质保证早已经成为企业参与竞争的前提，对品质的追求不过是使得中国企业与国际竞争对手站在同样的起跑线上，却无法成为差异化的成功因素。服务也由于价值链的不断细分早已经成为独立的领域，不再简单依附于产品的销售。在欧美发达国家市场中服务普遍是有偿的，像海尔在国内所采取的高品质无偿服务的方式在国外市场将会面临很高的成本压力，尤其在中国产品缺乏足够利润空间支撑的情况下更加难以为继，因此差异化的服务优势也是难以简单复制的，渠道等优势更加无从谈起。像联想、海尔这样的国内高端品牌，尽管在国内市场取得了成功的差异化优势，在技术、创新等方面得到了国内消费者的认可，形成了自身品牌的价值，但如果进入国际市场，由于缺乏形成同样价值的条件，使得这些价值根本无法复制或者移植到其他市场中去。

3. 缺乏有效的战略性品牌管理

早在40年前，哈佛教授Ted Levitt就在其著名文章《营销的短视》中指出，营销不能局限于传播和沟通本身，企业必须基于市场，只有市场营销能制造和增长需求。而这也正是中国企业目前所缺乏的。

从消费者感知品牌价值的过程来看，品牌塑造的工作开始于产品设计的环节并贯穿企业各项管理活动。品牌建设已经不再是孤立的市场营销手段，而是多部门、多层次的任务。

David A. Aaker 认为，当首席执行官不想聘用品牌官的时候，CEO 就应当负起责任。品牌必须成为商业战略的核心，他认为："CEO 必须明白他的品牌是战略资源；他必须不断地开发品牌。"

15.5.2 中国企业品牌的全球化内涵

品牌战略的核心本质，就在于品牌的差异化和独特性，即稀有、独特且不可模仿、难以替代。中国企业在经历了国内市场的千锤百炼逐渐成熟后，也开始了全球化经营战略和品牌战略的扩张，再加上全球经济危机的加剧，以及现阶段所面临的高库存的风险和压力，中国企业目前正面临着一个良好的品牌国际化契机。

1. 全球化品牌战略≠简单的海外市场拓展

真正意义上的全球化品牌战略是建立在全球化统一"大市场"的基础上的，以重塑全球化品牌形象和品牌价值作为核心驱动力，从而带动企业整体战略和整体发展步骤上的协同，进行有效的全球化市场布局和拓展，最终带来企业整体系统的升级和发展，而不单单是收购兼并品牌或到海外建厂等。

2. 全球化品牌战略≠简单的品牌形象升级

品牌的海外注册、创造子品牌或副品牌，或者像国产悍马这样进行已有品牌的海外传播和建设，这一系列的品牌建设不能简单等同于全球化品牌战略。全球化品牌战略必须是在协同企业其他国际化战略共同实施的基础上，在整体的共同作用下，进行企业品牌的全球化建设，对企业品牌或产品品牌进行核心价值、品牌定位、品牌形象、品牌个性等方面的重新塑造。

3. 全球化品牌战略≠企业的国际化战略

国际化战略阶段是以中国为基地向全世界辐射，但是全球化品牌战略阶段是在全球化市场的视野下打造全球性的品牌，并在个性化的区域市场中实施不同的品牌策略，两者并不相同。

15.5.3 中国企业如何实现品牌全球化

目前，中国的名牌企业在国内市场已具备在规模、效益和品牌上的竞争力，它们在国内市场的不断发展壮大，借着其品牌的吸引力，为其进行跨国经营提供了良好的经济基础。因为，国内市场国际化，使得一批像海尔、长虹和康佳这样的企业集团迅速成长，它们都已制定了下一步的发展目标，即必须在 5~10 年内，开拓国际市场，创立世界名牌。而华为在 2017 年时已跻身世界百强的名单之中。2016 年华为在海外的收入占比达到 58%，相当于 3 200 亿元人民币。中国的企业要真正成为世界上的强者，产品生产经营活动走向世界市场已是历史的必然趋势。而产品走向世界的关键在于产品形象的提升，以培养顾客对其品牌的忠诚度。因此，实现品牌全球化的前提应包括以下内容。

1. 确定跨国经营目标

中国有一部分企业已树立了进军世界500强的长远目标。如长虹的理想是做中国人，创世界品牌；长虹战略思想是，领先中国电子行业，赶超世界一流系统；以创世界品牌为战略目标，通过技术开发、市场开拓、科学管理、股份制改造、资本运营使企业的主营指标每年以50%的速度递增。海尔集团的发展目标是在21世纪进入世界500强。特别值得一提的是创维集团在2000年7月到9月份，分别有四家国际风险投资基金注资创维，取得了在港上市的创维集团17%的股份。这种产权国际化为创维更好地发展国际化战略带来了活力。

2. 拥有大企业的经济实力

企业的经济实力应包括有形资产和无形资产。现在评价一个具有竞争力的企业不仅在于其有形的资金能力，还更应分析其无形资产的价值，其中品牌价值的多少是企业实施品牌全球化的有效保证，有些国际性跨国公司的品牌价值甚至超过了其有形资产的部分。

3. 产品品牌在国内外已有一定的信誉基础

无论在国内市场还是在国际市场销售产品，质量和服务是其品牌成功营销的保证。所以，企业要继续巩固和提升品牌形象，不断提高产品质量和服务水平。

4. 海外投资初具规模

中国彩电业为绕过高关税壁垒和降低运输成本，选择在当地设立工厂及分销网络。如康佳在印度和墨西哥设立了合资公司生产和销售彩电，创维在土耳其、马来西亚和墨西哥开设了生产基地，长虹在俄罗斯建立了工厂，海尔集团在美国建立海尔工业园。它们在海外市场的投资生产，加快了我国生产性行业的跨国经营步伐。

5. 有众多的营销网络渠道或设立一定的分销机构

随着企业海外经营活动的频繁，扩大营销网络的建设是必不可少的重要环节。如何在当地设立销售服务渠道，提供满意的服务是完善品牌形象的桥梁。

本章小结

品牌全球化是指企业在进行跨国生产经营的活动中推出全球化的品牌，并占领世界市场的过程，即企业在全球性的营销活动中，树立自己的品牌形象，达到一个全球化的目标。

全球化品牌具有以下特征：广泛的知名度、认知度、美誉度、偏好度、满意度、忠诚度等，巨大的经济价值，较高的国际市场占有率和市场全球化程度，高度地超越地理文化边界的能力，完整的全球化品牌规划，高度的知识产权保护能力。

全球品牌具有领导优势、品牌亲和力、规模效益、一国竞争力标志、创新优势、市场份额等优势。规避品牌全球化风险，应具备认同性、一致性、感情性、独特性、适应性和高层管理的条件。

品牌承诺就是一个品牌给消费者的所有保证。品牌承诺包含产品承诺，又高于产品承诺。一个整体的产品概念包括三个方面：核心产品、形式产品、延伸产品，一个产品在这三个方面的标准就是产品承诺。

品牌传播全球化是指企业以全球市场为目标，其广告策略、表现方式、品牌个性形象等都采用统一化战略，通过品牌形象国际化元素的融入，以获取公众的认同与支持。

一般跨国公司或企业在全球市场的总体发展战略为"思考全球化,行动本土化"。即在全世界市场有一相同的基本定位,但可视当地具体情况进行战略重组。

中国企业在品牌全球化中遇到的问题有:难以满足高成熟度的市场环境对品牌差异化的要求、在中国形成的品牌价值难以复制到发达国家市场、缺乏有效的战略性品牌管理等。

中国企业实现品牌全球化的前提应包括:确定跨国经营目标、拥有大企业的经济实力、产品品牌在国内外已有一定的信誉基础、海外投资初具规模、有众多的营销网络渠道或设立一定的分销机构。

关键概念

全球化品牌　品牌承诺　品牌传播全球化

案例分析

三星的全球化品牌策略

2012年1月,在被誉为全球电子产业风向标的美国拉斯维加斯消费电子展上,三星成为最耀眼的明星之一,其在电视、手机、平板电脑、笔记本电脑和家用电器等产品系列中实现的全新互联应用体验震撼了在场的美国观众。可是谁曾想到,1993年,三星品牌产品在美国的电子卖场里却是少人问津的廉价二流产品。

十五年前,在亚洲金融风暴中,三星因为高额的长期负债几近破产,十五年后,三星进入全球千亿美元俱乐部,有近20种产品在全球市场占有率位列第一。据国际著名品牌研究机构Interbrand调查结果,三星品牌的价值从2000年的全球第43位(52亿美元),升级为2011年的全球第17位(234亿美元)。三星成为韩国人引以为傲的全球一流品牌的代言者。

从偏居韩国本土市场的区域品牌,成长为全球化的一流品牌,三星的成功秘笈是什么?特别在三星最初进入电子科技市场时,已经有惠普、英特尔、诺基亚、摩托罗拉、东芝等众多拥有成熟技术的对手,作为后来者,三星如何赶日超美?

依赖自主技术赶超

20世纪80年代,三星电子以生产廉价的产品为主,以低价格、低利润,主攻中低端市场获得持续的增长。然而,这种策略已经严重影响了品牌的形象。

1991年,三星会长李健熙前往洛杉矶出差,在电子商店中发现三星的放影机布满了灰尘,乏人问津。心生怒火的李健熙愤而购买两件日本同类产品回来研究,发现三星放影机的零件比东芝多出30%,价格却比东芝便宜近30%。李健熙意识到,必须缩短与领先企业的品牌和技术差距,三星才有机会生产出一流的产品。

而早在1983年,父亲李秉哲接受李健熙的建议,大力投资投入半导体事业。当时,日本同行对三星冷嘲热讽,韩国国内上至政府,下到新闻舆论都对这项巨大的投资持反对意见。

三星顶住巨大的压力，全力投入了新事业。当年三星研发出64KB动态内存技术，随后研发出64MB动态内存技术，以及256MB动态内存技术，1992年，其半导体动态内存技术已经达到世界领先水平。不少业内的专家都表示，三星抓住了20世纪80年代新兴半导体的投资机会，在引入美国半导体技术基础上持续创新，为后面的全球市场竞争争取到了主动权。

2001年8月，三星电子投入半导体事业的第15年，日本东芝提出共同合作半导体事业的请求。当时，东芝在市场上占有率达到45%，三星达到26%。三星集团李健熙和尹钟龙在东京紧急召开会议，一致认为："尽管目前三星技术落后东芝，但在数年内一定能迎头赶上。培育新事业核心计划一定要以独资方式开展。"三星拒绝了东芝的合作请求。

2003年，形势发生逆转，三星依靠自有的内存技术，将市场占有率提升到60%，而东芝的市场占有率下降到30%。在这一年，三星停止了全部低端产品的生产，依靠领先的技术升级为经营中高档产品的品牌企业。

2005年，李健熙提出通过"质的提高"打造高端品牌新战略。他在新年致辞中强调："要成为超一流企业、世界级高品质品牌，保有技术优势是关键。2005年之前，三星向世界一流企业借用技术，学习管理方式而成长至今；但从现在开始，不会再有任何企业愿意借给我们技术或者教导管理经营方法。如果我们无法克服这个问题，我们没有未来。"

三星电子自2005年开始着手进行专利经营，以此扩大专利品质，培养核心人才，通过重质不重量的专利战略，部署三星未来的新事业基础。三星还广揽世界级人才，推行三星院士制度，三星为这些世界级人才设立以个人姓名命名的研究室，提供优厚的待遇和可观的研究经费，组建研究团队及主导国际标准技术的对外活动等。这一年，三星半导体、LCD等1 604项专利获得美国专利局认可，跃升为世界第六大专利数企业。

三星对技术的执着投入换来了丰硕的成果。2011年，三星已经超越日美同行，成为全球最大的DRAM和NAND闪存供应商，不仅供应自身的手机、平板电脑等事业部，包括以iPhone、iPod闻名于世的苹果公司，也成为三星电子最重要的芯片客户。三星凭借在芯片技术和销售上的领导地位，确立了其世界级品牌的地位。

同时，三星为了降低产品的不良率，引入了日本丰田的精益生产管理办法，李健熙亲自指示调查水原工厂生产线发生的不良率。以洗衣机、手机、彩色电视机、录影机等产品为对象，在水原工厂引入看板制度，一旦在生产工厂发现问题便立即停下生产线，除去错误的产品或排除发生不良的原因后，才再次启动生产线。三星手机曾经遭遇不良品无法改善的窘状，在全面引入精益生产的数十年间，手机质量持续改善。在创新的设计和持续的品质提升中，三星手机一举超越诺基亚和摩托罗拉，成为时尚的年轻人的主要选择对象。

以文艺与体育作为品牌营销载体

Interbrand全球首席执行官Jez Frampton指出，品牌正发挥着日益重要的作用，企业必须掌握全球市场的文化与价值潮流，透过能反映潮流的品牌沟通活动，在市场中建立代表品牌的象征形象。三星深谙此道，在国际化品牌推广中，运用奥运营销和文化营销，快速提升了三星品牌形象和品牌价值。

1988年，三星成为首尔奥运的本地赞助商后，逐渐开始对奥运营销进行关注。而到了2000年，三星正式展开国际市场攻略，采取以提升品牌知名度为中心的品牌战略，奥运营销是除广告之外，可以在短时间内建立起全球化品牌形象的最佳营销方式。

以2000年悉尼奥运为例，三星电子提供大会约25 000台通信设备，协助解决赛事进行当中所有通信问题，成功赞助悉尼奥运，树立了尖端技术产品的奥运形象。因此，三星也顺理成章地取得之后各届奥运会及各种国内主要赛事中提供尖端通信产品的绝佳机会。2002年盐湖城冬季奥运、2004年雅典奥运、2006年都灵冬奥会、2008年北京奥运会，三星持续成为奥运的全球合作伙伴，通过奥运赞助强化其全球化的品牌形象，也因此进入全球一流企业的行列。

根据Interbrand公布的全球性品牌100强评价结果，三星的品牌价值在参加盐湖城奥运会之后为32亿美元，参加雅典奥运会后为125亿美元，参加2006年都灵冬季奥运会后突破162亿美元，超越日本索尼的品牌价值。2011年其品牌价值上升为234亿美元，奥运营销大大地提升了三星的品牌价值。同时，三星借力提供给奥组委尖端的移动通信设备，建立三星是无线通信领导者的品牌形象。

很早就意识到文化营销重要性的三星，在全球化品牌的经营过程中，通过艺术活动的赞助，建立更高层次、更具差异性的品牌形象。在俄罗斯，三星通过对托尔斯泰文学奖、莫斯科波修瓦剧场、艾尔米塔什博物馆等艺术界提供赞助，持续对艺术文化活动表示关心与支持。尤其以公演"天鹅湖"芭蕾舞而知名的波修瓦剧场，三星自1993年起十多年间前后投入约200万美元的资金，给予剧场财政和技术上的帮助，提供三星电脑屏幕、摄影机、录影机等电子产品，这些赞助方式，提高了当地人对三星产品的品牌认知度，更成功塑造了三星爱好艺术的企业形象。

三星自1995年将品牌视为资产后，就开始系统地进行品牌价值管理。三星国际化征程的多年经验表明，品牌资产管理不仅仅单纯靠广告和宣传，而是从设计到管理的各个阶段，都需要长期的计划和公司上下整体的努力。

用中国市场强化全球品牌

"三星全球性品牌的构建，既包括产品在全球范围内的销售，同时也包括品牌的传播和培育。在这些方面，中国市场都有着举足轻重的作用。"三星相关负责人表示。

如何能保持三星品牌全球化的统一性又能兼顾中国市场的特殊性？三星给出的答案是，坚持两个原则：第一，构建全球统一品牌方针；第二，构建可持续发展的评价及改善体系。

2011年，三星将一直以来用于中国市场的手机品牌"Anycall"标志改成了"SAMSUNG"。虽然带有"Anycall"标志的手机在中国已经取得了飞速的发展，但为坚守全球品牌方针，三星改变了手机标志，体现了三星趋向国际一体化的决心。

三星也认识到中国市场有着区域的独特性和复杂性。早在2005年，朴根熙出任三星集团大中华区总裁时期，三星就公开提出"在中国打造第二个三星"。在他的蓝图中"三星中国的定位不仅仅是单纯的工厂或市场，而是三星的业务基地"。这既包括把三星集团下的金融和服务业等业务引入中国，还要让三星所有在华生产的产品——从企划、研发、生产到销售的整个链条，全部在中国完成。

三星电子在中国建设了白电研发中心、通信研究院、上海设计中心等研究机构，对本土消费者的需求和喜好进行深入挖掘，开发出更具中国特色的产品。比如，由设计开发团队根据中国消费者喜爱红色而开发的"红韵"LED显示器，自2011年1月问世后实现了一年突破100万台的销售量。

为了提高知名度，三星在中国开展了多元化的体育营销、文化营销及公益活动。2008

年三星赞助北京奥运会和残奥会，2010年赞助广州亚运会，2011年以超前眼光赞助中国网球运动员李娜，其在2012年法网夺冠后引发了中国人的网球热潮。

自2005年以来，三星中国持续本土化的策略提升了三星大中华区的业绩。2009年三星大中华区实现了418亿美元的销售额，约占三星集团销售额的四分之一。2010年，三星大中华区的营业额突破500亿美元。

2012年，新上任的三星大中华区总裁张元基表示，在国际金融危机的背景下，保持高速增长的中国市场正发挥主导作用。三星目前90%的产品已经在中国生产，同时，三星中国市场已经成为三星在全球的第二大市场，并正在逐步成为其整个国际市场的核心。

案例思考

1. 案例中，三星集团是如何成功地实施其品牌全球化战略目标的？
2. 分析三星模式给其他企业带来哪些启示？

思考题

1. 简述全球品牌的定义与特征。
2. 简述全球品牌的优势与风险。
3. 举例说明全球品牌的一致性表现在哪里？
4. 什么是品牌承诺？
5. 何谓品牌传播？
6. 举例说明品牌全球化发展战略。
7. 品牌全球化有哪些趋势？带给管理者什么启示？
8. 中国企业在品牌全球化中遇到哪些问题？
9. 中国企业如何实现品牌全球化？